人文传统经典

# 战国策译注

{下}

王锡荣
韩峥嵘 注译

人民文学出版社

# 卷十九　赵二

## 苏秦从燕之赵始合从[1]

苏秦从燕之赵，始合从[2]，说赵王曰[3]："天下之卿相人臣，乃至布衣之士，莫不高贤大王之行义[4]，皆愿奉教陈忠于前之日久矣[5]。虽然，奉阳君妒[6]，大王不得任事[7]，是以外宾客游谈之士[8]，无敢尽忠于前者[9]。今奉阳君捐馆舍[10]，大王乃今然后得与士民相亲[11]，臣故敢献其愚，效愚忠[12]。为大王计，莫若安民无事，请无庸有为也[13]。安民之本，在于择交[14]。择交而得[15]，则民安；择交不得，则民终身不得安。请言外患：齐、秦为两敌而民不得安。倚秦攻齐，而民不得安；倚齐攻秦，而民不得安。故夫谋人之主，伐人之国，常苦出辞断绝人之交[16]，愿大王慎无出于口也。

"请屏左右[17]，曰言所以异[18]，阴阳而已矣[19]。大王诚能听臣，燕必致毡裘狗马之地[20]，齐必致海隅渔盐之地[21]，楚必致橘柚云梦之地[22]，韩、魏皆可使致封地汤沐之邑[23]，贵戚父兄皆可以受封侯。夫割地效实[24],五伯之所以覆军禽将而求也[25];封侯贵戚,汤、武之所以放杀而争也[26]。今大王垂拱而两有之[27],是臣之所以为大王愿也。大王与秦[28],则秦必弱韩、魏;与齐,则齐必弱楚、魏。魏弱则割河外[29],韩弱则效宜阳[30]。宜阳效则上郡绝[31],河外割则道不通,楚弱则无援。此三策者,不可不熟计也。夫秦下轵道则南阳动[32],劫韩包周则赵自销铄[33],据卫取淇则齐必入朝[34]。秦欲已得行于山东,则必举甲而向赵[35]。秦甲涉河逾漳[36],据番吾[37],则兵必战于邯郸之下矣[38]。此臣之所以为大王患也[39]。

"当今之时,山东之建国莫如赵强[40]。赵地方二千里,带甲数十万,车千乘,骑万匹,粟支十年;西有常山[41],南有河、漳,东有清河[42],北有燕国。燕固弱国,不足畏也。且秦之所畏害于天下者莫如赵[43]。然而秦不敢举兵甲而伐赵者,何也?畏韩、魏之议其后也[44]。然则韩、魏,赵之南蔽也[45]。秦之攻韩、魏也则不然,无有名山大川之限[46],稍稍蚕食之[47],傅之国都而止矣[48]。韩、魏不能支秦,必入臣韩、魏臣于秦[49],秦无韩、魏之隔,祸中于赵矣[50]。此臣之所以为大王患也!

"臣闻尧无三夫之分[51],舜无咫尺之地,以有天下。禹无百人之聚[52],以王诸侯[53]。汤、武之卒不过三千人,车不过三百乘,立为天子。诚得其道也。是故明主外料其敌国之强弱[54],内度其士卒之众寡、贤与不肖[55],不待两军相当[56],而胜败存亡之机节[57],

固已见于胸中矣。岂掩于众人之言,而以冥冥决事哉[58]!

"臣窃以天下地图案之[59],诸侯之地五倍于秦,料诸侯之卒十倍于秦。六国并力为一,西面而攻秦,秦破必矣。今见破于秦,西面而事之,见臣于秦。夫破人之与破于人也,臣人之与臣于人也,岂可同日而言之哉?夫横人者[60],皆欲割诸侯之地以与秦成[61],与秦成,则高台[62],美宫室,听竽瑟之音[63],察五味之和[64],前有轩辕[65],后有长庭[66],美人巧笑。卒有秦患,而不与其忧[67]。是故横人日夜务以秦权恐猲诸侯[68],以求割地。愿大王之熟计之也。

"臣闻明王绝疑去谗[69],屏流言之迹,塞朋党之门[70],故尊主广地强兵之计,臣得陈忠于前矣。故窃为大王计,莫如一韩、魏、齐、楚、燕、赵,六国从亲以傧畔秦[71],令天下之将相相与会于洹水之上[72],通质刑白马以盟之[73]。约曰:秦攻楚,齐、魏各出锐师以佐之,韩绝食道[74],赵涉河漳[75],燕守常山之北[76]。秦攻韩、魏[77],则楚绝其后[78],齐出锐师以佐之,赵涉河漳,燕守云中[79]。秦攻齐,则楚绝其后,韩守成皋[80],魏塞午道[81],赵涉河漳、博关[82],燕出锐师以佐之。秦攻燕,则赵守常山,楚军武关[83],齐涉渤海[84],韩、魏出锐师以佐之。秦攻赵,则韩军宜阳,楚军武关,魏军河外,齐涉渤海[85],燕出锐师以佐之。诸侯有先背约者,五国共伐之。六国从亲以摈秦,秦必不敢出兵于函谷关以害山东矣[86]。如是,则伯业成矣[87]。"

赵王曰:"寡人年少,莅国之日浅[88],未尝得闻社稷之长计。今上客有意存天下[89],安诸侯,寡人敬以国从。"乃封苏秦为武安君,饰车百乘[90],黄金千镒[91],白璧百双,锦绣千纯[92],以约诸侯。

## 【注释】

〔1〕此章又见于《史记·苏秦列传》,所述与战国历史、地理多所不合,无以系年,大抵是策士拟托之作。

〔2〕合从:即"合纵"。从,同"纵"。

〔3〕赵王:《史记》以为赵肃侯,但与史颇不合。

〔4〕高贤:以为高尚、贤良。行义:品德、道义。

〔5〕奉教:接受教导。陈忠:陈述忠言。

〔6〕奉阳君:即李兑,赵惠文王时为相。妒:指嫉妒贤臣。

〔7〕任事:理事,主持政事。

〔8〕姚宏云:"钱、刘去'宾'字。"外客:外来之宾客。

〔9〕尽忠:竭尽忠诚。

〔10〕捐馆舍:死亡的讳称。按:赵惠文王时奉阳君尚在,其死不在肃侯时。

〔11〕乃今然后:从今以后。

〔12〕"臣故"二句:金正炜云:"此文当作'献其愚,效其忠',次'愚'字涉上而误。"

〔13〕无庸:不用。

〔14〕择交:选择盟国。交,朋友,指盟国。

〔15〕得:适宜,恰当。

〔16〕苦出辞:煞费苦心地编造说辞。

〔17〕屏(bǐng):排除。

〔18〕曰:鲍本作"白"。白言,明言。

〔19〕阴阳:鲍彪注:"言事只有两端,指谓从横。"

〔20〕致：送达，进献。毡裘狗马之地：盛产毡裘狗马的土地。毡，毡子。裘，皮衣。

〔21〕海隅：海边。

〔22〕柚(yòu)：柚子，似橘而大。云梦：古泽薮名，楚王的游猎区，详见《楚一·江乙说于安陵君》注。

〔23〕封地：封侯之地。汤沐邑：周代供诸侯朝见天子时住宿并沐浴斋戒的封地。

〔24〕效实：进献财物。实，指实物，如毡裘狗马等等。

〔25〕五伯：即五霸。禽：同"擒"。

〔26〕放杀：指商汤放逐夏桀，周武王诛杀商纣。

〔27〕垂拱：垂衣拱手，言不费心力。

〔28〕与：助，支持。

〔29〕河外：见《齐策一·张仪为秦连横说齐王》注。

〔30〕宜阳：见《东周策·秦攻宜阳》注。

〔31〕上郡：泷川资言云："与宜阳相去远，疑当作'上党'。"上党，韩郡，在今山西东南部。绝：隔绝。

〔32〕轵(zhǐ)道：在今河南济源市，为太行山交通孔道。南阳：古地区名，在今河南济源至朝歌镇一带。

〔33〕劫：威逼，威胁。销铄(shuò)：金属熔化，比喻削弱。张琦云："宜阳、新城在周西，荥阳、成皋在周东，故劫韩则包周。赵都邯郸去韩殊远，'赵'疑当作'魏'。劫韩则逼魏，故自销铄。"

〔34〕淇：淇水，在今河南北部，为古黄河支流。

〔35〕举甲：发兵。甲，指军队。

〔36〕漳：漳水，见《齐策一·张仪为秦连横说齐王》注。

〔37〕番(pó)吾：赵邑，在今河北磁县。

〔38〕邯郸：赵都，在今河北邯郸市。

〔39〕患：担忧，忧虑。

〔40〕缪文远云："赵自成侯时魏围邯郸之后，国势衰弱，此言'山东之建国莫如赵强'，有悖于史实。"

〔41〕常山:即恒山,汉时避文帝刘恒之讳改,在今河北曲阳县西北与山西接壤处。

〔42〕清河:水名,源出今河南内黄县,流经齐、赵二国,东入古黄河。

〔43〕畏害:畏惧害怕。

〔44〕议:算计。

〔45〕蔽:屏蔽,屏障。

〔46〕限:险阻。

〔47〕稍稍:渐渐,逐渐。

〔48〕傅:通"附",靠近,迫近。

〔49〕鲍本无"韩魏臣"三字,今从鲍本。

〔50〕鲍本"中"上有"必"字。

〔51〕三夫之分:三个农夫所分之地。周代井田制,一夫受田百亩,故以一夫所受之地为夫。

〔52〕聚:村落,居民点。

〔53〕吴师道云:"此(指以上所述)说士无据之辞。且舜,颛顼后,有国于虞。其侧微,特在下尔。禹乃崇伯鲧子,亦有国土者。今日云云,岂足信哉?枚乘书'舜无立锥之地,禹无十户之聚',李善注又引《韩子》云云,皆此类。"

〔54〕料:料想,估计。

〔55〕度(duó):揣度,推测。

〔56〕相当:相对。

〔57〕机节:关键,要领。

〔58〕冥冥:懵懂无知的样子。

〔59〕案:考查。

〔60〕横人:主张连横的人。

〔61〕成:和解,媾和。

〔62〕鲍本"台"下补"榭"字。高:高筑,用如动词。榭(xiè):建筑在高土台上的房子。

〔63〕竽:一种像笙的簧管乐器。瑟:一种弦乐器,有二十五根弦。

〔64〕五味：甜、酸、辛、苦、咸。和：调和。

〔65〕轩辕，金正炜云："疑当作'轩县'，音近而误。"诸侯陈列乐器，三面悬挂，故叫"轩县（悬）"。

〔66〕长庭：指美人所居之处。

〔67〕卒：通"猝"，突然。与（yù）：参与，等于说"分担"。

〔68〕恐猲（hè）：恐吓。猲，通"喝"，恫喝，吓唬。

〔69〕绝：拒绝，排除。疑：疑忌，猜忌。

〔70〕朋党：为私利而勾结起来的一伙人。

〔71〕从亲：合纵相亲。傧（bīn）：排斥，抛弃。畔：衍文，下文有"六国从亲以摈秦"可证。

〔72〕洹（huán）水：古水名，在今河南北部。详见《秦策一·张仪说秦王》注。

〔73〕通质：交换人质。刑：杀。

〔74〕食道：粮道。张琦云："按是时秦未有巴蜀、汉中，伐楚必出武关。韩自宜阳道卢氏而西，可绝其食道。"

〔75〕司马贞《史记索隐》云："谓赵亦涉河漳而西，欲与韩作援，以阻秦军。"

〔76〕程恩泽云："为守赵也。盖赵既悉师涉河漳，则其国空虚，秦若潜师由上郡、朔方而来，必有意外之变，故使燕守此，以防其后，正见六国从亲之意。"

〔77〕张守节《史记正义》云："谓道蒲津之东攻之。"

〔78〕司马贞云："谓出兵武关，以绝秦兵之后。"

〔79〕云中：郡名，赵武灵王置，故城在今内蒙古托克托东北。

〔80〕成皋：韩邑，即春秋郑国的虎牢，在今河南荥阳汜水镇。

〔81〕午道：地名，在今山东聊城市西。

〔82〕博关：地名，在今山东茌（chí）平县西北。彼章作"悉赵涉河指博关"，则此"博关"上当有"指"字。

〔83〕军：驻军。武关：在今陕西商南县东南。

〔84〕涉渤海：由渤海渡过黄河。渤海，疑指地区而言，即后来的渤海

郡,在今河北沧县一带。

〔85〕王念孙云:"齐之救赵,无烦涉渤海,《史记》作'清河'是也。"

〔86〕函谷关:在今河南灵宝市。

〔87〕伯业:霸王之业。伯,通"霸"。

〔88〕莅国:当国,在位。浅:短。

〔89〕上客:尊贵的客人,指苏秦。存:存恤,抚慰。

〔90〕饰车:有文饰的车。

〔91〕镒:重量单位,一镒为二十或二十四两。

〔92〕纯(tún):量词,匹。

【译文】

苏秦从燕国来到赵国,开始推行合纵的策略,游说赵王说:"普天之下的卿相人臣,以至平民之士,没有谁不认为大王的品德道义高尚的,都是很久以来就希望在您面前领受教诲倾诉忠言了。虽然如此,奉阳君嫉贤妒能,大王不得亲理国事,因此外来的宾客和游说之士,没有敢到您的面前竭尽忠诚的。如今奉阳君已经离开人世,大王从今以后才能和贤士良民接近,下臣故此才敢进愚见,效忠心。为大王计议,没有什么能赶得上使百姓安定无事,请您不用有所作为。安定百姓的根本,在于选择友邦。选择友邦得当,百姓就安定;选择友邦不当,百姓就终身不得安定。请允许我谈谈外患:齐国、秦国为赵国的两个敌人百姓不得安定。倚仗秦国进攻齐国,百姓不得安定;倚仗齐国进攻秦国,百姓也不得安定。那些图谋别人的君主,进攻别人的国家的人,总是煞费苦心地编造说辞断绝别人的邦交,希望大王千万不要同他们随便讲话。

"请您叫左右的人退下,让我明确谈谈选择邦交之所以不同,不过是合纵与连横罢了。大王如果真的能够听信臣下的话,燕国一定会进献盛产毡裘狗马的土地,齐王一定会进献盛产鱼盐的海边之地,楚王一定会进献盛产甘橘柚子的云梦之地,韩国、魏国也都会派人进献自己的受封之地和汤沐邑,于是您的亲戚父兄均可封侯得地。割取土地和收受财物,乃是五霸宁肯损兵折将也要谋求的;使亲戚父兄封侯得地,乃是商汤、周武逐桀、杀纣非争不可的。现在大王垂衣拱手毫不费力就可以得到这两种利益,这是臣下为大王期望的事情。大王佐助秦国,秦国就一定削弱韩国、魏国;佐助齐国,齐国就一定削弱楚国、魏国。魏国削弱了就得割让河外,韩国削弱了就得献出宜阳。宜阳献出去上党就被隔绝,河外让出去道路就会不通,楚国削弱了赵国就孤立无援。以上三种计策,不可不仔细考虑。秦国夺下轵道南阳就动摇,威逼韩国包围周室魏国就自行削弱,占据卫地攻取淇水齐国就一定对秦称臣。秦国的贪欲在殽山以东得以实现,就一定调动军队向赵国进攻。秦军渡过黄河跨过漳水,占据番吾,那么秦赵两国之兵就一定得在邯郸城下交战了。这是臣下为大王忧虑的事情。

"当今,崤山以东建立的各国没有哪个国家像赵国这样强大。赵国的土地纵横二千里,披带铠甲的士兵数十万,战车千辆,战马万匹,囤粮可以支撑十年;西边有常山,南边有黄河、漳水,东边有清河,北边有燕国。燕国本来是个弱国,不值得畏惧。再说秦国在天下所最畏惧害怕的就是赵国。既然如此,秦国却不敢发动军队进攻赵国,为什么呢?怕韩国和魏国在背后算计它。既然如此,那么韩国和魏国就是赵国南边的屏障。如果秦国进攻韩国和魏国,就不是这样,它们没有名山大川的险阻,逐渐地吃掉它们,直到迫近它们的国都为止。韩国、魏国不能抵抗秦国,必然归附秦国称臣,秦国没有韩国和魏国的阻隔,灾祸就落到赵国头上了。这是臣下为大王忧虑的事情。

"臣下听说尧连三百亩的土地都没有,舜连一尺一寸的土地都没有,却能拥有天下。禹连个百人的村落都没有,却能对诸侯称王。商汤、周武的士兵不过三千人,战车不过三百辆,却被拥立为天子。他们诚然是政策得当,治理有方。因此英明的君主对外善于预料敌国的强弱,对内善于估计士兵的多少,好与不好,不必等待两军较量,而胜败存亡的关键,早已心中有数了。怎能被众人的说法蒙蔽,稀里糊涂地用以决断大事呢?

"臣下暗自拿天下地图考察,诸侯的土地相当于秦国的五倍,估计诸侯的士兵相当于秦国的十倍。如果六国把兵力合为一体,向西进攻秦国,秦国破亡就必不可免了。如今竟被秦国攻破,面向西去侍奉它,被秦国所臣服。攻破别人与被别人攻破,使别人臣服与对别人臣服,怎么可以同日而语呢?那些鼓吹连横的人,都想割取诸侯的土地去与秦国媾和;与秦国媾和,他们便可高筑台榭,装饰宫室,欣赏竽瑟演奏的美曲,品尝五味调和的佳肴,前有陈列乐器的轩悬,后有美人居住的长庭,回荡着美人动听的笑声。一旦秦祸临头,他们却不与诸侯分忧。因此鼓吹连横的人日夜竭力以秦国的权势恐吓诸侯,以便求得分割土地。希望大王仔细考虑这种事情。

"我听说英明的君主能够排除疑忌消除谗言,摒弃流言的影响,堵塞朋党的门户,所以尊崇君主,扩大疆土,加强兵力的计谋,臣下就可以当面陈述了。所以我私下为大王考虑,不如把韩、魏、齐、楚、燕、赵结为一体,六国合纵相亲来对抗秦国,使天下所有的将相一同到洹水之上集会,交换人质杀白马来结成联盟。盟约说:如果秦国进攻楚国,齐国、魏国分别派出精锐部队去助战,韩国切断秦国的运粮道路,赵国渡过黄河、漳水,燕国镇守在常山以北。如果秦国进攻韩国、魏国,那么楚国切断它的后路,齐国派出精锐部队去助战,赵国渡过黄河、漳水,燕国镇守云中。如果秦国进攻齐国,那么楚国切断它的后路,韩国镇守成皋,魏国堵住午道,赵国渡过黄河、漳水直指博关,燕国派出精锐部队去助战。如果秦国进攻燕国,那么赵国镇守常山,楚国驻扎武关,齐国由渤海渡过黄河,韩国和魏国派出精锐部队去助战。如果秦国进攻赵国,那么韩国驻扎宜阳,楚国驻扎武关,魏国驻扎河外,齐国渡过清河,燕国派出精锐部队去助战。诸侯之中谁要首先背叛盟约,五国共同讨伐它。六国合纵相亲来对抗秦国,秦国一定不敢从函谷关出兵来侵害崤山以东六国了。这样霸业就成功了。"

赵王说:"寡人年轻,当国的时间短,不曾听说治理国家的长远之计。如今尊贵的客人有意抚慰天下,安定诸侯,寡人恭敬地以国事相从。"于是封苏秦为武安君,赏赐有文饰的车子一百辆,黄金两万两,白璧一百双,锦绣一千匹,用以联合各国诸侯。

## 秦 攻 赵[1]

秦攻赵,苏子为谓秦王曰[2]:"臣闻明王之于其民也,博论而技艺之[3],是故官无乏事而力不困[4];于其言也,多听而时用之,是故事无败业而恶不章[5]。臣愿王察臣之所谒[6],而效之于一时之用也[7]。臣闻怀重宝者不以夜行,任大功者不以轻敌。是以贤者任重而行恭,知者功大而辞顺。故民不恶其尊,而世不妒其业。臣闻之:百倍之国者[8],民不乐后也[9];功业高世者,人主不再行也[10];力尽之民,仁者不用也。求得而反静[11],圣主之制也;功大而息民,用兵之道也。今用兵终身不休,力尽不罢,赵怒必于其己邑[12],赵仅存哉[13]！然而四轮之国也[14]，今虽得邯郸，非国之长利也。意者[15]，地广而不耕，民羸而不休，又严之以刑罚，则虽从而不止矣[16]。语曰：'战胜而国危者，物不断也[17]；功大而权轻者，地不入也。'[18]故过任之事[19]，父不得于子；无已之求，君不得于臣。故微之为著者强[20]，察乎息民之为用者伯，明乎轻之为重者王。"

秦王曰："寡人案兵息民[21]，则天下必为从[22]，将以逆秦[23]。"

苏子曰："臣有以知天下之不能为从以逆秦也[24]。臣以田单、如耳为大过也[25]。岂独田单、如耳为大过哉？天下之主亦尽过矣！夫虑收亡齐、罢楚、敝魏与不可知之赵[26]，欲以穷秦折韩[27]，臣以为至愚也。夫齐威、宣[28]，世之贤主也，德博而地广，国富而用民[29]，将武而兵强。宣王用之，后富韩威魏[30]，以南伐楚，西攻秦。为齐兵困于殽塞之上[31]，十年攘地，秦人远迹不服[32]，而齐为虚戾[33]。夫齐兵之所以破，韩、魏之所以仅存者，何也？是则伐楚攻秦而后受其殃也。今富非有齐威、宣之余也[34]，精兵非有富韩劲魏之库也[35]，而将非有田单、司马之虑也[36]，收破齐、罢楚、弊魏、不可知之赵，欲以穷秦折韩，臣以为至误。臣以从一不可成也[37]。客有难者[38]，今臣有患于世。夫刑名之家皆曰'白马非马也已'[39]，如白马实马[40]，乃使有白马之为也[41]。此臣之所患也[42]。

昔者，秦人下兵攻怀[43]，服其人，三国从之[44]。

赵奢、鲍佞将[45],楚有四人起而从之。临怀而不救,秦人去而不从[46]。不识三国之憎秦而爱怀邪?忘其憎怀而爱秦邪[47]?夫攻而不救,去而不从,是以三国之兵困[48],而赵奢、鲍佞之能也[49]。故裂地以败于齐[50]。田单将齐之良,以兵横行于中十四年[51],终身不敢设兵以攻秦折韩也,而驰于封内[52]。不识从之一成恶存也[53]。"

于是秦王解兵,不出于境。诸侯休,天下安,二十九年不相攻[54]。

**【注释】**

〔1〕此章所述与史实多所不合,无以系年,大抵是策士拟托之作。

〔2〕苏子:指苏秦。"为"下省"赵"字。

〔3〕博论:全面评定。技艺之:按照他们的本领来任用。技艺,本领,这里用作动词。

〔4〕乏:荒废。困:穷尽。

〔5〕章:同"彰",明显,显著。

〔6〕谒:陈述。"所谒"指所陈述的建议。

〔7〕效:检验,验证。

〔8〕百倍:鲍彪注:"谓地广也。"

〔9〕吴师道云:"地既广矣,民不乐其后复有事也。"

〔10〕鲍彪注:"一举成之,不待后。"

〔11〕反静:鲍彪注:"复于无事。"

〔12〕鲍本"赵怒"作"怒赵"。鲍彪注:"必欲战服,使为己邑。"

〔13〕鲍彪注:"言所存无几。"

〔14〕吴师道云:"姚本作'四输',是。言四面输写之国。"四输,等于说"四通八达"。

〔15〕意者:想来大概是。

〔16〕从:服从。不止:鲍彪注:"言且去之。"止,指安居、久居。

〔17〕物:事,指战事。断:止,停止。

〔18〕以上两句,吴师道云:"战胜国益安,而愈战则国危;功大而权宜重,而愈求功则权轻。危,故物不止;轻,故地不入。'不断'、'不入',因上文'用兵不休'与'虽从而不止'言之。"

〔19〕过任:超过承受能力。

〔20〕吴师道云:"此(指'故'字)下当有缺字,以下文推之可见。"大抵脱"知乎"二字。

〔21〕案兵:止兵。

〔22〕从(zòng):同"纵"。

〔23〕逆:抗拒。

〔24〕以:理由。

〔25〕田单:齐国名将,襄王时任相国,封安平君。如耳:魏国大夫。过:过错,错误。

〔26〕虑:考虑,打算。收:联合。亡齐:吴师道云:"指其尝亡于燕言之。"罢(pí):通"疲"。不可知之赵:鲍彪注:"未亡而有亡形。"吴师道云:"言其存亡不可知。"

〔27〕穷:使困厄。折:挫败。

〔28〕齐威、宣:齐威王和齐宣王。

〔29〕用民:鲍本作"民用",注:"民为之用。"

〔30〕富:吴师道云:"字因下误,疑为'逼'。"

〔31〕鲍本"为"上补"秦"字。殽塞:即殽山,在今河南洛宁县北。按:齐、韩、魏联军攻秦函谷关不在齐宣王时,而在齐湣王时。

〔32〕远迹:鲍彪注:"畏而避之,然终不服。"

〔33〕虚戾:亦作"虚厉"。田舍荒废,人民灭绝。

〔34〕余:丰足,宽裕。

〔35〕金正炜云:"按'富韩劲魏',即上文所云'宣王用之,富韩威魏'也。'富'当从吴(师道)作'逼'。'劲'疑当为'劫',谓以威劫之也。疑

'库'或为'军'字之讹。"

〔36〕司马:指司马穰苴,田完之苗裔。虑:谋略。

〔37〕鲍本"以"下有"为"字。从一:合纵为一。

〔38〕难:责问,责难。鲍彪注:"难者,如刑名家,苏子所患也。"

〔39〕刑名之家:即名家,战国时的一个学派,代表人物有邓析、尹文、惠施、公孙龙子等。此指公孙龙子。公孙龙子有《白马》一篇,其中提出"白马非马"一个名辨命题,认为"白"是命"色"的,"马"是命"形"的,"形""色"不相干,所以"白马非马"。

〔40〕如:王引之云:"犹'而'也。"

〔41〕乃:竟。为:通"谓"。以上言合纵本来不能成功,而主张合纵的人却说能够成功,犹如名家主张"白马非马"一样。

〔42〕鲍彪注:"言难者皆无端若此,故可患;而今非若此也。"

〔43〕下兵:发兵。怀:魏邑,在今河南武陟县西。

〔44〕三国:指赵、齐、楚。从:金正炜云:"或本作'救',涉下文'去而不从'而误。"

〔45〕赵奢:赵国将领,善用兵,受封马服君。鲍佼:齐国将领。佼,一作"接"。

〔46〕鲍彪注:"赵、鲍、楚四人,本起救怀而不救,又听秦之自去,不随击也。"

〔47〕忘其:亦作"亡其",还是。

〔48〕"以"下鲍本补"知"字。

〔49〕鲍彪注:"以不救不从为能,知秦之不可当也。"钟凤年云:"疑'之'字下脱'无'字,作'无能'也。"今从钟说。

〔50〕金正炜云:"'败于齐'于文不合,疑当作'裂地以效于秦'。'效''败'字形相近,'齐'字涉下句'将齐之良'而误。"

〔51〕以:率领。中:指国中。

〔52〕封内:国内。鲍彪注:"言不出战,所谓'横行于中'。"

〔53〕金正炜云:"'之一'二字误倒,当据上文乙正。"

〔54〕鲍彪注:"以此《策》为苏秦合从时,则所称赵奢,惠文、孝成将

也,苏秦不当称之。自昭讫始皇定天下,无年不战,则天下不相攻之说,不可晓也。"吴师道云:"'二十九年不相攻',必有误字。辩士增饰之辞固多,然不应如此之甚。"

## 【译文】

秦国进攻赵国,苏秦为赵国对秦王说:"臣下听说英明的君主对于他的臣民,全面评定并按照他们的本领来任用,因此官吏没有荒废职事而且力量不会穷尽;对于臣民的言论,多方面听取并经常采纳,因此事业没有衰败而且过失并不显著。臣下希望大王考察臣下所陈述的建议,进而检验它在时下的效用。臣下听说怀揣珍宝的不可以夜里走路,担当重任的不可以轻视敌人。因此贤明的人责任重大而行为恭谨,聪慧的人成绩巨大而言辞和顺。所以人民不憎恶他的高位,世人也不嫉妒他的功业。臣下听说:土地广大的国家,民众不乐意日后又有战事;建立了盖世的功业,君主不再采取行动;力量用尽的民众,仁爱的人不忍调用。谋求有得反而宁静无为,这是圣明君主的法度;功业巨大反而使民休息,这是用兵的原则。如今用兵永无终止,力量用尽还不罢休,恼恨赵国一定要它成为自己的属邑,赵国所存无几呀!然而作为一个四通八达的大国,如今即使攻下邯郸,也不符合国家的长远利益。估计可能是,土地扩大了却不得耕种,人民疲惫了却不得休息,又用刑罚严惩他们,那么他们即使服从也不会安居下来。俗话说:'打了胜仗国家反而不安,是因为战事不断;建了大功政权反而不稳,是因为土地不收。'所以超过承受能力的事情,父亲不能强迫儿子干;无止境的诛求,君主不能强迫臣子办。所以知道微小可以变为显著的人能够强大,觉察使民休息重大作用的人能够称霸,明白轻贱可以变为高贵的人能够称王。"

秦王说:"如果我停止用兵使民休息,那么天下各国一定实行合纵,将会用以对抗秦国。"

苏秦说:"臣下有理由推知天下诸侯不能实行合纵来对抗秦国。我认为田单和如耳是犯了大错误。岂只田单和如耳是犯了大错误吗?天下的君主也都犯错误了。那种打算联合破亡的齐国、疲惫的楚国、衰败的魏国和存亡不可知的赵国,想用他们困厄秦国、挫败韩国,臣下认为是最愚蠢的。那齐威王和齐宣王,是世上贤明的君主,功德博大而土地广阔,国家富足而人民顺从,将领勇武而兵力强大。宣王利用这些条件,逼迫韩国、威胁魏国,进而南伐楚国,西攻秦国,秦兵被齐兵困在殽山之上,十年侵夺土地,秦人畏惧远避并未屈服,可是齐国则田舍荒废人民灭绝。齐兵之所以被攻破,韩、魏之所以勉强存在,为什么呢?这就是讨伐楚国、进攻秦国随后遭受的灾殃。如今各国财富赶不上齐威王、宣王时宽裕,士兵没有逼迫韩国威胁魏国的齐军精锐,而且将领没有田单和司马穰苴那样的谋略,联合破亡的齐国、疲惫的楚国、衰败的魏国和存亡不可知的赵国,想用他们困厄秦国、挫败韩国,臣下认为极其错误。臣下认为合纵为一是不可能成功的。有的客人予以责难,现在臣下对于世事颇有忧虑。那些刑名家都说'白马不是马',可是白马确实是马,竟使之有'白马不是马'的说法。这就是臣下所忧虑的。

"从前,秦人发兵攻占怀地,想使那里的人屈服,赵、齐、楚三国援救魏国。赵奢、鲍佞为将,楚国有四个人起身跟随他们出征。临近怀地却不援救,秦人撤离却不追击。不知道三国是憎恨秦人而爱护怀人呢?还是憎恨怀人爱护秦人呢?怀地被攻却不援救,秦兵撤离却不追击,因此知道三国的军队处境艰难,赵奢、鲍佞是无能的。所以三国分裂土地献给齐国。田单率领齐国的良兵,在本国之内横行十四年,到死也不敢部署兵力去进攻秦国折服韩国,只是驰骋在本国的疆界之内。不知道合纵为一怎样才能成功。"

于是秦王解除武装,不派兵出境,诸侯休战,天下安定,二十九年没有互相进攻。

## 张仪为秦连横说赵王[1]

张仪为秦连横,说赵王曰:"弊邑秦王使臣敢献书于大王御史[2]。大王收率天下以傧秦[3],秦兵不敢出函谷关十五年矣[4]。大王之威,行于天下山东[5]。弊邑恐惧慑伏[6],缮甲厉兵[7],饰车骑[8],习驰射,力田积粟[9],守四封之内,愁居慑处,不敢动摇[10],唯大王有意督过之也[11]。今秦以大王之力,西举巴、蜀[12],并汉中[13],东收两周而西迁九鼎[14],守白马之津[15]。秦虽辟远[16],然而心忿悁含怒之日久矣[17]。今宣君有微甲钝兵[18],军于渑池[19],愿渡河逾漳,据番吾[20],迎战邯郸之下。愿以甲子之日合战,以正殷纣之事[21]。敬使臣先以闻于左右[22]。

"凡大王之所信以为从者[23],恃苏秦之计,荧惑诸侯[24],以是为非,以非为是,欲反覆齐国而不能[25],自令车裂于齐之市[26]。夫天下之不可一亦明矣。今楚与秦为昆弟之国,而韩、魏称为东蕃之臣[27],齐献鱼盐之地[28],此断赵之右臂也。夫断右臂而求与人斗,失其党而孤居,求欲无危,岂可得哉?今秦发三将军,一军塞午道[29],告齐使兴师度清河[30],军于邯郸之东;一军军于成皋,驱韩、魏而军于河外[31];一军军于渑池。约曰:四国为一以攻赵,破赵而四分其地。是故不敢匿意隐情,先以闻于左右。臣切为大王计[32],莫如与秦遇于渑池,面相见而身相结也。臣请案兵无攻,愿大王之定计。"

赵王曰:"先王之时,奉阳君相[33],专权擅势,蔽晦先王[34],独制官事。寡人宫居,属于师傅[35],不得与国谋。先王弃群臣,寡人年少,奉祠祭之日浅,私心固窃疑焉[36],以为一从不事秦,非国之长利也。乃且愿变心易虑,剖地谢前过以事秦。方将约车趋行[37],而适闻使者之明诏[38]。"于是乃以车三百乘入朝渑池[39],割河间以事秦[40]。

**【注释】**

〔1〕此章又见于《史记·张仪列传》,所述与史实多不相合,无以系年,大抵是策士拟托之作。

〔2〕弊邑:即敝邑,谦称本国。秦王:鲍彪注为秦惠王。然下述"秦兵不敢出函谷关"之事,秦惠王时是没有的。御史:吴师道云:"周官,以中士、下士为之,特小臣之传命者。战国时其职益亲,故此云云。"此说"献书于大王御史",乃是献书于赵王的委婉说法。

〔3〕收:联合。傧(bìn):排斥。

〔4〕函谷关,在今河南灵宝市。

〔5〕行:流行。吴师道云:"一本无'山东'字。"《史记》无"天下"字。

〔6〕慴服:因畏惧而屈服。慴,恐惧,害怕。

〔7〕缮:修补。厉:同"砺",磨。

〔8〕饰:修,整治。

〔9〕力田:努力耕田。

〔10〕动摇:有所动作。

〔11〕"唯"下似脱"恐"字。督过:责备。

〔12〕巴、蜀:古国名。巴在今四川东部,蜀在今四川西部。秦惠王后元九年(前316)灭此二国立为二郡。

〔13〕汉中:在今陕西南部、湖北西北部。原为楚地,秦惠王后元十三年(前312)置郡于此。

〔14〕两周:东周国、西周国。秦灭西周在昭王五十一年(前256),灭东周在庄襄王元年(前249),时张仪已死五六十年。九鼎:相传为夏禹所铸,象征九州,夏商周三代奉为象征国家政权的传国之宝。据《史记·周本纪》所载,秦灭周取其九鼎事当在公元前256年,乃张仪身后五十余年之事。

〔15〕白马津:黄河渡口,在今河南滑县北。

〔16〕辟:同"僻",偏僻。

〔17〕忿悁(yuān):愤怒。忿,同"愤"。

〔18〕鲍本"宣"作"寡","微"作"敝"。

〔19〕渑(miǎn)池:在今河南渑池县西。

〔20〕番(pó)吾:赵邑,在今河北磁县。

〔21〕以上两句是威胁赵国。《尚书·牧誓》言周武王伐纣,以甲子日战于牧野,灭殷,杀殷纣王。这里借以说秦王要像武王伐纣一样灭亡赵国。合战,交战。正,治罪,惩治。

〔22〕左右:尊称赵王,表示不敢直称对方。

〔23〕从:同"纵"。

〔24〕荧惑:迷惑。

〔25〕反覆:颠覆。

〔26〕按:史载苏秦死于公元前284年,晚于张仪之死二十六年,张仪岂可言及苏秦之死?

〔27〕蕃:鲍本作"藩"。藩,属国,指臣服之国。按:据《史记·秦始皇本纪》,韩王称臣于秦,在秦始皇十三年,去张仪之死已七十五年。

〔28〕据《孟子·梁惠王上》所载,秦惠王时齐宣王"欲辟土地,朝秦、

楚,莅中国而抚四夷",怎么会有献地于秦之事?

〔29〕午道:地名,今地不详,处于赵、齐之间。

〔30〕清河:水名,源出今河南内黄县,流经齐赵二国之间,东北入古黄河。

〔31〕河外:指黄河以南赵国之地。

〔32〕切:鲍本作"窃"。

〔33〕奉阳君:即李兑。

〔34〕蔽晦:蒙蔽。

〔35〕属(zhǔ):委托,托付。

〔36〕疑焉:对合纵有怀疑。

〔37〕趣(cù):同"促",赶快。

〔38〕适:恰巧。诏:告诫,教诲。

〔39〕渑池之会在公元前279年,时张仪已死三十年。

〔40〕河间:赵邑,在今河北献县东南。梁玉绳云:"朝渑池时无割河间事。"

**【译文】**

张仪为秦国推行连横的策略,游说赵王说:"敝国秦王派臣下冒昧地向大王御史献上书信一封。大王联合率领天下诸侯排斥秦国,秦兵已经十五年不敢出函谷关了。大王的威风,流行于天下。敝国恐惧而屈服,只好修补铠甲磨快兵器,整治车骑,练习骑射,尽力耕田囤积粮食,守卫四境之内的疆土,过着愁苦恐慌的生活,不敢有所作为,只怕大王有意责备我们。如今秦国凭着大王的威力,西边攻占巴蜀,兼并汉中,东边收服两周二国,而且把九鼎迁移到秦国来,镇守着白马津。秦国虽然偏僻遥远,然而心里愤怒含着怒火的时间很久了。现在敝国国君还有些残破的铠甲、磨钝的兵器,正在渑池驻军,希望渡过黄河,跨越漳水,占据番吾,在邯郸城下迎战。希望在甲子日交战,来重演惩治殷纣的故事。谨派臣下先把这事禀报阁下。

"大凡大王所听信并推行的合纵策略,依仗苏秦的计谋。苏秦蛊惑诸侯,把是说成非,把非说成是,想要颠覆齐国没办到,竟使自己在齐国的集市上被五马分尸。天下各国不可能结为一体也是很明显的了。如今楚国与秦国结为兄弟之国,而韩国和魏国对秦称作东藩之臣,齐国献出了盛产鱼盐的海边之地,这就斩断了赵国的右臂。被斩断右臂还寻衅与别人争斗,丧失自己的同党变成孤家寡人,还想求得平安无危,怎么可能呢?如今秦国派出三位将军,一位将军堵住午道,告诉齐国发兵渡过清河,驻军在邯郸的东边;一位将军驻军在成皋,驱使韩魏两国的军队驻军在黄河以南;一位将军驻军在渑池。签定盟约说:四国结成一体攻打赵国,攻破赵国便把它的土地分成四份。因此不敢隐匿真情,事先把它禀报阁下。臣下私下替大王考虑,您不如在渑池与秦王会晤,见面就亲自缔结邦交。臣下请求秦王按兵不动,希望大王决定大计。"

赵王说:"先王执政的时候,奉阳君为相国,专擅权势,蒙蔽先王,独理政事。寡人住在宫中,归师傅指教,不能参与国政。先王逝世的时候,寡人还年少,主持祭祀的时间很短,心里对于合纵本是暗自怀疑的,认为合纵为一不侍奉秦国,不符合国家的长远利益。于是准备改变计划,割让土地赔礼道歉来侍奉秦国。正要套车赶快前往,恰好领受了使者的明确教诲。"于是赵王就率领三百辆兵车到渑池去朝见秦王,割让河间的土地侍奉秦国。

## 武灵王平昼闲居[1]

武灵王平昼闲居[2],肥义侍坐[3],曰:"王虑世事之变,权甲兵之用,念简、襄之迹[4],计胡、狄之利乎[5]?"王曰:"嗣立不忘先德[6],君之道也;错质务明主之长[7],臣之论也[8]。是以贤君静而有道民便事之教[9],动有明古先世之功[10]。为人臣者,穷有弟长辞让之节[11],通有补民益主之业[12]。此两者,君臣之分也[13]。今吾欲继襄主之业,启胡、翟之乡[14],而卒世不见也[15]。敌弱者[16],用力少而功多,可以无尽百姓之劳,而享往古之勋[17]。夫有高世之功者,必负遗俗之累[18];有独知之虑者,必被庶人之恐[19]。今吾将胡服骑射以教百姓[20],而世必议寡人矣。"

肥义曰:"臣闻之,'疑事无功[21],疑行无名。'今王即定负遗俗之虑[22],殆毋顾天下之议矣[23]。夫论至德者不和于俗[24],成大功者不谋于众。昔舜舞有苗[25],而禹袒入裸国[26],非以养欲而乐志也,欲以论德而要功也[27]。愚者暗于成事[28],智者见于未萌[29],王其遂行之。"王曰:"寡人非疑胡服也,吾恐天下笑之。狂夫之乐,知者哀焉;愚者之笑,贤者戚焉。世有顺我者,则胡服之功,未可知也。虽驱世以笑我[30],胡地中山吾必有之。"

王遂胡服,使王孙绁告公子成曰[31]:"寡人胡服,且将以朝,亦欲叔之服之也[32]。家听于亲,国听于君,古今之公行也[33]。子不反亲,臣不逆主,先王之通谊也[34]。今寡人作教易服而叔不服[35],吾恐天下议之也。夫制国有常[36],而利民为本;从政有经[37],而令行为上。故明德在于论贱[38],行政在于信贵[39]。今

525

胡服之意,非以养欲而乐志也。事有所出,功有所止[40],事成功立,然后德且见也[41]。今寡人恐叔逆从政之经,以辅公叔之议[42]。且寡人闻之,事利国者行无邪,因贵戚者名不累[43]。故寡人愿募公叔之义[44],以成胡服之功。使缣谒之,叔请服焉!"

公子成再拜曰:"臣固闻王之胡服也,不佞寝疾[45],不能趋走,是以不先进[46]。王今命之,臣固敢竭其愚忠。臣闻之:中国者[47],聪明睿知之所居也[48],万物财用之所聚也,贤圣之所教也,仁义之所施也,诗书礼乐之所用也,异敏技艺之所试也[49],远方之所观赴也[50],蛮夷之所义行也[51]。今王释此,而袭远方之服,变古之教,易古之道,逆人之心,畔学者[52],离中国,臣愿大王图之。"

使者报王,王曰:"吾固闻叔之病也。"即之公叔成家自请之[53],曰:"夫服者,所以便用也;礼者,所以便事也。是以圣人观其乡而顺宜[54],因其事而制礼,所以利其民而厚其国也。被发文身[55],错臂左衽[56],瓯越之民也[57];黑齿雕题[58],鳀冠秫缝[59],大吴之国也[60]。礼服不同,其便一也。是以乡异而用变[61],事异而礼易。是故圣人苟可以利其民,不一其用;果可以便其事,不同其礼。儒者一师而礼异,中国同俗而教离,又况山谷之便乎?故去就之变[62],知者不能一;远近之服,贤圣不能同。穷乡多异[63],曲学多辨[64]。不知而不疑,异于己而不非者,公于求善也。今卿之所言者[65],俗也;吾之所言者,所以制俗也。今吾国东有河、薄洛之水〔66〕，与齐、中山同之，而无舟楫之用〔67〕。自常山以至代、上党，东有燕、东胡之境〔68〕，西有楼烦、秦、韩之边〔69〕，而无骑射之备。故寡人且聚舟楫之用，求水居之民，以守河、薄洛之水；变服骑射，以备其参胡、楼烦、秦、韩之边〔70〕。且昔者简主不塞晋阳以及上党〔71〕，而襄王兼戎取代以攘诸胡〔72〕，此愚知之所明也。先时中山负齐之强兵〔73〕，侵掠吾地，系累吾民〔74〕，引水围鄗〔75〕，非社稷之神灵，即鄗几不守〔76〕。先王忿之，其怨未能报也。今骑射之服，近可以备上党之形〔77〕，远可以报中山之怨。而叔也顺中国之俗以逆简、襄之意，恶变服之名，而忘国事之耻，非寡人所望于子！"

公子成再拜稽首曰："臣愚不达于王之议，敢道世俗之间〔78〕。今欲继简、襄之意，以顺先王之志，臣敢不听令〔79〕！"再拜，乃赐胡服。

赵文进谏曰〔80〕："农夫劳而君子养焉〔81〕，政之经也；愚者陈意而知者论焉，教之道也；臣无隐忠，君无蔽言，国之禄也。臣虽愚，愿竭其忠。"王曰："虑无恶扰，忠无过罪〔82〕，子其言乎！"赵文曰："当世辅俗〔83〕，古之道也；衣服有常，礼之制也；修法无愆〔84〕，民之职也。三者先圣之所以教。今君释此而袭远方之服，变古之教，易古之道，故臣愿王之图之！"王曰："子言世俗之间〔85〕。常民溺于习俗，学者沉于所闻，此两者，所以成官而顺政也，非所以观远而论始也。且夫三代不同服而王，五伯不同教而政〔86〕。知者作教，而愚者制焉；贤者议俗,不肖者拘焉。夫制于服之民,不足与论心;拘于俗之众,不足与致意。故势与俗化,而礼与变俱,圣人之道也。承教而动,循法无私,民之职也。知学之人,能与闻迁[87];达于礼之变,能与时化。故为己者不待人[88],制今者不法古[89],子其释之!"

赵造谏曰[90]:"隐忠不竭,奸之属也;以私诬国[91],贱之类也[92]。犯奸者身死,贱国者族宗[93]。反此两者[94],先圣之明刑[95],臣下之大罪也。臣虽愚,愿尽其忠,无遁其死。"王曰:"竭意不讳,忠也;上无蔽言,明也。忠不辟危,明不距人[96]。子其言乎!"

赵造曰:"臣闻之:'圣人不易民而教,知者不变俗而动。因民而教者,不劳而成功;据俗而动者,虑径而易见也[97]。'今王易初不循俗[98],胡服不顾世,非所以教民而成礼也。且服奇者志淫[99],俗辟者乱民[100]。是以莅国者不袭奇辟之服[101],中国不近蛮夷之行。非所以教民而成礼者也[102]。且循法无过,修礼无邪。臣愿王之图之!"

王曰:"古今不同俗,何古之法?帝王不相袭,何礼之循?宓戏、神农,教而不诛[103];黄帝、尧、舜,诛而不怒[104]。及至三王,观时而制法,因事而制礼;法度制令,各顺其宜;衣服器械,各便其用。故礼世不必一其道[105],便国不必法古。圣人之兴也,不相袭而王;夏殷之衰也,不易礼而灭。然则反古未可非,而循礼未足多也[106]。且服奇而志淫,是邹、鲁无奇行也[107];俗辟而民易[108],是吴、越无俊民也[109]。是以圣人利身之谓服,便事之谓教。进退之谓节[110],衣服之制,所以齐常民,非所以论贤者也。故圣与俗流,贤与变俱。谚曰:'以书为御者,不尽于马之情;以古制今者,不达于事之变。'故循法之功,不足以高世;法古之学,不足以制今。子其勿反也!"

## 【注释】

〔1〕此章事在周赧王十三年(前302),又见于《史记·赵世家》。《史记·商君列传》与此章略同,惟一赵一秦,人物有更改,叙事有详略耳。钟凤年《国策勘研》说:"此与《史》盖俱取材于《商子·更法》篇。"

〔2〕武灵王:赵国国君,名雍,赵肃侯之子。后传位于王子何,即赵惠文王,自号主父。平旦:平日。

〔3〕肥义:赵国大臣,武灵王时为相国。侍:在尊长旁边陪着。

〔4〕简:即赵简子,又称简主。襄:即赵襄子,又称襄主,赵简子之子。迹:功迹。

〔5〕胡、狄:泛指我国古代北方的少数民族。

〔6〕嗣立:继承君位。先德:祖先的功德。

〔7〕错质:即委质,委身为臣。错,通"措",放置。务:致力。明:彰明,宣扬。长:长处,优点。

〔8〕论(lún):通"伦",道理。

〔9〕姚宏注:"一本无'而'字。"道(dǎo):同"导",引导。便:便利。

〔10〕明古:等于说光宗耀祖。先世:等于说率先垂范。

〔11〕穷:不得志,困厄。弟(tì)长:顺从尊长。弟,同"悌"。辞让:谦虚退让。

〔12〕通:得志,显达。补:补助。益:佐助,辅佐。

〔13〕分(fèn):本分,职分。

〔14〕启:开发。翟(dí):通"狄"。

〔15〕卒世:鲍彪注:"犹举世,言举世无能察此。"金正炜云:"卒世,鲍

说为长。惟'卒'无'举'训,或由俗书'举'作'夲',因误为'卒'。"

〔16〕鲍彪注:"与弱为敌,谓胡、翟。"

〔17〕往古:指赵简子、襄子。

〔18〕负:蒙受,遭受。遗俗:抛弃世俗。累:忧患。

〔19〕被:遭受。庶人:众人,一般人。恐:当作"怨"。

〔20〕胡服:穿胡人的衣服。王国维《胡服考》云:"胡服之入中国,始于赵武灵王,其制冠则惠文,其带具带,其履鞾,其服上褶下袴。"

〔21〕疑:迟疑不决。

〔22〕即:如果。

〔23〕殆:高亨云:"'殆'犹'当'也。'殆'与'当'双声相转。"

〔24〕至德:最高道德。

〔25〕有苗:即三苗,古国名。《韩非子·五蠹》:"当舜之时,有苗不服,乃修政三年,执干戚舞,有苗乃服。"

〔26〕裸国:郭希汾注:"相传在侏儒国东南,国人均裸体而处,故名。"《淮南子·原道训》:"禹之裸国,解衣而入,衣带而出,因之也。"

〔27〕要(yāo):通"邀",求,求取。

〔28〕暗(àn):不明了。

〔29〕未萌:指事端尚未显露。

〔30〕驱世:等于说"举世"。

〔31〕王孙绁(xiè):赵国贵族。公子成:赵肃侯之子,武灵王之弟。

〔32〕叔:排行第三的,指公子成。

〔33〕公行:共同的行为准则。

〔34〕通谊:通常的道理。谊,通"义"。

〔35〕作教:制定教令。

〔36〕制:掌握,管理。常:常规,法度。

〔37〕经:原则。

〔38〕明德:彰明德行。论:考虑,着想。

〔39〕行政:行使政权。信:信从,履行。

〔40〕"事有"二句:《史记》作"事有所止而功有所出",张守节《正

义》:"郑玄云:'止,至也。'出,犹成也。""出"、"止"同义,故可互易。

〔41〕见(xiàn):同"现"。

〔42〕辅:助,等于说"附和"。公叔:金正炜云:"当为'公族'。'叔''族'音近,又涉下文'愿募公叔之义'而误。"公族指赵国贵族。

〔43〕因:依靠,凭借。累:受损害。

〔44〕募:鲍本作"慕",仰慕,仰仗。

〔45〕不佞(nìng):不才,谦称自己。寝疾:卧病。

〔46〕不先进:没有事先进言。

〔47〕中国:指中原地区。

〔48〕睿知(ruì zhì):英明有远见。知,同"智"。

〔49〕异敏:奇异精巧。试:用。

〔50〕观赴:观摩向往。

〔51〕蛮夷:泛指四方的少数民族。义行:效法。义,通"仪"。

〔52〕畔:通"叛"。

〔53〕之:往。公叔成:即公子成。请:告诉。

〔54〕顺宜:因地制宜。

〔55〕被发:披散着头发。被,同"披"。姚宏云:"被,三本同作'祝'。"祝,剪断。《史记》作"剪"。文身:在身上刺花纹。

〔56〕错臂:站立时两臂交叉,没有礼貌。左衽(rèn):衣襟向左掩。衽,衣襟。

〔57〕瓯越:古代民族名,百越的一支,又称东瓯,居住在浙江南部及福建一带。

〔58〕黑齿:用草汁染黑牙齿。雕题:在额上刺刻,涂上青丹。题,额。

〔59〕鳀(tí)冠:用鲇(nián)鱼皮做的帽子。鳀,鲇鱼。秫(shù)缝:缝制粗拙。秫,通"鈢(shù)",长针。

〔60〕大吴:即吴国。金正炜云:"'大'疑'干'字之讹。"干,通"邗(gān)",即吴国。

〔61〕用:指用的衣服器物。

〔62〕去就:指对礼俗的舍弃和采用。

531

〔63〕异:异俗。

〔64〕曲学:邪僻学说。辨:通"辩",争辩。

〔65〕卿:《史记》作"叔",今从之。

〔66〕薄洛:水名。古漳水流经今河北巨鹿和平乡县东境的一段。

〔67〕舟楫(jí):指船只。楫,船桨。

〔68〕东胡:我国古代东北部的一个民族,因居于匈奴之东得名。

〔69〕楼烦:国名。其地在今内蒙古呼和浩特市至集宁市以南,陕西府谷县至山西代县以北。其民以游牧为主,精于骑射。

〔70〕其:鲍本作"燕",从鲍本。吴师道云:"据上文,则'参'当作'东',字讹。"

〔71〕塞:堵塞。晋阳:在今山西太原市西南。

〔72〕王:鲍本作"主"。兼:兼并。戎:古代对西方少数民族的通称。代:郡名。在今山西东北部和河北蔚县一带。攘:排斥。诸胡:泛指胡人。

〔73〕负:恃,倚仗。

〔74〕系累:捆绑,掳掠。

〔75〕鄗(hào):赵邑,在今河北高邑县东。

〔76〕即:则。几:几乎。

〔77〕形:地势,指险要的地理形势。

〔78〕道:陈述。间:姚宏云:"一作'闻'。"

〔79〕今:鲍本作"令",《史记》作"命"。

〔80〕赵文:赵国贵族。

〔81〕鲍本"劳"下补"力"字。从鲍本。

〔82〕过:责备。

〔83〕当世辅俗:顺应时代附和风俗。

〔84〕修:鲍本改作"循",当作"循"。愆(qiān):过失。

〔85〕间:从上亦当作"闻"。

〔86〕伯(bà):通"霸"。政:行政,推行政令。

〔87〕能与闻迁:鲍彪注:"有所闻,则改前之为。"

〔88〕为己者:指志在修身的人。待:依靠,仰赖。

〔89〕制今者：指治理当世的人。

〔90〕赵造：赵国贵族。

〔91〕诬：欺骗。

〔92〕贱：姚宏注：“刘改'贱'作'贼'。"当作"贼"。

〔93〕贱：亦当作"贼"。贼：危害。族宗：灭族。族，灭族。宗，宗族。

〔94〕姚宏云：“刘本无'反'字。”

〔95〕圣：鲍本作"王"。

〔96〕距：通"拒"，拒绝。

〔97〕径：直截了当。易见：容易见到功效。

〔98〕易初：改变原来的服饰。

〔99〕志淫：心思不正。淫，邪恶。

〔100〕辟：同"僻"，怪僻。

〔101〕莅国者：做国君的人。莅，临，统治。袭：穿。

〔102〕此句因上而衍。

〔103〕宓戏(fú xī)：即伏羲。诛：杀。

〔104〕怒：指没有节制，肆意杀人。高亨以为"怒"通"孥"。孥，一人有罪，妻子连坐。

〔105〕姚宏云：“'礼'一作'理'。”《史记》"一"下无"其"字。理：治理。道：方法。

〔106〕多：称赞。

〔107〕鲍彪注：“言二国虽无奇服，不无奇行。”

〔108〕易：轻浮，不庄重。

〔109〕俊民：杰出的人才。

〔110〕"谓"字涉上文而衍。《史记》作"进退之节"。

# 【译文】

武灵王平日闲坐，肥义在旁边陪坐，说："大王考虑过世事的变化，权衡过军队的作用，回顾过简主和襄主的功迹，考虑过抗击胡人和狄人的好处吗？"武灵王说："继位不忘祖先的功德，这是做君主的常道；委身为臣致力彰明君主的长处，这是做臣子的道理。因此贤明的君主宁静时有引导民众便于行事的教化,行动时有光宗耀祖率先垂范的功劳。做人臣的,不得志时有顺从兄长谦虚退让的节操,得志时有补助民众辅佐君主的业绩。这两方面,就是君主和臣子的本分。现在我想继承襄主的功业,开发胡人和狄人的乡土,然而举世的人都没有看到。与弱者为敌,用力少而成功多,可以不把百姓的力量耗尽,而且享有前世的勋业。有高出当世功业的人,必然遭受抛弃世俗的忧患;有独到见解的人,必然遭受一般人的怨恨。现在我要以改穿胡服骑马射箭来教导百姓,因而世人肯定会议论寡人了。"

肥义说:"臣下听说,做事迟疑不决就不会成功,行动迟疑不决就不会成名。现在大王如果下定背弃世俗的决心,就应当不要顾忌天下人的议论了。谈论最高道德的人不会附和世俗之见,立志成就大功的人不会采纳众人之说。从前舜在有苗国跳舞,禹袒露身体进裸国,并不是要满足欲望娱悦心志,而是要借以宣扬德化谋求功名。愚蠢的人对于已成之事仍不明了,聪明的人对于未萌之事就有预见,大王怎么想就怎么做吧。"武灵王说:"寡人对改穿胡服没有怀疑,我是怕天下人耻笑。驽钝的人快乐,聪明的人替他悲哀;愚蠢的人欢笑,贤能的人替他忧伤。世上如果有顺从我的人,那么改穿胡服的功效,是不可估量的。即使世上所有的人耻笑我,胡地和中山国我也一定要占有。"

武灵王于是穿起胡服,派王孙绁告诉公子成说:"寡人穿上了胡服,并且准备上朝听政,还想请你穿上胡服。家事听从父母的,国事听从君主的,这是古今共同的行为准则。儿子不反对父母,臣子不背叛君主,这是先王以来通常的道理。现在寡人制定教令改穿胡服,你不穿,我担心天下议论这件事。管理国家有一定的法度,即以有利人民为根本;从事政务有一定的原则,即以施行命令为上乘。因此修明德政在于为微贱的百姓着想,施行政令在于使高贵的权臣履行。如今改穿胡服的意图,并不是为了满足欲望娱悦心志。事业有其成功的原因,功绩有其建立的道理。事业成功功绩建立,然后盛德才可以表现出来。如今寡人怕你违背从事政务的原则,从而附和公族的议论。再说寡人听说,事情有利于国家做起来不会偏邪,依靠贵族的支持名声不会受到损害。因此寡人希望仰仗你的义举,来完成改穿胡服的功业。我派王孙绁去拜见你,请改穿胡服吧。"

公子成拜了两拜说:"我本已听说大王改穿胡服,只因不才卧病,不能跑到朝廷去,因此没有事先进言。大王如今下了命令,臣下坚决毫无保留地献上愚忠。臣下听说,中原地区是聪明有远见的人居住的地方,是一切物产财货聚集的地方,是圣君贤主教化的地方,是仁义道德施行的地方,是诗书礼乐运用的地方,是奇异精巧的技艺应用的地方,是远方的人观摩向往的地方,是四方少数民族效法的地方。如今大王放弃这些长处,竟要袭用远方的服装,改变古时的政教,更革古时的道德,违背人们的心愿,背叛学者,脱开中原,臣下希望大王考虑这些问题。"

使者王孙绁禀报武灵王,武灵王说:"我本来知道三弟得了病。"随即前往公子成家亲自告诉公子成说:"衣服要穿起来方便,礼仪要行起来方便。因此圣人观察乡情以顺从习俗,根据事理制定礼仪,为的有利于自己的人民,有益于自己的国家。披散头发身刺花纹,两臂交叉左开衣襟,这是百越人的风俗;染黑牙齿额头刺花,鱼皮帽子缝制粗拙,这是大吴国的风俗。他们的礼仪服装虽然不同,求其方便却是一致的。因此乡情不同衣服器用就有变化,事情不同礼节仪式就有更改。所以圣人只要可以有利于他的人民,就不统一他们的衣服器用;果真可以有益于他的事业,就不制定共同的礼节仪式。儒生同出一师礼仪却有所不同,中原习俗相同教化却有其距离,更何况那山谷地区的习惯呢？所以礼俗取舍的不同,聪明的人也不能把它统一;远近服饰的差别,贤人圣人也不能使它相同。穷乡僻壤多异俗,邪曲学说多争辩。不了解的不怀疑,跟自己观点不同的不非议,是出于公心以求认识的完善。现在你所说的都是旧俗,我所说的是用以改变旧俗的措施。现在我国东边有黄河、漳水,跟齐国、中山国共有,却没有船舶的利用。从常山到代郡、上党一带,东边有燕国和东胡的边境,西边有楼烦、秦国和韩国的边境,却没有骑兵和弓箭的防备。所以寡人要集聚船舶来利用,寻找傍水居住的人民,以便防守黄河、漳水一带;改变服装学习骑射,以便戒备燕国、东胡、楼烦、秦国和韩国的边境。再说从前简主不堵塞晋阳而至上党,襄主兼并戎族夺取代地来抵御胡人的各个部族,这是愚人智者谁都明白的道理。过去中山国依仗齐国的强大军队,侵占掠夺我国的土地,俘虏我国的人民,引水围攻鄗城,要不是土神谷神保佑,鄗城就几乎守不住。先王对此十分恼火,这个仇还没能报。如今穿上骑马射箭的服装,近可以守备上党险要的地势,远可以报复对中山国的冤仇。然而你偏要随顺中原的旧俗而违背简、襄二主意愿,厌恶改变服装的名声,却忘记了国家的耻辱,这可不是我对您的希望!"

公子成叩首拜了两拜说:"臣下愚钝不通达大王的主张,竟敢陈述世俗的见闻。如今您继承简、襄二主的遗愿,顺从先王的意志,臣下岂敢不听从命令。"公子成又拜了两拜,武灵王便赐他一套胡服。

赵文规劝武灵王说:"农夫出力劳作而君子被他们供养,乃是政事的道理;愚者陈述己见而智者评论其是非,乃是教化的途径;臣子不隐匿忠心,君主不阻塞言路,乃是国家的幸福。臣下虽然愚笨,还是愿意倾诉我的忠言。"武灵王说:"谋划不忌讳不同意见干扰,尽忠不责备其人有所失误,您还是说说吧!"赵文说:"顺应时代附和风俗,乃是古来的道理;衣服装束早有常规,乃是礼仪的制度;遵循法度不犯错误,乃是民众的本分。这三方面乃是先代圣君的教诲。现在大王抛弃这些竟要袭用远方的服饰,改变古来的教化,更革古来的传统,所以臣下希望大王考虑这些问题。"武灵王说:"您所谈的都是世俗的见闻。平民陷溺在习俗之中,学者沉浸在见闻之中,这两种人只能用以完成职守随顺政令,不能用以观察未来讨论创始。再说三代服装不同都能统一天下,五霸政教不同都能推行政令。聪明的人制定政教,愚昧的人被政教所限制;贤能的人评议习俗,无能的人被习俗所拘束。那些被服制所限制的人们,不值得跟他们谈论心志;那些被习俗所拘束的众人,不值得跟他们表达意愿。所以形势要与风俗一起变化,礼仪要与事变同步发展,这是圣人的原则。接受政教而付诸行动,遵循法度而没有私心,这是民众的本分。明智博学的人,能够随着见闻的扩大而改变观点;通达礼法演变的人,能够随着时代而进化。所以志在修身的人不仰赖别人,治理当世的人不效法古人,你还是放弃这些想法吧。"

赵造规劝武灵王说:"隐匿忠言不把它说尽,乃是奸诈之辈;因为私心而欺骗国家,乃是蠹贼之类。犯了奸诈罪的要判处死刑,欺骗了国家的要夷灭宗族。这两种罪行,先王有惩治的明确的刑法,乃是臣下的大罪。臣下虽然愚昧,愿意掏尽我的忠言,哪怕治以死罪也不逃避。"武灵王说:"把自己的想法都说出来毫不隐讳,这是忠诚;君主不阻塞言路,这是英明。忠诚不逃避危险,英明不拒绝他人。您还是说说吧!"

赵造说:"臣下听说,圣人不改变民意而施教,智者不改变习俗而行动。顺着民意而施教,不付辛劳就可取得成功;依照习俗而行动,谋划简便而且易见成效。如今大王改变原有的服饰不随顺习俗,改穿胡服不顾忌世人议论,这不是用以教育人民完善礼制的措施。再说穿上奇装异服心思就会不正,风俗习惯邪僻民心就被搞乱。因此做国君的人不穿稀奇古怪的服装,中原人不效法蛮夷的行为。再说遵循古法没有过错,沿用古礼不会偏邪。臣下希望大王考虑这些问题。"

武灵王说:"古代和今天风俗不相同,效法哪个古代?历代帝王不递相因袭旧制,遵循哪个礼制?伏羲、神农注重教化而不用刑罚;黄帝和尧、舜,使用刑罚而不无节制。后来夏禹、商汤和周文王,观察时势制定法度,根据事态制定礼制。法度和制令,各个都顺应时宜;衣服和器械,各个都便于使用。所以治理天下不一定施行一种纲领,便利国家不一定效法古代制度。圣人的出现,不是递相因袭才统一天下的;夏、商的衰败,不是更革礼制才走向灭亡的。既然如此,违反古法是无可非议的,而遵循古礼也不值得称赞。再说穿上奇装异服心思就会不正,这样邹国、鲁国人就该没有奇特邪僻的行为;风俗习惯邪僻民众就会轻浮,吴国、越国就该没有杰出的人才。因此圣人把舒服合身的穿戴叫做衣服,把便于处理事情的做法叫作教化。进退的礼节,衣服的制度,是用来使普通民众整齐划一的,不是用来衡量贤人的。所以圣人跟着习俗流动,贤人跟着变革同步。谚语说:'按照书上的说法驾驭车马的人,不会完全了解马的性情;按照古代的制度治理当今天下,不会完全晓得事理的变化。'所以遵循旧法的功效,不能够超越世俗的水平;效法古代的学说,不能够控制当今的形势。您还是不要违背我的决定。"

## 王立周绍为傅[1]

王立周绍为傅[2],曰:"寡人始行县[3],过番吾[4]，当子为子之时[5]，践石以上者皆道子之孝[6]。故寡人问子以璧[7]，遗子以酒食[8]，而求见子。子谒病而辞[9]。人有言子者曰：'父之孝子，君之忠臣也。'故寡人以子之知虑为辨足以道人[10]，危足以持难[11]，忠可以写意[12]，信可以远期[13]。诗云[14]：'服难以勇[15]，治乱以知，事之计也；立傅以行，教少以学，义之经也。循计之事，失而累[16]；访议之行[17]，穷而不忧。'故寡人欲子之胡服以傅王乎[18]。"

周绍曰："王失论矣[19]，非贱臣所敢任也。"王曰："选子莫若父，论臣莫若君。君，寡人也。"周绍曰："立傅之道六。"王曰："六者何也？"周绍曰："知虑不躁达于变[20]，身行宽惠达于礼[21]，威严不足以易于位[22]，重利不足以变其心，恭于教而不快[23]，和于下而不危[24]。六者，傅之才，而臣无一焉。隐中不竭[25]，臣之罪也。傅命仆官[26]，以烦有司，吏之耻也。王请更论。"

王曰："知此六者，所以使子。"周绍曰："乃国未通于王胡服[27]。虽然，臣王之臣也，而王重命之，臣敢不听令乎？"再拜，赐胡服。

王曰："寡人以王子为子任，欲子之厚爱之，无所见丑[28]，御道之以行义[29]，勿令溺苦于学[30]。事君者，顺其意不逆其志；事先者[31]，明其高不倍其孤[32]。故有臣可命，其国之禄也。子能行是，以事寡人者毕矣。《书》云[33]：'去邪无疑，任贤勿贰[34]'，寡人与子[35]，不用人矣。"遂赐周绍胡服衣冠、具带、黄金师比[36]，以傅王子。

【注释】

〔1〕此章事在周赧王十四年(前301)。

〔2〕王:指赵武灵王。周绍:赵国人。傅:教导、辅佐帝王或王子的人。此句言赵武灵王立周绍为王子何之傅。

〔3〕行县:视察县邑。

〔4〕番吾:见《齐策一·张仪为秦连横说齐王》注。

〔5〕为子之时:指年幼时。

〔6〕践石以上者:鲍彪注:"谓能骑乘者。"石,指乘马的垫脚石。金正炜云:"践石以上,犹云历阶而升,谓番吾之谒王者。鲍注'践石''谓能骑乘者',疑非确诂。"今从金说。

〔7〕问:赠送。

〔8〕遗(wèi):给予。

〔9〕谒病:告病,称病。

〔10〕知虑:智谋。辨:通"辩",辩论。道:同"导",开导,教导。

〔11〕危:正,端正。持难:挽救危难。

〔12〕写意:披露心意。鲍彪注:"写,犹'宣'。"

〔13〕远期:鲍彪注:"久而不渝。"

〔14〕诗:鲍本作"谚"。

〔15〕服难(nàn):平服灾难。

〔16〕"而"下鲍本补"不"字。累:忧患,祸害。

〔17〕以上所引,吴师道云:"循计谋之事,虽有过失而无累;访谋议之行,虽有穷急而不忧。"

〔18〕乎:当依鲍本作"子"。

〔19〕论:金正炜云:"犹'择'也。下文'选子莫若父,论臣莫若君',又云'王请更论',义并如'择'。"

〔20〕躁:急躁,不冷静。达:明晓,明白。

〔21〕宽惠:宽厚慈惠。

〔22〕易于位:改变地位或立场。鲍彪注:"素位而行,不为威严

所移。"

〔23〕教:政教,教令。快:放纵。

〔24〕下:属下。危:通"诡",诡诈。

〔25〕隐中:隐藏真情。中:内心,同"衷"。

〔26〕傅命:附和命令。傅,通"附"。仆:鲍彪注:"犹'辱'。"

〔27〕乃国:金正炜云:"疑是'国人'之讹,又误倒也。""王"下鲍本补"之"字。

〔28〕丑:厌恶。

〔29〕御:控制,约束。道:同"导",引导。行义:躬行仁义。

〔30〕溺苦:沉溺困苦。学:指诵习书本。

〔31〕先:鲍彪注:"先君。"金正炜云:"盖即王之自谓也。"

〔32〕倍:背叛。孤:指王子。

〔33〕《书》:《尚书》。

〔34〕"去邪"二句:见于《大禹谟》,原作"任贤勿贰,去邪勿疑。"贰,不专一,三心二意。疑,犹疑不决。

〔35〕与:用。

〔36〕具带:匈奴饰金的腰带。师比:匈奴腰带的带钩。

**【译文】**

　　武灵王立周绍为王子的师傅,说:"寡人起初视察县邑,经过番吾,正当您年幼的时候,那里登阶而上谒见我的人都称道您的孝心。所以寡人把玉璧馈赠您,把酒食送给您,以求见您。您称病回绝了。有人称赞您说:'周绍是父亲的孝子,君主的忠臣。'所以寡人认为凭您的智谋进行辩论能够开导别人,端正能够挽救危难,忠诚可以披露心意,信义可以久而不渝。谚语说:'平服灾难靠勇气,治理动乱靠智力,这是处事的计谋;选立师傅凭德行,教诲少年凭学问,这是道义的准则。遵循计谋来处事,失败了也没有祸害;依照道义来行动,行不通也没有忧患。'所以寡人想叫您穿上胡服做王子的师傅。"

周绍说:"大王选择错了,不是臣下所敢于担任的。"武灵王说:"挑选儿子谁也不如父亲,评论臣子谁也不如君主。君主就是我。"周绍说:"选立师傅的原则有六条。"武灵王说:"哪六条?"周绍说:"才智谋虑冷静不躁通晓事变,自身行为宽厚慈惠通晓礼仪,威严之下不能使他改变立场,重利之下不能使他改变心意,严肃地对待政教而不放纵,谦和地对待下人而不诡诈。这六条,才是师傅的德才,而我连一条也不具备。隐瞒真情而不说尽,这是臣子的罪过。附和命令玷污官职,从而麻烦主管官吏,这是官吏的耻辱。请大王另行选择王子的师傅吧。"

　　武灵王说:"我晓得这六条,所以才委派您。"周绍说:"国人对于大王改穿胡服的决定还不理解。尽管如此,臣下是大王的臣子,而大王又重用我,臣下怎敢不听从命令呢?"周绍拜了两拜,武灵王赐他一套胡服。

　　武灵王说:"寡人把教育王子作为您的责任,希望您厚爱他,不要让他做出被人厌恶的事情。您要约束引导他去躬行仁义,不要叫他沉溺困苦在诵习书本之中。服事君主的人,要顺从君主的意图,不要违背他的意志;服事先君的人,要彰明先君的高尚,不要背叛他的遗孤。所以有臣子可以命令,大概是国家的福气。您能够做到这些,服事寡人的重任就完成了。《尚书》说:'铲除邪恶不要迟疑,任用贤人不要犹豫。'寡人就任用您,不任用别人了。"于是又赏给周绍一套胡人的衣帽、用贝壳装饰的衣带和黄金的带钩,来做王子的师傅。

## 赵燕后胡服[1]

　　赵燕后胡服[2],王令让之曰[3]:"事主之行,竭意尽力,微谏而不哗[4],应对而不怨,不逆上以自伐[5],不立私以为名。子道顺而不拂[6],臣行让而不争[7]。子用私道者,家必乱;臣用私义者,国必危。反亲以为行,慈父不子;逆主以自成,惠主不臣也[8]。寡人胡服,子独弗服,逆主罪莫大焉。以从政为累[9],以逆主为高,行私莫大焉。故寡人恐亲犯刑戮之罪[10],以明有司之法。"赵燕再拜稽首曰:"前吏命胡服,施及贱臣,臣以失令过期,更不用侵[11],辱教[12],王之惠也。臣敬循衣服以待今日[13]。"

## 【注释】

〔1〕此章事在周赧王十四年(前301)。
〔2〕赵燕:赵国贵族。后:鲍彪注:"服后于众。"
〔3〕让:责备,责怪。
〔4〕微:暗中,悄悄地。哗:喧哗。
〔5〕伐:夸耀。
〔6〕拂:不顺,违背。
〔7〕让:谦让,退让。
〔8〕自成:自作主张。
〔9〕政:鲍彪注:"胡服为政。"累:负担。
〔10〕亲:缪文远云:"疑为'子'字之讹。"
〔11〕更:鲍彪注:"犹'反'。"侵:金正炜云:"当为'㣤',形似而讹。《玉篇》:'㣤,古文辟字。'"不用辟,不施刑罚。
〔12〕辱教:承蒙赐教。指"王令让之"而言。
〔13〕今:鲍本作"令"。

## 【译文】

赵燕拖到最后才穿上胡服,武灵王曾派人责备他说:"服事君主的行动,应该全心全意尽力而为,暗中谏诤而不喧哗,临朝应对而不抱怨,不违背君主而自我夸耀,不树立自己而追求名望。为子之道要恭顺而不忤逆,为臣之行要谦让而不争强。作为人子自行其是家必乱,作为人臣自行其是国必危。违背父亲任意妄行,慈祥的父亲也不把他视为儿子;叛离君主自作主张,仁惠的君主也不把他视为臣子。寡人改穿胡服,惟独你不穿,逆主罪没有比这更大的。以服从政令为负担,以违背君主为高尚,行私罪没有比这更大的。所以寡人惟恐你犯应该杀头的罪,用以证明执法机构的法律。"赵燕叩头至地拜了两拜说:"日前官吏命令改穿胡服,恩惠及于臣下,臣下违抗命令错过期限,反而不施刑罚,使我领受教诲,这是君王的恩惠。臣下敬请遵守衣服制度以待大王的命令。"

## 王破原阳[1]

王破原阳以为骑邑[2],牛赞进谏曰[3]:"国有固籍[4],兵有常经[5]。变籍则乱,失经则弱。今王破原阳以为骑邑,是变籍而弃经也。且习其兵者轻其敌[6],便其用者易其难[7]。今民便其用而王变之,是损君而弱国也[8]。故利不百者不变俗,功不什者不易器[9]。今王破卒散兵以奉骑射,臣恐其攻获之利不如所失之费也[10]。"

王曰:"古今异利,远近易用[11]。阴阳不同道,四时不一宜[12]。故贤人观时而不观于时[13],制兵而不制于兵。子知官府之籍,不知器械之利;知兵甲之用,不知阴阳之宜[14]。故兵不当于用,何兵之不可易?教不便于事,何俗之不可变?昔者先君襄主与代交地[15],城境封之[16],名曰'无穷之门'[17],所以昭后而期远也[18]。今重甲循兵[19],不可以逾险;仁义道德,不可以来朝[20]。吾闻信不弃功,知不遗时[21],今子以官府之籍乱寡人之事,非子所知。"

牛赞再拜稽首曰:"臣敢不听令乎!"至遂胡服[22],率骑入胡,出于遗遗之门[23],逾九限之固[24],绝五陉之险[25],至榆中[26],辟地千里。

【注释】

〔1〕此章事在周赧王十五年(前300)。

〔2〕吴师道云:"破者,破卒散兵以为骑。"原阳:在今内蒙古呼和浩特市东南。骑邑:骑兵训练的地方。

〔3〕牛赞:赵国人。

〔4〕固:通"故",原来的。籍:文书典册。指法令。

〔5〕常:永久的,固定的。经:常规,原则。

〔6〕习:熟悉,通晓。轻:轻易,此言顺利战胜敌人。

〔7〕用:器用,指武器装备。易其难:以难为易,轻取敌人。

〔8〕损:姚宏云:"一本作'捐'。"金正炜云:"按'君'字,疑本为'群',脱损半字而讹也。此言自弃其众。"

〔9〕什:十倍。

〔10〕攻:金正炜云:"当作'攸',二形相似而误。《尔雅·释言》:'攸,所也。'"

〔11〕易:差异,不相同。

〔12〕不一宜:各有所宜。宜,适当,适宜。

〔13〕鲍彪注:"时犹俗也。视俗而变,不为俗所窥。"

〔14〕阴阳之宜:指天时人事变化中应采取的适当措施。

〔15〕襄主:即赵襄子。交地:接壤。

〔16〕城境封之:鲍彪注:"筑城境上,为之封域。"

〔17〕无穷之门:隘口名,在今河北张北县南。

〔18〕昭后:昭示后代。期远:希望开拓远地。

〔19〕循:姚宏云:"一作'修'。"作"修"是。修,长。

〔20〕来朝:使胡人来朝,即使胡人臣服。

〔21〕知:同"智"。

〔22〕至:鲍本作"王"。

〔23〕遗遗之门:即挺关,在今陕西榆林市北。

〔24〕九限:金正炜云:"疑本作'九阮',即九原也。"九原,赵邑,在今内蒙古包头市西。

〔25〕五陉:郭希汾云:"案井陉关,亦曰土门关。太行八陉,其第五陉曰土门关。五陉,或指井陉。"井陉在今河北省石家庄市鹿泉区。

〔26〕榆中:古地区名,在今内蒙古伊金霍洛旗一带。

【译文】

　　武灵王解散原阳的步兵组建骑兵,把原阳作为骑兵的训练地。牛赞规劝武灵王说:"国家有原来的法典,军队有固定的原则。更改法典国家就会混乱,失去原则军队就会削弱。如今大王解散原阳的步兵组建骑兵,把原阳作为骑兵的训练地,这就是更改法典抛弃原则。再说熟悉自己的武器就能顺利战胜敌人,掌握自己的装备就能变艰难为容易。现在民众掌握自己的装备大王还要更换,这是抛弃民众而削弱国家。因此利益不到百倍不能改变习俗,功效不到十倍不能更换武器。如今大王解散步兵施行骑射制度,我担心所获取的利益,抵不上所损失的费用。"

　　武灵王说:"古昔和当今的利益有差异,远方和近处的器用不一样,阴阳各有不同的规律,四季各有不同的时宜。所以贤人观察时俗而不为时俗所左右,掌握兵器而不为兵器所限制。你知道官府的法典,不知道兵器的效益;知道装备的用途,不知道阴阳的所宜。所以兵器用起来不合适,有什么兵器不可以更换?教化于政事有不便,有什么习俗不可以改变?以前先君襄主那时候我国与代地相接,曾在边境筑城,作为疆界标志,取名叫做无穷之门,用以昭示后代要把疆界推向远方。如今披坚甲持长兵,也不能逾越险阻;大讲仁义道德,也不能使胡人来朝。我听说诚信就不能抛弃功业,聪明就不能失掉时机,现在你拿官府的法典干扰寡人的大事,这不是你能了解的。"

牛赞叩头至地拜了两拜说:"我怎敢不听从命令呢?"武灵王于是穿上胡服,率领骑兵冲入胡地,从挺关出发,越过了坚固的九原城,穿过了险要的井陉关到达榆中,开辟疆土一千里。

# 卷二十　赵三

## 赵惠文王三十年[1]

赵惠文王三十年[2],相都平君田单问赵奢曰[3]:"吾非不说将军之兵法也[4],所以不服者,独将军之用众[5]。用众者,使民不得耕作,粮食挽赁不可给也[6]。此坐而自破之道也,非单之所为也。单闻之,帝王之兵,所用者不过三万,而天下服矣。今将军必负十万、二十万之众乃用之[7],此单之所不服也。"

马服曰[8]:"君非徒不达于兵也[9],又不明其时势。夫吴、干之剑[10],肉试则断牛马,金试则截盘匜[11]。薄之柱上而击之[12],则折为三;质之石上而击之[13],则碎为百。今以三万之众而应强国之兵,是薄柱击石之类也[14]。且夫吴、干之剑材难[15],夫毋脊之厚,而锋不入[16],无脾之薄,而刃不断[17]。兼有是两者,无钩罩镡蒙须之便[18],操其刃而刺,则未入而手断。君无十余、二十万之众而为此钩罩镡蒙须之便[19],而徒以三万行于天下,君焉能乎?且古者,四海之内分为万国。城虽大无过三百丈者;人虽众无过三千家者。而以集兵三万距[20],此奚难哉？今取古之为万国者,分以为战国七[21],能具数十万之兵,旷日持久,数岁,即君之齐已[22]。齐以二十万之众攻荆,五年乃罢[23];赵以二十万之众攻中山,五年乃归[24]。今者齐、韩相方[25],而国围攻焉[26],岂有敢曰我其以三万救是者乎哉？今千丈之城、万家之邑相望也,而索以三万之众围千丈之城,不存其一角[27],而野战不足用也,君将以此何之？"都平君喟然太息曰:"单不至也[28]。"

**【注释】**

〔1〕此章事在周赧王五十一年(前264)。

〔2〕吴师道云:"惠文三十年,正赵奢破秦军阏与后一岁,单未至赵也。疑三十年下有缺文。"

〔3〕都平君:吴师道云:"是仍齐相之称。都平,即安平也。"田单:齐名将,襄王时任相国,封安平君。此时田单为赵相。赵奢:赵名将,即下文"马服"。

〔4〕说:同"悦",喜欢。

〔5〕用众:使用的兵员多。

〔6〕挽赁:等于说"运输"。挽指车运,赁通"任",指人担。给(jǐ):供给,供应。

〔7〕负:恃,倚仗。

〔8〕马服:赵奢的封号。

〔9〕非徒:不只。达:通晓。

〔10〕吴、干:皆国名。二国所制的剑十分锋利,故言剑必称吴、干。

〔11〕盘匜(yí):古代盥洗用具。用匜倒水,以盘承接。

〔12〕薄:迫近,靠近。

〔13〕质:通"碩(zhì)":石砧。用作动词,垫。

〔14〕薄柱击石:吴师道云:"言剑虽利,然薄之于柱,质之于石而击

之,则不敌于柱石之坚,必折且碎。"

〔15〕剑材:制剑的材料。难:难得。

〔16〕毋:鲍本作"无"。脊:脊背,指剑中间隆起的部分。而:则。

〔17〕脾(bì):剑近刃处。

〔18〕钧:鲍本作"钩"。钩:附于剑头的环。䍐(hǎn):鲍本作"罕",又改作"竿",指剑柄。镡(xín):剑柄与剑身连接处突出的部分。蒙须:鲍彪注:"疑为剑绳,犹劗缕也。"

〔19〕而:王引之云:"犹'以'也。"

〔20〕而:若,如果。距:通"拒",指攻城。

〔21〕战国:攻战争雄的大国。

〔22〕已:通"矣"。

〔23〕五年:疑为"三年"之误。公元前303年齐与魏、韩攻楚,公元前301年败楚,杀楚将唐眛。

〔24〕"赵以"二句:公元前300年赵攻中山,公元前296年迁中山王于肤施。鲍彪注:"此言虽众犹不亟得志,况三万乎?"

〔25〕方:鲍彪注:"方,犹'比',犹'敌'。"

〔26〕而:如果。

〔27〕不存其一角:鲍彪注:"言城大兵少,曾不处城之一角,岂能合围?"

〔28〕至:及。

【译文】

赵惠文王三十年,相国都平君田单对赵奢说:"我不是不喜欢将军的用兵方法,所以还不佩服的,只是将军使用兵员过多。使用兵员过多,就使人民不得耕种土地,粮食运输供给不上。这是坐着自取灭亡的做法,不是我所要采取的。我听说,帝王的士兵,所调用的不超过三万,天下诸侯就归服了。现在将军一定得仗恃十万、二十万兵众才敢调用,这是我所不佩服的。"

马服君赵奢说:"您不只不懂用兵的方法,而且不明眼下的形势。那吴国、干国铸造的剑,用肉体试验能把牛马拦腰斩断,用金属试验能把盘匜截成两半。靠在柱子上来锤击它，就会断成三段；垫在石头上来锤击它，就会碎成百块。如今用三万的兵力去对付强国的军队，就像把剑靠在柱子上垫在石头上锤击一样。再说吴国、干国的制剑材料难得，如果剑脊没有相应的厚度，剑锋就不能入物；如果剑锷没有相应的薄度，剑刃就不能断物。兼有这两个条件，如果没有便于使用的剑环、剑柄、剑镡和剑绳，操起剑锷就刺，那么还没刺进去手就被切断了。您没有十余万或二十万的兵力做为便于使用的剑环、剑柄、剑镡和剑绳，而只用三万兵力在天下南征北战，您怎能取胜呢？再说古时候，四海之内，分成上万个国家。城墙虽然庞大，也没有超过三百丈的；城里人口虽然众多，也没有超过三千家的。如果用集结起来的三万兵力围攻它，这有什么困难呢？如今把古时候分成万国的地域，分割为七个攻战争雄的大国，谁都具有几十万的兵力，旷日持久地作战，几年以后，就像您的齐国一样惨败了。齐国用二十万军队攻打楚国，三年才休兵；赵国用二十万军队攻打中山国，五年才回师。现在齐国和韩国势均力敌，如果一方围攻另一方，难道有谁敢说，我将用三万兵力去解救这个被围攻的国家吗？现在千丈的城墙、万户的城邑相望，如果求得三万兵力就去包围千丈的城墙，不仅不能围住一个城角，而且连野外作战也不够用，您还把这三万兵力调到哪里呢？"都平君长叹一声说："我赶不上您呀！"

## 赵使机郝之秦[1]

赵使机郝之秦[2]，请相魏冉[3]。宋突谓机郝曰[4]:"秦不听,楼缓必怨公[5]。公不若阴辞楼子曰[6]:'请无急秦王[7]。'秦王见赵之相魏冉之不急也,且不听公言也[8],是事而不成[9],魏冉固德公矣[10]。"

**【注释】**

〔1〕此章事在周赧王二十年(前295),又见于《史记·穰侯列传》。
〔2〕机郝:鲍本作"仇郝",赵国之臣。
〔3〕魏冉:即穰侯。《史记》作"请以魏冉为秦相"。
〔4〕宋突:赵国之臣。
〔5〕楼缓:赵国人,此时为秦国相国。
〔6〕辞:告诉。
〔7〕秦王:指秦昭王。《史记》作"请为公毋急秦王"。
〔8〕且:将。
〔9〕而:如果。"成"下鲍本据《史记》补"以德楼子,事成"六字。
〔10〕德:感激。

**【译文】**

赵国派仇郝到秦国去,请求任命魏冉做秦国的相国。宋突对仇郝说:"秦王要是不听,楼缓一定怨恨您。您不如暗中告诉楼缓说:'请允许我为您不催逼秦王。'秦王见赵国并不急于请求任命魏冉为相国,将不听信您的话。这件事如果不成,可以使楼缓感激您;这件事如果成了,魏冉当然要感激您了。"

## 齐破燕,赵欲存之[1]

齐破燕[2],赵欲存之[3]。乐毅谓赵王曰[4]:"今无约而攻齐,齐必仇赵[5]。不如请以河东易燕地于齐[6]。赵有河北[7],齐有河东,燕、赵必不争矣[8]。是二国亲也。以河东之地强齐,以燕以赵辅之,天下憎之,必皆事王以伐齐。是因天下以破齐也[9]。"王曰:"善。"乃以河东易齐。楚、魏憎之,令淖滑、惠施之赵[10],请伐齐而存燕。

【注释】

〔1〕此章事在周赧王元年(前314)。

〔2〕齐宣王乘燕乱派匡章伐燕,五旬攻下燕国。

〔3〕赵召燕公子职于韩,派乐池送入燕,立为王(即燕昭王),故曰"存之"。

〔4〕乐毅:魏国名将乐羊之后,燕昭王时为上将军,以功封昌国君。赵王:指赵武灵王。

〔5〕鲍彪注:"不约与国而独攻齐,故齐怨。若有与同攻,则怨有所分矣。"

〔6〕河东:赵国漳河以东地,在今河北清河县一带,靠近齐国。燕地:指齐破燕所得之地。

〔7〕河北:指黄河以北接近燕国的地区,即上句"燕地"。

〔8〕金正炜云:"当为'齐赵必不争',故云'二国亲'也。"

〔9〕因:依靠。

〔10〕淖(zhuō)滑:楚国谋臣。惠施:魏国相国。

【译文】

齐军攻破燕国,赵国想使燕国存在下去。乐毅对赵武灵王说:"如今没有约结盟国去进攻齐国,齐国一定仇恨赵国。不如向齐国请求用河东的土地换取它占领的燕地。赵国占有河北一带,齐国占有河东一带,齐国和赵国一定不会再相争了,这样两国的关系就更亲近。用河东的土地加强了齐国的力量,由于燕国和赵国辅助它,天下诸侯就会憎恨它,一定都会侍奉大王讨伐齐国。这就是依靠天下诸侯来击破齐国。"武灵王说:"好。"于是就以河东的土地跟齐国对换燕国的失地。楚国、魏国憎恨齐国,派淖滑、惠施到赵国来,请求讨伐齐国而使燕国存在下去。

## 秦攻赵,蔺、离石、祁拔[1]

秦攻赵,蔺、离石、祁拔[2]。赵以公子郚为质于秦[3],而请内焦、黎、牛狐之城[4],以易蔺、离石、祁于赵。赵背秦,不予焦、黎、牛狐。秦王怒[5],令公子缯请地。赵王乃令郑朱对曰[6]:"夫蔺、离石、祁之地,旷远于赵[7],而近于大国。有先王之明与先臣之力,故能有之。今寡人不逮[8],其社稷之不能恤[9],安能收恤蔺、离石、祁乎?寡人有不令之臣[10],实为此事也,非寡人之所敢知!"卒倍秦[11]。

秦王大怒,令卫胡易伐赵[12],攻阏与[13]。赵奢将救之,魏令公子咎以锐师居安邑以挟秦[14]。秦败于阏与,反攻魏几[15]。廉颇救几[16],大败秦师。

【注释】

〔1〕此章所述与史多不相合,当为策士拟托之作。

〔2〕蔺、离石、祁:皆为赵邑。蔺,又称蔺阳或北蔺,在今山西吕梁市离石区西。离石,在今山西吕梁市离石区。祁在今山西祁县东。

〔3〕郚:姚宏云:"郚,音吾。"

〔4〕内:同"纳"。焦:在今河南三门峡市西。黎:在今河南浚县西。

牛狐:所在不详。

〔5〕秦王:指秦昭王。

〔6〕赵王:指赵惠文王。郑朱:赵国之臣。

〔7〕旷远:遥远。

〔8〕不逮:不及,言不及先王。

〔9〕恤:忧虑,顾及。

〔10〕令:善。

〔11〕倍:背弃。

〔12〕胡易:《史记·秦本纪》作"胡伤",《穰侯列传》作"胡阳"。

〔13〕阏(yù)与:古邑名。先属韩,后属赵,在今山西和顺县。

〔14〕公子咎(jiù):魏国将领。安邑:魏邑,在今山西夏县北。挟:挟制,牵制。按:公元前286年秦得魏河内,魏献安邑于秦,此时岂能以锐师居安邑?

〔15〕几:魏地,在今河北大名县东南。钟凤年云:"秦既败于阏与,魏更蹑其后,乃竟反攻魏几,岂非自取覆灭?所言殊多可疑。"

〔16〕廉颇:赵国名将,颇有战功,封信平君。按:公元前276年赵已派廉颇攻取魏几,事在秦败于阏与前七年。当时几已属赵,何言"救几"?

**【译文】**

秦国进攻赵国,蔺、离石、祁三地被攻占。赵国把公子郚送到秦国作人质,并请求献出焦、黎、牛狐三城,把蔺、离石、祁三地换回赵国。赵国背弃了秦国,不肯让出焦、黎、牛狐三城。秦王大怒,派公子缯来要土地。赵王就派郑朱回答说:"那蔺、离石、祁三地,远离赵国,而靠近贵国。具有先王的明德和先臣的才力,才能保有这些土地。如今寡人赶不上先王,大概连国家都顾不上,怎么能收复蔺、离石、祁三地呢?寡人有不善的臣子,确实是他们干的这事,不是寡人所敢知道的。"终于背弃了秦国。

秦王大发雷霆,命令卫人胡易讨伐赵国,攻打阏与。赵奢便率兵拯救阏与,魏国派公子咎率精锐部队驻扎在安邑来挟制秦军。秦军在阏与败北,返回攻打魏国的几邑。廉颇援救几邑,大败秦军。

## 富丁欲以赵合齐、魏[1]

富丁欲以赵合齐、魏[2],楼缓欲以赵合秦、楚[3]。富丁恐主父之听楼缓而合秦、楚也[4]。

司马浅为富丁谓主父曰[5]:"不如以顺齐[6]。今我不顺齐伐秦,秦、楚必合而攻韩、魏[7]。韩、魏告急于齐,齐不欲伐秦[8],必以赵为辞[9],则伐秦者赵也[10],韩、魏必怨赵。齐之兵不西[11],韩必听秦违齐,违齐而亲[12],兵必归于赵矣[13]。今我顺而齐不西,韩、魏必绝齐,绝齐则皆事我。且我顺齐,齐无而西[14]。日者楼缓坐魏三月[15],不能散齐、魏之交。今我顺而齐、魏果西,是罢齐敝秦也[16],赵必为天下重国。"主父曰:"我与三国攻秦[17],是俱敝也。"曰:"不然。我约三国而告之秦[18],以未构中山也[19]。三国欲伐秦之果也[20],必听我,欲和我[21]。中山听之,是我以王因饶中山而取地也[22];中山不听,三国必绝之,是中山孤也。三国不能和我,虽少出兵可也。我分兵而孤乐中山[23],中山必亡。我已亡中山[24],而以余兵与三国攻秦,是我一举而两取地于秦、中山也。"

【注释】

〔1〕此章事在周赧王十七年（前298）。

〔2〕富丁：赵国之臣。

〔3〕楼缓：赵国人，当时为秦相。

〔4〕主父：即赵武灵王。

〔5〕司马浅：赵国之臣。

〔6〕鲍彪注："齐本欲伐秦，今顺之。"金正炜云："按'以'下疑脱'国'字。"

〔7〕鲍彪注："无齐之难，因得取其邻也。"

〔8〕鲍彪注："上言顺齐伐秦，此又言齐不欲伐者，前时秦、楚未合，今合故也。"

〔9〕辞：借口。鲍彪注："以赵不顺齐伐秦告二国。"

〔10〕"则"下鲍本补"不"字，从鲍本。

〔11〕西：指西下伐秦。

〔12〕金正炜云："'亲'下当补'秦'字。"

〔13〕归：归到一处。言合攻赵国。

〔14〕而：鲍本作"不"，从鲍本。

〔15〕日者：从前。坐：守，留守。鲍彪注："时欲离齐、魏。坐，言有所待。"

〔16〕罢（pí）：通"疲"。

〔17〕三国：指齐、魏、韩。

〔18〕鲍彪注："衍'秦'字。"

〔19〕鲍本"构"作"讲"。讲：和解。鲍彪注："此言可以少出兵也。"

〔20〕果：坚决。

〔21〕鲍彪注："使赵与中山讲。"

〔22〕王因：鲍本作"三国"，从鲍本。饶：王念孙云："当为'挠'，字之误也。"挠：通"桡"，屈服。此言使中山屈服。

〔23〕金正炜云："'孤'字因上文'是中山孤也'而衍。'乐'即'烁'之缺损。"烁：通"铄"，销熔，衰败。

〔24〕已亡中山：设想之辞。赵灭中山是在两年之后。

**【译文】**

　　富丁打算使赵国与齐国、魏国联合，楼缓打算使赵国与秦国、楚国联合。富丁害怕主父听信楼缓的主张跟秦国、楚国联合。

　　司马浅代富丁对主父说："我们不如随从齐国。如今我们不随从齐国讨伐秦国，秦国、楚国一定会联合进攻韩国、魏国。韩国、魏国向齐国告急求援，齐国不想讨伐秦国，一定会以赵国不随从它讨伐秦国为借口，那么不讨伐秦国的就是赵国，韩国、魏国一定怨恨赵国。齐国的军队不西上讨伐秦国，韩国一定听从秦国背离齐国，背离齐国亲近秦国，兵祸一定会归到赵国头上了。如果我们随从齐国它又不西上讨伐秦国，韩国、魏国一定会与齐国绝交，与齐国绝交就都会为我国效力。再说我们随从齐国，齐国不会不西上讨伐秦国。从前，楼缓在魏国留守三个月，也没能瓦解齐国跟魏国的邦交。如今我们随从齐国，齐国、魏国果然西上讨伐秦国，这样齐国、秦国就会两败俱伤，赵国一定会成为天下举足轻重的国家。"主父说："我们跟韩、魏、齐三国联合进攻秦国，这都得丧失元气。"司马浅说："不是这样。我们与三国结约同时告诉他们，是因为跟中山国尚未和解。如果三国想要讨伐秦国是坚决的，一定会听信我们的，使我国与中山国和解。如果中山国答应我们的要求，这样我们就凭借三国的力量使中山国屈服而取得土地；如果中山国不答应我们的要求，三国一定会跟它断绝关系，这样中山国就孤立了。如果三国不能迫使中山国与我国和解，即使少出兵也是可以的。我们分出部分兵力使中山国孤立衰败，中山国一定灭亡。我们灭了中山以后，用其余的兵力跟三国一起进攻秦国，这样我们就一举从秦国和中山国两方面割取了土地。"

# 魏因富丁且合于秦[1]

魏因富丁且合于秦[2],赵恐,请效地于魏而听薛公[3]。教子欬谓李兑曰[4]:"赵畏横之合也[5],故欲效地于魏而听薛公。公不如令主父以地资周最[6],而请相之于魏。周最以天下辱秦者也,今相魏,魏、秦必虚矣[7]。齐、魏虽劲[8],无秦不能伤赵。魏王听[9],是轻齐也。秦、魏虽劲,无齐不能得赵。此利于赵而便于周最也。"

【注释】

〔1〕此章事在周赧王十七年(前298),与上章同时。

〔2〕鲍彪注:"丁本欲以赵合齐,今魏欲因以合秦,赵不听故。"而钟凤年云:"上章称'富丁欲以赵合齐、魏,楼缓欲以赵合秦、楚。富丁恐主父之听楼缓',复称'楼缓坐魏';则魏欲和秦,不应舍楼缓而因富丁。丁又何反复若彼之速?疑'丁'为'缓'之误。"

〔3〕薛公:即孟尝君田文。本年薛公由秦返齐,听薛公即听齐命。

〔4〕李欬(kài):赵臣。金正炜云:"《吕览·无义》篇:'赵急求救李欬',疑'子欬'即'李欬'之讹。"

〔5〕横之合:鲍彪注:"合秦,故言横。"

〔6〕主父:即赵武灵王。周最:周公子,主张重齐轻秦。

〔7〕虚:鲍彪注:"言其不合也。"

〔8〕劲(jìng):强大。

〔9〕王:金正炜云:"当为'不'字讹。"

【译文】

魏国通过楼缓将要跟秦国联合,赵国恐惧,请求把土地献给魏国并听从薛公的指挥。教李欸对李兑说:"赵国害怕魏国与秦国连横,所以打算把土地献给魏国并听从薛公的指挥。您不如让主父用土地资助周最,并请他到魏国做相国。周最是凭借天下诸侯的力量侮辱秦国的人,如今他做了魏国的相国,魏国跟秦国就一定不能联合了。齐国、魏国虽然强大,没有秦国就不能伤害赵国。魏国不听,这是轻蔑齐国。秦国、魏国虽然强大,没有齐国就不能得到赵国。这对赵国有利而且对周最有益。"

# 魏使人因平原君请从于赵[1]

魏使人因平原君请从于赵[2],三言之,赵王不听[3]。出遇虞卿[4],曰:"为入必语从[5]。"虞卿入,王曰:"今者平原君为魏请从,寡人不听,其于子何如?"虞卿曰:"魏过矣。"王曰:"然,故寡人不听。"虞卿曰:"王亦过矣。"王曰:"何也?"曰:"凡强弱之举事[6],强受其利,弱受其害。今魏求从而王不听,是魏求害而王辞利也。臣故曰:'魏过,王亦过矣。'"

【注释】

〔1〕此章事在何年不可确考,又见于《史记·虞卿列传》及《新序·善谋九》。

〔2〕平原君:即赵胜,当时为赵相。从:同"纵",合纵。

〔3〕赵王:指赵孝成王。

〔4〕虞卿:游说之士,时为赵国上卿。

〔5〕为:如果。

〔6〕举事:行事。

**【译文】**

　　魏王派人通过平原君请求跟赵国合纵,平原君谈了好几次,赵孝成王不听。平原君出来遇见虞卿,说:"如果入宫,一定要谈谈合纵的事。"虞卿入宫,孝成王说:"现在平原君替魏国请求合纵,寡人没有听从,在你看来怎么样?"虞卿说:"魏国错了。"孝成王说:"是的,所以寡人没有听从。"虞卿说:"大王也错了。"孝成王说:"为什么?"虞卿说:"大凡强国与弱国共事,总是强国从中受利,弱国从中受害。如今魏国请求合纵而大王不肯听从,这是魏王请求受害而大王拒绝受利。臣下所以说魏国错了大王也错了。"

## 平原君请冯忌〔1〕

　　平原君请冯忌曰〔2〕:"吾欲北伐上党〔3〕,出兵攻燕,何如?"冯忌对曰:"不可。夫以秦将武安君公孙起乘七胜之威〔4〕,而与马服之子战于长平之下〔5〕,大败赵师,因以其余兵围邯战之城〔6〕。赵以亡败之余众〔7〕,收破军之敝守〔8〕,而秦罢于邯郸之下〔9〕。赵守而不可拔者,以攻难而守者易也。今赵非有七克之威也,而燕非有长平之祸也。今七败之祸未复,而欲以罢赵攻强燕,是使弱赵为强秦之所以攻,而使强燕为弱赵之所以守。而强秦以休兵承赵之敝〔10〕,此乃强吴之所以亡而弱越之所以霸。故臣未见燕之可攻也。"平原君曰："善哉！"

## 【注释】

〔1〕此章事在周赧王五十九年（前256）。

〔2〕鲍本"请"作"谓"，从鲍本。冯忌：游说之士。

〔3〕上党：钟凤年云："当是'上谷'之讹，上谷为燕地，近于赵之代郡。"

〔4〕武安君公孙起：即白起。七胜：鲍彪注："胜赵。"

〔5〕马服之子：即赵括。王念孙云："本无'之'字，后人以赵括为赵奢之子，因加'之'字耳。不知当时人称赵括为马服子，沿其父号而称之也。马服子犹言马服君。"长平：赵邑，在今山西高平市西北。

〔6〕邯战：当作"邯郸"。

〔7〕亡败：王念孙云："当作'七败'。上言七胜，故此言赵七败。"

〔8〕敝守：王念孙云："'敝守'二字，文不成义。此本作'赵以七败之余，收破军之敝'，'敝'亦'余'也。'收破军之敝'，所谓收合余烬也。'守'字因下文数'守'字而衍，后人因于上句加'众'字以成对文耳。"

〔9〕罢（pí）：通"疲"。下同。

〔10〕休兵：休整之兵。

## 【译文】

平原君对冯忌说："我想向北进攻上谷，出兵攻打燕国，怎么样？"冯忌回答说："不行。那秦国将领武安君公孙起乘着七次战胜赵国的威势，与马服君在长平之下作战，大败赵国的军队，趁机用他剩余的兵力围攻邯郸城。赵国用七次败于秦国的余兵，收罗溃败的军队残卒防守邯郸，秦军竟在邯郸城下被搞得疲惫不堪。赵国的防守所以不可攻破，是因为进攻困难而防守容易。如今赵国没有连胜七次的威风，而燕国也没有像长平之役那样的灾祸。如今七次战败的灾祸还没有平复，竟要以疲惫的赵国进攻强大的燕国,这就是使弱小的赵国重蹈强大的秦国围攻邯郸那样的覆辙,使强大的燕国再获弱小的赵国防守邯郸那样的成功。而且强大的秦国会用已经休整的兵力趁着赵国的疲惫发起进攻,这就是强大的吴国所以灭亡,弱小的越国所以称霸的原因。所以我没有看出可以进攻燕国的理由。"平原君说:"讲得好呀!"

## 平原君谓平阳君[1]

平原君谓平阳君曰[2]:"公子牟游于秦[3],且东而辞应侯[4]。应侯曰:'公子将行矣,独无以教之乎?'曰:'且微君之命命之也,臣固且有效于君:夫贵不与富期[5],而富至;富不与粱肉期[6],而粱肉至;粱肉不与骄奢期,而骄奢至;骄奢不与死亡期,而死亡至。累世以前,坐此者多矣[7]。'应侯曰:'公子之所以教之者厚矣。'仆得闻此[8],不忘于心。愿君之亦勿忘也。"平阳君曰:"敬诺。"

【注释】

〔1〕此章大抵是策士拟托之作,又见于《说苑·敬慎》篇。

〔2〕平原君:即赵胜。平阳君:即赵豹。

〔3〕公子牟:即魏牟,魏公子。

〔4〕东:鲍彪注:"东归魏。"辞:告别。应侯:即范雎。《说苑》作"穰侯"。

〔5〕期:约会。

〔6〕粱肉:指精美的膳食。

〔7〕坐：因……犯罪。
〔8〕仆：对自己的谦称。此是平原君谦称自己。

**【译文】**

平原君对平阳君说："公子牟到秦国游历，准备东归魏国与应侯告别。应侯说：'公子就要走了，难道没有什么指教我的吗？'公子牟说：'就是没有您的命令命令我，臣下本来也有几句话要献给您：显贵没有跟富裕相约，富裕却随之而来；富裕没有跟肴馔相约，肴馔却随之而来；肴馔没有跟骄奢相约，骄奢却随之而来；骄奢没有跟死亡相约，死亡却随之而来。数世以前，因此而犯罪的人可多了。'应侯说：'公子用以指教我的这番话意味太深厚了。'我听到这番话，在心里不会忘记。希望您也不要忘记。"平阳君说："遵命。"

## 秦攻赵于长平〔1〕

秦攻赵于长平〔2〕，大破之，引兵而归。因使人索六城于赵而讲〔3〕。赵计未定。楼缓新从秦来〔4〕，赵王与楼缓计之曰〔5〕："与秦城何如？不与何如〔6〕？"楼缓辞让曰："此非人臣之所能知也〔7〕。"王曰："虽然，试言公之私〔8〕。"楼缓曰："王亦闻夫公甫文伯母乎〔9〕？公甫文伯官于鲁，病死，妇人为之自杀于房中者二八〔10〕。其母闻之，不肯哭也。相室曰〔11〕：'焉有子死而不哭者乎？'其母曰：'孔子，贤人也，逐于鲁，是人不随〔12〕。今死而妇人为死者十六人，若是者，其于长者薄而于妇人厚。'故从母言之，之为贤母也〔13〕；从妇言之，必不免为妒妇也。故其言一也,言者异,则人心变矣。今臣新从秦来,而言勿与[14],则非计也;言与之,则恐王以臣之为秦也。故不敢对。使臣得为王计之,不如予之。"王曰:"诺。"

虞卿闻之[15],入见王,王以楼缓言告之。虞卿曰:"此饰说也[16]。"秦既解邯郸之围而赵王入朝使赵郝约事于秦割六县而讲[17]。王曰:"何谓也?"虞卿曰:"秦之攻赵也,倦而归乎?王以其力尚能进[18],爱王而不攻乎?"王曰:"秦之攻我也,不遗余力矣,必以倦而归也。"虞卿曰:"秦以其力攻其所不能取,倦而归;王又以其力之所不能攻以资之[19],是助秦自攻也。来年秦复攻王,王无以救矣。"

王又以虞卿之言告楼缓,楼缓曰:"虞卿能尽知秦力之所至乎[20]?诚知秦力之不至此弹丸之地犹不予也。令秦来年复攻[21],王得无割其内而媾乎[22]?"王曰:"诚听子割矣,子能必来年秦之不复攻我乎[23]?"楼缓对曰:"此非臣之所敢任也[24]。昔者三晋之交于秦,相善也。今秦释韩、魏而独攻王,王之所以事秦必不如韩、魏也。今臣为足下解负亲之攻[25],启关通敝[26],齐交韩、魏[27]。至来年而王独不取于秦[28],王之所以事秦者,必在韩、魏之后也。此非臣之所敢任也。"

王以楼缓之言告虞卿,曰[29]:"楼缓言'不媾,来年秦复攻,王得无更割其内而媾';今媾,楼缓又不能必秦之不复攻也,虽割何益?来年复攻,又割其力之所不能取而媾也,此自尽之术也[30]。不如无媾。秦虽善攻,不能取六城;赵虽不能守,亦不至失六城。秦倦而归,兵必罢[31];我以五城收天下以攻罢秦,是我失之于天下而取偿于秦也。吾国尚利。孰与坐而割地自弱以强秦?今楼缓曰:'秦善韩、魏而攻赵者,必王之事秦不如韩、魏也。'是使王岁以六城事秦也,即坐而地尽矣[32]。来年秦复求割地,王将予之乎?不与,则是弃前贵而挑秦祸也[33];与之,则无地而给之[34]。语曰:'强者善攻,而弱者不能自守。'今坐而听秦,秦兵不敝而多得地,是强秦而弱赵也。以益愈强之秦,而割愈弱之赵,其计固不止矣。且秦,虎狼之国也,无礼义之心。其求无已,而王之地有尽。以有尽之地,给无已之求,其势必无赵矣。故曰:此饰说也。王必勿与。"王曰:"诺。"

楼缓闻之,入见于王,王又以虞卿言告之。楼缓曰:"不然。虞卿得其一[35],未知其二也。夫秦、赵构难而天下皆说[36],何也?曰:'我将因强而乘弱[37]。'今赵兵困于秦,天下之贺战者[38],则必尽在于秦矣。故不若亟割地求和[39],以疑天下慰秦心[40]。不然,天下将因秦之怒[41],秦赵之敝而瓜分之[42]。赵且亡,何秦之图?王以此断之[43],勿复计也。"

虞卿闻之,又入见王曰:"危矣,楼子之为秦也!夫赵兵困于秦,又割地为和,是愈疑天下而何慰秦心哉?是不亦大示天下弱乎?且臣曰勿予者,非固勿予而已也。秦索六城于王,王以五城赂齐[44]。齐,秦之深仇也,得王五城,并力而西击秦也,齐之听王,不待辞之毕也。是王失于齐而取偿于秦,一举结三国之亲,而与秦易道也[45]。"

赵王曰:"善。"因发虞卿东见齐王[46],与之谋秦。

虞卿未反[47],秦之使者已在赵矣。楼缓闻之,逃去。

【注释】

〔1〕此章事在周赧王五十六年(前259),又见于《史记·虞卿列传》及《新序·善谋九》。

〔2〕指长平之战。公元前262年秦始攻长平,公元前260年大败赵,活埋降卒四十余万。

〔3〕索:求取。讲:和解。

〔4〕楼缓:赵人,时为秦相。

〔5〕赵王:指赵孝成王。

〔6〕王念孙云:"此以'与秦城'为句,'何如不与'为句,'不与'下本无'何如'二字。后人误读'与秦城何如'为句,因于'不与'下加'何如'二字,而不知其谬也。"

〔7〕鲍彪注:"衍'人'字。"《史记》与《新序》皆无。

〔8〕私:私意,个人的见解。

〔9〕公甫文伯:春秋时鲁国大夫,名歜(chù),季康子的从兄弟。其母即公父穆伯之妻敬姜。甫,同"父"。

〔10〕二八:十六(人)。《史记》《新序》均作"二人"。下文谓"今死而妇人为死者十六人",可证"二八"不误。

〔11〕相(xiàng)室:随嫁的妇女,即陪房。

〔12〕是人:指公甫文伯。鲍彪注:"称'是人',不子之也。"

〔13〕之:《史记》《新序》皆作"是"。

〔14〕而:如果。

〔15〕虞卿:游说之士,主张以赵为中心,合纵抗秦。

〔16〕饰说:虚饰之辞,花言巧语。

〔17〕鲍彪注衍"秦既"至"而讲"二十四字。因此译文从略。

〔18〕姚宏云:"钱、刘去'王以'字,添'亡'字。"亡其,等于"还是"。

〔19〕攻:《史记》《新序》皆作"取"。

〔20〕所至:所及,所达到的限度。

〔21〕令:假使。

〔22〕得无:能不。内:内地。媾:求和,讲和。

〔23〕必:等于说"肯定","保证"。

〔24〕任:承担,担保。

〔25〕负亲之攻:背弃与秦亲善而招致的进攻。

〔26〕启关:开关。敝:吴师道云:"当作'币'。"通币,等于说"通使"。

〔27〕齐交韩、魏:鲍彪注:"使其交秦与韩、魏等。"

〔28〕取于秦:取悦于秦。

〔29〕鲍本"虞卿"下补"虞卿"二字。《史记》《新序》皆叠"虞卿"二字。

〔30〕自尽:自灭,自杀。

〔31〕罢(pí):通"疲"。

〔32〕即:则。

〔33〕贵:《史记》《新序》皆作"功",今从之。

〔34〕给(jǐ):供给。

〔35〕得:等于说"知"。

〔36〕构难:结成怨仇。说:同"悦"。

〔37〕因:依靠,凭借。乘:欺凌,欺压。

〔38〕"战"下《史记》《新序》皆有"胜"字。

〔39〕亟:急,赶快。

〔40〕疑:迷惑。

〔41〕怒:强,健。

〔42〕秦:鲍本作"乘"。《史记》《新序》亦作"乘"。

〔43〕断:决断。

〔44〕赂:赠送。

〔45〕易道:互换了处境。

〔46〕发:派遣。齐王:指齐王建。

〔47〕反:同"返"。

## 【译文】

秦国将领在长平进攻赵国,大破赵军,率兵归国。于是派人向赵国索取六座城邑而讲和。赵国拿不定主意。这时楼缓刚从秦国来,赵孝成王与楼缓商量说:"给秦国城邑吗?不给会怎样?"楼缓推辞说:"这不是臣下所能够知道的。"孝成王说:"尽管如此,还是试着谈谈您的个人看法。"楼缓说:"大王也听说过那公甫文伯的母亲吗?公甫文伯在鲁国做官,得病而死,妇人在房里为他自杀的有十六人。他母亲听说这件事,竟不肯哭。她的陪房说:'哪有儿子死了都不哭的呢?'他母亲说:'孔子是圣人,被鲁国驱逐出境,此人却不敢跟随。如今他死了竟有十六个妇人为他而死。如此看来,他对长者感情薄而对妇人感情厚。'这话由母亲说出,这母亲是贤良的母亲;由妇人说出,这妇人一定免不了被人视为嫉妒的妇人。所以话是一样的,说话人不同,人们的想法就变了。如今臣下刚从秦国来,如果说不割城邑给秦国,那不是好主意;如果说割城邑给秦国,就怕大王认为臣下是为秦国打算。所以不敢回答。假使臣下可以替大王谋划这件事,我看不如把六座城邑给秦国。"孝成王说:"好吧。"

虞卿听说这件事,入宫谒见孝成王,孝成王把楼缓的话告诉他。虞卿说:"这是花言巧语。"孝成王说:"为什么这么说呢?"虞卿说:"秦军进攻赵国,是疲惫不堪才撤兵回去的呢?还是他们仍有能力向前推进,只是由于爱护大王才不进攻呢?"孝成王说:"秦军进攻我国,可以说是不遗余力了,一定是由于疲惫不堪才撤兵回去的。"虞卿说:"秦国用它的力量进攻它所不能攻取的对象,疲惫不堪才撤兵回去;大王又把它的力量所不能攻取的城邑割让给它,这是帮助秦国攻打自己。来年秦军再来进攻大王,大王就没有办法自救了。"

孝成王又把虞卿的话告诉楼缓,楼缓说:"虞卿能够完全了解秦国兵力达到的最大限度吗?如果真的知道秦国兵力达不到,这弹丸大的地方还是不能给它。假使秦国来年再来进攻,大王该不会割让自己的内地跟它讲和吧?"孝成王说:"如果真的听从你的意见把土地割让了,你能保证来年秦国不再进攻我国吗?"楼缓回答说:"这可不是臣下所敢担保的。从前三晋跟秦国的交往,是互相亲善的。如今秦国放下韩国、魏国偏偏进攻大王,大王用以侍奉秦国的礼仪一定赶不上韩国、魏国。如今臣下替您解除因背弃与秦国亲善而招致的进攻,只有打开边关互通使节,建立像韩国、魏国跟秦国那样的邦交。如果到来年大王偏偏不能取悦于秦国,那么大王用以事奉秦国的礼仪,一定是落在韩国、魏国的后头。这可不是臣下所敢于担保的。"

孝成王把楼缓的话告诉虞卿。虞卿说:"楼缓说'不讲和,来年秦国再进攻大王,大王该不会再割让自己的内地跟而讲和';如果讲和,楼缓又不能保证秦国不再进攻,即使割让土地又有什么好处呢?来年秦国再来进攻,又得割让它的力量所不能夺取的土地而讲和,这是自取灭亡的做法,不如不讲和。秦国虽然善于进攻,也不能夺取六座城邑;赵国虽然不能防守,也不至于丧失六座城邑。秦国劳倦而撤回,它的军队一定疲惫不堪。我们用五座城邑联合天下诸侯去进攻疲惫不堪的秦军,这样我们在天下所失去的,便从秦国取得了补偿。我国还有利可图。这跟坐待土地被割、削弱自己而强化秦国相比怎样呢?如今楼缓说:'秦国跟韩国、魏国亲善进攻赵国的原因,一定是大王事奉秦国赶不上韩国、魏国。'这是让大王每年用六座城邑事奉秦国,那么就坐待土地被割尽了。来年秦国再要求割让土地,大王还要给它吗?不给吧,这就是抛弃前功挑起秦祸;给它吧,又没有土地供给它。俗话说:'强大的善于进攻,而弱小的不能自守.'如今坐待秦国的摆布,秦国兵力毫无损伤反而多得土地,这就是使秦国强大使赵国削弱的做法。用以增益愈来愈强的秦国,宰割愈来愈弱的赵国,秦国侵吞赵国的计谋就不会停止了。再说秦国是如虎似狼的国家,毫无礼义道德之心。它诛求无已,可是大王的土地有限。以有限的土地,满足无已的诛求,其趋势就一定不会有赵国存在了。所以说:楼缓这是花言巧语。大王一定不要把六座城邑让给秦国。"孝成王说:"好吧。"

楼缓听说后,入宫谒见孝成王,孝成王又把虞卿的话告诉他。楼缓说:"不是这样。虞卿只知其一,不知其二。秦、赵两国结成怨仇天下诸侯都高兴,为什么?他们说:'我们要依靠强大的一方侵凌弱小的一方。'如今赵国的军队被秦国困住,天下祝贺战胜的人,就一定完全站在秦国一方了。所以不如赶快割地求和,以便使天下诸侯迷惑安慰秦王的心。不然的话,天下诸侯就要依靠秦国强大,趁着赵国疲敝来瓜分赵国。赵国都要灭亡了,还图谋秦国什么呢?大王要就此做出决断,不能再做别的打算。"

虞卿听说后,又入宫谒见孝成王说:"危险了,楼缓是为秦国效力呀!赵国的兵力被秦国困住,又割让土地谋求和解,这就更使天下诸侯怀疑了,又怎能安慰秦王的心呢?这不是向天下诸侯彻底暴露自己的软弱吗?再说臣下说不要让给土地,也不是绝对不要让给土地。秦向大王索取六座城邑,大王不妨拿出五座城邑送给齐国。齐国是秦国仇恨很深的国家,得到大王的五座城邑,就会与我们协力向西进攻秦国,齐国听从大王的旨意,是不会等着把话说尽的。这样大王虽在齐国有所失,却在秦国得到了补偿,一举就跟韩、魏、齐三国结下了亲善的关系,因而跟秦国互换了局面。"赵孝成王说:"好。"于是派遣虞卿东行谒见齐王,跟齐王商量对付秦国的策略。

虞卿还未回到赵国,秦国的使者就已经到赵国来了。楼缓得到这个消息,便逃跑而去。

## 秦攻赵,平原君使人请救于魏[1]

秦攻赵,平原君使人请救于魏。信陵君发兵至邯郸城下[2],秦兵罢。虞卿为平原君请益地[3],谓赵王曰[4]:"夫不斗一卒,不顿一戟[5],而解二国患者[6],平原君之力也。用人之力而忘人之功,不可。"赵王曰:"善。"将益之地。公孙龙闻之[7],见平原君曰:"君无覆军杀将之功,而封以东武城[8]。赵国豪杰之士,多在君之右[9],而君为相国者,以亲故。夫君封以东武城,不让无功[10];佩赵国相印,不辞无能。一解国患,欲求益地,是亲戚受封而国人计功也[11]。为君计者,不如勿受便。"平原君曰:"谨受令。"乃不受封。

【注释】

〔1〕此章事在周赧王五十八年(前257),又见于《史记·平原君列传》。

〔2〕信陵君:即魏公子无忌。详见《齐策三·国子曰秦破马服君之师》注。

〔3〕益地:增加封地。

〔4〕赵王:指赵孝成王。

〔5〕顿:通"钝",不锋利。戟(jǐ):古代一种兵器。

〔6〕横田惟孝云:"'二'字疑衍。"

〔7〕公孙龙:赵国人,时为平原君门客,战国时名家代表人物,著有《公孙龙子》。

〔8〕东武城:赵邑,在今山东武城县。

〔9〕右:等于说"上"。吴师道云:"秦、汉以前用右为上。"

〔10〕鲍彪注:"不以无功辞之。"

〔11〕泷川资言云:"初无功而受封,以亲戚之故;今有功又受封,是以国人计报也。"

【译文】

秦国进攻赵国,平原君派人向魏国请求援救。信陵君派兵到邯郸城下,秦军停止进攻。虞卿替平原君请求增加封地,对赵孝成王说:"没叫一个兵作战,没把一枝戟磨钝,就解除了两国的祸患,这是平原君的力量。使用人家的力量却忘记人家的功劳,这不行。"孝成王说:"好。"要给平原君增加封地。公孙龙听说此事,拜见平原君说:"您没有覆灭敌军斩杀敌将的功劳,却把东武城封给您。赵国的出类拔萃人士,大都在您之上,可是您由于是君王的亲戚被任命为相国。君王把东武城封给您,您不以无功为理由推让;佩带赵国相国的大印,您不以无能为理由辞谢。解除一次国家的祸患,就想要求增加封地,这就是以亲戚的身份受封而以国人的身份计功。替您考虑,不如不要接受封地有利。"平原君说:"完全接受您的指教。"他就没有接受封地。

# 秦、赵战于长平[1]

秦、赵战于长平,赵不胜,亡一都尉[2]。赵王召楼昌与虞卿曰[3]:"军战不胜,尉复死,寡人使卷甲而趋之[4],何如?"楼昌曰:"无益也。不如发重使而为媾[5]。"虞卿曰:"夫言媾者,以为不媾者军必破,而制媾者在秦。且王之论秦也,欲破王之军乎?其不邪?"王曰:"秦不遗余力矣,必且破赵军。"虞卿曰:"王聊听臣[6],发使出重宝以附楚、魏[7],楚、魏欲得王之重宝,必入吾使[8]。赵使入楚、魏,秦必疑天下合从也,且必恐。如此,则媾乃可为也。"

赵王不听,与平阳君为媾[9],发郑朱入秦[10],秦内之[11]。赵王召虞卿曰:"寡人使平阳君媾秦,秦已内郑朱矣。子以为奚如?"虞卿曰:"王必不得媾,军必破矣,天下之贺战胜者皆在秦矣。郑朱,赵之贵人也,而入于秦,秦王与应侯必显重以示天下[12]。楚、魏以赵为媾,必不救王;秦知天下不救王,则媾不可得成也。"赵卒不得媾,军果大败。王入秦,秦留赵王而后许之媾[13]。

## 【注释】

〔1〕此章事在周赧王五十五年(前260),又见于《史记·虞卿列传》及《新序·善谋九》。

〔2〕都尉:比将军略低的武官。

〔3〕赵王:指赵孝成王。楼昌:赵国之臣。

〔4〕卷(juǎn)甲:卷起铠甲,形容轻装疾进。趍(qū):同"趋"。鲍彪注:"趋之,袭之也。"

〔5〕重使:负有重任的使臣。媾:求和,讲和。

〔6〕聊:姑且。

〔7〕附:依附。

〔8〕入:接纳。

〔9〕与:以,用。平阳君:即赵豹。

〔10〕郑朱:赵国之臣。

〔11〕内(nà):同"纳"。

〔12〕秦王:指秦昭王。应侯:即范雎。

〔13〕留:扣留。

## 【译文】

　　秦国、赵国在长平交战,赵国没有取胜,阵亡一名都尉。赵孝成王召唤楼昌和虞卿说:"军队没取胜,都尉又战死,寡人派士卒卷起铠甲轻装袭击秦军,怎么样?"楼昌说:"没有益处,不如派遣担当重任的使臣去讲和。"虞卿说:"那些主张讲和的人,认为不讲和军队一定会被攻破,但控制讲和的主动权在秦国方面。再说大王就秦国而论,是想击破大王的军队呢?还是不想呢?"孝成王说:"秦军是不遗余力了,一定要击破赵国的军队。"虞卿说:"大王姑且采纳我的意见,派遣使臣献出珍重的宝器去依附楚国、魏国,楚国、魏国要得到大王的珍重的宝器,一定会接纳我们的使臣。赵国的使臣进入楚国、魏国,秦王一定会怀疑天下诸侯采取了合纵的策略,而且一定很恐慌。这样,讲和才是可行的。"

　　赵孝成王不听,用平阳君主持讲和事宜,派遣郑朱前往秦国,秦国接纳了郑朱。孝成王召见虞卿说:"我派平阳君与秦国讲和,秦国已经接纳郑朱了。你以为怎么样?"虞卿说:"大王一定不能讲和,军队一定会被攻破,天下诸侯祝贺战胜的人都在秦国了。郑朱是赵国的显贵人物,竟然进入秦国,秦王与应侯一定会把他作为尊贵的宾客给天下诸侯看。楚国、魏国认为赵国与秦国讲和,一定不会援救大王;秦国得知天下诸侯不肯援救大王,那么讲和是不可能成功的。"赵国终于未能与秦国讲和,军队果然大败。孝成王前往秦国,秦国扣留孝成王随后答应与他讲和。

# 秦围赵之邯郸[1]

秦围赵之邯郸。魏安釐王使将军晋鄙救赵[2]，畏秦，止于荡阴[3]，不进。魏王使客将军新垣衍间入邯郸[4]，因平原君谓赵王曰[5]："秦所以急围赵者，前与齐湣王争强为帝[6]，已而复归帝[7]，以齐故[8]。今齐湣王已益弱[9]，方今唯秦雄天下，此非必贪邯郸，其意欲求为帝[10]。赵诚发使尊秦昭王为帝[11]，秦必喜，罢兵去。"平原君犹豫未有所决。

此时鲁仲连适游赵[12]，会秦围赵[13]，闻魏将欲令赵尊秦为帝，乃见平原君曰："事将奈何矣？"平原君曰："胜也何敢言事？百万之众折于外[14]，今又内围邯郸而不能去，魏王使将军辛垣衍令赵帝秦[15]，今其人在是。胜也何敢言事？"鲁连曰："始吾以君为天下之贤公子也，吾乃今然后知君非天下之贤公子也[16]。梁客辛垣衍安在[17]？吾请为君责而归之。"平原君曰："胜请召而见之于先生[18]。"平原君遂见辛垣衍曰："东国有鲁连先生[19]，其人在此，胜请为绍介而见之于将军。"辛垣衍曰："吾闻鲁连先生，齐国之高士也[20]。衍，人臣也，使事有职[21]，吾不愿见鲁连先生也。"平原君曰："胜已泄之矣。"辛垣衍许诺。

鲁连见辛垣衍而无言。辛垣衍曰："吾视居北围城之中者[22],皆有求于平原君者也。今吾视先生之玉貌[23],非有求于平原君者,曷为久居此围城之中而不去也[24]?"鲁连曰:"世以鲍焦无从容而死者[25],皆非也。今众人不知,则为一身[26]。彼秦者,弃礼义而上首功之国也[27],权使其士[28],虏使其民[29]。彼则肆然而为帝[30],过而遂正于天下[31],则连有赴东海而死矣[32],吾不忍为之民也!所为见将军者,欲以助赵也。"辛垣衍曰:"先生助之奈何?"鲁连曰:"吾将使梁及燕助之,齐、楚则固助之矣[33]。"辛垣衍曰:"燕则吾请以从矣[34];若乃梁[35],则吾乃梁人也,先生恶能使梁助之耶[36]?"鲁连曰:"梁未睹秦称帝之害故也。使梁睹秦称帝之害[37],则必助赵矣。"辛垣衍曰:"秦称帝之害将奈何?"鲁仲连曰:"昔齐威王尝为仁义矣[38],率天下诸侯而朝周。周贫且微[39],诸侯莫朝,而齐独朝之。居岁余,周烈王崩[40],诸侯皆吊,齐后往[41]。周怒,赴于齐曰[42]:'天崩地坼[43],天子下席[44]。东藩之臣田婴齐后至[45],则斮之[46]!'威王勃然怒曰:'叱嗟[47],而母婢也[48]!'卒为天下笑。故生则朝周,死则叱之[49],诚不忍其求也[50]。彼天子固然[51],其无足怪[52]。"辛垣衍曰:"先生独未见夫仆乎[53]?十人而从一人者,宁力不胜智不若耶[54]?畏之也。"鲁仲连曰:"然梁之比于秦,若仆耶?"辛垣衍曰:"然。"鲁仲连曰:"然吾将使秦王烹醢梁王[55]。"辛垣衍怏然不悦[56],曰:"嘻,亦太甚矣,先生之言也!先生又恶能使秦王烹醢梁王?"

鲁仲连曰:"固也[57]。待吾言之。昔者,鬼侯、鄂侯、文王[58],纣之三公也[59]。鬼侯有子而好[60],故入之于纣,纣以为恶[61],醢鬼侯。鄂侯争之急,辨之疾[62],故脯鄂侯[63]。文王闻之,喟然而叹[64],故拘之于牖里之车百日[65],而欲舍之死[66]。曷为与人俱称帝王,卒就脯醢之地也?齐闵王将之鲁[67],夷维子执策而从[68],谓鲁人曰:'子将何以待吾君?'鲁人曰:'吾将以十太牢待子之君[69]。'夷维子曰:'子安取礼而来待吾君?彼吾君者,天子也。天子巡狩[70],诸侯辟舍[71],纳于筦键[72],摄衽抱几[73],视膳于堂下[74],天子已食,退而听朝也[75]。'鲁人投其籥[76],不果纳[77],不得入于鲁。将之薛[78],假涂于邹[79]。当是时,邹君死,闵王欲入吊。夷维子谓邹之孤曰[80]:'天子吊,主人必将倍殡柩[81],设北面于南方[82],然后天子南面吊也。'邹之群臣曰:'必若此,吾将伏剑而死[83]。'故不敢入于邹。邹、鲁之臣,生则不得事养[84],死则不得饭含[85],然且欲行天子之礼于邹、鲁之臣,不果纳。今秦万乘之国,梁亦万乘之国,俱据万乘之国,交有称王之名。赌其一战而胜[86],欲从而帝之,是使三晋之大臣[87],不如邹、鲁之仆妾也[88]。且秦无已而帝[89],则且变易诸侯之大臣[90]。彼将夺其所谓不肖而予其所谓贤,夺其所憎而与其所爱。彼又将使其子女谗妾为诸侯妃姬[91],处梁之宫,梁王安得晏然而已乎[92]?而将军又何以得故宠乎[93]?"

于是,辛垣衍起,再拜谢曰:"始以先生为庸人,吾乃今日而知先生为天下之士也。吾请去,不敢复言帝秦。"秦将闻之,为却军五十里[94]。

适会魏公子无忌夺晋鄙军以救赵击秦[95],秦军引而去[96]。于是平原君欲封鲁仲连,鲁仲连辞让者三[97],终不肯受。平原君乃置酒,酒酣,起,前,以千金为鲁连寿[98]。鲁连笑曰:"所贵于天下之士者,为人排患、释难、解纷乱而无所取也。即有所取者[99],是商贾之人也[100],仲连不忍为也。"遂辞平原君而去,终身不复见。

**【注释】**

[1] 此章所述秦围赵之邯郸事在周赧王五十八年(前257),而鲁仲连论不帝秦所举诸事多与史不合,大抵是游谈者拟托夸大之作。又见于《史记·鲁仲连列传》。

[2] 魏安釐(xī)王:魏昭王之子,名圉(yǔ),信陵君无忌的异母兄。晋鄙:魏国大将。

[3] 荡阴:即汤阴,位于赵、魏两国交界处,在今河南汤阴县。

[4] 客将军:别国人在本国做将军者。新:鲍本作"辛"。辛垣衍:姓辛垣,名衍。间(jiàn):秘密地。

[5] 因:通过。赵王:指赵孝成王,名丹,平原君是他的叔父。

[6] 齐湣(mǐn)王:齐宣王之子,名地。周赧王二十七年,秦昭王与齐湣王相约同时称帝,秦昭王称西帝,齐湣王称东帝。

[7] 已而:不久以后。归帝:归还帝号,即取消帝号。

[8] 以:因。苏代劝齐湣王取消了帝号,秦昭王随之也取消了帝号,所以说"以齐故"。

[9] 秦围邯郸时,齐湣王已死二十七年,此句大约有误。吴师道云:"谓今之齐,视闵王已益弱。"

〔10〕缪文远云:"齐、秦并称为东、西帝,但均仅二月,旋即去帝号,复为王。自此至战国局面而告终,秦并无再次称帝之说。"

〔11〕秦昭王:名稷,秦武王异母弟。鲍彪注:"称谥,非当时语。"吴师道云:"追书之辞。"

〔12〕鲁仲连:齐国人,一生不做官,好为人排难解纷。又称鲁连。适:恰巧。

〔13〕会:正好碰上。

〔14〕折:损失。按:赵孝成王六年(前260),秦将白起大破赵兵于长平,坑赵降卒四十万人。此言百万,乃夸张之辞。

〔15〕"使"下鲍本有"客"字。帝秦:尊秦王为帝。

〔16〕乃今然后:等于说"到现在才"。

〔17〕梁:就是魏。

〔18〕召:《史记》作"为绍介",与下文一律,今从《史记》。绍介,即介绍。见(xiàn)之:使之见。

〔19〕东国:指齐国。齐国在赵的东方,故称东国。

〔20〕高士:品行高尚而不做官的人。

〔21〕使事:使臣的事。职:职守。

〔22〕北:鲍本作"此",《史记》作"此"。"北"字误。

〔23〕玉貌:对别人容貌的敬称。

〔24〕曷:何,疑问代词。

〔25〕鲍焦:周时隐士,廉洁自守,不满时政,抱木而死。无从容:无所作为。从容,举动。

〔26〕为一身:为个人而死。以上鲁仲连是说,正像鲍焦不是为个人利害而死一样,他前来赵国留在邯郸而不去,也不是为了个人的利害。

〔27〕上:通"尚",崇尚。首功:斩首之功。秦制爵二十级,作战时斩敌人的首级越多,获得的爵位越高。

〔28〕权使其士:用权诈之术使用他的士人。

〔29〕虏使其民:把他的人民当作奴隶使用。

〔30〕彼:指秦。则:假如。肆然:肆无忌惮地。

〔31〕王念孙云:"高诱注《吕氏春秋·知士》篇曰:'过,犹'甚'也。'言秦若肆然而为帝,甚而为政于天下,则吾有死而已,不忍为之民也"。正,通"政"。

〔32〕有:只有。矣:鲍本作"耳",《史记》同。

〔33〕固:本来。

〔34〕请:通"诚",实在,的确。以:认为。

〔35〕若乃:至于。

〔36〕恶(wū):怎么。

〔37〕使:假使,如果。

〔38〕齐威王:名婴齐,宣王的父亲。为仁义:实行仁义之政。

〔39〕微:衰弱,弱小。

〔40〕周烈王:周安王之子,名喜。崩:古时帝王死的专称。

〔41〕缪文远云:"据诸家依《纪年》所重排之战国年表,周烈王崩当在田齐桓公午时,与齐威王并不相值,何来齐威王朝见周烈王之事乎?"

〔42〕赴:派人奔告丧事。后来写作"讣"

〔43〕天崩地坼(chè):喻天子死。坼,裂。

〔44〕天子:指继承烈王的新君显王。下席:指离开原来的宫室,睡在草席上守丧。

〔45〕东藩:东方的藩国,指齐国。

〔46〕斮(zhuó):斩杀。

〔47〕叱嗟(chì jiē):怒斥声。

〔48〕而:你。婢:奴婢,使唤丫头。

〔49〕"故生"二句:指周烈王的生死。

〔50〕求:指苛求。

〔51〕固然:本来这样。

〔52〕以上二句意谓,周天子虽已衰败尚且如此,强秦一旦称帝,一定会变本加厉,大施淫威。

〔53〕独:难道。仆:奴隶。

〔54〕宁(nìng):难道。若:及。

〔55〕鲍本"然"下补"则"字。烹醢(hǎi)：古代的酷刑，烹是煮杀，醢是剁成肉酱。

〔56〕怏(yàng)然：不高兴的样子。

〔57〕固：当然。

〔58〕三人皆为纣时的诸侯。鬼侯的封地在今河北临漳县境。鄂侯的封地在今河南沁阳市境。文王即周文王，他的封地在今陕西西安鄠邑区一带。

〔59〕公：指诸侯。

〔60〕子：指女儿。好：容貌美，漂亮。

〔61〕恶：丑。

〔62〕辨：通"辩"。疾：急，激烈。

〔63〕脯(fǔ)：干肉。用为动词，做成肉干。

〔64〕喟(kuì)然：叹气的样子。

〔65〕牖(yǒu)里：又作"羑里"，在今河南汤阴县北。车：《史记》作"库"，鲍本同。库，监狱。

〔66〕舍：置。《史记》及鲍本作"令"。

〔67〕齐闵王：即齐湣王。下文所述他不为鲁、邹接纳之事在公元前284年。当时燕合五国之兵共攻齐，湣王逃至卫，因态度傲慢激怒了卫人，于是逃奔鲁、邹。

〔68〕夷维子：齐国人，湣王之臣。策：马鞭。

〔69〕太牢：牛羊猪各一头。古时款待诸侯之礼用十太牢。

〔70〕巡狩：天子视察诸侯国。

〔71〕辟舍：让出自己的宫室，居住在外。辟，同"避"。

〔72〕纳：交出。于：衍文，《史记》无。筦键：《史记》作"筦籥"，从《史记》。筦籥，钥匙。

〔73〕摄衽：提起衣襟。抱几：捧着几案。

〔74〕视膳：伺候别人吃饭。

〔75〕听朝：听理朝政，处理政务。

〔76〕投其籥：闭门下锁。

〔77〕果:成为事实,实现。

〔78〕薛:齐邑,在今山东滕州市东南。

〔79〕假涂:借道。涂,同"途"。

〔80〕孤:失去父亲者。此指已故邹君的儿子。

〔81〕倍:通"背",背向,背对。殡柩:灵柩,死者已经入殓的棺材。

〔82〕北面:面向北。古人以坐北朝南为正位,诸侯的灵柩也应设在北面。天子尊于诸侯,所以要把诸侯的灵柩移到南面,然后天子面南而吊。

〔83〕伏剑:以剑自刎。

〔84〕事养:侍奉供养。

〔85〕饭(fǎn):把米放在死者口中。含:把玉放在死者口中。以上二句言邹、鲁贫弱。

〔86〕赌:鲍本及《史记》均作"睹"。当作"睹"。

〔87〕三晋:指韩、赵、魏三国。

〔88〕仆妾:奴仆婢妾。这是对邹鲁之臣的贱称。

〔89〕无已:没有止境。帝:称帝。

〔90〕且:将。变易:撤换。

〔91〕子女:指女儿。谗妾:善于毁贤嫉能的妾。妃姬:妻妾。

〔92〕晏然:平安地。

〔93〕故宠:原来的宠幸地位。

〔94〕却军:退兵。

〔95〕魏公子无忌:即信陵君。

〔96〕引:退却。

〔97〕辞让:推辞。三:多次。

〔98〕为鲁连寿:等于说"祝鲁连长寿"。

〔99〕即:如果,假如。

〔100〕商贾(gǔ):商人的统称。古代以贩卖货物者为商,藏货待卖者为贾。

**【译文】**

秦军围攻赵国的都城邯郸。魏安釐王派将军晋鄙援救赵国,晋鄙害怕秦军,停留在汤阴,按兵不动。安釐王派客籍将军辛垣衍潜入邯郸,通过平原君对赵孝成王说:"秦国加紧围攻赵国的原因是,从前秦昭王与齐湣王互相争胜同时称帝,不久又归还帝号,由于齐湣王撤消帝号的缘故。如今齐国比齐湣王时已经更为衰弱,当今只有秦国称雄于天下,这次它不一定是贪图攻占邯郸,它的意图是谋求称帝。赵国如果真的派遣使臣宣布拥戴秦昭王称帝,秦昭王一定高兴,撤兵离开赵国。"平原君犹犹豫豫,拿不定主意。

  这时鲁仲连恰好在赵国游历,正赶上秦军围攻赵国。他听说魏国想使赵国拥戴秦昭王称帝,就去拜见平原君说:"眼下的战事打算怎么办呢?"平原君说:"我怎敢谈论战事?百万大军在外边被挫败,如今秦军又深入内地包围邯郸不肯撤离。魏王派客籍将军辛垣衍前来叫赵王拥戴秦王称帝,如今这个人还在这里,我怎敢谈论战事?"鲁仲连说:"起初我把您当做天下贤明的公子,我现在才知道您并不是天下贤明的公子。魏国的客人辛垣衍在哪里?请允许我替您把他谴责回去。"平原君说:"请允许我把他叫来跟先生见面。"平原君就去会见辛垣衍说:"东方齐国有位鲁仲连先生,这个人正在这里,请允许我介绍他跟将军见面。"辛垣衍说:"我听说过鲁仲连先生,是位齐国的高尚人士。我是人主的臣子,出使办事自有任务。我不想见鲁仲连先生。"平原君说:"我已经把您的活动透露给他了。"辛垣衍只好答应。

  鲁仲连见了辛垣衍一言不发。辛垣衍说:"我看留在这个围城里头的,都是对平原君有所求的。此刻我观察先生非凡的神色,并不是对平原君有所求的,为什么久久留在这个围城里头不肯离去呢?"鲁仲连说:"世人认为鲍焦是由于器度狭小而死的,完全错误。如今人们不了解他,竟认为他是为了自己。那秦国,是一个废弃礼义、崇尚战功的国家,用权诈的手段役使他的士兵,像对待奴隶那样役使他的民众。那秦王倘若肆无忌惮地自行称帝,甚而在全天下滥用政权,那么我只有投入东海自杀了,我不忍心给他当老百姓呀!我见将军的目的,是想借此机会帮助赵国。"辛垣衍说:"先生怎么帮助它?"鲁仲连说:"我要让燕国和魏国帮助它。齐国和楚国本来就帮助它了。"辛垣衍说:"燕国我倒的确认为会听您的了。至于魏国,那我就是魏国人,先生怎么能让魏国帮助它呢?"鲁仲连说:"魏国不帮助赵国是没有认识到秦王称帝危害的缘故,假使魏国认识到秦王称帝的危害,就一定会帮助赵国了。"辛垣衍说:"秦王称帝的危害将是怎么样?"鲁仲连说:"从前齐威王曾经实行仁义的纲领,率领天下诸侯去朝见周天子。当时周王室又贫穷又软弱,诸侯没有谁去朝见,可是齐威王偏偏还要朝见周天子。过了一年多,周烈王去世,各国诸侯都去吊唁,齐威王去晚了,周显王发了脾气,派人向齐国报丧说:'天塌地裂,嗣位天子睡在草席上守丧。东方藩国的臣子田婴齐最后才到,就该砍头!'齐威王勃然大怒,骂道:'呸!你娘是个使唤丫头!'终于被天下人所讥笑。周烈王活着他去朝见,周烈王死了他就大骂,这实在是因为他忍受不了天子的苛求。那天子本来如此,倒也不足为怪。"辛垣衍说:"先生难道没有看见那些奴仆吗?他们十个却要听从一个主人支使,难道是他们力量抵不过、智慧赶不上主人吗?不是,是怕主人。"鲁仲连说:"这么说魏国跟秦国相比就像奴仆吗?"辛垣衍说:"是的。"鲁仲连说:"既然这样,我就要让秦王把魏王烹了剁成肉酱!"辛垣衍很不高兴地说:"嘻,也太过分了,先生的话!先生又怎么能让秦王把魏王烹了剁成肉酱?"

鲁仲连说:"当然。待我说说这个道理。从前,鬼侯、鄂侯和文王,是纣王的三个诸侯。鬼侯有个女儿长得漂亮,所以把她献给纣王,纣王却认为长得太丑,把鬼侯剁成肉酱。鄂侯连忙为他争理,极力为他辩白,因此把鄂侯制成肉干。文王听说此事,长声叹了一口气,因此把他拘留在牗里的监牢里一百天,又想叫他自杀。为什么和别人一起称帝称王,终于走上被制成肉干、剁成肉酱的地步呢?齐湣王要到鲁国去,夷维子拿着马鞭驾车随行,他对鲁国人说:'你们打算用什么礼节款待我们的国君?'鲁国人说:'我们准备用牛羊猪各十头款待你们的国君。'夷维子说:'你们从哪里找来这种礼节来款待我们的国君?我们那国君是天子。天子巡视藩国,诸侯就得离开自己的宫室,交纳钥匙,撩起衣襟,捧着几案,在堂下伺候吃饭,天子吃完饭,才可退下听理朝政。'鲁国人当即闭关下锁,拒不接纳,未能进入鲁国。齐湣王又到薛国去,向邹国借道。正当此时,邹国的国君死了,齐湣王想入境吊唁。夷维子对邹国嗣位的遗孤说:'天子来吊唁,丧事主人一定要把灵柩移到反方向去,就是在西阶南边设个面朝北的停灵处,然后天子好面朝南吊唁。'邹国的群臣说:'一定要这样的话,我们就以剑自杀。'因此不敢进入邹国。邹、鲁两国的臣子,在国君活着的时候不能侍奉尽礼,在国君去世的时候不能依礼殡葬,然而齐湣王打算在他们面前行天子的大礼,他们就拒不接纳他。现在秦国是拥有万辆兵车的大国,魏国也是拥有万辆兵车的大国,彼此都掌握大国的权力,均享有称王的名分,看秦打了一仗获得胜利,就要投靠它,拥戴它称帝,这就使得三晋的大臣连邹、鲁两国的小臣都赶不上。再说秦王纵欲无已而自立为帝,那就得更换诸侯的大臣,他将撤掉他所认为不贤的人,委任他所认为贤能的人,剪除他所憎恶的人,安插他所喜欢的人。他还要让他的女儿和好说坏话的妾妇去做诸侯的妻妾,住在魏国的王宫里,这样魏王怎么能够平安无事消消停停呢?而将军您又凭什么取得往日的宠幸呢?"

这时,辛垣衍挺起身子,拜了两拜赔罪说:"起初我认为先生是个平庸的人,我现在才知道先生是天下的贤士。请允许我离去,再也不敢鼓吹拥戴秦王称帝了。"秦国的将领听到这个消息,为此率兵撤退五十里。

恰好赶上魏国的公子无忌夺得了晋鄙的军队来援救赵国,攻击秦军,秦军只好撤离邯郸。于是平原君打算封赏鲁仲连,鲁仲连再三推让,终归不肯接受。平原君便安排酒宴款待他,当酒喝到兴头上,平原君起身上前,拿出千金的厚礼,祝愿鲁仲连长寿。鲁仲连笑着说:"对于天下的贤士来说,最可贵的是,替他人排除忧患,免除灾难,解除纷乱,而且一无所取。如果有所取,这就是唯利是图的商人,我无论如何也不能这样做。"于是辞别平原君离开赵国,终生没有再来见平原君。

## 说 张 相 国[1]

说张相国曰[2]:"君安能少赵人而令赵人多君[3]?君安能憎赵人而令赵人爱君乎?夫胶漆,至䭾也[4],而不能合远;鸿毛,至轻也,而不能自举。夫飘于清风,则横行四海。故事有简而功成者,因也。今赵万乘之强国也,前漳、滏[5],右常山[6],左河间[7],北有代[8],带甲百万,尝抑强齐[9],四十余年而秦不能得所欲[10]。由是观之,赵之于天下也不轻。今君易万乘之强赵[11],而慕思不可得之小梁[12],臣窃为君不取也。"君曰[13]:"善。"自是之后,众人广坐之中,未尝不言赵人之长者也,未尝不言赵俗之善者也。

【注释】

〔1〕此章事的确年难以考断。

〔2〕张相国:赵国的相国。

〔3〕少:轻视,贬低。多:重视,尊重。

〔4〕黏(nì):粘。

〔5〕前:指南。漳:见《齐策一·张仪为秦连横说齐王》注。滏(fǔ):水名,漳水支流,源出河北磁县西北滏山。

〔6〕右:指西。常山:即恒山,在今河北曲阳县西北。

〔7〕左:指东。河间:在今河北献县东南。

〔8〕代:代郡,在今山西东北部和河北蔚县一带。

〔9〕抑:遏制。缪文远云:"闵王时,齐最强,赵'抑强齐',当指'赵惠文王以相国印授乐毅,乐毅于是并护赵、楚、韩、魏、燕之兵以伐齐,破之济西'(《史记·乐毅传》),事在周赧王三十一年(前284年)。"

〔10〕秦不能得所欲:缪文远云:"'秦不能得所欲',或指赵悼襄王六年(前239年)秦攻赵上党不下,秦将成蟜降赵之事欤?"

〔11〕易:轻视。

〔12〕慕思:思慕。得:知,了解。梁:魏国。

〔13〕君:指张相国。

【译文】

有人游说张相国说:"您怎能贬低赵国人还让赵国人称赞您?您怎能憎恶赵国人还让赵国人爱戴您?胶和漆是最黏的,却不能粘合远处的东西;鸿雁的毛是最轻的,却不能自己飞起来。但是它若被清风刮起来,就可以横行四海。所以事情有简便省力就取得成功的,是因为有所凭借。如今赵国是拥有万辆兵车的强国,南边有漳水和滏水,西边有常山,东边有河间,北边有代郡,佩带铠甲的士兵多达百万,曾经遏制强大的齐国,使秦国四十多年没能满足欲望。由此可见，赵国在天下各国中是举足轻重的。现在您轻视拥有万辆兵车的强大的赵国，竟然还思慕着您那无法回去的弱小的魏国，臣下私下认为您这一点是不足取的。"张相国说："好。"从此以后，张相国在大庭广众之中，未尝不谈到赵国人的长处，未尝不谈到赵国风俗的好处。

# 郑同北见赵王[1]

郑同北见赵王[2]。赵王曰："子南方之传士也[3]，何以教之？"郑同曰："臣南方草鄙之人也[4]，何足问？虽然，王致之于前[5]，安敢不对乎？臣少之时，亲尝教以兵[6]。"赵王曰："寡人不好兵。"郑同因抚手仰天而笑之，曰："兵固天下之狙喜也[7]，臣故意大王不好也[8]。臣亦尝以兵说魏昭王[9]，昭王亦曰：'寡人不喜。'臣曰：'王之行能如许由乎[10]？许由无天下之累，故不受也。今王既受先王之传，欲宗庙之安、壤地不削、社稷之血食乎[11]？'王曰：'然。'今有人操随侯之珠、持丘之环、万金之财[12]，时宿于野[13]，内无孟贲之威、荆庆之断[14]，外无弓弩之御，不出宿夕[15]，人必危之矣。今有强贪之国临王之境，索王之地，告以理则不可，说以义则不听。王非战国守圉之具[16]，其将何以当之[17]？王若无兵，邻国得志矣。'"赵王曰："寡人请奉教[18]。"

【注释】

〔1〕此章事在何年无从可考。

〔2〕郑同:游说之士。

〔3〕传:鲍本作"博",从鲍本。博士:博古通今的人。

〔4〕草鄙:草野。

〔5〕致:表达,提出。

〔6〕亲:指父亲。

〔7〕狙(jū)喜:诈者之所喜。狙,狡诈。

〔8〕故:通"固",本来。意:意料,猜想。

〔9〕魏昭王:魏襄王之子,名遫(sù)。

〔10〕许由:相传为尧时高士。尧欲让天下给他,不受,逃至箕山下隐居起来。尧又召他为九州长,他不想听,洗耳于颍水边上。

〔11〕壤地:土地,国土。血食:受享祭品。因祭祀要杀牲取血,故称血食。

〔12〕今:假如。随侯之诛:传说中随侯得到的宝珠。持丘之环:未详,当是一种珍宝。

〔13〕时:吴师道云:"一本标作'特'。"当作"特"。特宿:独宿。

〔14〕孟贲:著名勇士。荆庆:古代勇士。说法不一,或以为荆轲,或以为成荆和庆忌。断:果断。

〔15〕宿夕:等于说"旦夕",喻时间很短。

〔16〕战国:争战之国。圉(yù):通"御"。

〔17〕当:抵挡。

〔18〕奉教:接受教诲。

【译文】

郑同北上谒见赵王。赵王说:"你是南方博古通今的人士,有何见教?"郑同说:"臣下是南方粗鲁鄙陋的人,哪里值得请教呢?虽然这样,大王既然首先提出问题,怎敢不回答呢?臣下年轻的时候,父亲曾教我兵法。"赵王说:"我不爱好兵法。"郑同于是拍手仰天大笑说:"兵法本来是那些狡诈的人所喜欢的,臣下本来就料到大王不爱好。臣下也曾以兵法游说过魏昭王,昭王也说:'我不喜欢。'臣下说:'大王行事能像许由那样吗?许由没有统治天下欲念的牵累,所以尧把天下让给他,他不肯接受。现在大王既然接受了先王传下的国家,想使宗庙安定、疆土不削、土神和谷神享受血祭吧?'昭王说:'是的。''如果有一个人拿着随侯珠、持丘环、价值万金的财物,独自在野外露宿,内部没有像孟贲威武、荆庆果断那样的力士,外部也没有用以防御的弓箭,用不了一个晚上,就一定有人要危害他了。如今有强大贪婪的国家兵临大王的边境,索取大王的土地,用道理告诫它不认可,用道义说服它不听从。大王如果不是争战之国又没有防守的武器,将拿什么抵挡它?大王倘若没有兵力,邻国就得逞了。"赵王说:"寡人请求您多加指教。"

## 建信君贵于赵[1]

建信君贵于赵[2]。公子魏牟过赵[3],赵王迎之,顾反至坐[4],前有尺帛,且令工以为冠。工见客来也,因辟[5]。赵王曰:"公子乃驱后车[6],幸以临寡人,愿闻所以为天下。"魏牟曰:"王能重王之国若此尺帛,则王之国大治矣。"赵王不说[7],形于颜色[8],曰:"先生不知寡人不肖[9],使奉社稷[10],岂敢轻国若此?"魏牟曰:"王无怒,请为王说之。"曰:"王有此尺帛,何不令前郎中以为冠[11]?"王曰:"郎中不知为冠。"魏牟曰:"为冠而败之,奚亏于王之国[12]?而王必待工而后乃使之。今为天下之工<sup>[13]</sup>,或非也,社稷为虚戾<sup>[14]</sup>,先王不血食<sup>[15]</sup>,而王不以予工<sup>[16]</sup>,乃与幼艾<sup>[17]</sup>。且王之先帝驾犀首而骖马服<sup>[18]</sup>,以与秦角逐<sup>[19]</sup>。秦当时适其锋<sup>[20]</sup>。今王憧憧乃辇建信以与强秦角逐<sup>[21]</sup>,臣恐秦折王之椅也<sup>[22]</sup>。"

## 【注释】

〔1〕此章事在赵孝成王时,年代无从可考。

〔2〕建信君:赵国幸臣,孝成王时封君。

〔3〕公子魏牟:即魏公子牟。

〔4〕顾反:返回。

〔5〕辟:同"避",回避。

〔6〕乃:竟。驱后车:等于说"枉驾"。后车,副车,侍从所乘的车子。

〔7〕说:同"悦"。

〔8〕形:表现,显露。颜色:脸色。

〔9〕生:鲍本作"王",今从之。

〔10〕奉社稷:奉祀土神谷神,等于说"继承王位"。

〔11〕郎中:近侍之臣。

〔12〕奚:何。亏:损害。

〔13〕为:治理。

〔14〕虚戾:也作"虚厉",国空人绝。

〔15〕血食:受享祭品。

〔16〕工:指善于治理国家的人。

〔17〕幼艾:年轻貌美的人,即宠臣。艾,美好,漂亮。

〔18〕王之先帝:指赵惠文王。驾:驾辕。犀首:即公孙衍。骖:辕马边上的马。这里等于说"拉套"。马服:即赵奢。

〔19〕角(jué)逐:竞争,争相取胜。

〔20〕适:鲍本作"避",今从之。

〔21〕憧(chōng)憧:往来不绝的样子。辇:用人力拉的车子。此用为动词,拉车。

〔22〕椅:鲍本作"輢"。輢(yǐ):车厢两旁可凭依的木板。

【译文】

建信君在赵国很显贵。公子魏牟从赵国经过,赵孝成王迎接他,回来到座位上,面前有一尺帛,准备叫工匠用它做帽子。工匠看见客人来了,就回避了。孝成王说:"公子竟乘着副车,光临寡人这里,希望听您谈谈治理天下的道理。"魏牟说:"大王如果能够像对这一尺帛一样看重您的国家,那么您的国家就会大治了。"赵孝成王很不高兴,显露在脸色上,说:"先王不知道寡人不成器,让我继承王位,我怎敢这样看轻国家呢?"魏牟说:"大王不要生气,请允许我给大王解释一下。""大王有这一尺帛,为什么不叫服侍在您跟前的郎中用它做帽子?"孝成王说:"郎中不会做帽子。"魏牟说:"做帽子把那尺帛做坏了,对大王的国家有什么损害呢?可是大王一定要等工匠来才叫他做。如今治理天下的工匠,一旦发生失误,国家都可能被消灭,先王都得不到祭祀,然而大王却不把国家交给工匠,竟然交给宠臣。再说大王的祖先驾驭着犀首以马服拉套,来跟秦国竞争。秦国当时还要躲避赵国的锋芒。如今大王往来不绝地乘着建信君拉的车子来跟强大的秦国竞争,臣下担心秦国会折毁大王车厢两旁的靠板。"

## 卫灵公近雍疽、弥子瑕[1]

卫灵公近雍疽、弥子瑕[2]。二人者,专君之势以蔽左右。复涂侦谓君曰〔3〕:"昔日臣梦见君。"君曰:"子何梦?"曰:"梦见灶君〔4〕。"君忿然作色曰〔5〕:"吾闻梦见人君者梦见日,今子曰梦见灶君而言君也〔6〕,有说则可,无说则死。"对曰:"日,并烛天下者也〔7〕,一物不能蔽也。若灶则不然,前人之炀〔8〕,则后之人无从见也。今臣疑人之有炀于君者也,是以梦见灶君〔9〕。"君曰:"善。"于是因废雍疽、弥子瑕而立司空狗〔10〕。

**【注释】**

〔1〕此章事在春秋时,不当收入《战国策》。又见于《韩非子》的《内储说上》和《难四》等篇。

〔2〕卫灵公:春秋时卫国君,名元,卫襄公之子。近:亲近,宠爱。雍疽:鲍本作"痈疽"。痈疽、弥子瑕皆卫灵公宠幸之臣。

〔3〕复涂侦:鲍彪注:"卫人。"《韩非子》作"侏儒"。吴师道云:"恐此'复涂侦'或'侏儒'之讹。"侏儒,身体异常短小者。古代侏儒常从事杂技表演。君:指卫灵公。

〔4〕灶君:灶神。金正炜云:"'君'字涉下句'君忿然作色'而衍。"《韩非子》即无"君"字。

〔5〕忿然:愤怒的样子。作色:改变了脸色。

〔6〕金正炜云:"'灶'下'君'字亦衍。而,犹'乃'也。"

〔7〕并烛:普遍照耀。

〔8〕炀(yáng):烤火。

〔9〕金正炜云:"'灶'下'君'字误复。"

〔10〕司空狗:即史狗,史朝之子文子。司空,官名。

**【译文】**

卫灵公与雍疽、弥子瑕亲近。这两个人,独揽灵公的权势蒙蔽左右的人。复涂侦对卫灵公说:"日前我梦见君王。"卫灵公说:"你梦见什么?"复涂侦说:"梦见灶神。"卫灵公声色俱厉地说:"我听说梦见人君的人梦见太阳,现在你说梦见灶神却说是君王,说出道理还可以,说不出道理我处死你。"复涂侦回答说:"太阳,是普照天下的,任何一个东西也不能遮蔽它。至于灶神可不是这样,前边的人烤火,那么后边的人就无法看到它。现在臣下怀疑有人在君王跟前烤火,因此梦见了灶神。"卫灵公说:"好。"于是就斥退了雍疽、弥子瑕,另立了司空狗。

# 或谓建信君之所以事王者[1]

或谓建信[2]:"君之所以事王者,色也;葺之所以事王者[3],知也。色老而衰,知老而多。以日多之知,而逐衰恶之色[4],君必困矣。"建信君曰:"奈何?"曰:"并骥而走者[5],五里而罢[6];乘骥而御之,不倦而取道多。君令葺乘独断之车,御独断之势,以居邯郸,令之内治国事,外刺诸侯[7],则葺之事有不言者矣[8]。君因言王而重责之[9],葺之轴今折矣。"建信君再拜受命,入言于王,厚任葺以事能重责之[10]。未期年而葺亡走矣[11]。

【注释】

〔1〕此章事在赵孝成王时,确年无从可考。

〔2〕建信:即建信君。

〔3〕葺(qì):赵国人。

〔4〕逐:角逐,竞争。恶:丑陋。

〔5〕并骥而走:与骐骥并排跑。

〔6〕罢(pí):通"疲"。

〔7〕刺:刺探。

〔8〕"则茸"句:吴曾祺曰:"谓其事必败,不待言也。"

〔9〕重责:严格要求。

〔10〕任:委任。能:而,连词。

〔11〕期(jī)年:一周年。亡走:逃跑。

**【译文】**

有人对建信君说:"您所以能够侍奉君王,是您容貌漂亮;茸所以能够侍奉君王,是他很有智谋。容貌年老就会变衰,智谋年老就会增多。用一天比一天多的智谋,同衰老丑恶的容貌竞争,您一定要陷入困境了。"建信君说:"怎么办呢?"他说:"跟良马一块儿跑,跑五里就筋疲力尽;骑上良马驾驭它,毫不疲倦而跑路多。您让茸乘上独自决断的车,掌握独自决断的权力,在邯郸任职,让他内治理国家事务,外刺探诸侯动向,那么茸所做的事就无暇向大王一一禀报了。您趁机禀报大王进而严格地要求他,茸的车轴就折断了。"建信君拜了两拜接受指教,入宫对赵王说了,把许多事情都交给茸承担,严格地要求他。不到一年茸就逃跑了。

## 苦成常谓建信君[1]

苦成常谓建信君曰[2]:"天下合从,而独以赵恶秦[3],何也?魏杀吕遗而天下交之[4],今收河间[5],于是与杀吕遗何以异[6]?君唯释虚伪疾[7],文信犹且知之也[8]。从而有功乎,何患不得收河间?从而无功乎,收河间何益也?"

【注释】

〔1〕此章事在秦始皇初年,确年无从可考。

〔2〕苦成常:人名。苦成本为春秋晋国之地,在今山西运城市东北,为郤犨(chōu)采邑。由此推知苦成常当为郤犨的后人。

〔3〕"天下"二句:鲍彪注:"言从者皆恶秦也,而世独言赵。"从,同"纵"。以,以为。恶(wù),憎恨。

〔4〕吕遗:鲍本作"吕辽"。不知孰是。交:结交,交往。

〔5〕河间:赵邑,在今河北献县东南。

〔6〕姚宏云:"一无'于'字。"

〔7〕唯:即使。金正炜云:"释虚,疑当作'释虑'。"释虑:意谓放弃收复河间的打算。伪疾:托病。

〔8〕文信:即吕不韦。知之:知赵不善秦。

【译文】

苦成常对建信君说:"天下诸侯实行合纵,却偏偏认为赵国憎恨秦国,为什么?魏国杀了吕辽而天下诸侯都跟它结交,如今收复河间,这跟杀吕辽有什么区别?您即使放弃收复河间的打算,假装有病,文信侯还会知道赵国不与秦国亲善。如果合纵有功呀,不能收复河间怕什么?如果合纵没有功呀,收复河间有什么益处呢?"

## 希写见建信君[1]

希写见建信君[2],建信君曰:"文信侯之于仆也[3],甚无礼。秦使人来仕,仆官之丞相[4],爵五大夫[5]。文信侯之于仆也,甚矣其无礼也。"希写曰:"臣以为今世用事者[6],不如商贾。"建信君悖然曰[7]:"足下卑用事者而高商贾乎[8]?"曰:"不然。夫良商不与人争买卖之贾[9],而谨司时[10]。时贱而买,虽贵已贱矣;时贵而卖,虽贱已贵矣。昔者,文王之拘于牖里[11],而武王羁于玉门[12],卒断纣之头而县于太白者[13],是武王之功也。今君不能与文信侯相伉以权[14],而责文信侯少礼,臣窃为君不取也。"

【注释】

〔1〕此章事在赵孝成王时,确年无从可考。

〔2〕希写:赵国人。

〔3〕文信侯:即吕不韦。仆:谦称自己。

〔4〕官之丞相:鲍彪注:"使为丞相官属。"

〔5〕五大夫:爵位名,为二十等爵位的第九级。

〔6〕用事者:执政者。

〔7〕悖(bó)然:发怒的样子。

〔8〕卑:贬低。高:抬高。

〔9〕贾:同"价",价钱。

〔10〕司:观察,把握。时:时机。

〔11〕鲍彪注:"衍'之'字。"文王拘于牖里:见前《秦围赵之邯郸》注。

〔12〕羁:拘束,束缚。鲍彪注:"《项羽纪》注:'成皋北门名玉门。'"

〔13〕鲍本"断"作"斩"。县(xuán):悬挂。后来写作"悬"。太白:旗名。

〔14〕伉:匹敌,相当。

【译文】

希写谒见建信君,建信君说:"文信侯对我,十分无礼。秦国派人来做官,我任命他为丞相的属官,授予他五大夫爵位。文信侯对我,太无礼了。"希写说:"臣下认为现在的当权者赶不上商人。"建信君勃然大怒说:"您鄙视当权者而高看商人吗?"希写说:"不是这样。那好的商人不跟别人争买卖的价钱,而是谨慎地把握时机。贱时就买,即使贵一些已经贱了;贵时就卖,即使贱一些已经贵了。古时候,文王被拘禁在牖里,武王被束缚在玉门,终于砍了商纣的头悬挂在太白旗下,这是武王的功劳。现在您不能凭权势跟文信侯较量,却责备文信侯缺少礼貌,臣下私下认为您这是不足取的。"

## 魏魀谓建信君[1]

魏魀谓建信君曰[2]:"人有置系蹄者而得虎[3],虎怒,决蹯而去[4]。虎之情,非不爱其蹯也,然而不以环寸之蹯害七尺之躯者[5],权也[6]。今有国者,非直七尺之躯也[7]。而君之身于王,非环寸之蹯也[8]。愿公之熟图之也。"

【注释】

〔1〕此章事在赵孝成王时,确年无从可考。

〔2〕魏魀(jiè):人名,未详。

〔3〕系蹄:兽绊,用绳索绊住兽蹄的捕兽工具。

〔4〕决:断。蹯(fán):野兽的足掌,兽蹄。

〔5〕以:因。环寸:周长一寸。

〔6〕权:权变,权宜之计。

〔7〕非直:不只,不仅。

〔8〕鲍彪注:"言王且以爱国故去之。"

【译文】

　　魏魋对建信君说:"有人设了一个捕兽的绳套,把老虎的蹄子拴住了,老虎大怒,挣断脚掌逃跑了。老虎的心情,并不是不爱护它的蹄子,然而不能为了寸把大的脚掌损害七尺的身躯,这是权宜之计。如今所拥有的国家,那可不只是七尺的身躯。而您自身对于大王来说,也不是寸把大的蹄子。希望您仔细考虑这个问题。"

## 秦攻赵,鼓铎之音闻于北堂[1]

　　秦攻赵,鼓铎之音闻于北堂[2]。希卑曰[3]:"夫秦之攻赵,不宜急如此。此召兵也[4],必有大臣欲衡者耳[5]。王欲知其人,且日赞群臣而访之[6],先言横者,则其人也。"建信君果先言横。

【注释】

　〔1〕此章事在周赧王五十七年(前258)前后。
　〔2〕鼓:摇动。铎:大铃,古代宣布政教法令或有战事时使用。北堂:古代士大夫家主妇常居之处。
　〔3〕希卑:赵国人。
　〔4〕金正炜云:"此谓内应召外兵也。"
　〔5〕衡:通"横",连横。
　〔6〕旦日:明日。赞:进见,召见。访:询问,咨询。

【译文】

　　秦军进攻赵国,摇动大铃的声音传进北堂里。希卑说:"秦

601

军进攻赵国,不该如此紧急。这是内应召唤外兵的信号,一定有那么一位大臣要与秦国连横。大王想要知道此人是谁,明天召见群臣询问一下,首先鼓吹连横的,就是那个做秦军内应的人。"建信君果然首先鼓吹连横。

## 齐人李伯见孝成王[1]

齐人李伯见孝成王,成王说之[2],以为代郡守[3]。而居无几何[4],人告之反。孝成王方馈[5],不堕食[6]。无几何,告者复至,孝成王不应。已[7],乃使使者言[8]:"齐举兵击燕,恐其以击燕为名而以兵袭赵,故发兵自备[9]。今燕、齐已合[10],臣请要其敝[11],而地可多割[12]。"自是之后,为孝成王从事于外者,无自疑于中者[13]。

【注释】

〔1〕此章事在赵孝成王时,确年无从可考。

〔2〕说:同"悦"。

〔3〕代郡:在今山西东北部和河北蔚县一带。守:郡的长官。

〔4〕无几何:没有多久。

〔5〕方馈(kuì):正在吃饭。

〔6〕堕:王念孙云:"废也。"

〔7〕已:随后。

〔8〕使使者言:言李伯派使者向孝成王报告。

〔9〕"齐举"三句:张琦云:"齐以击燕为名而击赵,当在河间、深、冀

界上,与代绝远,云'发兵自备',不可晓。"

〔10〕合:交战。

〔11〕要:半路拦截。敝:疲惫的一方。

〔12〕而:则。

〔13〕中:内部。

【译文】

　　齐国人李伯谒见孝成王,孝成王喜欢他,把他任命为代郡的郡守。可是过了不久,有人告发他要谋反。孝成王正在吃饭,没有停食,一点也不惊慌。没有多久,控告李伯谋反的人又来了,孝成王没有理睬。后来,李伯才派使者来说:"齐国发兵攻打燕国,恐怕它以攻打燕国为名而用兵袭击赵国,所以派兵自卫。现在燕国跟齐国已经交战,请允许我拦击疲敝的一方,土地就可以多割取些。"从此以后,为孝成王在国外处理事务的人,没有在内部被怀疑的。

# 卷二十一　赵四

## 为齐献书赵王[1]

为齐献书赵王[2]，使臣与复丑曰[3]："臣一见，而能令王坐而天下致名宝[4]，而臣窃怪王之不试见臣而穷臣也[5]。群臣必多以臣为不能者，故王重见臣也[6]。以臣为不能者非他[7]，欲用王之兵成其私者也。非然，则交有所偏者也[8]；非然，则知不足者也[9]；非然，则欲以天下之重恐王，而取行于王者也[10]。臣以齐循事王[11]，王能亡燕，能亡韩、魏，能攻秦，能孤秦。臣以为齐致尊名于王[12]，天下孰敢不致尊名于王？臣以齐致地于王，天下孰敢不致地于王？臣以齐为王求名于燕及韩、魏[13]，孰敢辞之？臣之能也，其前可见已[14]。齐先重王，故天下尽重王；无齐，天下必尽轻王也。秦之强以无齐之故重王，燕、魏自以无齐故重王[15]。今王无齐[16]，独安得无重天下[17]？故劝王无齐者，非知不足，则不忠者也；非然，则欲用王之兵成其私者也；非然，则欲轻王以天下之重取行于王者也[18]；非然，则位尊而能卑者也[19]。愿王之熟虑无齐

605

之利害也。"

## 【注释】

〔1〕此章事大约在周赧王三十一年(前284)。

〔2〕赵王:指赵惠文王。

〔3〕姚宏云:"曾无'使臣与复丑'五字。"鲍本亦无此五字。吴师道云:"其文未详,恐他简脱误。"

〔4〕致:送,奉献。名宝:名贵的宝物。

〔5〕穷:困厄。

〔6〕重:鲍彪注:"犹难。"即不轻易。

〔7〕非他:不是他人。

〔8〕鲍彪注:"言卖赵与诸国为私。"偏:偏私。

〔9〕知:同"智"。

〔10〕取行于王:使王按照他们的意图行事。

〔11〕以:使。循事:顺从侍奉。

〔12〕鲍注:"衍'为'字。"

〔13〕金正炜云:"'名'下当有'宝'字而误脱也。上文已言致名,致地,则不得更言为王求名。作'名宝',正与篇首相应。"

〔14〕鲍彪注:"言可见未效之前。"

〔15〕鲍本"燕"下补"韩"字。鲍彪注:"赵得齐,故四国无齐。"

〔16〕今:如果,倘若。

〔17〕无:衍文。钟凤年云:"有之则为赵虽无齐亦见重于天下,与上文'无齐则天下必尽轻王'之义不合矣。"

〔18〕据上文可知"轻"乃"恐"字之讹。

〔19〕能卑:能力低下。

## 【译文】

有人替齐国上书给赵惠文王说:"臣下只要见大王一面,就能使大王坐享天下诸侯送来的名贵宝器,可是臣下私下觉得奇怪的是大王不跟我见一面试试,还要难为我。群臣一定大都认为臣下是个无能的人,所以大王不轻易接见臣下。认为臣下无能的人不是他人,是想借用大王的兵力达到私人意愿的人。不然的话,就是外交偏向一方的人;不然的话,就是智力不足的人;不然的话,就是想借天下诸侯的威重恐吓大王,使大王按其意图行事的人。臣下使齐国顺从事奉大王,大王就能灭掉燕国,就能灭掉韩国、魏国,就能进攻秦国,就能孤立秦国。臣下使齐国把尊贵的名号送给大王,天下哪个诸侯敢不把尊贵的名号送给大王?臣下使齐国把土地送给大王,天下哪个诸侯敢不把土地送给大王?臣下使齐国为大王向燕国以及韩国、魏国谋取名宝,谁敢拒绝这个要求?臣下的能力,事前就可以看出来了。齐国首先尊重大王,所以天下诸侯都会尊重大王。失去齐国,天下诸侯一定都会轻视大王。秦国这样强大,因为失去齐国的缘故才尊重大王;燕国、韩国、魏国自然也是因为失去齐国的缘故才尊重大王。如果大王失去齐国,怎么还敢不重视天下诸侯呢?所以怂恿大王抛开齐国的人,不是智力不够的人,就是对大王不忠的人。不然的话,就是想借用大王的兵力达到私人意愿的人;不然的话,就是想借天下诸侯的威重轻视大王,使大王按其意图行事的人;不然的话,就是地位尊贵而能力卑下的人。希望大王仔细考虑一下失去齐国的利害。"

## 齐欲攻宋[1]

齐欲攻宋,秦令起贾禁之[2]。齐乃挹赵以伐宋[3]。秦王怒[4],属怨于赵[5]。李兑约五国以伐秦[6],无功,留天下之兵于成皋[7],而阴构于秦[8]。又欲与秦攻魏，以解其怨而取封焉[9]。

魏王不说[10]。之齐[11]，谓齐王曰[12]："臣为足下谓魏王曰：'三晋皆有秦患。今之攻秦也，为赵也[13]。五国伐赵，赵必亡矣[14]。秦逐李兑，李兑必死。今之伐秦也，以救李子之死也。今赵留天下之甲于成皋，而阴鬻之于秦[15]，已讲，则令秦攻魏以成其私封[16]，王之事赵也何得矣？且王尝济于漳而身朝于邯郸[17]，抱阴、成[18]，负蒿、葛、薛[19]，以为赵蔽[20]，而赵无为王行也。今又以何阳、姑密封其子[21]，而乃令秦攻王[22]，以便取阴[23]。人比然而后如贤不[24]，如王若用所以事赵之半收齐[25]，天下有敢谋王者乎？王之事齐也，无入朝之辱，无割地之费。齐为王之故，虚国于燕、赵之前[26]，用兵于二千里之外，故攻城野战，未尝不为王先被矢石也[27]。得二都[28]，割河东[29]，尽效之于王。自是之后，秦攻魏，齐甲未尝不岁至于王之境也。请问王之所以报齐者可乎？韩珉处于赵[30]，去齐三千里，王以此疑齐，曰有秦阴[31]。今王又挟故薛公以为相[32]，善韩徐以为上交[33]，尊虞商以为大客[34]，王固可以反疑齐乎于[35]？'魏王听此言也甚诎[36]，其欲事王也甚循[37]。其怨于赵[38]。臣愿王之曰闻魏而无庸见恶也[39]，臣请为王推其怨于赵[40]。愿王之阴重赵，而无使秦之见王之重赵也。秦见之且亦重赵[41]。齐、秦交重赵，臣必见燕与韩、魏亦且重赵也，皆且无敢与赵治[42]。五国事赵[43]，赵从亲以合于秦[44]，必为王高矣[45]。臣故欲王之偏劫天下而皆私甘之也[46]。王使臣以韩、魏与燕劫赵,使丹也甘之[47];以赵劫韩、魏,使臣也甘之;以三晋劫秦,使顺也甘之[48];以天下劫楚,使呎也甘之。则天下皆偪秦以事王[49],而不敢相私也[50]。交定,然后王择焉。"

【注释】

〔1〕此章事在周赧王二十八年(前287)。

〔2〕起贾:秦国御史。

〔3〕捄:姚宏云:"一作'收'。"收,联合。

〔4〕秦王:指秦昭王。

〔5〕属(zhǔ)怨:结怨。

〔6〕李兑:赵国大臣,时为相国。五国:指赵、韩、魏、燕、齐。

〔7〕成皋:韩邑,即虎牢,在今河南氾水镇。

〔8〕阴:暗中。构:鲍本作"讲",今从之。讲,和解。

〔9〕其:指秦国。吴师道云:"下文言取'阴'定封。"

〔10〕魏王:指魏昭王。说:同"悦"。

〔11〕据杨宽说,"之齐"上当有"苏秦"二字。之,往。

〔12〕齐王:指齐湣王。

〔13〕鲍彪注:"本以秦属怨于赵故。"

〔14〕鲍彪注:"此设辞也。言赵初约伐秦,今乃与秦讲,若同伐赵,赵可亡也。"

〔15〕鬻(yù):出卖。

〔16〕金正炜云:"令,当作'合'。上文所云'与秦攻魏,以解其怨',即合之义也。"

〔17〕漳:水名,见《齐策一·张仪为秦连横说齐王》注。邯郸:赵国国都,在今河北邯郸市。

〔18〕抱:怀抱。阴:魏地,在今河南卢氏县东北。成:魏地,在今山东菏泽市东北。

〔19〕负:背负。葛:吴师道云:"因'葛'而误衍。"葛:即古葛国,已属魏,在今河南宁陵县西。薛:鲍本作"薛"。薛即孟尝君封地,在今山东薛城。

〔20〕蔽:等于说"屏障"。

〔21〕何:鲍本作"河"。河阳:魏地,在今河南孟州市西。姑密:即姑蔑,在今山东泗水县。其:指李兑。

〔22〕金正炜云:"令,亦当作'合'。"

〔23〕阴:即陶,在今山东菏泽市定陶区西北。

〔24〕比:比较。如:鲍本作"知",今从之。

〔25〕如:而。

〔26〕虚国:鲍彪注:"谓悉出兵。"

〔27〕被:遭受。矢石:箭与石。古代作战,发矢抛石以击敌。

〔28〕二都:两座都城,未详。

〔29〕河东:赵国漳河以东之地。

〔30〕韩呡(wěn):齐国大臣,曾为齐相,主张亲附秦国。赵:姚宏云:"刘作'楚'。"

〔31〕有秦阴:缪文远曰:"此当作'阴有秦'。"

〔32〕薛公:即孟尝君。公元前294年,薛公因田甲劫齐湣王失败,出走于魏,被魏昭王聘为相。

〔33〕韩徐:赵国将领,或称徐为、韩为、韩徐为。

〔34〕虞商:人名。不详。大客:贵客。

〔35〕固:岂,难道。黄丕烈云:"此当是'疑'下有'于'字,错在'乎'下。"

〔36〕诎(qū):言语钝挫。

〔37〕循:顺从。

〔38〕黄丕烈云:"此'其'字乃'甚'字之误。"

〔39〕曰:鲍本作"日"。见恶(wù):恶魏。

〔40〕其怨:魏国的怨恨。

〔41〕鲍彪注:"天下得赵则强。使秦知齐重赵,恐齐强,亦必重之。"

〔42〕治:较量,匹敌。

〔43〕鲍本"五"作"三"。三国:指燕、韩、魏。

〔44〕从(zòng)亲:指赵与三国联合。

〔45〕为:比。鲍彪注:"言赵居齐上。"

〔46〕偏:鲍本作"遍"。吴师道云:"遍劫者,众胁之以威;私甘者,独说之以言。"

〔47〕丹:指公玉丹,齐国之臣。

〔48〕顺:即顺子,齐国之臣。

〔49〕偪:金正炜云:"当作'偏'。《说文》:'判也。'谓与秦分离。"

〔50〕相私:私下交往。

**【译文】**

　　齐国打算进攻宋国,秦国派起贾阻止。齐国就联合赵国去进攻宋国。秦昭王很恼火,跟赵国结下仇怨。李兑约结五国去进攻秦国,没有成功,把五国的军队挽留在成皋,却暗中跟秦国讲和。又想跟秦国进攻魏国,以便解除秦国的仇怨,讨取自己的封地。

　　魏昭王很不高兴。苏秦到了齐国,对齐湣王说:"臣下替您对魏王说:'三晋都有秦国的祸患。如今进攻秦国,是为了赵国。倘若五国进攻赵国,赵国就一定灭亡了。秦国驱逐李兑,李兑一定得死。所以现在进攻秦国,为的是挽救李兑的死亡。现在赵国把五国的军队挽留在成皋,李兑却在暗中把他们出卖给秦国,业已讲和,那么他联合秦国进攻魏国来取得他私人的封地,大王侍奉赵国得到了什么呢?再说大王曾经渡过漳水,亲自到邯郸朝见赵王,怀抱阴、成二地,背负葛、薛二地,以做赵国的屏障,可是赵国却没有为大王而采取的行动。如今大王又把河阳、姑密封给李兑的儿子,而李兑竟然联合秦国进攻大王,以便讨取阴地。人总是通过比较才能知道贤与不贤,大王倘若用侍奉赵国的一半联合齐国,天下还有敢算计大王的人吗?大王侍奉秦国，没有入朝称臣的耻辱，没有割让土地的破费。齐国为了大王的缘故，把全国的兵力派到燕国和赵国的前沿，用兵在两千里以外，所以攻打城池作战荒野，未曾不是替大王冒险做掩护。夺得的两个都邑，割取的河东之地，完全献给大王。从此以后，每当秦国进攻魏国，齐国的军队未曾不是每年都要开进大王的国境之内。请问大王用以报答齐国的行动说得过去吗？韩珉客居楚国，距离齐国三千里，大王因此怀疑齐国，说暗中勾结秦国。现在大王又挟持过去的薛公任他为相国，跟韩徐友善把他作为上等朋友，尊重虞商把他当作贵客，大王难道可以反过来对齐国产生怀疑吗？'魏王听了这些话将十分尴尬，要他侍奉大王将十分恭顺，对赵国将十分仇恨。臣下希望大王每天听到魏国的坏话都不要憎恶它，请允许臣下替大王把魏国的仇恨转移到赵国去。希望大王在暗中尊重赵国，可不要使秦国发现大王尊重赵国。如果被秦国发现它也要尊重赵国。如果齐国、秦国都尊重赵国的话，臣下一定会看到燕国与韩国、魏国也会尊重赵国，各国就都不敢与赵国较量了。三国服事赵国，赵国就会率领合纵相亲的国家跟秦国联合，那么赵王的地位就一定比大王高了。臣下所以想使大王普遍地威胁天下诸侯而且都在私下里用美言说服他们。大王派臣下用韩国、魏国与燕国的力量威胁赵国，就派公玉丹用美言说服赵国；用赵国的力量威胁韩国、魏国，就派大臣用美言说服韩国、魏国；用三晋的力量威胁秦国，就派顺子用美言说服秦国；用天下诸侯的力量威胁楚国，就派韩珉用美言说服楚国。那么天下诸侯就都脱离秦国侍奉大王而不敢互相勾结。邦交已定，大王再做选择吧。"

## 齐将攻宋而秦、楚禁之[1]

齐将攻宋，而秦、楚禁之[2]。齐因欲与赵[3]，赵不听。齐乃令公孙衍说李兑以攻宋而定封焉[4]。李兑乃谓齐王曰[5]:"臣之所以坚三晋以攻秦者,非以为齐得利秦之毁也[6],欲以使攻宋也[7]。而宋置太子以为王[8],下亲其上而守坚,臣是以欲足下之速归休士民也。今太子走,诸善太子者,皆有死心。若复攻之,其国必有乱,而太子在外,此亦举宋之时也[9]。

"臣为足下使公孙衍说奉阳君曰[10]:'君之身老矣,封不可不早定也。为君虑,封莫若于宋,他国莫可。夫秦人贪,韩、魏危[11],燕、楚僻[12],中山之地薄[13],莫如于阴[14]。失今之时,不可复得已。宋之罪重[15],齐之怒深,残乱宋[16],得大齐[17],定身封,此百代之一时也以[18]。'奉阳君甚食之[19],唯得大封[20],齐无大异[21]。臣愿足下之大发攻宋之举,而无庸致兵[22],姑待已耕[23],以观奉阳君之应足下也。县阴以甘之[24],循有燕以临之[25],而臣待忠之封[26],事必大成。臣又愿足下有地效于襄安君以资臣也[27]。足下果残宋,此两地之时也[28]。足下何爱焉[29]?若足下不得志于宋,与国何敢望也[30]?足下以此资臣也,臣循燕观赵,则足下击溃而决天下矣[31]。"

## 【注释】

〔1〕此章事在周赧王二十七年(前288)。

〔2〕楚:姚宏云:"一作'阴'。"

〔3〕与:联合。

〔4〕公孙衍:据徐中舒所考,当为"苏秦"之讹。李兑:赵国的相国。

定封:确定封地。

〔5〕杨宽认为:"此'李兑'当为'苏秦'之讹。"齐王:指齐湣王。

〔6〕鲍彪注:"不以毁秦为齐之利。"

〔7〕金正炜云:"'使'当作'便',字形相近而讹也。秦为三晋所毁,则齐得便以攻宋。"

〔8〕太子:指宋王偃之子。

〔9〕举:攻克,占领。

〔10〕缪文远云:"'使公孙衍'四字衍文。由于上文误'苏秦'为'李兑',今又衍此四字,遂使李兑、奉阳君俨若二人。"奉阳君:李兑的封号。

〔11〕鲍彪注:"近秦故。"

〔12〕辟(pì):同"僻",偏僻。

〔13〕中山之地:指中山国的故地。中山国已于公元前 296 年为赵所灭。

〔14〕阴:即陶,定陶。

〔15〕宋之罪重:指宋王偃荒淫暴虐。

〔16〕残:摧毁,毁灭。

〔17〕得:鲍本作"德"。吴师道云:"'得'字讹。"

〔18〕以:通"已"。鲍本作"已"。

〔19〕食:鲍本作"贪",今从之。贪,贪婪。

〔20〕唯:即使。姚宏云:"曾作'虽'。"

〔21〕以上二句,金正炜云:"言奉阳君虽得大封于齐,举宋之利,无大差异。"

〔22〕无庸致兵:言不用招致赵国之兵。

〔23〕鲍本无此四字,今从之。

〔24〕县(xuán):同"悬"。甘:等于说"引诱"。鲍彪注:"许之而未与,故曰'县'。"

〔25〕金正炜云:"'循有'当乙为'有循'。'有'读如'又'。"缪文远云:"此言循事齐国之燕,可挟以临赵也。"

〔26〕吴师道云:"劝之定封,故曰臣且将忠之以封。"待:将。忠:实,

尽心竭力。

〔27〕襄安君：帛书《战国纵横家书》第四章注云："燕国王族，可能是燕昭王之弟。"

〔28〕金正炜云："'时'当为'封'，即上文所云县阴以甘奉阳君及效地于襄安君也。"

〔29〕爱：吝惜，舍不得。

〔30〕鲍彪注："言奉阳、襄安不敢望封。"与国，指赵、燕。

〔31〕吴师道云："溃，坏也。此喻宋，击溃坏之宋，而决制天下矣。"

## 【译文】

齐国将要进攻宋国，秦国暗中阻止。齐国于是打算联合赵国去进攻宋国，赵国不听。齐国就派苏秦说服李兑进攻宋国从而确定他的封地。苏秦便对齐湣王说："臣下所以使三晋坚定不移地进攻秦国，不是以毁坏秦国作为给予齐国的好处，是想以此便利进攻宋国。宋国立太子并以他为王，臣民亲近其长上而且防守坚固，臣下因此希望您赶快回去使士兵民众得以休息。现在宋国太子逃跑了，那些跟太子亲善的人，都有为太子效死的决心。如果再次进攻宋国，宋国一定会有动乱，然而太子逃跑在外，这也是占领宋国的好时机。

"臣下为您游说奉阳君李兑说：'您年事已高了，封地不可不早日确定。为您设想，封地在哪里都不如在宋国，别的国家没有合适的。秦国人贪婪，韩国、魏国危殆，燕国、楚国偏僻，中山国的土地瘠薄，所以哪里都不如阴地。失掉眼下这个时机，就不可再得了。宋国的罪孽深重，齐国对它仇恨很深，摧毁混乱的宋国，使强大的齐国感激您，确定自己的封地，这真是百世难遇的一个好时机。'奉阳君十分贪婪，他即使得到了很大的封地，对于齐国也无关大局。臣下希望您大力发起进攻宋国的举动，但不用招致赵国之兵，以便观察奉阳君怎样回报您。答应给他阴地又不给他，以此引诱他，又使恭谨事奉齐国的燕国监视赵国，而臣下将尽心竭力地使他获得封赏,事情一定会大告成功。臣下还希望您有土地献给襄安君来资助臣下。您果然灭了宋国,这两块土地的封赏,您还吝惜什么呢?如果您进攻宋国达不到目的,盟国还敢指望什么呢?您如果用这块土地资助臣下,臣下就能使燕国顺从赵国观望,那么您就可以摧垮宋国而控制天下了。"

## 五国伐秦无功[1]

五国伐秦[2],无功,罢于成皋[3]。赵欲构于秦[4],楚与魏、韩将应之,秦弗欲[5]。苏代谓齐王曰[6]:"臣以为足下见奉阳君矣[7]。臣谓奉阳君曰:'天下散而事秦[8],秦必据宋,魏冉必妒君之有阴也[9]。秦王贪[10],魏冉妒,则阴不可得已矣。君无构,齐必攻宋。齐攻宋,则楚必攻宋,魏必攻宋,燕、赵助之。五国据宋,不至一二月,阴必得矣。得阴而构,秦虽有变,则君无患矣。若不得已而必构[11],则愿五国复坚约。愿得赵[12],足下雄飞,与韩氏大吏东免齐王[13],必无召岷也[14]。使臣守约[15],若与有倍约者[16],以四国攻之。无倍约者,而秦侵约,五国复坚而宾之[17]。今韩、魏与齐相疑也,若复不坚约而讲,臣恐与国之大乱也。齐、秦非复合也,必有踦重者矣[18]。后合与踦重者[19],皆非赵之利也。且天下散而事秦[20],是秦制天下也。下也。秦制天下,将何以天下为?臣愿君之蚤计也[21]。

"天下争秦[22],有六举[23],皆不利赵矣。天下争秦,秦王受负海内之国[24],合负亲之交[25],以据中国[26],而求利于三晋,是秦之一举也。秦行是计,不利于赵,而君终不得阴,一矣。天下争秦,秦王内韩珉于齐[27],内成阳君于韩[28],相魏怀于魏[29],复合衍交[30],两王王贲、韩他之曹皆起而行事[31],是秦之一举也。秦行是计也,不利于赵,而君又不得阴,二矣。天下争秦,秦王受齐受赵,三强三亲[32],以据魏而求安邑[33],是秦之一举也。秦行是计,齐、赵应之,魏不待伐,抱安邑而信秦[34],秦得安邑之饶,魏为上交,韩必入朝,秦过赵已安邑矣[35],是秦之一举也。秦行是计,不利于赵,而君必不得阴,三矣。天下争秦,秦坚燕、赵之交,以伐齐收楚,与韩珉而攻魏[36],是秦之一举也。秦行是计,而燕、赵应之。燕、赵伐齐,兵始用,秦因收楚而攻魏,不至一二月,魏必破矣。秦举安邑而塞女戟[37],韩之太原绝,下轵道、南阳高伐魏[38],绝韩,包二周,即赵自消烁矣[39]。国燥于秦[40],兵分于齐,非赵之利也。而君终身不得阴,四矣。天下争秦,秦坚三晋之交,攻齐,国破曹屈[41],而兵东分于齐。秦桉兵攻魏[42],取安邑,是秦之一举也。秦行是计也,君桉救魏,是以攻齐之已弊救与秦争战也[43]。君不救也,韩、魏焉免西合[44]？国在谋之中[45],而君有终身不得阴[46],五矣。天下争秦,秦按为义[47],存亡继绝,固危扶弱,定无罪之君[48],必起中山与胜焉[49]。秦起中山

与胜,而赵、宋同命[50],何暇言阴?六矣。故曰:君必无讲,则阴必得矣。'

"奉阳君曰:'善。'乃绝和于秦,而收齐、魏以成取阴。"

【注释】

〔1〕此章事在周赧王二十七年(前288)。

〔2〕五国:指赵、韩、魏、燕、齐。

〔3〕罢:罢兵,停止用兵。成皋:韩邑,在今河南荥阳氾水镇。

〔4〕构:鲍本作"讲"。下同。今从之。讲:讲和,和解。

〔5〕秦:鲍本作"齐"。当作"齐"。

〔6〕苏代:缪文远认为当作"苏秦",今从之。

〔7〕以:通"已"。奉阳君:即李兑,时为赵相。

〔8〕散:离散,指合纵联盟瓦解。事:鲍本作"争"。当作"争"。

〔9〕魏冉:即穰侯,多次任秦相。阴:邑名,即陶,在今山东菏泽市定陶区西北。

〔10〕秦王:指秦昭王。

〔11〕吴师道云:"疑此句'已'字误,上句'得阴而讲',此句当云'不得阴而必构',乃顺。"

〔12〕鲍本"愿"上补"五国"二字。金正炜云:"'得赵'犹言亲赵,'愿'字涉上而衍。"

〔13〕大吏:大臣。免:通"勉"。此言勉励齐王共同推行合纵之策。

〔14〕呡(wěn):即韩呡,齐相,主张亲附秦国。吴师道云:"今代(按当为'秦')劝奉阳君合诸侯,与韩氏大吏勉齐王共合从,则齐必不召呡也。"

〔15〕金正炜云:"'臣'当为'坚'之坏文。下云:'无倍约者,而秦侵约,五国复坚而宾之。'以其言复,正见此文之为'坚'矣。"

〔16〕鲍本"与"下补"国"字。吴师道云:"与国,言五国也。"

〔17〕坚:谓坚约。宾:通"摈(bìn)",排斥。

〔18〕踦(qī):偏。

〔19〕后合:当作"复合"。黄丕烈云:"'后'乃'复'形近之讹耳。"

〔20〕钟凤年云:"'事'上盖脱一'争'字。无之,则义为天下尽事秦,与下文凡七言'天下争事秦'之语不相应矣。"

〔21〕蚤:通"早"。

〔22〕争秦:当作"争事秦",下同。

〔23〕钟凤年云"'有'上盖脱一'秦'字。"

〔24〕鲍彪注:"衍'内'字。"金正炜云:"负海之国,谓齐。"

〔25〕鲍彪注:"天下尝横而亲秦矣,已而负之,今复合之。"

〔26〕据:等于说"遏制"。中国:中原地区,指三晋。

〔27〕内:同"纳"。韩珉:即韩珉。

〔28〕成阳君:韩厘王时封君,主张联合秦、魏。

〔29〕魏怀:不详,当是主张亲附秦国的人。

〔30〕衍:金正炜云:"疑当作'衡','衡'与'横'同,言复合横亲之交也。"

〔31〕金正炜云:"两'当为'而'字之讹。'王'字误复。"王贲:秦将王翦之子。韩他:秦国之臣。曹:辈。行事:做事,指推行连横之策。

〔32〕金正炜云:"'三亲'之'三',疑当作'已'。"

〔33〕以:金正炜云:"当为'乃',篆文相似而误。"安邑:魏都,在今山西夏县北。

〔34〕信:鲍本作"倍"。倍,增益。

〔35〕金正炜云:"'过'犹'责'也。'已'与'以'通。言秦将以魏纳安邑,责望于赵也。"

〔36〕金正炜云:"'珉'字涉上文'内韩珉于齐'而衍。"

〔37〕女戟:吴师道云:"地名,在太行西。"

〔38〕轵道:在今河南济源市,为太行山南交通要道。南阳:在今河南济源至朝歌镇。高:鲍本作"而"。

〔39〕即:则。消烁:削弱,消亡。

〔40〕燥:姚宏云:"一作'烁'。"

〔41〕曹:鲍本作"财",今从之。屈(jué):枯竭,穷尽。

〔42〕王念孙云:"'兵'字后人所加也。'秦桉攻魏'者,桉,语词,犹言'于是'也。"桉,同"案"。

〔43〕吴师道云:"一本无'救'字,'救'即'敝'字误衍。"

〔44〕西合:联合秦国。

〔45〕鲍彪注:"在秦谋中。"

〔46〕有:通"又"。

〔47〕金正炜云:"按,犹于是也,乃也。为,当读为'伪'。言秦于是伪行义于天下也。"

〔48〕定:安定。依文例,此下当有"是秦之一举也。秦行是计"十字。

〔49〕胜:金正炜云:"当为滕。"滕:西周分封的诸侯国,姬姓,在今山东滕州西南。

〔50〕而:则。金正炜云:"中山灭于赵,滕灭于宋,秦起复二国,故曰赵、宋同命。"

**【译文】**

　　五国讨伐秦国,没有取胜,在成皋罢兵。赵国打算跟秦国讲和,楚国与魏国、韩国准备响应,齐国不肯。苏秦对齐湣王说:"臣下已为您拜见奉阳君了。臣下对奉阳君说:'天下诸侯离散而争着侍奉秦国,秦一定占据宋国,魏冉一定嫉妒你占有阴地。秦王贪婪,魏冉嫉妒,那么阴地就得不到了。您不跟秦国讲和,齐国一定进攻宋国。齐国进攻宋国,那么楚国一定进攻宋国,魏国一定进攻宋国,燕国和赵国帮助他们。五国占据宋国,用不上一两个月,阴地就一定得到了。得到阴地而讲和,秦国即使有所变化,那么您也没有忧虑了。如果您没有得到阴地还一定要跟秦国讲和,那就要指望五国恢复牢固的盟约。五国亲近赵国,您就可以称雄腾飞,同韩国的大臣东去勉励齐王共同推行合纵之策,齐王就一定不会把韩珉召回去。要使各国坚守盟约,如果盟国之中有违背约言的，就率领其他四国攻打它。如果没有违背约言的，而秦国侵犯参加盟约的国家，五国就要再次坚定盟约排斥它。现在韩国、魏国跟齐国互相怀疑，如果再不巩固盟约而与秦国讲和，臣下担心盟国会大乱。齐国、秦国不再联合，一定会有偏重一方的了。齐国、秦国再次联合和偏重一方，对赵国都没有好处。再说天下诸侯离散争着侍奉秦国，这是秦国控制了天下。秦国控制了天下，还怎么争取天下呢？我希望您早拿主意。

"天下诸侯争着侍奉秦国，秦国将有六种举动，对赵国都不利。天下诸侯争着侍奉秦国，秦王就会接纳背靠大海的齐国缝合破裂的邦交，从而遏制中原地区，向三晋谋求利益，这是秦国的一个举动。秦国推行这个计策，对赵国不利，而您最终也得不到阴地，这是第一点了。天下诸侯争着侍奉秦国，秦王就会从齐国接纳韩珉，从韩国接纳成阳君，在魏国以魏怀为相国，恢复连横的邦交，而王贲、韩他之辈，都被起用推行连横之策，这是秦国的一个举动。秦国推行这个计策，对赵国不利，而您还是得不到阴地，这是第二点了。天下诸侯争着侍奉秦国，秦王接受齐国接受赵国，三个强国业已相亲就会遏制魏国索取安邑，这是秦国的一个举动。秦国推行这个计策，齐国、赵国就会响应它，魏国不等它来讨伐，就会抱着安邑献给秦国增加领地，秦国得到富饶的安邑，魏国就成了它上好的朋友，韩国一定到秦国朝拜，秦国就会以魏国献出安邑来责望赵国了，这是秦国的一个举动。秦国推行这个计策，对赵国不利，而您一定得不到阴地，这是第三点了。天下诸侯争着侍奉秦国，秦国就会巩固与燕国、赵国的邦交，进而攻打齐国联合楚国，与韩国进攻魏国，这是秦国的一个举动。秦国推行这个计策，燕国、赵国就会响应它。燕国、赵国讨伐齐国，刚刚交锋，秦国趁机联合楚国进攻魏国，不到一两个月，魏国就一定被攻破了。秦国攻克安邑而堵塞女戟，韩国的太原就被切断，它就会沿轵道、南阳而下讨伐魏国，与韩国断绝关系，包围东西二周，那么赵国就自消自灭了。国家被秦国消灭，军队被齐国瓦解，这对赵国是不利的。而您终身得不到阴地，这是第四点了。天下诸侯争着侍奉秦国，秦国就会巩固与三晋的邦交，进攻齐国，三晋将国破财竭，而兵力因被东调击齐而分散。秦国于是进攻魏国，夺取安邑，这是秦国的一个举动。秦国推行这个计策，您于是援救魏国，这是用进攻齐国已经疲惫的军队跟秦国作战。您不援救魏国，韩国、魏国怎么能够免于跟秦国联合？赵国一切都在秦国的谋划之中，而您又终身得不到阴地，这是第五点了。天下诸侯争着侍奉秦国，秦国于是虚伪地实行仁义的政策，复活已经灭亡的国家，接续已经断绝的后代，巩固濒临危亡的国家，扶持贫穷弱小的国家，安定没有罪孽的君主，这是秦国的一个举动。秦国推行这个计策，一定使中山与滕国再起。秦国使中山与滕国再起，那么赵国、宋国也就命运相同，哪里来得及谈论阴地呢？这是第六点了。所以说您一定不要跟秦国讲和，那么阴地就一定能够得到了。'

"奉阳君说：'好。'于是拒绝跟秦国讲和，而联合齐国、魏国，达到取得阴地的目的。"

## 楼缓将使伏事辞行[1]

楼缓将使[2]，伏事辞行[3]，谓赵王曰："臣虽尽力竭知[4]，死不复见于王矣。"王曰："是何言也？固且为书而厚寄卿[5]。"楼子曰："王不闻公子牟夷之于宋乎[6]？非肉不食[7]。文张善宋[8]，恶公子牟夷，寅然[9]。今臣之于王，非宋之于公子牟夷也，而恶臣者过文张。故臣死不复见于王矣[10]。"王曰："子勉行矣，寡人与子有誓言矣。"楼子遂行。

后以中牟反[11]，入梁，候者来言而王弗听[12]，曰："吾已与楼子有言矣。"

**【注释】**

〔1〕此章事与史不合，大抵是策士拟托之作。
〔2〕楼缓：赵国人，曾为秦相。
〔3〕伏事：隐匿所要做的事情。
〔4〕知：同"智"。
〔5〕固：本来。为书：写信。卿：对人表示亲热的称呼。
〔6〕公子牟夷：宋国的公子。
〔7〕鲍彪注："言其贵。"
〔8〕文张：别国人，不详。善宋：鲍彪注："宋王善之。"
〔9〕鲍本"寅"作"宋"，"然"下补"之"字。
〔10〕鲍彪注："言牟夷之亲，而文张以游客能使宋听其说，况己乎？"
〔11〕中牟：赵地，在今河南鹤壁市西。
〔12〕候者：斥候，侦察敌情的士兵。

**【译文】**

楼缓即将出使，把所要做的事情隐匿起来辞行，对赵王说："臣下虽然用尽了力量和智慧，但是至死也不能再拜见大王了。"赵王说："这是什么话？本来要写封信把您郑重地托付给出使的国家。"楼缓说："大王没有听说公子牟夷在宋国的情况吗？他没有肉不吃饭。文张很受宋王赏识，他讨厌公子牟夷，宋王认为他对。如今臣下跟大王的关系并不是宋王跟公子牟夷的关系,而且讨厌臣下的人高于文张。所以臣下至死也不能再拜见大王了。"赵王说:"您尽力而为吧,寡人跟您已经立下誓言了。"楼缓就出使去了。

后来楼缓在中牟反叛,逃入魏国。侦探来报告而赵王却不相信,说:"我已经跟楼缓立下誓言了。"

## 虞卿请赵王[1]

虞卿请赵王曰[2]:"人之情,宁朝人乎[3]?宁朝于人也?"赵王曰:"人亦宁朝人耳,何故宁朝于人?"虞卿曰:"夫魏为从主[4],而违者范座也[5]。今王能以百里之地若万户之都请杀范座于魏[6],范座死,则从事可移于赵[7]。"赵王曰:"善。"乃使人以百里之地请杀范座于魏。魏王许诺[8],使司徒执范座而未杀也[9]。

范座献书魏王曰:"臣闻赵王以百里之地,请杀座之身。夫杀无罪范座,座薄故也[10];而得百里之地,大利也。臣窃为大王美之。虽然,而有一焉,百里之地不可得,而死者不可复生也,则主必为天下笑矣[11]。臣窃以为与其以死人市[12],不若以生人市使也[13]。"

又遗其后相信陵君书曰[14]:"夫赵、魏,敌战之国也。赵王以咫尺之书来,而魏王轻为之杀无罪之座。座虽不肖,故魏之免相望也[15],尝以魏之故得罪于赵。夫国内无用臣[16],外虽得地,势不能守。然今能守魏者,莫如君矣。王听赵杀座之后,强秦袭赵之欲[17],倍赵之割,则君将何以止之?此君之累也[18]。"信陵君曰:"善。"遽言之王而出之[19]。

**【注释】**

〔1〕此章事在周赧王四十九年(前266),又见于《史记·魏世家》及《说苑·善说篇》。

〔2〕虞卿:游说之士。请:鲍本作"谓"。赵王:指赵惠文王。

〔3〕宁:宁愿。朝人:使人来朝见。

〔4〕从主:合纵联盟的盟主。

〔5〕违者:指反对赵国为盟主的人。范座:魏国故相。《史记》及鲍本作"范痤"。

〔6〕今:假如。若:或。

〔7〕鲍彪注:"赵主从也。"

〔8〕魏王:指魏安釐王。

〔9〕司徒:或为"司寇"之误。因为司徒掌管国家土地和人民教化,司寇掌管刑狱、纠察等事。

〔10〕姚宏注:"刘无下'座'字。"薄故:小事。

〔11〕主:鲍本作"王"。"主"字误。

〔12〕市:交易。

〔13〕姚宏注:"一本无'使'字。"今从之。

〔14〕遗(wèi):给。其后相:范座以后的相国。信陵君:即魏公子无忌。

〔15〕鲍彪注:"衍'望'字。"

〔16〕鲍彪注:"用,言可任者。"

〔17〕袭:重复。

〔18〕累:忧患,祸害。

〔19〕遽(jù):急忙,立即。出:释放。

**【译文】**

虞卿对赵惠文王说:"人的心情,宁愿使别人朝见自己呢?

宁愿自己去朝见别人呢？"赵王说："人都是宁愿使别人朝见自己，怎么会宁愿自己去朝见别人呢？"虞卿说："那魏国是合纵联盟的盟主，而反对赵国为盟主的人是范座。假如大王能用方圆百里的土地或拥有万户的都邑，向魏国请求杀死范座，范座一死，那么合纵的事就可以移交赵国执掌。"赵王说："好。"就派人用方圆百里的土地向魏国请求杀死范座。魏安釐王答应了，派司寇逮捕范座却没有杀。

范座向魏安釐王上书说："臣下听说赵王用方圆百里的土地，请求杀死我范座。杀死无罪的范座，这是小事；而得到方圆百里的土地，这是大利。臣下私下里为大王赞美这件事。尽管如此，可有一点，如果方圆百里的土地得不到，而被杀死的人是不可能复活的，那么大王就一定被天下人耻笑了。臣下私下里认为与其用死人交易，还不如用活人交易。"

范座又给他以后的相国信陵君写信说："赵国、魏国是势均力敌相互争战的国家。赵王送来一封信，魏王就要轻易替他杀无罪的我。我虽然不成器，原来还是魏国的被免职的相国，曾经因为魏国的缘故得罪了赵国。国内没有可以任用的臣子，国外虽然取得了土地，势必守不住。然而现在能够守卫魏国的，没有谁能赶上您了。大王听信赵王杀了我以后，强大的秦国就会也有赵国的欲望，要求倍于赵国的割地，那么您准备用什么对策阻止它？这就是您的忧患。"信陵君说："好"。连忙把这话转告魏安釐王，而且把范座释放了。

# 燕封宋人荣蚠为高阳君[1]

燕封宋人荣蚠为高阳君[2]，使将而攻赵。赵王因割济东三城令卢、高唐、平原陵地城邑市五十七[3]，命以与齐，而以求安平君而将之[4]。马服君谓平原君曰[5]："国奚无人甚哉！君致安平君而将之，乃割济东三令城市邑五十七以与齐[6]。此夫子与敌国战[7]，覆军杀将之所取，割地于敌国者也。今君以此与齐，而求平安君而将之，国奚无人甚也！且君奚不将奢也？奢尝抵罪居燕，燕以奢为上谷守[8]，燕之通谷要塞，奢习知之。百日之内，天下之兵未聚，奢已举燕矣[9]。然则君奚求安平君而为将乎？"平原君曰："将军释之矣[10]。仆已言之仆主矣[11]。仆主幸以听仆也[12]，将军无言已。"马服君曰："君过矣！君之所以求安平君者，以齐之于燕也，茹肝涉血之仇耶[13]。其于奢不然[14]。使安平君愚，固不能当荣蚠[15]；使安平君知，又不肯与燕人战。此两言者，安平君必处一焉。虽然，两者有一也，使安平君知，则奚以赵之强为？赵强，则齐不复霸矣。今得强赵之兵以杜燕[16]，将旷日持久数岁，令士大夫余子之力尽于沟垒[17]，车甲羽毛裂敝[18]，府库仓廪虚[19]，两国交以习之[20]，乃引其兵而归。夫尽两国之兵，无明此者矣。"夏军也县釜而炊[21]，得三城也。城大无能过百雉者[22]，果如马服之言也。

【注释】

〔1〕此章事在周赧王五十年(前265)。

〔2〕荣蚠(fén)：燕武成王时的封君。高阳：在今河北高阳县东。

〔3〕赵王：指赵孝成王。济东：济水以东。令：疑衍。卢：在今山东

平阴县东北。高唐:在今山东高唐县东北。平原:在今山东平原县西南。陵地城,比照下句"乃割济东三令城市邑五十七以与齐",疑衍。邑市,或作"市邑",即市镇。

〔4〕安平君:即田单,齐国名将。

〔5〕马服君:即赵奢。平原君:即赵胜。

〔6〕姚宏云:"一本无'令'字。"三城:即卢、高唐、平原。

〔7〕夫子:疑衍,《大事记》并删"夫子"二字。

〔8〕上谷:燕郡,在今河北宣化、涿鹿一带。

〔9〕举:攻克,占领。

〔10〕释:放下,放弃。之:指赵奢为将的打算。

〔11〕仆:平原君对自己的谦称。

〔12〕以:通"已"。

〔13〕鲍彪注:"谓即墨之役。"按:公元前284年,燕将乐毅攻齐,连拔七十余城,唯即墨与莒不下。公元前279年,田单于此用火牛阵大败燕军,尽复齐地。茹肝涉(dié)血之仇:即深仇大恨。金正炜云:"《吕览·节丧》篇:'涉血盩肝以求之。'注:'盩,古抽字。'《易·泰》'拔芽茹'注:'相牵引之貌也。'是'茹肝'犹'抽肝',非噉食之义。"抽肝,等于说"残杀"。涉血,流血。

〔14〕吴师道云:"奢以为不然。"

〔15〕当:抵挡,挡住。

〔16〕杜:杜绝,抗拒。

〔17〕余子:古军制,每户一人为正卒,其余为羡卒,称余子。尽于沟垒:全用来挖战壕筑堡垒。

〔18〕羽毛:吴师道云:"即羽旄。"指用旄牛尾装饰的旗帜。

〔19〕府库:国家贮藏财物、兵甲的处所。仓廪:贮藏米谷的仓库。

〔20〕姚宏云:"曾、刘作'交敝'。"金正炜云"'习'字当读如'慴(慑)'。此言燕、赵之力俱罢,即皆慴伏于齐。"

〔21〕《大事记》无"夏"至"炊"七字,云"已而得三城"。今从之。

〔22〕雉:古代计算城墙面积的单位,长三丈高一丈为一雉。

**【译文】**

　　燕国封宋国人荣蚠为高阳君,派他率兵进攻赵国。赵孝成王于是分割济水以东的三座城市卢、高唐、平原一带的五十七个城邑,命令把这些地方让给齐国,用以请求安平君来赵并任命他为主将。马服君对平原君说:"我国怎能如此严重缺乏人才!您招致安平君并任命他为主将,竟要割让济水东部三个城市一带的五十七个城邑给齐国。这些地方是跟敌国作战,消灭敌军斩杀敌将所取得的,是从敌国割取的。现在您把这些地方让给齐国,请求安平君前来并任他为主将,我国怎能如此严重缺乏人才!再说您为什么不任我为主将?我曾经为了抵偿罪责留居燕国,燕国把我任命为上谷的郡守,燕国通往上谷的要塞,我都熟悉了解。不出一百天,天下诸侯的兵力还没有聚集起来,我就已经攻下燕国了。既然这样,那么您为什么请求安平君来赵并且任命他为主将呢?"平原君说:"将军放弃您这打算吧,我已经把这个办法跟君王讲了。幸而君王已经采纳了我的办法,将军就不要说了。"马服君说:"您错了!您所以请求安平君来赵任主将,是因为齐国跟燕国有血海深仇吧。在我看来不是这样。假使安平君愚笨,本来就不能抵挡荣蚠;假使安平君聪明,又不肯跟燕国人作战。我说的这两方面,安平君必居其一。虽然这样,两者之中有一条,假使安平君聪明,那么他将怎样对待赵国的强大呢?赵国强大起来,齐国就不能再称霸了。如今他掌握强大的赵国的兵力,用以抵抗燕国,必定旷日持久拖延数年,使上上下下各级官兵挖战壕,筑营垒,把力量消耗殆尽,使战车、铠甲、羽旗等装备破烂不堪,使国库粮仓罄竭一空,使两国互相摧残而慴服齐国,才率领自己的士兵回去。结果是把两国的兵力耗尽,没有比这个再明白的了。"结果只攻下三座城,城墙大的周长也没有超过百丈的,果然像马服君所说的那样。

# 三国攻秦,赵攻中山[1]

三国攻秦[2],赵攻中山,取扶柳[3],五年以擅呼沱[4]。齐人戎郭、宋突谓仇郝曰[5]:"不如尽归中山之新地。中山案此言于齐曰[6]:'四国将假道于卫[7],以过章子之路[8]。'齐闻此,必效鼓[9]。"

【注释】

〔1〕此章所述多不可通,无以系年。

〔2〕三国:依鲍彪注,指魏、齐、韩。

〔3〕扶柳:在今河北衡水市冀州区。

〔4〕擅:据有。呼沱(tuó):即今滹沱河。详见《秦策一·张仪说秦王》注。

〔5〕仇郝:赵国之臣。郝,鲍本作"赫"。金正炜云:"按鲍氏以戎郭、宋突为'虽齐人而倍齐',臆说不足据。以全章文义求之,疑当作'齐人戎郭','郭'即下文所谓'鼓'也。齐以赵擅呼沱,故戎鼓以逼赵。"录以备考。

〔6〕案:依据。

〔7〕四国:鲍彪注:"赵与上三。"金正炜云:"鲍释上文三国以为魏与齐韩,则是中山所言于齐遏章子之路者,乃并齐言之,弗思甚矣。'四'疑'西'之误。中山在齐、赵之间,固可谓赵为'西国'。"

〔8〕过:金正炜云:"当为'遏'之误。"鲍彪注:"盖章子以齐军守此。"

〔9〕效:献。鼓:齐邑,本春秋时鼓子国,白狄别种,在今河北晋县西。

【译文】

魏、齐、韩三国进攻秦国,赵国进攻中山国,夺取扶柳,五年以后据有呼沱河。齐国人戎郭、宋突对仇郝说:"不如完全归还新夺取的中山国的土地。中山国据此对齐国说:'西方的赵国将向卫国借道,以阻拦章子回归的道路。'齐国听到这个消息,一定会献出鼓邑。"

## 赵使赵庄合从[1]

赵使赵庄合从[2],欲伐齐[3]。齐请效地,赵因贱赵庄。齐明为谓赵王曰[4]:"齐畏从人之合也[5],故效地。今闻赵庄贱,张懃贵[6],齐必不效地矣。"赵王曰:"善。"乃召赵庄而贵之。

【注释】

〔1〕此章事在周赧王元年(前314)。

〔2〕赵庄:赵国将领。从:同"纵"。

〔3〕欲伐齐:齐宣王攻下燕,诸侯谋救燕,赵派赵庄伐齐。

〔4〕齐明:当时辩士。赵王:指赵武灵王。

〔5〕姚宏云:"刘本元'人'字。"从刘本。

〔6〕张懃(qín):鲍彪注:"盖败从者。"

【译文】

赵王派赵庄进行合纵,打算进攻齐国。齐国请求献出土地,赵国于是轻视赵庄。齐明为赵庄对赵王说:"齐王害怕实行合纵,所以献出土地。如果听说赵庄被轻视,张懃受尊重,齐国就一定不肯献出土地了。"赵王说:"好。"于是召见赵庄提高他的禄位。

## 翟章从梁来[1]

翟章从梁来[2],甚善赵王。赵王三延之以相[3],翟章辞不受。田驷谓柱国韩向曰[4]:"臣请为卿刺之。客若死[5],则王必怒而诛建信君[6]。建信君死,则卿必为相矣;建信君不死,以为交[7],终身不敝,卿因以德建信君矣。"

【注释】

〔1〕此章事当在赵孝成王或赵悼襄王时,确年无从可考。
〔2〕翟章:魏国人。
〔3〕延:聘请。
〔4〕田驷:大抵是赵国之臣。柱国:鲍彪注:"楚国。盖赵亦有。"
〔5〕客:指翟章。
〔6〕鲍彪注:"疑其杀章欲以专事。"建信君:赵国贵幸之臣,孝成王时封君,官为相邦。
〔7〕鲍彪注:"以杀章故,建信交之。"

【译文】

翟章从魏国来,和赵王很要好。赵王多次邀请他担任相国,翟章推辞不肯接受。田驷对柱国韩向说:"请允许臣下替您刺死他。这位客人如果死了,那么大王一定会发怒处死建信君。建信君死了,那么您一定成为相国了;如果建信君没有死,就借刺死翟章一事同他结交，终身不变，您就会因此感激建信君了。"

## 冯忌为庐陵君谓赵王[1]

冯忌为庐陵君谓赵王曰[2]："王之逐庐陵君，为燕也？"王曰："吾所以重者[3]，无燕[4]，秦也。"对曰："秦三以虞卿为言[5]，而王不逐也；今燕一以庐陵君为言，而王逐之。是王轻强秦而重弱燕也。"王曰："吾非为燕也，吾固将逐之。""然则王逐庐陵君又不为燕也。行逐爱弟[6]，又兼无燕、秦[7]，臣窃为大王不取也。"

【注释】

〔1〕此章事在周赧王五十九年(前256)。
〔2〕冯忌：游说之士。庐陵君：赵孝成王母弟。赵王：指赵孝成王。
〔3〕缪文远云："'以'字疑衍。"
〔4〕无：非，不是。
〔5〕虞卿：游说之士。
〔6〕行：且，将。
〔7〕金正炜云："'秦'字涉上文诸'秦'字而衍。"

【译文】

冯忌为庐陵君对赵孝成王说："大王驱逐庐陵君，是为燕国吗？"孝成王说："我所看重的国家，不是燕国，是秦国。"冯忌回答说："秦国多次用虞卿为它说话，可是大王没有驱逐虞卿；如今燕国刚一用庐陵君为它说话，大王就驱逐庐陵君。这是大王轻视强大的秦国而重视弱小的燕国。"孝成王说:"我不是为了燕国,我本来就要驱逐他。"冯忌说:"既然如此,那么大王驱逐庐陵君又不是为了燕国。行将驱逐自己亲爱的弟弟,又加上无视燕国,臣下私下认为大王这种做法是不足取的。"

## 冯忌请见赵王[1]

冯忌请见赵王[2],行人见之[3]。冯忌接手免首[4],欲言而不敢。王问其故,对曰:"客有见人于服子者[5],已而请其罪[6]。服子曰:'公之客独有三罪:望我而笑,是狎也[7];谈语而不称师,是倍也[8];交浅而言深,是乱也[9]。'客曰:'不然。夫望人而笑,是和也[10];言而不师称,是庸说也[11];交浅而言深,是忠也。昔者尧见舜于草茅之中[12],席陇亩而荫庇桑[13],阴移而授天下传[14]。伊尹负鼎俎而干汤[15],姓名未著而受三公[16]。使夫交浅者不可以深谈,则天下不传而三公不得也。'"赵王曰:"甚善。"冯忌曰:"今外臣交浅而欲深谈[17],可乎?"王曰:"请奉教。"于是冯忌乃谈。

【注释】

〔1〕此章事在周赧王五十九年(前256),与上章同时。

〔2〕赵王:赵孝成王。

〔3〕行人:掌管朝觐聘问的官。见(xiàn):介绍,推荐。

〔4〕接手:拱手。免(fǔ)首:低头。免,通"俛",同"俯"。

〔5〕服子:《淮南子·齐俗训》作"宓子"。高诱注:"宓子,子贱也。"宓子贱即孔子弟子宓不齐。

〔6〕请:询问。其:指上句的"人"。

〔7〕狎(xiá):轻侮,轻视。

〔8〕倍:通"背",背叛。

〔9〕乱:扰乱,迷惑。

〔10〕和:和善。

〔11〕庸说:平常的议论。此言一般性的言论用不着言必称师。

〔12〕草茅:杂草,指荒野。

〔13〕席:设席。陇亩:田野。荫庇:遮蔽。

〔14〕阴:同"荫",树荫,阴影。授:鲍本作"受"。姚宏云:"刘去'传'字。"

〔15〕伊尹:商初大臣,传说为商汤妻的陪嫁之臣,商汤任国政,助汤灭夏。鼎:古代烹煮用的器物。俎(zǔ):切肉用的砧板。干:求,求取。《史记·殷本纪》:"伊尹名阿衡。阿衡欲奸(gān,求)汤而无由,乃为有莘氏媵臣,负鼎俎,以滋味说汤,致于王道。"

〔16〕未著:尚不清楚。三公:古代中央三种最高官衔的合称。此指重臣。

〔17〕外臣:士大夫对别国君主的自称。

**【译文】**

冯忌请求拜见赵孝成王,行人引荐了他。冯忌拱手俯首,想说话又不敢说。孝成王问他缘故,回答说:"有位门客向宓子引荐一个人,事后他向宓子询问那人的过错。宓子说:'您的客人只有三个过错:望见我就笑,这是轻视我;谈话时不称我为老师,这是背叛我;交情浅而言语深,这是迷惑我。'客人说:'不是这样。望着人笑,这是对人和善;谈话时不称老师,这是平常议论;交情浅而言语深,这是为人坦诚。从前尧在荒野间接见舜,在田垄上设席而借桑树取荫,树荫移动尧就把天下授给舜。伊尹背着锅和砧板向汤求取,姓名尚未报清楚就接受了三公的高位。倘使交情浅就不可以深谈,那么天下就无法禅让,三公的高位就不能取得。"孝成王说:"讲得很好。"冯忌说:"如今我这外臣跟您交情浅还想深谈,可以吗?"孝成王说:"请您不吝赐教。"于是冯忌就谈了起来。

## 客见赵王[1]

客见赵王曰:"臣闻王之使人买马也,有之乎?"王曰:"有之。""何故至今不遣?"王曰:"未得相马之工也。"对曰:"王何不遣建信君乎[2]?""建信君有国事,又不知相马。"曰:"王何不遣纪姬乎[3]?"王曰:"纪姬妇人也,不知相马。"对曰:"买马而善,何补于国?"王曰:"无补乎国。""买马而恶,何危于国?"王曰:"无危于国。"对曰:"然则买马善而若恶[4],皆无危补于国,然而王之买马也必将待工。今治天下举错非也[5],国家为虚戾而社稷不血食[6],然而王不待工而与建信君,何也?"赵王未之应也。客曰:"燕郭之法有所谓桑雍者[7],王知之乎?"王曰:"未之闻也。""所谓桑雍者,便辟左右之近者及夫人优爱孺子也[8]。此皆能乘王之醉昏而求所欲于王者也。是能得之乎内,则大臣为之枉法于外矣。故日月晖于外[9],其贼在于内[10]。谨备其所憎,而祸在于所爱。"

【注释】

〔1〕此章与《齐四》王斗说宣王及《赵三》魏牟说赵王取意相同,若出一口,而且毫无事实可据,大抵是策士拟托之作。

〔2〕建信君:赵王幸臣,孝成王时为相邦。

〔3〕纪姬:赵王宠姬。

〔4〕若:或。

〔5〕举错:措施。错,通"措"。

〔6〕虚戾:也作"虚厉",国空人绝。社稷:古代帝王所祭祀的土神和谷神。血食:受祭祀。因祭祀有牲牢,故称"血食"。

〔7〕燕郭之法:王念孙云:"案'燕'字当在'郭'字下,'燕'、'偃'声相近,郭燕之法即郭偃之法。《商子·更法》篇引郭偃之法云云,是其证。"郭偃,春秋时人,佐晋文公变法,著有法书。桑雍:姚宏云:"刘作'柔痈'。"王念孙云:"作柔痈者是也。'痈'即'痈疽'之'痈',便辟左右,夫人孺子,皆柔媚其君以为患于内,故曰柔痈。'痈、雍'字之通,'柔、桑'字之误耳。"

〔8〕便辟(pián bì):君王左右的宠信小臣。优爱:厚爱、溺爱。孺子:少年美女。

〔9〕晖:光辉,放光辉。

〔10〕贼:害,毛病。此指日蚀、月蚀。古人误以为日蚀是"天狗食日",月蚀是"食于蟾蜍"。

【译文】

有位客人谒见赵王说:"臣下听说大王想派人买马,有这事儿吗?"赵王说:"有这事儿。"客人问:"为什么到现在还不派?"赵王说:"还没找到相马的行家。"客人又问:"大王为什么不派建信君呢?"赵王说:"建信君有国家大事,又不懂得相马。"客人又问:"大王为什么不派纪姬呢?"赵王说:"纪姬是个妇人,不懂得相马。"客人又问:"买马买来良马,对国家有什么补益?"赵王说:"对国家没有什么补益。"客人又问:"买马买来劣马,对国家有什么危险?"赵王说:"没有什么危险。"客人回答说:"既然如

637

此,那么买马是买来良马或是买来劣马,都对国家没有危险没有补益,然而大王要买马一定要靠行家。如今治理天下措施不对,国家就会变成废墟荒冢,土神和谷神就会无人祭祀,然而大王却不靠行家,竟然交给建信君,为什么?"赵王没有回答。客人说:"郭偃有所谓柔痈的办法,大王知道吗?"赵王说:"没听说过这种办法。"客人说:"所谓柔痈,就是受宠信的小臣和陪侍左右的亲幸大臣,以及夫人和受到溺爱的少年美女。这些人都能趁大王昏醉的时候,向大王索取所想要的东西。这些人如果能在宫廷之内得到所想要的东西,那么大臣就会在外面贪赃枉法了。所以日月放光辉于外,它们的毛病隐藏在内。谨慎地防备自己所憎恶的人,可是祸患却在自己所喜欢的人身上。"

## 秦攻魏取宁邑[1]

秦攻魏,取宁邑[2],诸侯皆贺。赵王使往贺[3],三反,不得通[4]。赵王忧之,谓左右曰:"以秦之强,得宁邑以制齐赵[5]。诸侯皆贺,吾往贺而独不得通,此必加兵我,为之奈何?"左右曰:"使者三往不得通者,必所使者非其人也。曰谅毅者[6],辨士也[7],大王可试使之。"

谅毅亲受命而往。至秦,献书秦王曰[8]:"大王广地宁邑,诸侯皆贺,敝邑寡君亦窃嘉之[9],不敢宁居,使下臣奉其币物[10],三至王廷而使不得通。使若无罪,愿大王无绝其欢;若使有罪,愿得请之[11]。"秦王使使者报曰:"吾所使赵国者,小大皆听吾言,则受书币;若不从吾言,则使者归矣。"谅毅对曰:"下臣之来,固愿承大国之意也[12],岂敢有难[13]?大王若有以令之,请奉而西行之[14],无所敢疑。"

于是秦王乃见使者,曰:"赵豹、平原君数欺弄寡人[15]。赵能杀此二人则可;若不能杀,请今率诸侯受命邯郸城下[16]。"谅毅曰:"赵豹、平原君,亲寡君之母弟也,犹大王之有叶阳、泾阳君也[17]。大王以孝治闻于天下,衣服使之便于体,膳啖使之嗛于口[18],未尝不分于叶阳、泾阳君。叶阳君、泾阳君之车马衣服,无非大王之服御者[19]。臣闻之,有覆巢毁卵而凤皇不翔[20],刳胎焚夭而骐骥不至[21]。今使臣受大王之令以还报,敝邑之君畏惧不敢不行,无乃伤叶阳君、泾阳君之心乎?"

秦王曰:"诺。勿使从政!"谅毅曰:"敝邑之君,有母弟不能教诲,以恶大国[22],请黜之[23],勿使与政事,以称大国[24]。"秦王乃喜,受其弊而厚遇之[25]。

【注释】

〔1〕此章事在周赧王二十九年(前286)。

〔2〕宁邑:即安邑,在今山西夏县西北。顾观光云:"'宁'与'安'义相近,盖地有两名也。"

〔3〕赵王:指赵惠文王。

〔4〕通:往来交好。此言使者不被接见。

〔5〕此文无关齐事,"齐"字疑衍。

〔6〕曰:鲍彪注:"犹'有'。"谅毅:赵国人,不详。

〔7〕辨:通"辩"。

〔8〕秦王:指秦昭王。

〔9〕敝邑:谦称本国。寡君:谦称本国君主。嘉:赞许。

〔10〕奉:进献。币物:礼物。币,指用作礼物的玉、马、皮、帛等。

〔11〕请:告诉。

〔12〕承:接受。

〔13〕难:反驳,质问。

〔14〕鲍彪注:"衍'西'字。"

〔15〕赵豹:即平阳君。平原君:即赵胜。

〔16〕今:立即。鲍彪注:"欲战而言'受命',谦辞也。"

〔17〕叶(shè)阳君:名悝(lī),又号高陵君。泾阳君:名市。二人皆为昭王的同母弟。

〔18〕"衣服"二句:据姚宏注,刘本均无"使"字,鲍彪注:"衍'使'字。"膳啖(dàn):膳食。嗛(qiè),通"慊",满足,快意。

〔19〕服御:使用,役使。

〔20〕凤皇:即凤凰,亦称仁鸟。

〔21〕刳(kū):剖开。胎:腹中未出生的幼体。夭:指刚出胎的小兽。骐骥:即麒麟,亦称仁兽。

〔22〕恶(wù):等于说"得罪"。

〔23〕黜(chù):贬退。

〔24〕称(chèn):称心,满意。

〔25〕鲍本"弊"作"币"。厚遇:优厚的待遇。

【译文】

秦国进攻魏国,夺得安邑,诸侯都去祝贺。赵惠文王也派人前往祝贺,往返三次,都被拒之门外。惠文王对此很忧虑,对左右的臣子说:"凭着秦国的强大,夺得安邑就会制裁赵国。诸侯都去祝贺,我们前往祝贺却单单被拒之门外,这一定是要对我国用兵,对此该怎么办?"左右的臣子说:"使者去了三次都被拒之门外,一定是所派的人不是恰当的人。有个谅毅,是个能言善辩之士,大王可以派他去试试。"

谅毅亲自接受命令便动身前往。到了秦国,上书给秦昭王说:"大王扩大土地到安邑,诸侯都来祝贺,敝国君王也私下赞许您,不敢安闲地居住,派了使臣进献他的礼物,到大王的宫廷三次使臣都被拒之门外。使臣倘若无罪,希望大王不要打消他们的欢心;倘若有罪,希望告诉我们。"秦王派使者答复说:"我所要求赵国的,小事大事都听从我的话,那么我就接受送来的书信和礼物。倘若不听从我的话,那么使者就得回去了。"谅毅回答说:"下臣这次来,本来就希望接受贵国的旨意,怎敢质问大王?大王倘若有什么命令,请允许我们奉令实行,不敢持有疑义。"

于是秦王才接见赵国的使者谅毅,说:"赵豹和平原君多次欺骗愚弄我。赵国杀了这两个人就行;如果不能杀,请允许我立即率领诸侯在邯郸城下接受你们的指教。"谅毅说:"赵豹和平原君是我们君王的亲兄弟,好比大王有叶阳君和泾阳君一样。大王以孝悌之道治理国家闻名于天下,合体的衣服,可口的膳食,未尝不分给叶阳君和泾阳君。叶阳君和泾阳君的车马和衣服,没有跟大王所用所穿不一样的。我听说:'哪里掀翻鸟巢摔破鸟卵,凤凰就不往哪里飞;哪里剖开兽胎烧死小兽,麒麟就不往哪里去。'如今使臣接受大王的命令回国禀报,敝国的君王害怕惊恐万状不敢不执行,恐怕要伤叶阳君和泾阳君的心吧?"

秦昭王说:"好吧。不要叫他们参与政事!"谅毅说:"敝国的君王,有亲弟弟不能教诲,以至得罪贵国,请允许我国贬黜他们,不叫他们参与政事,让贵国称心如意。"秦昭王才高兴起来,接受了他带来的礼物,并给他优厚地待遇。

## 赵使姚贾约韩、魏[1]

赵使姚贾约韩、魏[2],韩、魏以友之[3]。举茅为姚贾谓赵王曰[4]:"贾也,王之忠臣也。韩、魏欲得之,故友之[5],将使王逐之,而己因受之。今王逐之,是韩、魏之欲得[6],而王之忠臣有罪也。故王不如勿逐,以明王之贤,而折韩、魏招之[7]。"

【注释】

〔1〕此章事在何年无从可考。

〔2〕姚贾:魏国人。

〔3〕鲍彪注:"衍'以'字。"友:姚宏云:"刘作'反'。"

〔4〕举茅:赵国人。

〔5〕友:姚宏云:"刘作'反'。"

〔6〕得:得到满足。

〔7〕折:折毁,挫败。鲍本"招之"作"之招"。招,箭靶。此言挫败韩、魏两国争取姚贾的阴谋。

【译文】

赵国派姚贾跟韩国、魏国订约,韩国、魏国背叛了约言。举茅为姚贾对赵王说:"姚贾是大王的忠臣。韩国、魏国想得到他,所以背叛了约言,想使大王驱逐他,而自己乘机接纳他。如今大王驱逐他,这样韩国、魏国的愿望就得到满足,然而大王的忠臣竟有了罪。所以大王不如不驱逐他,以表明大王的贤德,并挫败韩国、魏国招纳姚贾的企图。"

# 魏败楚于陉山[1]

魏败楚于陉山[2],禽唐明[3]。楚王惧[4],令昭应奉太子以委和于薛公[5]。主父欲败之[6],乃结秦连楚、宋之交[7],令仇郝相宋[8],楼缓相秦[9]。楚王禽赵、宋[10],魏之和卒败[11]。

【注释】

〔1〕此章事在周赧王十四年(前301)。

〔2〕陉山:楚地,在今河南漯河市东。

〔3〕禽:同"擒",活捉。唐明:楚国将领。或作"唐昧"、"唐蔑"。

〔4〕楚王:指楚怀王。

〔5〕昭应:楚国之臣。太子:指太子横,即后来的顷襄王。委和:委质求和。薛公:即孟尝君田文。

〔6〕主父:即赵武灵王。败:破坏。

〔7〕姚宏云:"曾去'楚'。"当去"楚"。

〔8〕仇郝:赵国之臣。鲍本"郝"作"赫"。《史记》作"机郝"。

〔9〕楼缓:赵国人。

〔10〕缪文远云:"'禽'当为'离'之讹。此言楚王离间赵宋两国的感情。"

〔11〕鲍本"魏"作"齐"。缪文远云:"据上文当为'齐、楚'。这样上下文义正相应也。"今从缪说。

【译文】

魏国在陉山把楚国打败,活捉唐明。楚怀王很害怕,派昭应护送太子到齐国作人质向薛公求和。主父想要破坏这件事,就

643

跟秦国以及宋国缔结邦交，派仇郝辅佐宋国，楼缓辅佐秦国。楚怀王离间赵国、宋国，齐国、楚国的讲和归于失败。

# 秦召春平侯[1]

秦召春平侯[2]，因留之。世钧为之谓文信侯曰[3]："春平侯者，赵王之所甚爱也[4]，而郎中甚妒之[5]，故相与谋曰：'春平侯入秦，秦必留之。'故谋而入之秦。今君留之，是空绝赵而郎中之计中也[6]。故君不如遣春平侯而留平都侯[7]。春平侯者言行于赵王，必厚割赵以事君，而赎平都侯。"文信侯曰："善。"因与接意而遣之[8]。

【注释】

〔1〕此章事在秦王政四年（前243），又见于《史记·赵世家》。

〔2〕春平侯：即赵太子，赵悼襄王时的封君，曾为赵相邦。

〔3〕鲍本"世"作"泄"。泄钧：秦国人。

〔4〕赵王：指赵悼襄王。

〔5〕郎中：君王的近侍之官。

〔6〕空：徒然，白白地。

〔7〕遣：送走。平都侯：赵国之臣，赵悼襄王时的封君。

〔8〕接意：以厚意相接。

【译文】

秦国把春平侯召去，趁机扣留他。泄钧为春平侯对文信侯说："春平侯是赵王十分喜欢的人，可是赵王的近侍郎中们非常嫉妒他，所以互相策划说：'春平侯要是到秦国去，秦国一定扣留他。'所以设了一计使他到了秦国。现在您扣留他，是白白地断绝了和赵国的关系，而且中了郎中们的诡计。所以您不如送回春平侯而扣留平都侯。春平侯在赵王面前说话是行得通的，一定会多割让赵国的土地来侍奉您，并把平都侯赎回去。"文信侯说："好。"于是以厚意相接待把他们送回国。

## 赵太后新用事[1]

赵太后新用事[2]，秦急攻之。赵氏求救于齐，齐曰："必以长安君为质[3]，兵乃出。"太后不肯，大臣强谏[4]。太后明谓左右："有复言令长安君为质者，老妇必唾其面！"

左师触詟愿见太后[5]，太后盛气而揖之[6]。入而徐趋[7]，至而自谢[8]，曰："老臣病足，曾不能疾走[9]，不得见久矣。窃自恕[10]，而恐太后玉体之有所郄也[11]，故愿望见太后。"太后曰："老妇恃辇而行。"曰："日食饮得无衰乎[12]？"曰："恃鬻耳[13]。"曰："老臣今者殊不欲食，乃自强步[14]，日三四里，少益耆食[15]，和于身也。"太后曰："老妇不能。"太后之色少解[16]。

左师公曰："老臣贱息舒祺[17]，最少，不肖[18]。而臣衰，窃爱怜之，愿令得补黑衣之数[19]，以卫王宫[20]。没死以闻[21]。"太后曰："敬诺。年几何矣？"对曰："十五岁矣。虽少，愿及未填沟壑而托之[22]。"太后曰："丈夫亦爱怜其少子乎[23]?"对曰:"甚于妇人。"太后笑曰:"妇人异甚。"对曰:"老臣窃以为媪之爱燕后[24],贤于长安君[25]。"曰:"君过矣,不若长安君之甚。"左师公曰:"父母之爱子,则为之计深远。媪之送燕后也,持其踵为之泣[26],念悲其远也,亦哀之矣!已行,非弗思也,祭祀必祝之,祝曰:'必勿使反[27]!'岂非计久长有子孙相继为王也哉?"太后曰:"然。"左师公曰:"今三世以前[28],至于赵之为赵[29],赵主之子孙侯者[30],其继有在者乎[31]?"曰:"无有。"曰:"微独赵[32],诸侯有在者乎[33]?"曰:"老妇不闻也。""此其近者祸及身[34],远者及其子孙。岂人主之子孙则必不善哉[35]?位尊而无功,奉厚而无劳[36],而挟重器多也[37]。今媪尊长安君之位[38],而封之以膏腴之地[39],多予之重器,而不及今令有功于国;一旦山陵崩[40],长安君何以自托于赵?老臣以媪为长安君计短也,故以为其爱不若燕后。"太后曰:"诺。恣君之所使之[41]。"于是为长安君约车百乘质于齐[42]。齐兵乃出。

子义闻之[43],曰:"人主之子也,骨肉之亲也,犹不能恃无功之尊,无劳之奉,而守金玉之重也[44],而况人臣乎?"

【注释】

〔1〕此章事在周赧王五十年(前265),又见于帛书《战国纵横家书》第十八章及《史记·赵世家》。

〔2〕赵太后:即赵威后,孝成王的母亲。新:刚开始。用事:执政。

〔3〕长安君:赵太后少子的封号。

〔4〕强(qiǎng)谏:竭力谏诤。

〔5〕左师:官名。触詟,帛书及《史记》均作"触龙言"。王念孙云:"今本'龙言'二字,误合为'詟'耳。太后闻触龙愿见之言,故盛气以待之。若无'言'字,则文义不明。"

〔6〕盛气:怒气冲冲地。揖:帛书及《史记》并作"胥"。胥:通"须",等待。王念孙云:"隶书'胥'作'胥',因讹而为'咠',后人又加'手'旁耳。下文言'入而徐趋',此时触龙尚未入,太后无缘揖之也。"

〔7〕徐:缓慢,慢慢地。趋:快走。当时臣见君,按礼当快步走。触龙脚上有毛病,只能徐趋。

〔8〕谢:道歉,谢罪。

〔9〕曾(zēng):竟。疾走:快跑。

〔10〕窃:谦词,私自,私下。自恕:自己原谅自己。

〔11〕玉体:等于说"贵体"。郄(xì):不舒适。

〔12〕得无:等于说"该不会"。衰(cuī):减少。

〔13〕鬻(zhōu):通"粥"。

〔14〕强(qiǎng)步:勉强散步。

〔15〕少益:稍稍增加。耆:通"嗜",喜欢。

〔16〕色:脸色,指怒色。解:消失。

〔17〕贱息:对人谦称自己的儿子。息,子。

〔18〕不肖:儿子不像先辈,不成器。

〔19〕黑衣:赵国王宫卫士的制服。此为卫士的代称。

〔20〕官:帛书、《史记》、鲍本皆作"宫"。

〔21〕没死:即昧死,冒死。闻:使闻,等于说"请示"。

〔22〕及:趁。填沟壑:指死。托:托付,委托。

〔23〕丈夫:男子的通称。

〔24〕媪(ǎo):对老年妇女的敬称。燕后:赵太后的女儿,嫁给燕王,故称燕后。

〔25〕贤:胜过,甚于。

647

〔26〕持:握。踵(zhǒng):脚后跟。

〔27〕必勿使反:古代诸侯的女儿嫁到别国,只有亡国或被废才能回到本国,所以赵太后在祭祀的时候要这样祝祷。

〔28〕三世:就是三代,指赵孝成王、惠文王、武灵王。三世以前,指赵肃侯以前。

〔29〕赵之为赵:指赵氏建国的时候,即赵烈侯被周烈王封为诸侯的时候(前403)。烈侯至肃侯之间有敬侯、成侯。

〔30〕侯者:封侯的。

〔31〕继:继承人,后嗣。

〔32〕微独:非但,不仅。

〔33〕此句"诸侯"之下承上省略"之子孙侯者其继"七字。

〔34〕"此"上帛书及《史记》皆有"曰"字。

〔35〕孙:帛书、《史记》及鲍本并作"侯"。金正炜云:"'则'上当有'侯'字而脱耳。于文亦不得省'孙'字。上文'赵王之子孙侯者其继有在者乎',此正与前相应。"

〔36〕奉:俸禄。后来写作"俸"。劳:功劳。

〔37〕挟:持,拥有。重器:财宝,指金玉珍宝钟鼎等。

〔38〕尊:使尊贵,等于说"抬高"。

〔39〕膏腴(yú):肥沃。

〔40〕山陵崩:喻太后之死。

〔41〕恣:任凭。

〔42〕约车:套车,备车。

〔43〕子义:赵国的贤士。

〔44〕守:持。重:重器。

【译文】

赵太后刚刚执政,秦国就加紧进攻赵国。赵国向齐国求援,齐国宣称:"一定要以长安君为人质,齐军才能出动。"太后不愿意,大臣们竭力规劝。太后明确地对左右的人表示:"如果有再说叫长安君做人质的,我一定要吐他一脸唾沫!"

参与执政的左师触龙声言希望拜见太后,太后怒气冲冲地等着他。触龙进门就一瘸一拐地慢腾腾地小跑,跑到太后跟前就主动赔罪,说:"老臣我患脚病,竟然不能快跑,没能拜见您已经好久了。我在私下里还自我原谅,但生怕太后的玉体有所不适,所以希望看望太后。"太后说:"我靠辇车代步。"触龙问:"您每天的饮食该不会减少吧?"回答说:"靠喝粥罢了。"触龙说:"老臣我近来食欲很不好,自己就勉强散步,每天走三四里,食欲稍好些,对身体起了调节作用。"太后说:"我做不到。"太后的满脸怒色稍微消除了一些。

　　左师公说:"老臣我的犬子舒祺,最小,不成器。可是我已衰老,心里很疼爱他,希望能让他补充黑衣卫士的缺额,以便保卫王宫。我冒着死罪把这个请求提了出来。"太后说:"可以。年龄多大了?"左师公回答说:"十五岁了。虽然还小,希望趁我还没入土把他托付给您。"太后说:"男子汉也疼爱自己的小儿子吗?"回答说:"比妇人家疼爱得还厉害。"太后笑着说:"妇人家疼爱得特别厉害。"回答说:"老臣我私下认为您老人家疼爱燕后的程度胜过长安君。"太后说:"您搞错了,不如疼爱长安君那么厉害。"左师公说:"父母疼爱子女,就要替他们作长远打算。您老人家送燕后出嫁的时候,握着她的脚对她哭泣,为她的远嫁而惦念悲伤,也够可怜见的了。她出嫁以后,不是不想她,但每逢祭祀的时候一定要为她祷告,祷告说:'一定不要让她回来!'这难道不是为她作长远打算,希望她有子有孙世世代代相继为王吗?"太后说:"是的。"左师公说:"现在这三代以前,一直到赵氏建立赵国的时候,赵国君主的子孙受封为侯的,他们的继承人还有在位的吗?"太后说:"没有。"左师公说:"不只赵国,其他各国诸侯的子孙受封为侯的,他们的继承人还有在位的吗?"太后说:"我没听说过。"左师公说:"这些人离祸患近的祸患就落到自己身上，离祸患远的祸患就落到子孙身上。难道君主的子孙就一定不好吗？是因为他们地位高贵却没有功勋，俸禄优厚却没有劳绩，并且占有大量的贵重宝器。现在您老人家抬高长安君的地位，而且封给他肥沃的土地，赠予他珍贵的宝物，然而却不趁现在让他对国家有所贡献；一旦您老人家仙逝而去，长安君凭什么在赵国托身？老臣我认为您老人家为长安君考虑得相当短浅，所以认为您对他的疼爱不如燕后。"太后说："好吧。任凭您怎样安排他。"于是就给长安君套了一百辆车子，到齐国去做人质。齐军这才出动。

子义得知这件事，说："国君的儿子，骨肉的至亲，尚且不能仗恃没有功勋的高位，没有劳绩的俸禄，来保守自己珍贵的黄金、白玉等财产，更何况臣子呢？"

## 秦使王翦攻赵[1]

秦使王翦攻赵[2]，赵使李牧、司马尚御之[3]。李牧数破走秦军，杀秦将桓齮。王翦恶之，乃多与赵王宠臣郭开等金[4]，使为反间[5]，曰："李牧、司马尚欲与秦反赵，以多取封于秦。"赵王疑之，使赵葱及颜最代将[6]，斩李牧，废司马尚。后三月，王翦因急击，大破赵，杀赵军[7]，虏赵王迁及其将颜最，遂灭赵。

【注释】

〔1〕此章事在秦王政十九年（前228），又见于《史记·李牧传》。

〔2〕王翦：秦国大将，曾率军先后攻破赵、燕等国，封为武成侯。

〔3〕李牧:赵国大将,屡建战功,封为武安君。司马尚:赵国大将。

〔4〕赵王:指赵王迁,悼襄王之子。

〔5〕反间(jiàn):诱使敌方的人为自己所用,制造其内讧而伺机取胜。

〔6〕赵葱(cōng):赵国将领。葱,鲍本、《史记》作"葱"。颜聚:本为齐将,后仕赵。

〔7〕赵军:《史记》作"赵葱",今从之。

**【译文】**

秦国派王翦进攻赵国,赵国派李牧、司马尚率兵抵抗秦军。李牧多次击破赶跑秦军,杀了秦国将领桓齮(yǐ)。王翦憎恨他,就多多地给赵王宠爱的臣子郭开等人黄金,叫他们进行反间活动,说:"李牧、司马尚想跟秦国反叛赵国,以便从秦国多取封赏。"赵王迁怀疑他们,派赵葱和颜聚取代他们做将领,杀了李牧,罢免了司马尚。三个月以后,王翦趁机猛烈进攻,大败赵军,杀了赵葱,俘虏了赵王迁及其将领颜聚,于是灭了赵国。

## 卷二十二　魏一

【题解】

魏国为三晋之一,是晋大夫毕万的后代。其祖先毕公高与周同姓(姬),武王伐纣封于毕(在今陕西咸阳市西北),遂为毕氏。毕万与赵夙同事晋献公,献公以耿封赵夙,以魏封毕万。魏乃西周时分封的诸侯国,在今山西芮城县北,公元前661年被晋献公攻灭,便封给毕万,其子孙遂为魏氏。悼子徙霍(在今山西霍县西南),庄子徙安邑(在今山西夏县西北),惠王徙大梁(在今河南开封市西北),因改国号曰梁。

毕万之后,魏犨、魏绛均为晋国名臣,传八代为魏桓子,于公元前453年,与韩康子、赵襄子联合共灭智氏,三分其地。毕万传十代为魏都,公元前445年即位后自称侯,是为魏文侯,历时四十三年,于公元前403年才被周威烈王承认为诸侯。

魏国于公元前225年为秦所灭,历传八世:文侯(前445—前396)、武侯(前395—前370)、惠王(前369—前319)、襄王(前318—前296)、昭王(前295—前277)、安釐王(前275—前243)、景湣王(前242—前228)、魏王假(前227—前225)。魏自列于诸侯迄于覆亡计178年。

魏文侯在位期间,曾任用李悝为相,进行政治改革;又任用吴起为将,西门豹治邺,乐羊灭中山,使魏国成为战国前期的强国。西取秦的河西,北攻灭中山,南击败楚国,夺得大梁等地,盛极一时。公元前344年魏惠王召集逢泽之会,自称为王,从此由盛转衰。公元前341年马陵之战失败后，国势一蹶不振、江河日下。

《魏策》的篇幅少于秦、赵、齐三《策》，居第四位，不乏引人入胜之文。姚本四卷：《魏一》二十七章，《魏二》十七章，《魏三》十章，《魏四》二十七章，共八十一章。鲍本一卷，未有章数，实八十八章。今依姚本参照鲍本于《魏一》、《魏二》、《魏三》各增一章，总共八十四章。以章数而论，《魏策》最多，居首位。

# 知伯索地于魏桓子[1]

知伯索地于魏桓子[2],魏桓子弗予。任章曰[3]:"何故弗予?"桓子曰:"无故索地,故弗予。"任章曰:"无故索地,邻国必恐;重欲无厌[4],天下必惧。君予之地,知伯必憍[5]。憍而轻敌,邻国惧而相亲。以相亲之兵待轻敌之国[6],知氏之命不长矣。《周书》曰:'将欲败之,必姑辅之;将欲取之,必姑与之。'[7]君不如与之,以骄知伯。君何释以天下图知氏[8],而独以吾国为知氏质乎[9]?"君曰:"善。"乃与之万家之邑一。知伯大说[10],因索蔡、皋梁于赵[11],赵弗与,因围晋阳[12]。韩、魏反于外,赵氏应之于内,知氏遂亡[13]。

**【注释】**

〔1〕此章事在周贞定王十四年(前455),又见于《韩非子·说林上》《淮南子·人间训》《说苑·权谋》等篇。

〔2〕知伯:即荀瑶,晋六卿之一。魏桓子:晋卿,名驹。

〔3〕任章:魏桓子的相国。

〔4〕重(chóng):多。厌:满足。

〔5〕憍(jiāo):同"骄",骄傲。

〔6〕待:防备,抵御。

〔7〕吴师道云:"王应麟曰:'《周书》云云,此岂苏秦所读《周书阴符》者欤!老氏之言出于此。'"所谓出于此的老氏之言,见于《老子》三十六章:"将欲歙之,必固张之;将欲弱之,必固强之;将欲废之,必固兴之;将

655

欲夺之,必固与之。"

〔8〕释:放弃。

〔9〕质:箭靶,进攻目标。

〔10〕说:同"悦"。

〔11〕蔡:当依鲍本作"蔺"。蔺,赵邑,在今山西吕梁市离石区西。又称蔺阳、北蔺。梁:鲍本作"狼"。皋狼,赵邑,在今山西吕梁市离石区西北。

〔12〕晋阳:在今山西太原市西南。

〔13〕知氏亡于公元前453年。

**【译文】**

　　知伯向魏桓子索取土地,魏桓子不给他。任章问:"为什么不给他?"桓子说:"无缘无故索取土地,所以不给他。"任章说:"无缘无故索取土地,邻近国家一定恐慌;欲望太多没有满足,天下诸侯一定畏惧。您把土地给知伯,他就一定骄傲;骄傲而轻敌,邻国由于畏惧而互相亲善。用互相亲善的军队抵御轻敌的国家,知伯的生命就不长了。《周书》说:'想要败坏他,务必暂且辅助他;想要夺取他,务必暂且给予他。'您不如给予知伯,以便使他更加骄横。您为什么放弃与天下诸侯共同搞垮知伯的机会,却偏偏把我国作为知伯的进攻目标呢?"魏桓子说:"好。"就给予知伯一个万户人家的县邑。知伯很高兴,于是向赵国索取蔡、皋梁等地,赵国不给他,他就围攻晋阳。韩国、魏国在城外反叛他,赵国在城内与韩、魏两国相策应,知伯就被灭亡了。

## 韩、赵相难[1]

　　韩、赵相难[2]。韩索兵于魏曰:"愿得借师以伐赵。"魏文侯曰[3]:"寡人与赵兄弟,不敢从。"赵又索兵以攻韩,文侯曰:"寡人与韩兄弟,不敢从。"二国不得兵,怒而反。已,乃知文侯以讲于己也,皆朝魏。

**【注释】**

〔1〕此章事在魏文侯初年,确年无从可考。又见于《韩非子·说林下》。

〔2〕相难:构难,交兵。

〔3〕魏文侯:名斯,魏国的建立者。

**【译文】**

韩国、赵国互相为敌。韩国向魏国求兵说:"希望能借些军队去讨伐赵国。"魏文侯说:"寡人和赵国国君是兄弟,不敢从命。"赵国又向魏国求兵去进攻韩国,文侯说:"寡人与韩国国君是兄弟,不敢从命。"两国没借到兵,都生气地返回本国。事后,才知道文侯是在以此为自己讲和,都去朝拜魏国。

## 乐羊为魏将而攻中山[1]

乐羊为魏将而攻中山[2]。其子在中山,中山之君烹其子而遗之羹[3],乐羊坐于幕下而啜之[4],尽一杯。文侯谓睹师赞曰[5]:"乐羊以我之故,食其子之肉。"赞对曰:"其子之肉尚食之,其谁不食!"乐羊既罢中山[6],文侯赏其功而疑其心。

**【注释】**

〔1〕此章事在周威烈王十八年(前408),又见于《韩非子·说林上》《淮南子·人间训》《说苑·贵德》。

〔2〕乐羊:据梁玉绳《汉书人表考》云:"宋乐喜裔孙"。

〔3〕遗(wèi):送给。羹:带汁的肉。

〔4〕幕:帐篷。啜(chuò):喝。

〔5〕文侯:即魏文侯。睹师赞:魏国人。

〔6〕王先慎云:"罢,归也。谓乐羊归自中山也。"

【译文】

乐羊做魏国的将领进攻中山国。他的儿子正在中山国,中山国的君主把他的儿子煮了并把肉羹送给他,乐羊坐在帐幕下吃起来,把一杯吃个精光。魏文侯对睹师赞说:"乐羊因为我的缘故,吃了他儿子的肉。"睹师赞回答说:"他的儿子的肉还能吃得下,谁的肉吃不下!"乐羊从中山国回来后,魏文侯奖赏他的功劳,却怀疑他的忠心。

# 西门豹为邺令〔1〕

西门豹为邺令〔2〕,而辞乎魏文侯。文侯曰:"子往矣!必就子之功而成子之名〔3〕。"西门豹曰:"敢问就功成名,亦有术乎?"文侯曰:"有之。夫乡邑老者而先受坐之士〔4〕,子入而问其贤良之士而师事之〔5〕;求其好掩人之美而扬人之丑者而参验之〔6〕。夫物多相类而非也〔7〕:幽莠之幼也似禾〔8〕,骊牛之黄也似虎〔9〕,白骨疑象〔10〕,武夫类玉〔11〕。此皆似之而非者也。"

【注释】

〔1〕此章事在周威烈王十九年(前407),又见于《说苑·政理》。

〔2〕西门豹:复姓西门,名豹,魏国政治家。邺:魏邑,在今河北临漳县西。令:县令。

〔3〕就:完成。

〔4〕鲍彪注:"老者坐先于众。"

〔5〕师事之:像老师一样侍奉他。

〔6〕参验:考核验证。

〔7〕类:类似。

〔8〕幽莠:狗尾草。

〔9〕骊牛:吴师道云:"犹言犛牛、貗牛。"即野牛。

〔10〕象:指象牙。

〔11〕武夫:即碔砆(wǔ fū),似玉的石头。

【译文】

西门豹被任命为邺县的县令,向魏文侯辞行。文侯说:"你上任去吧!一定要完成您的工作,建立您的名望。"西门豹问:"请问完成工作建立名望,也有办法吗?"文侯说:"有办法。让乡里的老年人坐在获得座位的人士之前,您到了以后就访问那里的有德行的人士,像对待老师那样侍奉他;寻求那些好掩盖别人的长处、宣扬别人的短处的人加以考核验证。事物好多是彼此相似却完全不同的:初生的狗尾草像谷子,黄色的野牛像老虎,白骨被疑作象牙,碔砆石类似美玉。这都是彼此相似却完全不同的东西。"

# 文侯与虞人期猎[1]

文侯与虞人期猎[2]。是日,饮酒乐,天雨。文侯将出,左右曰:"今日饮酒乐,天又雨,公将焉之[3]?"文侯曰:"吾与虞人期猎,虽乐,岂可不一会期哉[4]?"乃往,身自罢之[5]。魏于是乎始强。

【注释】

〔1〕此章事在何年无从可考,又见于《韩非子·外储说左上》。
〔2〕文侯:指魏文侯。虞人:掌管山泽的官。期:约会。
〔3〕焉之:到哪里去。
〔4〕会期:相会于约定日期,即届时赴约。
〔5〕罢之:取消打猎的约定。

【译文】

魏文侯跟虞人约定日期去打猎。约定的这一天,魏文侯喝酒喝得很快乐,天下着雨。文侯将要出去,左右的人说:"今天喝酒喝得很快乐,天又下雨,您准备到哪里去?"文侯说:"我跟虞人约定今天去打猎,虽然喝得很快乐,怎能不届时赴约呢?"便动身前往,亲自去取消了原来的约定。魏国从此开始强盛起来。

## 魏文侯与田子方饮酒而称乐[1]

魏文侯与田子方饮酒而称乐[2]。文侯曰:"钟声不比乎[3],左高[4]。"田子方笑,文侯曰:"奚笑?"子方曰:"臣闻之,君明则乐官[5],不明则乐音。今君审于声[6],臣恐君之聋于官也。"文侯曰:"善!敬闻命。"

【注释】

〔1〕此章事在何年无从可考。

〔2〕田子方：名无择，学于子贡，为魏文侯之师。称乐(yuè)：举乐，演奏音乐。
〔3〕比：和谐。
〔4〕鲍彪注："言左方之音高。"
〔5〕乐(lè)：快乐。
〔6〕审：详知，精通。

【译文】
魏文侯跟田子方饮酒演奏音乐。文侯说："编钟的声音不和谐呀，左边的有些高。"田子方笑了笑。文侯说："笑什么？"子方说："我听说：君主英明以治理官府为乐趣，不英明以欣赏音乐为乐趣。现在您对音乐很精通，我担心您对官府的事缺乏了解。"文侯说："好！敬听您的指点。"

# 魏武侯与诸大夫浮于西河[1]

魏武侯与诸大夫浮于西河[2]，称曰[3]："河山之险，岂不亦信固哉[4]！"王钟侍王曰[5]："此晋国之所以强也[6]。若善修之，则霸王之业具矣。"吴起对曰[7]："吾君之言，危国之道也；而子又附之，是危也[8]。"武侯忿然曰："子之言有说乎？"

吴起对曰："河山之险，信不足保也[9]，是伯王之业[10]，不从此也。昔者三苗之居[11]，左彭蠡之波[12]，右有洞庭之水[13]，文山在其南[14]，而衡山在其北[15]。恃此险也，为政不善，而禹放逐之。夫夏桀之国，左天门之阴[16]，而右天溪之阳[17]，庐、睪在其

661

北[18],伊、洛出其南[19]。有此险也,然为政不善,而汤伐之。殷纣之国,左孟门[20],而右漳、釜[21],前带河[22],后被山[23]。有此险也,然为政不善,而武王伐之。且君亲从臣而胜降城[24],城非不高也,人民非不众也,然而可得并者,政恶故也。从是观之,地形险阻,奚足以霸王矣!"

武侯曰:"善。吾乃今日闻圣人之言也。西河之政,专委之子矣。"

【注释】

〔1〕此章事在何年无从可考,又见于《史记·吴起列传》《说苑·贵德》以及《太平御览》卷四五九引《韩子》佚文。

〔2〕魏武侯:魏文侯之子,名击。西河:指今山西、陕西界上黄河自北而南的一段。因在冀州之西,故称西河。

〔3〕称:称颂,夸耀。

〔4〕信:的确。固:坚固。

〔5〕钟:姚宏云:"一本作'错'。"王错:魏国之臣。王:鲍本作"坐"。时魏武侯未称王,故从鲍本。

〔6〕晋国:指魏国。三家分晋,魏得晋都,故魏人自称晋国。

〔7〕吴起:卫国人,初为鲁将,后任魏西河守。

〔8〕鲍本"是"下补"重"字。重(chóng):更加,加倍。

〔9〕保:依靠,仗恃。

〔10〕姚宏云:"一本无'是'字。"伯:通"霸"。此:指"河山之险"。

〔11〕三苗:古部落名,其地在今江西九江、湖南岳阳、湖北武昌一带。

〔12〕彭蠡(lí):古泽名,在今江西鄱阳湖北。

〔13〕姚宏云:"一本无'有'字。"洞庭:湖名,在今湖南北部,长江南岸。

〔14〕文:鲍本作"汶"。汶(mín)山:即岷山,在今四川省中部。

〔15〕衡山:在今湖南衡山县西北。

〔16〕天门:即天井关,在今山西晋城市南太行山上。阴:山北。

〔17〕天溪:鲍彪注:"即河、济。"河指黄河。济指济水。阳:水北。

〔18〕庐、睪(gāo):洪亮吉云:"以《史记》'羊肠在北'考之,庐睪恐是山名,当在太原、交城等处。"

〔19〕伊、洛:即伊水、洛水,伊水源于河南卢氏县东,至偃师县入济水。洛水源于今陕西洛南县西,东北流入河南,至巩义入黄河。

〔20〕孟门:关隘名,在今河南辉县西。

〔21〕漳:漳水,在今河北、河南两省边境。釜:鲍本作"滏"。滏:水名,漳水支流,源出河北磁县西北滏山。

〔22〕前带言:言朝歌之南有黄河流过。

〔23〕后被山:言朝歌之北有太行山。

〔24〕从:带领。

# 【译文】

魏武侯和大夫们在西河上乘船游玩,夸耀说:"河山如此险要,难道不是的确坚固吗!"王错陪侍在武侯身边附和说:"这就是我国强大的原因。如果再好好地整修一下,那么成就霸王的大业的条件就具备了。"吴起回答说:"我们君主的说法,是危害国家的言论;而你又附和他,这是很危险的。"武侯十分不满地说:"你这话怎么讲啊?"

吴起回答说:"河山险要,实在不值得依仗;成就霸王的大业,也不能凭借这自然条件。从前,三苗的居住地,左边有彭蠡湖的波涛,右边有洞庭湖的洪水,汶山在它的南面,衡山在它的北面。仗着这样的天险,不肯实行善政,因而大禹把他们驱逐出去。夏桀的国家,左至天井关的北坡,右至黄河、济水的北岸,庐山、睪山在它的北边,伊水、洛水出自它的南边。据有这样的天险,却不实行善政,因而商汤讨伐他。殷纣的国家,左边是孟门关,右边是漳水、滏水,前面以黄河为带,后面以太行山为被。据

663

有这样的天险,却不实行善政,因而武王讨伐他。再说您亲自率领臣下战胜收降敌人的城邑,城墙不是不高,人民不是不多,这样还能兼并它,就是因为政治腐败的缘故。由此可见,地理形势的险要阻塞,怎么能靠它称霸称王呢?"

武侯说:"好。我今天才聆听到圣人的哲言。西河的政事,我就把它全部委托给您了。"

## 魏公叔痤为魏将[1]

魏公叔痤为魏将[2],而与韩、赵战浍北[3],禽乐祚[4]。魏王说[5],迎郊,以赏田百万禄之[6]。公叔痤反走[7],再拜辞曰:"夫使士卒不崩[8],直而不倚[9],挠拣而不辟者[10],此吴起余教也[11],臣不能为也。前脉形地之险阻[12],决利害之备[13],使三军之士不迷惑者,巴宁、爨襄之力也[14]。县赏罚于前[15],使民昭然信之于后者,王之明法也。见敌之可也[16],鼓之不敢怠倦者,臣也[17]。王特为臣之右手不倦赏臣何也[18],若以臣之有功,臣何力之有乎[19]!"王曰:"善。"于是索吴起之后,赐之田二十万。巴宁、爨襄田各十万。

王曰:"公叔岂非长者哉[20]?既为寡人胜强敌矣,又不遗贤者之后[21],不掩能士之迹[22]。公叔何可无益乎?"故又与田四十万,加之百万之上,使百四十万。故《老子》曰[23]:"圣人无积,尽以为人[24],已愈有;既以与人,已愈多。"公叔当之矣。

**【注释】**

〔1〕此章事在周显王七年(前362)。

〔2〕公叔痤(cuó):魏国相国。《史记·商君列传》作"公叔座"。

〔3〕浍(kuài):水名,源出今山西翼城县东北浍山下,西经绛县、曲沃,入汾水。

〔4〕禽:同"擒"。乐祚(zuò):赵国将领。

〔5〕魏王:指魏惠王。说:同"悦"。

〔6〕百万:指百万亩。禄:给予俸禄。

〔7〕反走:小步迅速倒退。

〔8〕不崩:不溃散。

〔9〕鲍彪注:"直,直前。倚,邪行。"

〔10〕鲍彪注:"挠,折也,喻敌之压己。"金正炜云:"'挠而不辟'与'直而不倚'为对文,'拣'即'挠'之误衍,故鲍注不及。"辟,同"避"。

〔11〕余教:遗教。

〔12〕前:事先。脉:通"眽(mò)",视,察看。形地:鲍本作"地形"。

〔13〕决:决定。备:准备,指措施,办法。

〔14〕巴宁、爨(cuàn)襄:魏国两个有才能的人。

〔15〕县(xuán):同"悬",悬挂,等于说"宣布"。

〔16〕也:鲍本作"击",今从之。

〔17〕鼓:击鼓进攻,发出进军号令。

〔18〕特:但,仅。

〔19〕力:等于说"功"。

〔20〕长者:指德高望重的人。

〔21〕遗:遗忘。贤者:指吴起。

〔22〕能士:指巴宁、爨襄。迹:功迹。

〔23〕见《老子》八十一章。

〔24〕尽:《老子》及鲍本作"既"。

## 【译文】

魏人公叔痤做了魏国的将领,跟韩国、赵国在浍水北岸作战,活捉了乐祚。魏惠王很高兴,到郊外去迎接他,拿一百万亩赏田奖励他。公叔痤小步迅速倒退,拜了两拜谢绝说:"能使士卒没有溃散,勇往直前而不邪行,敌人压上而不躲避,这是吴起的遗教,臣下是无能为力的。事先察看险恶阻塞的地形,采取有利无害的措施,使全军战士不被迷惑,这是巴宁、爨襄的力量。事先宣布奖赏惩罚的条例,事后使民众对它确信不疑,这是大王英明的法度。发现敌人可以攻击,便击鼓指挥不敢怠慢的,这才是臣下。大王只为臣下的右手不曾怠惰就奖赏臣下,为什么?如果认为臣下有功,臣下有什么功呢?"魏王说:"好。"于是寻访吴起的后人,赐给他们二十万亩赏田。赐给巴宁、爨襄各十万亩赏田。

魏王说:"公叔痤难道不是德高望重的人吗?既为寡人战胜了强大的敌人,又不遗忘贤者的后人,不掩盖能人的功迹,怎么可以不予嘉奖呢?"所以又给予他四十万亩赏田,跟那一百万亩赏田加起来,共一百四十万亩。《老子》说:"圣人没有积蓄,完全用以周济别人,自己也就更加富有;完全用以给予别人,自己也就更加饶多。"公叔痤堪称是这样的人。

## 魏公叔痤病[1]

魏公叔痤病,惠王往问之,曰:"公叔病即不可讳[2],将奈社稷何[3]?"公叔痤对曰:"痤有御庶子公孙鞅[4],愿王以国事听之也。为弗能听[5],勿使出竟[6]。"王弗应,出而谓左右曰:"岂不悲哉!以公叔之贤,而谓寡人必以国事听鞅,不亦悖乎[7]!"

公叔痤死,公孙鞅闻之,已葬,西之秦,孝公受而用之[8]。秦果日以强,魏日以削。此非公叔之悖也,惠王之悖也。悖者之患,固以不悖者为悖。

【注释】

〔1〕此章事在周显王八年(前361),又见于《吕氏春秋·长见》《史记·商君列传》

〔2〕即:如果。不可讳:死的委婉说法。

〔3〕社稷:国家的代称。

〔4〕御庶子:家臣。公孙鞅:即卫鞅,卫国诸公子。公叔痤死后,亡魏入秦,辅佐秦孝公变法,因功封于商,号为商君,亦称商鞅。秦惠文王时被车裂而死。

〔5〕为:如果。

〔6〕竟:同"境"。

〔7〕悖(bèi):惑乱,糊涂。

〔8〕孝公:指秦孝公。

【译文】

魏国的公叔痤病了,惠王前往问候他,说:"您病了,倘若发生意外,国家将怎么办呢?"公叔痤回答说:"我有个家臣公孙鞅,希望大王把国家事务交他处理。如果不肯让他处理,不要让他出境。"惠王没答应,出来对左右的人说:"这难道不是可悲的吗!就凭公叔痤的贤明,居然让我务必把国家事务交给公孙鞅处理,不是太糊涂了吗?"

公叔痤死了,公孙鞅听说此事,把公叔痤安葬完了以后,便西行前往秦国,秦孝公接纳并任用了他。果然秦国一天天地强大起来,魏国一天天地削弱下去。这不是公叔痤糊涂,而是魏惠王糊涂。糊涂人的祸患,原来是他把不糊涂视为糊涂。

# 苏子为赵合从[1]

苏子为赵合从说魏王曰[2]:"大王之地,南有鸿沟、陈、汝南、有许、鄢、昆阳、邵陵、舞阳、新郪[3],东有淮、颍、沂、黄、煮枣、海盐、无疎[4],西有长城之界[5],北有河外、卷、衍、燕、酸枣[6]。地方千里,地名虽小,然而庐田庑舍[7],曾无所刍牧牛马之地[8]。人民之众,车马之多,日夜行不休已,无以异于三军之众。臣窃料之,大王之国不下于楚。然横人谋王[9],外交强虎狼之秦,以侵天下,卒有国患[10],不被其祸[11]。夫挟强秦之势以内劫其主[12],罪无过此者。且魏,天下之强国也;大王,天下之贤主也。今乃有意西面而事秦[13],称东藩[14],筑帝宫[15],受冠带[16],祠春秋[17]。臣窃为大王愧之。

"臣闻越王句践以散卒三千禽夫差于干遂[18];武王卒三千人[19],革车三百乘[20],斩纣于牧之野[21]。岂其士卒众哉?诚能振其威也!今窃闻大王之卒,武力二十余万[22],苍头二千万[23],奋击二十万[24],厮徒十万[25],车六百乘,骑五千匹[26]。此其过越王句践、武王远矣。今乃劫于辟臣之说[27],而欲臣事秦。夫事秦,必割地效质[28],故兵未用而国已亏矣。凡群臣之言事秦者,皆奸臣,非忠臣也。夫为人臣,割其主之地以求外交,偷取一旦之功而不顾其后[29],破公家而成私门,外挟强秦之势以内劫其主,以求割地,愿大王之熟察之也。

"《周书》曰:'绵绵不绝[30],缦缦奈何[31]?毫毛不拔[32],将成斧柯[33]。'前虑不定,后有大患,将奈之何?大王诚能听臣,六国从亲[34],专心并力,则必无强秦之患。故敝邑赵王使使臣献愚计,奉明约[35],在大王诏之[36]。"魏王曰:"寡人不肖,未尝得闻明教。今主君以赵王之诏诏之[37],敬以国从。"

## 【注释】

〔1〕此章诸家大都系于周显王三十六年(前333),但所述与当时情势根本不合,显然是策士拟托之作。又见于《史记·苏秦列传》。

〔2〕苏子:指苏秦。从:同"纵"。

〔3〕鸿沟:古运河,魏惠王十年(前360)开通,故道自今河南荥阳北引黄河水,东经开封北,折而南经淮阳入颍水。陈:古县名,在今河南淮阳县。汝南:郡名,在今河南南部汝水中游一带。吴师道云:"下衍'有'字。"许:邑名,在今河南许昌市东。鄢:又作"傿",在今河南鄢城南。昆阳:邑名,在今河南叶县。邵陵:邑名,在今河南郾城东。舞阳:邑名,在今河南舞阳县西北。新郪(qī):邑名,在今河南沈丘县东。

〔4〕淮:淮水。郭希汾云:"魏地不至淮,盖夸言之。"颍:水名,源于河南登封市嵩山西南,东南流经安徽寿县西北正阳关入淮。沂:沂水,在山东境内。黄:或指黄池。《史记》无"沂"、"黄"二字,疑衍。煮枣:邑名,在今山东菏泽市西南。海盐:鲍本、《史记》均无此二字,疑衍。无疎:《史记》作"无胥",或即宿胥口,是古黄河的决口处,在今河南滑县西南。

〔5〕长城之界:即魏、秦的边界。这段长城北起今陕西甘泉县南,经

洛川、澄城、大荔至合阳县南。

〔6〕河外:指魏国境内黄河以南地区,即今河南省北部。卷(quān):邑名,在今河南原阳县西。衍:即衍氏,在今郑州市北。燕:在今河南延津县东北。酸枣:在今延津县西。

〔7〕姚宏云:"曾作'田舍庐庑'。"庐庑,房屋。《史记》下有"之数"二字。数(cù),密。今从《史记》。

〔8〕曾:竟。刍:割草。牧:放牧。

〔9〕横人:主张连横的人。

〔10〕鲍彪注:"国,谓魏。"

〔11〕鲍彪注:"谓横人。"

〔12〕劫:威逼,威胁。

〔13〕缪文远云:"上提魏、齐方会徐州相王,二国平分霸业,此时安得'有意西面事秦'?"

〔14〕藩:属国,属地。

〔15〕鲍彪注:"为秦筑宫,备其巡幸。"缪文远云:"秦尚未称王,何以魏于此时'称东藩,筑帝宫'?"

〔16〕受:接受。冠带:指秦国的冠带制度。

〔17〕司马贞《史记索隐》:"言春秋贡奉,助秦祭祀。"

〔18〕句(gōu)践:见《秦策三·蔡泽见逐于赵》注。夫差:见《秦策三·蔡泽见逐于赵》注。干遂:在今江苏苏州市西北。

〔19〕武王:指周武王。

〔20〕革车:战车。

〔21〕纣:即商纣王。牧之野:即牧野,在今河南淇县西南。

〔22〕武力:当依《史记》作"武士"。

〔23〕苍头:司马贞云:"谓以青巾裹头,以异于众。"千:当依鲍本、《史记》作"十"。

〔24〕奋击:指能奋力作战的武士。

〔25〕厮徒:杂役,干杂事的仆役。

〔26〕骑:战马。

〔27〕辟:鲍本、《史记》均作"群","辟"乃"群"字之讹。

〔28〕质:姚宏云:"刘作'实'。"《史记》亦作"实"。实指财富。

〔29〕偷:苟且。

〔30〕绵绵:软弱,薄弱。此指细细的藤蔓。

〔31〕缦缦:鲍本、《史记》作"蔓蔓",蔓延,滋长。

〔32〕毫毛:鲍彪注:"谓树之萌。"

〔33〕斧柯:斧柄。以上所引见《逸周书·和寤解》。

〔34〕从亲:合纵相亲。

〔35〕奉:进献。明:通"盟"。

〔36〕在:任,听凭。诏:教导,告诫。

〔37〕主君:对卿大夫的敬称,指苏秦。

【译文】

苏秦为赵国合纵,游说魏王说:"大王的土地,南边有鸿沟、陈、汝南、许、鄢、昆阳、邵陵、舞阳、新郪;东边有淮水、颍水、沂水、黄池、煮枣、海盐、无胥;西边有长城为边界;北边有河外、卷、衍氏、燕、酸枣。土地纵横千里,土地名义上虽说不大,但是田舍房屋比比皆是,竟没有放牧牛马的地方。人民之众,车马之多,日日夜夜来往不休,跟三军的浩大队伍没有不同。臣下私下估计,大王的国家不亚于楚国。然而鼓吹连横的人却为大王谋划,对外与强暴如虎似狼的秦国结交,去侵略天下各国,最终发生国家的祸患,他们却安然无恙。仰仗强秦的势力,在国内威胁自己的君主,罪恶之大是无过于此的。再说魏国是天下的强国,大王是天下的贤主,如今竟有意倒向西方去侍奉秦国,自称东方藩国,给秦王修筑行宫,接受秦国的冠带制度,贡奉它春秋的祭祀。臣下私下替大王感到羞愧。

"臣下听说越王勾践以三千分散的士兵,在干遂擒拿了夫差;周武王以三千士兵、三百辆兵车,在牧野杀了殷纣王。难道是他们的士兵众多吗?实在是他们能够振奋自己的雄威!现在私下听说大王的士兵,有武士二十余万,青巾裹头的二十万,勇于杀敌的二十万,担任杂役的十万,战车六百辆,战马五千匹。这些兵力超过越王勾践、周武王远去了。如今竟被群臣的邪说所威胁,反而打算像臣子那样侍奉秦国。侍奉秦国一定得割让土地贡献财物,所以军队还未动用国家已经丧失元气了。大凡群臣里头鼓吹侍奉秦国的,都是奸臣,不是忠臣。作为人臣,宰割君主的土地以求结交外国,苟取一朝的好处而不顾日后的祸患,损害公家来成全私门,国外仰仗强秦的势力,国内胁迫自己的君主,要求割让土地,希望大王仔细考察这些事情。

"《周书》说:'藤蔓细细长不断,蔓延开了怎么办?小小树芽若不拔,越长越粗如斧把。'事前疑虑拿不定主意,日后就会有大患,还能把它怎么样?大王如果真的能够听信臣下的意见,六国合纵相亲,专心协力,就一定没有强秦施加的祸患。所以敝国赵王派来使臣进献愚计,奉献盟约,听凭大王的指教。"魏王说:"寡人不才,未曾聆听高明的指教。现在您以赵王的命令告诫我,我要恭敬地带领全国来服从。"

## 张仪为秦连横说魏王[1]

张仪为秦连横,说魏王曰:"魏地方不至千里,卒不过三十万人。地四平,诸侯四通,条达辐凑[2],无有名山大川之阻。从郑至梁[3],不过百里;从陈至梁[4],二百余里;马驰人趋,不待倦而至。梁南与楚境[5],西与韩境,北与赵境,东与齐境。卒戍四方[6],守亭障者参列[7],粟粮漕庾不下十万[8]。魏之地势,故战场也[9]。

魏南与楚而不与齐[10],则齐攻其东;东与齐而不与赵,则赵攻其北;不合于韩,则韩攻其西;不亲于楚,则楚攻其南。此所谓四分五裂之道也。

"且夫诸侯之为从者,以安社稷、尊主、强兵、显名也。合从者[11],一天下约为兄弟,刑白马以盟于洹水之上[12],以相坚也。夫亲昆弟同父母,尚有争钱财,而欲恃诈伪反覆苏秦之余谋[13],其不可以成亦明矣。

"大王不事秦,秦下兵攻河外[14],拔卷、衍、燕、酸枣[15],劫卫取晋阳[16],则赵不南。赵不南则魏不北,魏不北则从道绝[17],从道绝,则大王之国欲求无危不可得也。秦挟韩而攻魏,韩劫于秦,不敢不听。秦韩为一国[18],魏之亡可立而须也[19]。此臣之所以为大王患也。为大王计,莫如事秦。事秦则楚、韩必不敢动,无楚、韩之患,则大王高枕而卧,国必无忧矣。

且夫秦之所欲弱莫如楚[20],而能弱楚者莫若魏。楚虽有富大之名,其实空虚;其卒虽众多,言而轻走易北[21],不敢坚战。魏之兵南面而伐[22],胜楚必矣。夫亏楚而益魏,攻楚而适秦[23],内嫁祸安国[24],此善事也。大王不听臣,秦甲出而东[25],虽欲事秦而不可得也。

"且夫从人多奋辞而寡可信[26],说一诸侯之王,出而乘其车;约一国而反,成而封侯之基[27]。是故天下之游士,莫不日夜搤腕、瞋目、切齿以言从之便[28],以说人主。人主览其词[29],牵其说,恶得无眩哉[30]?臣闻积羽沉舟,群轻折轴,众口铄金[31],故愿大王之熟计之也。"

魏王曰:"寡人蠢愚,前计失之。请称东藩,筑帝宫,受冠带,祠春秋[32],效河外[33]。"

【注释】

〔1〕此章诸家大都系于周慎靓王四年(前317),但所述多背于史实,当为策士拟托之作。又见于《史记·张仪列传》。

〔2〕鲍彪注:"如木枝分布,而四方凑之如辐于毂。"条,枝条。

〔3〕郑:即南郑,韩国国都,在今河南新郑市。梁:大梁,魏国国都,在今河南开封市北。

〔4〕陈:楚邑,在今河南淮阳县。

〔5〕梁:指魏国。境:接界。

〔6〕鲍彪注:"他国境或有山川关塞,惟梁无之,皆以卒戍守。"

〔7〕亭障:边地要塞设置的堡垒。参列:排列。

〔8〕漕庾(yǔ):储存水路转运粮食的仓库。漕,通过水道运送粮食。庾,露天的谷仓。

〔9〕故:通"固"。《史记》作"固"。

〔10〕与:结交,亲附。

〔11〕合:《史记》作"今"。

〔12〕刑:杀。洹(huán)水:又名安阳河,源出今河南林县林虑山,东流经安阳市到内黄县北入卫河。

〔13〕缪文远云:"苏秦年辈较张仪为晚,张仪死时,苏秦事迹尚不甚著,此所言,与史实不合。"

〔14〕下兵:发兵。河外,见上章注〔6〕。

〔15〕卷、衍、燕、酸枣:均见上章注〔6〕。

〔16〕晋阳:《史记》作"阳晋",在今山东郓城县西。

〔17〕从道:合纵之道。

〔18〕《史记》无"国"字。"国"字衍。

〔19〕须:待。

〔20〕弱:削弱。"弱"下《史记》有"者"字。

〔21〕言:鲍本、《史记》作"然"。轻:轻易,与"易"字同义。走:逃跑。北:与"走"同义。

〔22〕"魏"上《史记》有"悉"字。

〔23〕王念孙云:"适者,悦也。言攻楚而民悦秦也。"

〔24〕金正炜云:"《张仪传》无'内'字,疑'内'当为'而'。而,犹'以'也。嫁祸谓亏楚,安国谓适秦也。"

〔25〕"东"下鲍本、《史记》有"伐"字。

〔26〕从人:主张合纵的人。奋辞:说大话。

〔27〕成而:《史记》作"而成",今从之。基:基础,基业。

〔28〕搤(è)腕:手握其腕,表示振奋。搤,同"扼",握住。瞋(chēn)目:张大眼睛,表示激愤。

〔29〕览:同"揽"。

〔30〕恶(wū)得:怎么能。无眩(xuàn):不迷惑。

〔31〕众口铄(shuò)金:众口一词,可以熔化金属。铄,熔化。

〔32〕以上四句见上章注〔14〕、〔15〕、〔16〕、〔17〕。缪文远云:"秦称帝在周赧王二十七年(前288),时张仪已死二十年。此章所言,年世差互,游士妄谈耳。"

〔33〕程恩泽云:"盖得魏献河西、上郡而言,然此事距张仪连横时已二十年。"(《国策地名考》卷十一)

【译文】

张仪为秦国连横,游说魏王说:"魏国的土地纵横不到千里,士兵不超过三十万人。土地四方平旷,与四方诸侯相通,像树枝分布,像辐条聚集,中间没有名山大川的阻隔。从南郑到大梁,不过一百里;从陈邑到大梁,二百多里。马驰人跑,不等疲倦就到了魏国。魏国南面和楚国接境,西面和韩国接境,北面和赵国接境,东面和齐国接境。士兵要戍守四方,镇守边塞的堡垒排列成阵,储存水路转运粮食的仓库不下十万处。魏国的地理形势,本来就是一个战场。魏国向南亲附楚国而不亲附齐国,那么齐国就会进攻它的东部；向东亲附齐国而不亲附赵国，那么赵国就会进攻它的北部；不跟韩国联合，那么韩国就会进攻它的西部；不跟楚国亲善，那么楚国就会进攻它的南部。这就是所说的四分五裂道路。

"再说诸侯之中进行合纵的，为的是使国家安定，君主尊贵，兵力强盛，名声显赫。合纵，就是要统一天下诸侯的行动，彼此结为兄弟，在洹水上杀白马订盟约，以便互相坚守它。亲兄弟同父母，还有争夺钱财的，而要依靠狡诈虚伪反覆无常的苏秦留下的计谋，不可能取得成功也是很明显的了。

"大王不侍奉秦国，秦国就会发兵进攻河外，拿下卷、衍氏、燕、酸枣等地，威逼卫国夺取阳晋，那么赵国就不能向南联合。赵国不能向南联合，那么魏国就不能向北联合；魏国不能向北联合，那么合纵的道路就断绝了；合纵的道路断绝了，那么大王的国家想求得平安无危是不可能的。秦国挟持韩国进攻魏国，韩国被秦国威逼，它不敢不服从。秦韩合而为一，魏国的灭亡就是可以站着等待的。这就是我替大王忧虑的原因。替大王设想，不如侍奉秦国。侍奉秦国则楚国、韩国一定不敢妄动，没有楚国、韩国的祸患，那么大王就可以垫高枕头躺下休息，贵国就一定没有忧患了。

"况且秦国所要削弱的首先是楚国，而能够削弱楚国的首先是魏国。楚国虽然有富裕强大的名声，但它实际上是空虚的；它的士兵虽然众多，然而轻易败北逃跑，不敢坚持战斗。倾魏国的军队向南讨伐，战胜楚国就毫无疑问了。使楚国吃亏而使魏国受益，进攻楚国而取悦秦国，把祸患转嫁给别人使自己的国家安宁，这是好事。大王不听信臣下的建议，秦兵出动而向东进攻，那时就是想侍奉秦国也是不可能的。

"况且鼓吹合纵的人大多好说大话，很少可以相信的，说动一个国家的君主,出来就乘坐他的车子;跟一国缔约回来,就成就了封侯的基业。因此天下的游说之士,没有谁不是日夜握着手腕、瞪着眼睛、咬牙切齿地大谈合纵的好处,用以游说各国的君主。君主采纳他们的说法,被他们的主张所牵动,怎么能不迷惑呢?臣下听说积累羽毛能把船压沉,许多轻的东西能把车轴压折,众口一词能把金属熔化,所以希望大王仔细考虑这件事。"

魏王说:"寡人愚蠢,以前的计策失误了。请允我们自称东方藩国,给秦王修筑行宫,接受秦国的冠带制度,贡奉他春秋两季的祭品,并献上河外的土地。"

## 齐、魏约而伐楚[1]

齐、魏约而伐楚,魏以董庆为质于齐[2]。楚攻齐,大败之[3],而魏弗救[4]。田婴怒[5],将杀董庆。盱夷为董庆谓田婴曰[6]:"楚攻齐,大败之,而不敢深入者,以魏为将内之于齐而击其后[7]。今杀董庆,是示楚无魏也。魏怒合于楚,齐必危矣。不如贵董庆以善魏,而疑之于楚也[8]。"

【注释】
〔1〕此章事在周显王三十六年(前333)。
〔2〕董庆:魏国人,不详。
〔3〕以上二句指徐州之役,楚威王率兵大败齐将申缚。
〔4〕魏暗地与楚国结盟,所以不援救齐国。

〔5〕田婴:齐国相国,齐威王少子,孟尝君之父。
〔6〕盱(gàn)夷:魏国人,不详。
〔7〕鲍彪注:"言纵楚使深入乃击之也。"
〔8〕疑:惑乱,迷惑。

**【译文】**

齐国、魏国相约去讨伐楚国,魏国把董庆送到齐国做人质。楚国进攻齐国,大败齐国,而魏国却不援救。田婴大怒,要杀董庆。盱夷为董庆对田婴说:"楚国进攻齐国,大败齐国,而不敢深入的原因,是认为魏国打算等它深入齐境之内而抄其后路。现在杀了董庆,这是表示楚国无视魏国。魏国发怒跟楚国联合,齐国就一定危险了。不如敬重董庆跟魏国友善,使楚国迷惑。"

# 苏秦拘于魏[1]

苏秦拘于魏,欲走而之韩[2],魏氏闭关而不通。齐使苏厉为之谓魏王曰[3]:"齐请以宋地封泾阳君[4],而秦不受也,夫秦非不利有齐而得宋地也,然其所以不受者,不信齐王与苏秦也[5]。今秦见齐、魏之不合也如此其甚也,则齐必不欺秦而秦信齐矣。齐、秦合而泾阳君有宋地,则非魏之利也。故王不如复东苏秦[6],秦必疑齐而不听也。夫齐、秦不合,天下无忧[7],伐齐成则地广矣。"

**【注释】**

〔1〕此章事在周赧王二十九年(前286),又见于《史记·苏秦列

传》。

〔2〕走:逃跑。之:往。韩鲍本作"齐"。

〔3〕苏厉:苏秦之弟。魏王:指魏昭王。

〔4〕时齐已灭宋。泾阳君:秦昭王同母弟公子市。

〔5〕齐王:指齐湣王。

〔6〕东苏秦:使苏秦回齐国。

〔7〕忧:《史记》作"变"。"忧"或为"变"字之误。

## 【译文】

苏秦被魏国拘留,想要逃跑到齐国去,魏国关闭城门不让他通过。齐国派苏厉替他对魏昭王说:"齐国请求把宋地封给泾阳君,而秦国不接受。秦国不是不以有齐国帮助而得到宋地为有利,然而它不接受的原因,是不相信齐湣王和苏秦。如今秦国看到齐国与魏国不和这么严重,那么齐国一定不会欺骗秦国,而秦国就会相信齐国了。齐国、秦国联合起来,泾阳君享有宋地,那就不符合魏国的利益。所以大王不如让苏秦再东去齐国,秦国就一定怀疑齐国而不听从它。齐国、秦国不能联合,天下就没有忧患了,您讨伐齐国成功了土地就扩大了。"

# 陈轸为秦使于齐〔1〕

陈轸为秦使于齐〔2〕,过魏,求见犀首〔3〕,犀首谢陈轸〔4〕。陈轸曰:"轸之所以来者,事也〔5〕。公不见轸,轸且行,不得待异日矣。"犀首乃见之。陈轸曰:"公恶事乎?何为饮食而无事?无事必来〔6〕。"犀首曰:"衍不肖,不能得事焉,何敢恶事!"陈轸曰:"请移天下之事于公。"犀首曰："奈何？"陈轸曰："魏王使李从以车百乘使于楚[7]，公可以居其中而疑之。公谓魏王曰：'臣与燕、赵故矣[8]，数令人召臣也[9]，曰无事必来。今臣无事，请谒而往[10]。无久，旬五之期。'王必无辞以止公。公得行，因自言于廷曰：'臣急使燕、赵[11]。急约车为行具[12]。'"犀首曰："诺。"谒魏王，王许之，即明言使燕、赵。

诸侯客闻之[13]，皆使人告其王曰："李从以车百乘使楚，犀首又以车三十乘使燕、赵。"齐王闻之[14]，恐后天下得魏，以事属犀首[15]，犀首受齐事。魏王止其行使[16]。燕、赵闻之，亦以事属犀首。楚王闻之[17]，曰："李从约寡人，今燕、齐、赵皆以事因犀首[18]，犀首必欲寡人，寡人欲之。"乃倍李从而以事因犀首[19]。魏王曰："所以不使犀首者，以为不可。令四国属以事[20]，寡人亦以事因焉。"犀首遂主天下之事，复相魏。

【注释】

〔1〕此章所述与犀首主持五国相王事多不相合，难以系年，当是策士拟托之作。又见于《史记·陈轸列传》。

〔2〕陈轸：著名策士，善于辞令，曾仕楚、秦、魏等国。

〔3〕犀首：即公孙衍，魏国大臣。

〔4〕谢：拒绝。

〔5〕《史记》作"吾为事来"。司马贞索隐："轸语犀首，言我故来，欲有教汝之事，何不相见？"

〔6〕鲍彪注："衍'无事必来'四字。"

〔7〕魏王：指魏惠王。李从：魏国之臣。《史记》作"田需"。

〔8〕故:旧交,老朋友。

〔9〕数(shuò):屡次。

〔10〕请谒:请求拜谒。

〔11〕鲍彪注:"言有急事出使。"

〔12〕约车:备车。行具:行装。

〔13〕诸侯客:指客居在魏国各诸侯国的人。

〔14〕齐王:指齐威王。

〔15〕事:国事。属(zhǔ):委托,托付。

〔16〕鲍本无"行"字。鲍彪注:"初以无事请行,今有齐事,魏亦且任之,故止之。"

〔17〕楚王:指楚怀王。

〔18〕鲍彪注:"魏为主约,故诸侯因衍以合魏。"因:依靠,委托。

〔19〕倍:通"背"。

〔20〕令:鲍本作'今','令'字误。

## 【译文】

陈轸为秦国出使齐国,途经魏国,请求拜见犀首。犀首谢绝陈轸。陈轸说:"我所以到这里来,是有政事。您不见我,我就走,不能等到来日了。"犀首便会见他。陈轸说:"您讨厌政事吧?为什么总是吃吃喝喝不问政事呢?"犀首说:"我不好,抓不住政事,怎敢讨厌政事呢?"陈轸说:"请允许我把天下的政事移交给您。"犀首说:"怎么办?"陈轸说:"魏王派李从带领一百辆车子到楚国出使,您可以坐在其中的车上使魏王怀疑他。您去对魏王说:'臣下跟燕王和赵王有老交情,多次派人召请臣下,说没有政事一定来。现在臣下没有政事,请允许我前往拜谒。不要多久,十天或五天为限。'魏王一定没有理由阻止您。您能够出行,就自己在朝廷上说:'臣下紧急出使燕国、赵国,急需准备车辆整治行装。'"犀首说:"行。"便拜见魏王,魏王答应了他,随即明确宣布自己出使燕国、赵国。

各诸侯国客居在魏国的人听到这个消息,都派人禀告自己的君主说:"李从带领一百辆车子出使楚国,犀首又带领三十辆车子出使燕国、赵国。"齐王听说此事,惟恐取得魏国相助晚于别国诸侯,也把政事托付给犀首,犀首受理了齐国的政事。魏王阻止他出使。燕国、赵国听说此事,也把政事托付给犀首。楚王听说此事,说:"李从跟我订约,现在燕国、齐国、赵国都把政事托付给犀首,犀首一定想为寡人效力,寡人也想任用他。"便抛弃李从而把政事委托给犀首。魏王说:"所以不派犀首出使,是认为他不能胜任使命。现在四个国家都把政事托付给他,寡人也要把政事托付给他。"犀首于是就主持天下各国的政事,又做了魏国的相国。

## 张仪恶陈轸于魏王[1]

张仪恶陈轸于魏王[2],曰:"轸善事楚,为求壤地也甚力之[3]。"左华谓陈轸曰[4]:"仪善于魏王,魏王甚爱之。公虽百说之,犹不听也。公不如仪之言为资[5],而反于楚王[6]。"陈轸曰:"善。"因使人先言于楚王[7]。

【注释】

〔1〕此章事在周显王四十七年(前322),与《楚策三·陈轸告楚之魏》重复。

〔2〕恶(wù):诽谤,中伤。魏王:指魏惠王。

〔3〕甚力:很尽力。鲍彪云:"衍'之'字。"

〔4〕左华:未详。《楚策》作"左爽"。

〔5〕鲍本"如"下补"以"字。《楚策》有"以"字。

〔6〕反:同"返"。王念孙云:"'楚'下本无'王'字,此因下有'楚王'而误衍耳。"

〔7〕楚王:指楚怀王。

【译文】

张仪对魏惠王诽谤陈轸说:"陈轸很会事奉楚王,为楚王谋求土地十分卖力。"左华对陈轸说:"张仪跟魏王友善,魏王很喜欢他。您即使百般为自己辩解,他也不会听信。您不如以张仪的话作依据,返回楚国去。"陈轸说:"好。"于是派人事先把张仪说他的话禀告楚怀王。

# 张仪欲穷陈轸[1]

张仪欲穷陈轸[2],令魏王召而相之[3],来将悟之[4]。将行,其子陈应止其公之行[5],曰:"物之湛者[6],不可不察也。郑强出秦曰[7],应为知[8]。夫魏欲绝楚、齐,必重迎公[9]。郢中不善公者[10],欲公之去也,必劝王多公之车。公至宋,道称疾而毋行[11],使人谓齐王曰[12]:'魏之所以迎我者,欲以绝齐、楚也。'"

齐王曰:"子果无之魏而见寡人也,请封子。"因以鲁侯之车迎之。

【注释】

〔1〕此章事在周赧王五年(前310)。各家说法不一,今从顾观光《国策编年》。

〔2〕穷:困阨。

〔3〕魏王:指魏襄王。

〔4〕悟:姚宏云:"曾作'梧'。"梧(gù):监禁。黄丕烈云:"此以'悟'为'圄'耳。"圄(yǔ):囚禁。二说基本一致。

〔5〕公:父亲。

〔6〕物:事。湛(chén):深。鲍彪注:"谓其谋之深。"

〔7〕郑强:鲍彪注:"郑公族,韩灭郑,应为韩人。"吴师道云:"《韩策》'郑强载金入秦,请伐韩。'此云'出秦'也。曰:鲍本作"日"。今从之。

〔8〕应:陈应自称。

〔9〕鲍彪注:"轸在楚,必合齐,而魏欲离之,必迎轸。"

〔10〕郢(yǐng):楚国国都。

〔11〕道:中途。

〔12〕齐王:指齐宣王。

【译文】

张仪想使陈轸陷于困境,让魏襄王召他来做相国,来了就拘禁他。即将前往,他儿子陈应阻止他前往,说:"事情深不可测的,不可不考察。郑强离开秦国的日子,我是知道的。魏国打算瓦解楚国、齐国的联盟,一定会隆重地欢迎您。郢都之内那些跟您不友善的人,想让您离开楚国,一定会督促大王多赏您一些车辆。您到了宋国,途中称病不要前行,派人去对齐王说:'魏国欢迎我的原因,是打算瓦解楚国、齐国的联盟。'"

齐宣王说:"您果然没有去魏国而来见寡人,请让我封赏您。"于是用鲁侯的车子迎接陈轸。

# 张仪走之魏[1]

张仪走之魏[2],魏将迎之。张丑谏于王[3],欲勿内<sup>[4]</sup>,不得于王<sup>[5]</sup>。张丑退,复谏于王,曰:"王亦闻老妾事其主妇者乎<sup>[6]</sup>?子长色衰,重家而已<sup>[7]</sup>。今臣之事王,若老妾之事其主妇者。"魏王因不纳张仪。

【注释】

〔1〕此章事与史载颇不相合,无以系年,当为策士拟托之作。

〔2〕走:逃跑。

〔3〕张丑:曾为齐国之臣。

〔4〕内:同"纳"。

〔5〕鲍彪注:"王不听也。"

〔6〕主妇:金正炜云:"当为'主父'之讹。俗读'父''妇'音同,因以致误。"主父:婢妾、仆役对男主人的称呼。

〔7〕家:黄丕烈云:"鲍本作'嫁','嫁'字当是。"全正炜云:"《西周策》'以嫁之齐也'高注:'嫁,卖。'"

【译文】

张仪逃跑前往魏国,魏国将要迎接他。张丑向魏王进谏,想不接纳他,没有得到魏王的同意。张丑退下,又向魏王进谏说:"大王也听说过老妾侍候她的主父的事吧?儿子大了,容貌变老了,只有改嫁罢了。如今臣下事奉大王,就像老妾侍候她的主父一样。"魏王于是没有接纳张仪。

## 张仪欲以魏合于秦、韩<sup>[1]</sup>

张仪欲以魏合于秦、韩而攻齐、楚。惠施欲以魏合于齐、楚以案兵<sup>[2]</sup>。人多为张子于王所<sup>[3]</sup>。惠子谓王曰:"小事也,谓可者谓不可者正半,况大事乎?以魏合于秦、韩而攻齐、楚,大事也,而王之群臣皆以为可。不知是其可也,如是其明耶?而群臣之知术也如是其同耶[4]?是其可也,未如是其明也;而群臣之知术也,又非皆同也。是其有半塞也[5]。所谓劫主者,失其半者也[6]。"

**【注释】**

〔1〕此章事在周显王四十七年(前322),又见于《韩非子·内储说上》。

〔2〕惠施:宋国人,魏惠王的相国。案兵:止兵。《韩非子》作"偃兵"。"案"、"偃"同义。

〔3〕王:指魏惠王。所:处。郭希汾云:"人于王处,多为仪计。"

〔4〕而:鲍本作"亡"。亡(wú),抑或,还是。知术:智谋。知,同"智"。

〔5〕塞:阻塞。

〔6〕鲍彪注:"事不明而欲王必从,是劫王也;王而从之,失其半矣。"

**【译文】**

张仪打算使魏国跟秦国、韩国联合去进攻齐国和楚国。惠施打算使魏国跟齐国和楚国联合便按兵不动。人们在魏王那里大多支持张仪。惠施对魏王说:"就连一件小事,说行的与说不行的往往正好各占一半,何况大事呢?使魏国跟秦国、韩国联合而进攻齐国、楚国,这是大事,而且大王的群臣都认为可以。不知这些认为那么做可以的,都如此分明呢?还是群臣的智谋都如此一致呢?这些认为那么做可以的,并不是如此分明;而群臣的智谋,并不是全都一致。这说明有一半人是没有想通的。所谓胁迫君主的人,就是失去人们一半的人。"

# 张子仪以秦相魏[1]

张子仪以秦相魏[2],齐、楚怒而欲攻魏。雍沮谓张子曰[3]:"魏之所以相公者,以公相则国家安而百姓无患。今公相而魏受兵,是魏计过也。齐、楚攻魏,公必危矣。"张子曰:"然则奈何?"雍沮曰:"请令齐、楚解攻。"雍沮谓齐、楚之君曰:"王亦闻张仪之约秦王乎?曰:'王若相仪于魏,齐、楚恶仪,必攻魏。魏战而胜,是齐、楚之兵折[4],而仪固得魏矣。若不胜魏[5],魏必事秦以持其国[6],必割地以赂王。若欲复攻,其敝不足以应秦[7]。'此仪之所以与秦王阴相结也。今仪相魏而攻之,是使仪之计当于秦也[8],非所以穷仪之道也[9]。"齐、楚之王曰:"善。"乃遽解攻于魏[10]。

【注释】

〔1〕此章似为策士拟托之作,钟凤年云:"此殆依托《齐策二·张仪事秦惠王》章,仪诱说武王因得相魏而为之者。"

〔2〕鲍彪注:"衍'子'字。"

〔3〕雍沮(jǔ):魏国人。

〔4〕折:挫折,损失。

〔5〕鲍彪注:"衍'魏'字。"

〔6〕持:保持,保全。

〔7〕吴师道云:"言魏割地合于秦,齐、楚复攻魏,而秦救之,则齐、楚罢敝,不足以应秦。"

〔8〕当:应,应验。

〔9〕穷:困阨。道:方法。

〔10〕遽(jù):立即。

**【译文】**

　　张仪仗恃秦国做了魏国的相国,齐国、楚国大为不满要进攻魏国。雍沮对张仪说:"魏国之所以让您做相国,是认为您做相国国家就可以安宁,百姓就没有忧患。如今您做了相国,魏国就遭受兵祸,这是魏国的计策犯了错误。齐国、楚国进攻魏国,您一定危险了。"张仪说:"既然这样,那怎么办?"雍沮说:"请允许我让齐国、楚国解除进攻。"雍沮对齐国、楚国的君主说:"大王也听说过张仪跟秦王订约的事吗?他说:'大王如果让我做魏国的相国,齐国、楚国憎恨我,一定进攻魏国。魏国迎战而获胜,这样齐国、楚国的兵力就受损失,而我就牢牢地掌握魏国了;如果不能获胜,魏国就一定得侍奉秦国来维持他的国家,就一定得割让土地来奉送大王。如果齐国、楚国想再次进攻,他们业已疲敝是不能够应付秦国的。'这就是张仪跟秦王暗中勾结的原因。如今张仪做了魏国的相国您们就进攻魏国,这就使张仪的计策在秦国应验,不是使张仪陷于困境的做法。"齐国、楚国的君主说:"好。"就立即解除对魏国的进攻。


## 张仪欲并相秦、魏[1]

　　张仪欲并相秦、魏,故谓魏王曰[2]:"仪请以秦攻三川[3],王以其间约南阳[4],韩氏亡[5]。"史厌谓赵献曰[6]:"公何不以楚佐仪求相之于魏?韩恐亡,必南走楚[7]。仪兼相秦、魏，则公亦并相楚、韩也。"

【注释】

〔1〕此章事在周显王四十七年(前322)。

〔2〕魏王:指魏惠王。

〔3〕三川:指河、洛、伊三水之间地。

〔4〕约:据下章当作"攻"。南阳:地区名,在今河南济源市、孟州市、温县一带,居韩、魏之间。

〔5〕据下章,"亡"上当有"必"字。

〔6〕史厌:即史黡(yǎn),韩国使者。赵献:金正炜云:"亦疑'昭献',一声之讹。《韩策》'楚昭献相韩',与此文'并相韩、楚'正合。"

〔7〕走:投奔。

【译文】

张仪打算兼做秦国、魏国的相国,所以对魏惠王说:"我请求用秦军进攻三川,大王在此期间攻打南阳,韩国就得灭亡。"史厌对昭献说:"您为什么不依靠楚国帮助张仪从魏国取得相位?韩国害怕灭亡,一定向南投奔楚国。张仪兼任秦国、魏国的相国,那么您也可以兼做楚国、韩国的相国。"

## 魏王将相张仪[1]

魏王将相张仪[2]。犀首弗利[3],故令人谓韩公叔曰[4]:"张仪以合秦、魏矣[5]。其言曰:'魏攻南阳,秦攻三川,韩氏必亡。'且魏王所以贵张子者,欲得地[6],则韩之南阳举矣。子盍少委焉以为衍功[7],则秦、魏之交可废矣[8]。如此,则魏必图秦而弃仪,收韩而相衍。"公叔以为信[9],因而委之。犀首以为功,果相魏。

## 【注释】

〔1〕此章事在周显王四十七年(前322),又见于《史记·犀首列传》。

〔2〕魏王:指魏惠王。

〔3〕犀首:即公孙衍,魏国大臣。

〔4〕公叔:韩公族,时为韩国相国。

〔5〕以:《史记》、鲍本皆作"己",以,通"已"。

〔6〕《史记》作"欲得韩地也"。

〔7〕盍:何不。委:委托,委派。吴师道云:"令韩以与魏南阳为公孙衍之功。"

〔8〕鲍彪注:"魏任衍,则听其所为。"

〔9〕信:姚宏云:"曾作'便'。"《史记》亦作"便"。便:利,便利。

## 【译文】

魏惠王即将任命张仪为相国。犀首认为对他不利,所以派人对韩公叔说:"张仪已经使秦国、魏国联合了。他声称:'魏国进攻南阳,秦国进攻三川,韩国一定灭亡。'况且魏王使张仪显贵的原因,是想取得土地,那么韩国的南阳就得被攻下了。你为什么不少委派一些政事,把这算做我的功劳,那么秦国、魏国的邦交就可以废除了。这样,魏国就一定图谋秦国抛弃张仪,联合韩国而任命我为相国。"韩公叔认为他的话对韩国有利,于是把一些政事委派给犀首。犀首把这事作为自己的功劳,果然做了魏国的相国。

# 楚许魏六城[1]

楚许魏六城,与之伐齐而存燕。张仪欲败之,谓魏王曰[2]:"齐畏三国之合也[3],必反燕地以下楚[4],楚、赵必听之,而不与魏六城。是王失谋于楚、赵,而树怨而于齐、秦也[5]。齐遂伐赵,取乘丘[6],收侵地,虚、顿丘危[7]。楚破南阳、九夷[8],内沛[9],许、鄢陵危[10]。王之所得者新观也[11],而道涂宋、卫为制[12],事败为赵驱[13],事成功县宋、卫[14]。"魏王弗听也。

【注释】

〔1〕此章事在周赧王元年(前314)。

〔2〕魏王:指魏襄王。

〔3〕三国:指楚、魏、赵。

〔4〕反:同"返"。下:居人之下,谦让。金正炜云:"'楚'下当补'赵'字。"

〔5〕鲍彪注衍"怨"下"而"字。

〔6〕乘(shèng)丘:在今山东曹县一带,时属赵,邻近楚国。

〔7〕虚:在今河南延津县东。顿丘:在今河南清丰县西。

〔8〕南阳:齐地,相当于今山东泰山以南、汶水以北一带。九夷:在今以江苏淮安市为中心之泗水、淮河流域。

〔9〕内:入,进入。沛:在今江苏沛县。

〔10〕许:魏地,在今河南许昌市东。鄢陵:即安陵,楚邑,在今河南鄢陵县北。

691

〔11〕新观:即观泽,在今河南清丰县南。

〔12〕道涂:道路。言道路被宋、卫控制。

〔13〕事败:指伐齐之事败。

〔14〕县:挂,系属。

【译文】

　　楚国答应让给魏国六座城邑,跟它讨伐齐国保存燕国。张仪要破坏这件事,对魏襄王说:"齐国害怕楚、魏、赵三国联合,一定会退回燕国的土地表示甘居楚国、赵国之下,楚国、赵国一定会听从它,因而不把六座城邑让给魏国。这样大王就是对楚国、赵国失策,而且跟齐国、秦国结下仇恨。齐国于是就会讨伐赵国,夺取乘丘,收复被侵占的土地,虚、顿丘危殆不安。楚国攻破南阳、九嶷,进入沛地,许、鄢陵危殆不安。大王所得的地方,就是新观,而且道路被宋国、卫国控制,战事失败就要被赵国驱遣,战事成功则系属于宋国、卫国。"魏王没有听从他的。

## 张仪告公仲〔1〕

　　张仪告公仲〔2〕,令以饥故,赏韩王以近河外〔3〕。魏王惧,问张子。张子曰:"秦欲救齐,韩欲攻南阳〔4〕,秦、韩合而欲攻南阳,无异也。且以遇卜王〔5〕,王不遇秦,韩之卜也决矣〔6〕。"魏王遂尚遇秦信韩〔7〕,广魏救赵〔8〕,尺楚人遽于萆下〔9〕。伐齐之事遂败。

【注释】

　　〔1〕此章所述与上章相承,鲍本两章合为一篇,事在周赧王元年(前

314)。

〔2〕公仲:即韩国相国公仲朋。

〔3〕鲍彪注:"赏,犹'劝'也。韩时饥,因劝之就粟于河外。河外近魏,故魏恐。"河外即河南之地,如曲沃、平周等地。

〔4〕南阳:见上章注〔8〕。

〔5〕鲍彪注:"两君相遇,则讲信修睦,故遇者,相好也。"卜:推测,估计。

〔6〕鲍彪注:"决,无他疑。韩以魏不与秦遇,知其恶我,必合秦而攻魏。"

〔7〕尚:庶几,表示期望。信韩:取信于韩。

〔8〕鲍彪注:"广,犹心广体胖,云乐之也。"广:宽慰。救赵:缪文远云:"当为'拒赵'之讹。此言魏与秦韩为一而拒楚、赵。"

〔9〕尺:鲍本作"斥",今从之。人:或为'之'字之误。遽:驿马。此指乘驿马而来的官员。菫下:地名。缪文远云:"在今山东南部。"

## 【译文】

张仪告诉公仲朋,让他以韩国出现饥荒的缘故,劝说韩王把百姓迁移到河外就食。魏王恐惧,问张仪是怎么回事。张仪说:"秦国打算援救齐国,韩国打算进攻南阳,秦国、韩国联合打算进攻南阳,这没有什么不同。而且根据相好的对象为大王推测,大王不与秦国相好,对于韩国的推测就毫无疑问了。"魏王于是就很想跟秦王相好而取信于韩国,宽解魏国的忧虑而抵抗赵国,在菫下斥责了乘驿马而来的楚国官员。讨伐齐国一事终告失败。

# 徐州之役〔1〕

徐州之役〔2〕,犀首谓梁王曰〔3〕:"何不阳与齐而阴结于楚[4]？二国恃王,齐、楚必战[5]。齐战胜楚,而与乘之[6],必取方城之外[7]；楚战胜齐败[8],而与乘之[9],是太子之仇报矣[10]。"

【注释】

〔1〕此章事在周显王三十六年(前333)。

〔2〕徐州:亦作"俆(shū)州",齐国邑名,即今山东滕州薛城。

〔3〕犀首:即公孙衍,魏国大臣。梁王:指魏惠王。

〔4〕阳:表面上。与:助,支持。阴:暗中。

〔5〕金正炜云:"鲍本'必战'上无'楚'字,鲍注衍'齐'字,按既言'二国恃王',不当复言齐、楚。"

〔6〕鲍彪注:"与齐乘楚。"乘:驾驭,控制。

〔7〕方城:指楚国在北境沿伏牛山麓所筑的一条长城。外:指北。

〔8〕姚宏云:"一本无'败'字。"

〔9〕言与楚乘齐。

〔10〕太子之仇:指公元前341年,齐、魏战于马陵,魏太子申被杀的事。

【译文】

在徐州战役的时候,犀首对魏惠王说:"您为什么不表面上帮助齐国而在暗中跟楚国结交？这两个国家仗恃大王一定得打起来。如果齐国战胜楚国,就跟齐国控制楚国,一定能够取得方城以北的土地；如果楚国战胜齐国,就跟楚国控制齐国,这样太子申的仇就报了。"

# 秦 败 东 周[1]

秦败东周[2],与魏战于伊阙[3],杀犀武[4]。魏令公孙衍乘胜而留于境[5],请卑辞割地以讲于秦。为窦屡谓魏王曰[6]:"臣不知衍之所以听于秦之少多,然而臣能半衍之割而令秦讲于王。"王曰:"奈何?"对曰:"王不若与窦屡关内侯[7],而令赵[8]。王重其行而厚奉之。因扬言曰:'闻周、魏令窦屡以割魏于奉阳君而听秦矣[9]。'夫周君、窦屡、奉阳君之与穰侯[10],贸首之仇也[11]。今行和者窦屡也[12],制割者奉阳君也[13]。太后恐其不因穰侯也[14],而欲败之,必以少割请合于王,而和于东周与魏也。"

【注释】

〔1〕此章事在周赧王二十二年(前293)。

〔2〕郭希汾云:"时周与韩、魏共攻秦。"

〔3〕伊阙:山名,在今河南洛阳市南。

〔4〕犀武:魏国将领。

〔5〕金正炜云:"'乘胜而留于境'六字当在'杀犀武'句下。秦兵既胜而仍留魏境,欲深伐魏也,故魏使公孙衍请卑辞割地以讲于秦。"公孙衍,即犀首。

〔6〕窦屡:魏国人。魏王:指魏昭王。

〔7〕关内侯:国内的封君。

〔8〕"令"下鲍本有"之"字。之:往。

〔9〕以:通"已"。奉阳君:即李兑,赵国的司寇。

〔10〕穰侯:即魏冉,秦国的相。

〔11〕郭希汾云:"以首相贸易,谓抵死相争也。"贸首之仇,等于说"不共戴天之仇"。

〔12〕行和:进行议和。

〔13〕制割:制止割地。

695

〔14〕太后：即秦宣太后。因：依靠。

【译文】
秦国打败了东周，与魏国在伊阙交战，杀了犀武，乘胜停留在魏国境内。魏王派公孙衍用卑下的言辞请求割让土地来跟秦国讲和。有人为窦屡对魏昭王说："臣下不知道公孙衍答应割给秦国的土地有多少，可是臣下能用公孙衍答应割让的一半土地使秦国跟大王讲和。"魏昭王说："那得怎么办？"回答说："大王不如授与窦屡关内侯的封号，让他出使赵国。大王要重视他的出使，给他以优厚的俸禄。于是扬言说：'听说东周、魏国已让窦屡割让魏国的土地给奉阳君，听凭秦国的左右了。'那周君、窦屡、奉阳君跟穰侯，是不共戴天的仇敌。如今进行讲和的是窦屡，制止割地的是奉阳君。秦国宣太后害怕他们不肯依靠穰侯，从而破坏这件事，一定用少量的割地就可以跟大王联合，从而跟东周和魏国讲和。"

## 齐王将见燕、赵、楚之相于卫〔1〕

齐王将见燕、赵、楚之相于卫，约外魏〔2〕。魏王惧，恐其谋伐魏也，告公孙衍〔3〕。公孙衍曰："王与臣百金，臣请败之。"王为约车，载百金〔4〕。犀首期齐王至之日〔5〕，先以车五十乘至卫，间齐行以百金〔6〕，以请先见齐王。乃得见〔7〕，因久坐，安从容谈三国之相怨〔8〕。

谓齐王曰："王与三国约外魏，魏使公孙衍来，今久与之谈，是王谋三国也也〔9〕。"齐王曰："魏王闻寡人来，使公孙子劳寡人，寡人无与之语也。"三国之不相信齐王之遇[10]，遇事遂败[11]。

【注释】

〔1〕此章多不可通处，无以系年，当是拟托之作。

〔2〕外：排斥。

〔3〕公孙衍：即犀首。

〔4〕载：姚宏云："孙作'赍'。"赍(jī)：携带。

〔5〕曰：鲍本作"日"。鲍彪注："度其至卫之日。"期：料想，推测。

〔6〕间：鲍彪注："私见之。"行：行人，即使臣。

〔7〕乃：金正炜云："当为'及'，形似而误。"

〔8〕安：乃，于是。

〔9〕黄丕烈云："下'也'字当是'已'字之误。"

〔10〕不相，鲍本作"相不"，今从之。金正炜云："上'遇'字疑本作'语'，'语'、'遇'一声之转，又涉下'遇'字而误。"

〔11〕遇：会见。

【译文】

齐王将要在卫国接见燕国、赵国、楚国的相国，约定把魏国排斥在外。魏王恐惧，怕他们策划进攻魏国，把这件事告诉了公孙衍。公孙衍说："大王给臣下一百镒钱财，请允许臣下搞垮他们的联盟。"魏王给他准备车辆，装上一百镒钱财。公孙衍测定齐王到达卫国的日子，事先带领五十辆车子到卫国，以一百镒钱财私下会见齐国使者，请求先拜见齐王。等到拜见齐王便坐了好一会儿，就慢条斯理地谈起了三国之间的仇怨。

有人对齐王说："大王跟三国约定把魏国排斥在外，魏国便派公孙衍前来瓦解，今天您跟他谈了很久，这是大王图谋瓦解三国呀！"齐王说："魏王听说寡人来了，派公孙先生慰劳寡人，寡人没有跟他密谈。"三国的相国不相信齐王的话，他们会见相约的事便告失败。

## 魏令公孙衍请和于秦[1]

魏令公孙衍请和于秦[2],綦母恢教之语曰[3]:"无多割。曰[4],和成,固有秦重和[5],以与王遇;和不成,则后必莫能以魏合于秦者矣。"

【注释】

〔1〕此章事在周赧王二十二年(前293),与前《秦败东周》章同时。
〔2〕公孙衍:即犀首。
〔3〕綦母恢:东周之臣。
〔4〕鲍本无"曰"字。
〔5〕固:必。吴师道云:"一本标孙本无'和'字。"黄丕烈案:"无者是也。"

【译文】

魏王派公孙衍向秦国求和,綦母恢指教公孙衍说:"不要多割让土地。求和成功,必然受到秦王重视,跟我们君王会见;求和不成功,那么以后一定没有谁能使魏国跟秦国联合了。"

## 公孙衍为魏将[1]

公孙衍为魏将[2],与其相田繻不善[3]。季子为衍谓梁王曰[4]:"王独不见夫服牛骖骥乎[5]?不可以行百步。今王以衍为可使将,故用之也。而听相之计,是服牛骖骥也。牛马俱死[6],而不能成其功,王之国必伤矣。愿王察之。"

**【注释】**

〔1〕此章事在田需相魏时,即周慎靓王五年(前316)前后,确年无从可考。

〔2〕公孙衍:即犀首。

〔3〕缗:鲍本作"需"。田需:魏国相国。

〔4〕季子:不详。一说即季梁,魏国之臣。梁王:指魏襄王。

〔5〕独:难道。服牛:牛驾辕。骖骥:用千里马拉套。古时一车驾四马,居中的两匹叫服,两边的叫骖。此言牛马并驾。

〔6〕死:金正炜云:"当为'毙'缺损而误。"毙,仆倒。

**【译文】**

公孙衍做了魏国将领,跟魏国相国田缗不和。季子替公孙衍对魏襄王说:"大王难道没见过牛驾辕马拉套吗?连一百步都走不了。现在大王认为公孙衍可以派为将领,所以任用他。可是还要听信相国的计谋,这就叫做牛驾辕马拉套。牛马都得累倒,而且不能成就自己的功业,大王的国家就得丧失元气了!希望大王考察这件事。"

# 卷二十三　魏二

## 犀首、田盼欲得齐、魏之兵以伐赵[1]

犀首、田盼欲得齐、魏之兵以伐赵[2]，梁君与田侯不欲[3]。犀首曰："请国出五万人，不过五月而赵破。"田盼曰："夫轻用其兵者，其国易危；易用其计者[4]，其身易穷[5]。公今言破赵大易，恐有后咎[6]。"犀首曰："公之不慧也。夫二君者固已不欲矣，今公又言有难以惧之[7]，是赵不伐而二士之谋困也[8]。且公直言易[9]，而事已去矣[10]。夫难构而兵结，田侯、梁君见其危，又安敢释卒不我予乎？"田盼曰："善。"遂劝两君听犀首。犀首、田盼遂得齐、魏之兵。兵未出境，梁君、田侯恐其至而战败也，悉起兵从之，大败赵氏。

【注释】

〔1〕此章事在周显王三十七年（前322）。
〔2〕犀首：即公孙衍，魏国大臣。田盼：即盼子，齐国名将。
〔3〕梁君：指魏惠王。田侯：即齐侯，指齐威王。
〔4〕易：与"轻"同义，轻易。
〔5〕穷：困厄，走投无路。

〔6〕后咎:后患。

〔7〕鲍本无"有"字,今从之。惧之:使之恐惧。之,指二君。

〔8〕二士:指犀首、田盼。困:尽,匮乏。

〔9〕且:倘若,假如。

〔10〕而:则。去:排除。

**【译文】**

　　犀首和田盼想要得到齐国和魏国的军队去进攻赵国,魏惠王和齐威王不想发兵。犀首说:"请求每国出兵五万人,不超过五个月就会攻破赵国。"田盼说:"轻易动用军队的,他的国家容易遭遇危险;随便使用计谋的,他自身容易陷入困境。您现在说攻破赵国很容易,恐怕会有后患。"犀首说:"您真不聪明。那两位君主本来已经不想发兵了,现在您又说破赵困难来吓唬他们,这样就不能进攻赵国,我们两人的计谋就用尽了。倘若直说容易,这件难事也就排除了。战争临头双方交战,齐王、魏王见到国家面临危险,又怎敢把军队撂在一边不交给我们呢?"田盼说:"对。"于是鼓动两位君主接受犀首的意见。犀首、田盼于是就得到了齐国、魏国的军队。军队还没有开出国境,魏惠王、齐威王恐怕他们到赵国吃败仗,派出全部兵力跟随他们出征,大败赵国。

## 犀首见梁君〔1〕

　　犀首见梁君曰〔2〕:"臣尽力竭知,欲以为王广土取尊名,田需从中败君〔3〕,王又听之,是臣终无成功也。需亡〔4〕,臣请侍;需侍,臣请亡。"王曰:"需,寡人之股掌之臣也[5]。为子之不便也[6]，杀之亡之[7]。毋谓天下何，内之无若群臣何也[8]。今吾为子外之，令毋敢入子之事[9]。入子之事者，吾为子杀之亡之，胡如[10]？"犀首许诺。于是东见田婴[11]，与之约结，召文子而相之魏[12]，身相于韩。

**【注释】**

〔1〕此章事在周慎靓王四年（前317）。

〔2〕犀首：即公孙衍。梁君：指魏襄王。

〔3〕田需：魏国相国。君：黄丕烈云："今本作'臣'。"从今本。

〔4〕亡：出外，离开。

〔5〕股掌之臣：金正炜云："言可玩之股掌之上者。"即宠臣，弄臣。

〔6〕为：如果。

〔7〕吴师道云"亡之"下"一本标云有'外之'字"。黄丕烈案："有者当是，此读'外之毋谓天下何'七字为一句，与下'内之'为对文。""外之"、"内之"之"之"，等于"而"。

〔8〕王引之云："'谓'犹'奈'也；'若'亦'奈'也。言无奈天下何，无奈群臣何也。"

〔9〕金正炜云："此言需特股掌之臣，杀之亡之，外而天下，内而群臣，皆无奈我何也。今吾为子，令无敢入子之事。句中不当有'外之'二字，今为订正，文即贯通。"入，参与，干预。

〔10〕胡如：何如。

〔11〕田婴：即薛公，号靖郭君，当时执掌齐国政事。

〔12〕文子：即田文。

**【译文】**

犀首拜见魏襄王说："臣下竭尽力量和智慧，想为大王扩大疆土取得崇高的名位，田需却从中破坏臣下，大王又听信他，这样臣下是永远不会成就功业的。田需走开，我就服侍您；田需服侍您,臣下请求走开。"魏襄王说:"田需是寡人的宠臣。如果您觉得不利,就杀了他或让他走开。这在国外不会使天下诸侯怎么样,在国内不会使群臣怎么样。现在我为了你,叫他不敢干预您的事。如果干预您的事,我就为您杀了他或让他走开,怎么样?"犀首答应了。于是东去齐国拜见田婴,跟他缔结盟约,召请田文做魏国的相国,自己在韩国做相国。

## 苏代为田需说魏王[1]

苏代为田需说魏王曰[2]:"臣请问文之为魏孰与其为齐也[3]?"王曰:"不如其为齐也。""衍之为魏孰与其为韩也[4]?"王曰:"不如其为韩也。"而苏代曰[5]:"衍将右韩而左魏[6],文将右齐而左魏,二人者将用王之国举事于世[7],中道而不可[8],王且无所闻之矣[9]。王之国虽渗乐而从之可也[10]。王不如舍需于侧[11],以稽二人者之所为[12]。二人者曰:'需非吾人也,吾举事而不利于魏,需必挫我于王[13]。'二人者必不敢有外心矣。二人者之所为之利于魏与不利于魏,王厝需于侧以稽之[14],臣以为身利而便于事[15]。"王曰:"善。"果厝需于侧。

【注释】

〔1〕此章事在周赧王元年(前314)。

〔2〕苏代:苏秦之兄。帛书此文无"苏代"二字,疑衍。田需:魏国相

国。魏王:指魏襄王。

〔3〕文:即田文。为:帮助。

〔4〕衍:即公孙衍。

〔5〕鲍彪注:"衍'而'字。"

〔6〕右:亲近。左:疏远。

〔7〕举事:行事。

〔8〕鲍彪注:"中道,犹中立也。言不能两全二国。"

〔9〕吴师道云:"彼有外心,王不得而闻之。"

〔10〕虽:通"唯",只有。金正炜云:"按'渗乐'当是'消烁'之讹。'渗'、'消'篆文近似,'乐'则'烁'之损也。'消烁'字《策》数见。从,随也。言用二子,则国将随之消烁矣。"消烁:消亡。

〔11〕舍:安置。

〔12〕稽:考核,调查。

〔13〕挫:毁损,伤害。

〔14〕厝(cuò):通"措",安置。

〔15〕鲍彪注:"身,王身。"黄丕烈云:"'而'下鲍本有'国'字。"

【译文】

苏代为田需游说魏襄王道:"臣下请问田文佐助魏国跟佐助齐国相比,哪个更尽心呢?"魏襄王说:"不如佐助齐国尽心。"苏代又问:"公孙衍佐助魏国跟佐助韩国相比,哪个更尽心呢?"魏襄王说:"不如佐助韩国尽心。"苏代说:"公孙衍将亲近韩国而疏远魏国,田文将亲近齐国而疏远魏国,这两个人将利用大王的国家在世间行事,不偏不倚不可能,大王将无从了解他们了。大王的国家只有随他们而消亡的可能了。大王不如把田需安排在身边,以便考察这两个人的所作所为。这两个人寻思说:'田需不是我的人,我处理事情对魏国不利,田需一定在大王面前伤害我。'这两个人就一定不敢有外心了。这两个人的所作所为对魏国有利还是对魏国不利,大王把田需安排在身边来考察他们,臣下认为对您自身有利而且对国家有好处。"魏襄王说:"好。"果然把田需安排在自己的身边。

## 史举非犀首于王[1]

史举非犀首于王[2],犀首欲穷之[3],谓张仪曰:"请令王让先生以国,王为尧舜矣,而先生弗受,亦许由也[4]。衍请因令王致万户邑于先生[5]。"张仪说[6],因令史举数见犀首。王闻之而弗任也[7]。史举不辞而去。

【注释】
〔1〕此章事在周显王四十七年(前322)。
〔2〕史举:下蔡(今安徽凤台县)看守城门的小吏。非:责怪,非难。犀首:即公孙衍。王:指魏惠王。
〔3〕穷:困厄。
〔4〕许由:相传为尧时的高士,尧欲让位给他,他不接受,隐居箕山。
〔5〕鲍本无"请"字。
〔6〕说:同"悦"。
〔7〕鲍彪注:"任,犹信也。举既非之,而数见之,故王疑之。"

【译文】
史举在魏惠王面前非难犀首,犀首想使他陷入困境,对张仪说:"请允许我使大王把国家让给您,大王就成尧、舜了;然而您不接受,也就成许由了。请允许我趁机使大王把万户人家的县邑送给您。"张仪很高兴,便叫史举多次拜见犀首。魏惠王听说此事并不信任他。史举没敢告辞就离开魏国。

# 楚王攻梁南[1]

楚王攻梁南[2],韩氏因围蔷[3]。成恢为犀首谓韩王曰[4]:"疾攻蔷,楚师必进矣。魏不能支,交臂而听楚[5],韩氏必危,故王不如释蔷。魏无韩患,必与楚战,战而不胜,大梁不能守[6],而又况存蔷乎?若战而胜,兵罢敝[7],大王之攻蔷易矣。"

【注释】

〔1〕此章事在周显王四十六年(前323)。

〔2〕楚王:指楚怀王。梁南:大梁以南,指襄陵。此指楚柱国昭阳攻襄陵。

〔3〕蔷:姚宏云:"一本作'薔'。"蔷,地名,在今河南新安县西北。

〔4〕成恢:魏国人。韩王:指韩宣惠王。

〔5〕交臂:拱手,表示屈服。

〔6〕大梁:魏都,在今河南开封市北。

〔7〕罢敝:疲惫。罢,通"疲"。

【译文】

楚怀王进攻大梁以南的襄陵,韩国趁机围攻蔷地。成恢为犀首对韩宣惠王说:"猛攻蔷地,楚国的军队就一定进逼了。魏国支持不住,拱手而听命于楚国,韩国一定危险,所以大王不如放弃蔷地。魏国没有韩国的祸患,一定会跟楚国决战,如果打了败仗,大梁守不住,又怎能保住蔷地呢?如果打了胜仗,士兵疲憋不堪,大王攻打蔷地就容易了。"

## 魏惠王死[1]

魏惠王死[2],葬有日矣。天大雨雪[3],至于牛目[4],坏城郭,且为栈道而葬[5]。群臣多谏太子者[6],曰:"雪甚如此而丧行,民必甚病之,官费又恐不给[7],请弛期更日[8]。"太子曰:"为人子而以民劳与官费用之故,而不行先王之丧,不义也。子勿复言!"

群臣皆不敢言,而以告犀首,犀首曰:"吾未有以言之也。是其唯惠公乎[9]!请告惠公。"

惠公曰:"诺。"驾而见太子,曰:"葬有日矣?"太子曰:"然。"惠公曰:"昔王季历葬于楚山之尾[10],滦水啮其墓[11],见棺之前和[12]。文王曰:'嘻!先君必欲一见群臣百姓也夫,故使滦水见之[13]。'于是出而为之张于朝[14],百姓皆见之,三日而后更葬。此文王之义也。今葬有日矣,而雪甚,及牛目,难以行,太子为及日之故,得毋嫌于欲亟葬乎[15]?愿太子更日。先王必欲少留而扶社稷、安黔首也[16],故使雪甚,因弛期而更为。此文王之义也。若此而弗为,意者羞法文王乎[17]?"太子曰:"甚善!敬弛期,更择日。"

惠子非徒行其说也,又令魏太子未葬其先王,而因又说文王之义。说文王之义以示天下,岂小功也哉!

【注释】

〔1〕此章事在周慎靓王二年(前319),又见于《吕氏春秋·开春》篇。

〔2〕魏惠王:名䓶(yíng),魏武侯之子。

〔3〕雨(yù):降。

〔4〕至于牛目:言积雪厚至牛目。

〔5〕且:将。栈道:用竹木架成的道路。

〔6〕太子:即魏襄王。

〔7〕不给(jǐ):不足。

〔8〕弛期:缓期,延期。更:改。

〔9〕惠公:即惠施。《吕氏春秋》高诱注:"言唯惠公能谏之也。"

〔10〕王季历:又称王季、公季,古公亶父之子,周文王之父。楚山:即终南山,在今陕西西安市东。尾:山脚。

〔11〕㴸(luán)水:渗入地下的水。啮(niè):侵蚀。

〔12〕和:棺题,棺材两头的突出部分。

〔13〕见(xiàn):显现,显露。

〔14〕张于朝:鲍本无"于"字。黄丕烈案:"《吕氏春秋》、《论衡》作'张朝'。"张朝:设帐而朝拜。

〔15〕得毋:是不是。嫌:疑忌。亟(jí):急。

〔16〕扶:《吕氏春秋》作"抚",安抚。黔首:平民,百姓。

〔17〕意者:大概,或许。法:效法。

【译文】

魏惠王死了,安葬的日子选定了。这天下起大雪,积雪厚至牛目,压坏了城墙,将要架起栈道来安葬。群臣有好多劝谏太子的,他们说:"雪下得这么大还要安葬,老百姓一定都觉得这劳役太苦,官家的费用又恐怕不足,请延期换个日子。"太子说:"作为儿子竟因为民众辛苦和费用不足的缘故,不举行先王的葬礼,这是不义的。你们不要再说了!"

群臣都不敢进言,把这件事告诉犀首。犀首说:"我没有什么话来说服他。这大概只有惠子能说他吧！让我告诉惠子。"

惠子说："好吧。"驾车去见太子，问道："安葬的日子选定了？"太子说："是的。"惠子说："古时王季埋葬在楚山脚下，渗水侵蚀他的墓穴，露出了棺材两头的木板。文王说：'啊！先君一定想跟群臣和百姓再见一面吧，所以让渗水把棺材露出来。'于是挖出棺材，为先君设帐而朝拜，百姓都来拜谒，三天以后另行安葬。这是文王的大义。如现在安葬的日子选定了，但雪太大，厚至牛目，牛难以行走，太子为了赶日子的缘故，该不会有急于安葬的嫌疑吧？希望太子换个日子。先王一定是想稍留一下安抚国家，安慰人民，所以才叫雪下得这么大，以便延期另选日子。这是文王的大义。如此大义却不肯去做，大概是以效法文王为耻辱吧？"太子说："太好了。敬请延期，另择日子。"

惠子不仅能够推行他的主张，而且又使魏太子没有安葬他的先王，并且趁机说明文王的大义。说明文王的大义来昭示天下，难道是小的功绩吗！

## 五国伐秦[1]

五国伐秦[2]，无功而还。其后齐欲伐宋，而秦禁之。齐令宋郭之秦[3]，请合而以伐宋，秦王许之[4]。魏王畏齐、秦之合也[5]，欲讲于秦。

谓魏王曰[6]："秦王谓宋郭曰：'分宋之城、服宋之强者[7]，六国也[8]；乘宋之敝而与王争得者[9]，楚、魏也。请为王毋禁楚之伐魏也，而王独举宋。王之伐宋也，请刚柔而皆用之[10]。如宋者，欺之不为逆者[11]，

杀之不为仇者也。王无与之讲以取地[12]，既已得地矣，又以力攻之，期于啖宋而已矣[13]，'

"臣闻此言而窃为王悲，秦必且用此于王矣[14]，又必且曰王以求地[15]。既已得地，又且以力攻王。又必谓王[16]，曰使王轻齐[17]。齐、魏之交已丑[18]，又且收齐以更索于王[19]。秦尝用此于楚矣，又尝用此于韩矣，愿王之深计之也。秦善魏不可知也已。故为王计，太上伐秦，其次宾秦[20]，其次坚约而详讲[21]，与国无相离也[22]。秦、齐合，国不可为也已。王其听臣也，必无与讲。

"秦权重魏[23]，魏再明孰[24]，是故又为足下伤秦者[25]，不敢显也[26]。天下可令伐秦，则阴劝而弗敢图也[27]。见天下之伤秦也，则先鬻与国而以自解也[28]。天下可令宾秦，则为劫于与国而不得已者[29]。天下不可[30]，则先去而以秦为上交以自重也[31]。如是人者，鬻王以为资者也，而焉能免国于患？免国于患者，必穷三节而行其上[32]。上不可则行其中，中不可则行其下，下不可则明不与秦而生以残秦[33]，使秦皆无百怨百利，唯已之曾安[34]。令足下鬻之以合于秦[35]，是免国于患者之计也。臣何足以当之？虽然，愿足下之论臣之计也。

"燕，齐仇国也[36]，秦兄弟之交也[37]。合仇国以伐婚姻[38]，臣为之苦矣[39]。黄帝战于涿鹿之野[40]，而西戎之兵不至[41]；禹攻三苗[42]，而东夷之民不起[43]。以燕伐秦，黄帝之所难也，而臣以致燕甲而起

711

齐兵矣[44]。

"臣又偏事三晋之吏[45]，奉阳君、孟尝君、韩呡、周冣、周、韩余为[46]，徒从而下之[47]，恐其伐秦之疑也[48]。又身自丑于秦[49]，扮之请焚天下之秦符者[50]，臣也；次传焚符之约者，臣也；欲使五国约闭秦关者[51]，臣也。奉阳君、韩余为既和矣[52]，苏修、朱婴既皆阴在邯郸[53]，臣又说齐王而往败之[54]。天下共讲，因使苏修游天下之语[55]，而以齐为上交，兵请伐魏[56]，臣又争之以死，而果西因苏修重报[57]。臣非不知秦劝之重也[58]，然而所以为之者，为足下也。"

【注释】

〔1〕此章事在周赧王二十九年(前286)。

〔2〕五国：赵、魏、韩、燕、齐。伐秦指前287年的成皋之役。

〔3〕宋郭：宋国人，在齐国做官。之：往。

〔4〕秦王：指秦昭王。

〔5〕魏王：指魏昭王。

〔6〕缪文远云："此章说秦王者当是苏秦。"

〔7〕服：降服，慑服。

〔8〕张清常、王延栋云："六，当为'大'。大国，指齐国。"

〔9〕敝：疲惫，衰败。王：指齐湣王。

〔10〕金正炜云："按刚柔皆用者，教齐咶宋之术，即下文所云'欺之杀之'之类。"

〔11〕逆：背理。

〔12〕无：句中助词，无义。

〔13〕期：期望，要求。啖(dàn)：吞，消灭。

〔14〕鲍彪注："用楚伐魏。"

〔15〕曰:钟凤年云:"疑乃'困'字之讹。"

〔16〕谓:黄丕烈云:"当作'讲'。"

〔17〕曰:黄丕烈云:"当作'因'。"

〔18〕丑:恶化。

〔19〕收:联合。

〔20〕宾:通"摈",摒弃,排斥。

〔21〕坚约:坚守纵约。详:通"佯",假装。

〔22〕与国:同盟国。

〔23〕金正炜曰:"言秦权重于魏也。"

〔24〕鲍本"再"作"冉"。魏冉:即穰侯,秦国相国。明孰:即明习,言明瞭熟悉诸侯之事。孰,同"熟"。

〔25〕又:通"有"。

〔26〕鲍彪注:"恐秦觉之。"显:显露,公开。

〔27〕阴:暗中。图:图谋,谋取。

〔28〕鬻(yù):出卖。解:解脱。

〔29〕为:通"谓",声称。劫:胁迫。

〔30〕郭希汾云:"言与国以摈秦为不可。"

〔31〕先去:鲍彪注:"背诸国也。"自重:自我保重。

〔32〕三节:指上文"太上伐秦,其次宾秦,其次坚约而详讲,与国无相离也"。

〔33〕姚宏注:"而,一作'两'。"金正炜云:"'而'当从一本作'两','生'当作'立'。"残:损伤,毁灭。

〔34〕金正炜云:"按'百'疑当为'可','已'疑当为'亡',并字之讹也。《礼记·中庸》:'体物而不可遗。'郑注:'可,犹所也。'秦有所怨,有所利,皆使天下不安,必使之怨利皆无,则唯亡之乃安耳。"鲍彪注:"曾,则也。"

〔35〕鲍本"令"上补"无"字,"足"作"天"。

〔36〕鲍彪注:"两国自宣闵、易昭再世相仇。"

〔37〕兄弟之交:言燕与秦为兄弟之国。

〔38〕仇国:指燕、齐。婚姻:鲍彪注:"犹兄弟也。此士欲为魏合燕、齐以伐秦。"

〔39〕黄式三云:"言事苦而身为之也。"

〔40〕黄帝:即轩辕氏,古代部落联盟首领。涿鹿:山名,在今河北涿鹿县东南,黄帝擒蚩尤于此。

〔41〕西戎:古代西北戎族的总称,分布在黄河上游及甘肃北部。

〔42〕禹:即夏禹,夏后氏部落首领。三苗:古代部落名。

〔43〕东夷:古代对东方各族的泛称。不起:王念孙云:"谓不起兵以应禹也。"

〔44〕以:通"已"。致燕甲:使燕国出兵。起齐兵:使齐国发兵。黄丕烈云:"以见其能使燕忘齐为仇国之意耳。"

〔45〕鲍本"偏"作"遍"。三晋:指赵、魏、韩。

〔46〕奉阳君:即李兑,赵相。孟尝君:即田文,齐公族,尝相魏。韩呡(wěn):曾为齐相。周㝢(jù):西周武公之子。吴师道云:"'周''韩'之间有脱字。"韩余为:即韩徐为,赵臣。

〔47〕徒:只。从:合纵,谋求合纵。金正炜云:"下之,谓身为之下也。"

〔48〕疑:犹豫,不坚定。

〔49〕丑于秦:鲍彪注:"与秦恶"。

〔50〕扮:黄丕烈云:"当作'初',形近之讹也。上云'初',下云'次',自为对文。"符:符节,古代出入关的凭证。

〔51〕欲:鲍本作"次",今从之。

〔52〕和(hè):附和,响应。

〔53〕苏修、朱婴:大抵皆为楚国使者,主张连横的人。

〔54〕鲍彪注:"败宋郭合秦之约。"

〔55〕游:揄扬。

〔56〕兵请:疑当作"请兵"。

〔57〕鲍彪注:"修在邯郸,齐之西也,报以齐不伐魏。"重(chóng):再次,又。

〔58〕劝:鲍本作"权",今从之。

【译文】

五国讨伐秦国,没有成功撤兵而归。后来齐国想讨伐宋国,而秦国制止它。齐国派宋郭到秦国去,请求联合去讨伐宋国,秦昭王答应了他。魏昭王害怕齐国、秦国联合,打算跟秦国讲和。

苏秦对魏昭王说:"秦王对宋郭说:'分割宋国的城邑,降服宋国的强大势力的,是贵国。趁宋国的疲惫跟大王争夺利益的,是楚国、魏国。请允许我为大王不去制止楚国讨伐魏国,还是大王单独攻取宋国。大王讨伐宋国,请硬的软的两手都要用。像宋国这样的,欺骗它不算背理,扼杀它不算结仇。大王跟它讲和来取得土地,取得土地以后,再用武力进攻它,寄希望于把它吞灭算了。'

"臣下听到这话便私下替大王悲哀,秦国一定要对大王采用这种吞灭宋国的办法了,又一定要困厄大王来索取土地。取得土地以后,还将用武力进攻大王。又一定跟大王讲和,从而使大王轻视齐国。齐国、魏国的邦交已经恶化,又将联合齐国再向大王索取土地。秦国曾经对楚国用过这种策略,又曾经对韩国用过这种策略,希望大王深入考虑这件事。秦国跟魏国亲善是不可推知的。所以为大王考虑,上策是讨伐秦国,其次是排斥秦国,其次是坚守纵约假装跟秦国讲和,盟国可不要脱离。秦国、齐国联合,国家是不可维持的。大王还是听信臣下的,一定不要跟秦国讲和。

"秦国的权势比魏国大,魏冉明习诸侯之事,因此有为了您损伤秦国的人,也是不公开的。天下诸侯可以讨伐秦国,那就得暗中发动而不敢公开策划。见到天下诸侯损伤秦国,就先出卖盟国来把自己解脱出来。天下诸侯可以使他排斥秦国,他就声称是被盟国所胁迫不得已而为之的。天下诸侯认为不可,就首先背弃盟国以秦国为最好的朋友来保重自己。像这样的人,是出卖大王以为资本的人,怎能使国家免于祸患?要使国家免于祸患,一定要竭力实行讨伐秦国、排斥秦国、坚守盟约三种政策,而且实行上策。上策行不通就实行中策,中策行不通就实行下策,下策行不通那也要明白与秦国势不两立把它消灭,要使秦国无所怨无所利,只有灭亡它才能安宁。不要让天下诸侯放弃这些政策去跟秦国联合,这是使国家免于祸患的计策。臣下哪里能够承担这个责任?尽管如此,还是希望您研究臣下的计策。

"燕国是齐国的仇敌之国,是秦国的兄弟之邦。跟这两个彼此仇恨的国家联合去讨伐他们的兄弟之邦,臣下为此用尽苦心了。黄帝在涿鹿的郊野作战,可是西戎的军队没有赶到;大禹攻打三苗,可是东夷的人民没有起兵。借助燕国讨伐秦国,是黄帝难以办到的,然而臣下可以招致燕国的军队,发动齐国的士兵。

"臣下又普遍地侍奉过三晋的官员,如奉阳君、孟尝君、韩呡、周㝍、韩徐为等,只谋求合纵而身居他们之下,害怕他们讨伐秦国犹豫不决。又亲自跟秦国作对,最初请各国焚毁秦国出入关凭证的是臣下,其次传达焚毁跟秦国缔约的凭证的是臣下,想使五国订约结盟封闭秦国关门的也是臣下。奉阳君、韩徐为已经响应了,苏修、朱婴都已暗中留在邯郸,臣下又去说服齐王瓦解了宋郭联合秦国的盟约。天下诸侯共同讲和,于是派苏修宣扬天下诸侯合纵的言论,并把齐国作为上交,请兵讨伐魏国。臣下又为此以死力谏诤,苏修果然从西边重报齐国不再攻打魏国的消息。臣下不是不知道秦国的权势很大,然而所以这样做,就是为了您。"

# 魏文子田需、周宵相善[1]

魏文子田需、周宵相善[2],欲罪犀首[3]。犀首患之,谓魏王曰[4]:"今所患者齐也,婴子言行于齐王[5],王欲得齐[6],则胡不召文子而相之[7]?彼必务以齐事王。"王曰:"善。"因召文子而相之。犀首以倍田需、周宵[8]。

【注释】

〔1〕此章事在周慎靓王四年(前317),与前《犀首见梁君》章同时。

〔2〕金正炜云:"'文子'二字涉下文而衍。"田需:魏国相国。亦作"田缛"。周宵:魏国人。亦作"周霄"。

〔3〕犀首:即公孙衍。

〔4〕魏王:指魏襄王。

〔5〕婴子:即田婴,齐威王少子,孟尝君之父,齐国相国。齐王:指齐宣王。

〔6〕得齐:与齐国结盟。

〔7〕胡:何。文子:即田文,号孟尝君。

〔8〕倍:通"背",背弃,反对。

【译文】

魏国的田需、周宵互相友善,想要加罪于犀首。犀首为此很忧虑,对魏襄王说:"现在我所忧虑的是齐国婴子的话在齐王那里都能行得通,大王想要与齐国结盟,那么为什么不把文子请来并任用他为相国?他一定会致力于以齐国侍奉大王。"魏王说:"好。"于是请来文子并任用他为相国。犀首使文子背弃了田需、周宵。

## 魏王令惠施之楚[1]

魏王令惠施之楚[2],令犀首之齐[3]。钧二子者乘数[4],钧将测交也[5]。楚王闻之[6]。施因令人先之楚,言曰:"魏王令犀首之齐,惠施之楚,钧二子者,将测交也。"楚王闻之[7],因郊迎惠施。

【注释】

〔1〕此章事在周显王三十六年(前333)。
〔2〕魏王:指魏惠王。惠施:宋国人,时为魏国相国。
〔3〕犀首:即公孙衍。
〔4〕郭希汾云:"使二子车乘之数相等也。"钧,通"均",平均。
〔5〕鲍彪注:"测,犹'卜'也。视何国厚吾使,因知其厚我。"
〔6〕吴师道云:"四字恐因下文衍。"今从之。
〔7〕楚王:指楚威王。

【译文】

魏惠王派惠施到楚国去,派犀首到齐国去。平等对待他俩使他俩出使的车辆数相等,这是打算测度两国跟魏国的交谊。惠施于是派人先到楚国去,声言说:"魏王派犀首前往齐国,派惠施前往楚国,平等对待他俩人,是打算测度两国跟魏国的交谊。"楚威王听说这话,便到郊外去迎接惠施。

# 魏惠王起境内众[1]

魏惠王起境内众[2],将太子申而攻齐[3]。客谓公子理之傅曰[4]:"何不令公子泣王太后[5],止太子之行?事成则树德,不成则为王矣。太子年少,不习于兵。田朌宿将也[6],而孙子善用兵[7],战必不胜,不胜必禽[8]。公子争之于王[9],王听公子,公子不封[10];不听公子,太子必败。败,公子必立。立,必为王也。"

【注释】

〔1〕此章所述与史实不合,大抵是后人拟托之作。

〔2〕起:发动。

〔3〕将太子申:使太子申为将。

〔4〕公子理:太子申之弟。传:鲍本作"傅",今从之。傅,师傅,老师。

〔5〕王太后:惠王之母。

〔6〕朌:鲍本作"盼"。田朌:即盼子,齐国大将。宿将:久经战阵的将领。

〔7〕孙子:即孙膑,齐人,孙武之孙。

〔8〕禽:同"擒",被俘。

〔9〕争:同"诤",劝谏。

〔10〕不:鲍本作"必",今从之。

【译文】

魏惠王发动国内兵众,使太子申为将进攻齐国。有位客人对公子理的师傅说:"为什么不让公子到王太后面前去哭,阻止太子出征？事情成功了就树立了德望，不成功就做定国王了。太子年轻，不熟习兵法。田盼是久经战阵的老将，而孙膑善于用兵，太子此战一定不能取胜，不能取胜就得被擒。公子到大王面前去谏阻，大王听信公子的话，公子一定受封；不听信公子的话，太子一定战败；太子战败，公子一定被立为太子；被立为太子，一定能做国王。"

## 齐、魏战于马陵[1]

齐、魏战于马陵[2]，齐大胜魏，杀太子申，覆十万之军。魏王召惠施而告之曰[3]："夫齐，寡人之仇也，怨之至死不忘。国虽小，吾常欲悉起兵而攻之，何如？"对曰："不可。臣闻之，王者得度[4]，而霸者知计。今王所以告臣者，疏于度而远于计。王固先属怨于赵[5]，而后与齐战。今战不胜，国无守战之备，王又欲悉起而攻齐，此非臣之所谓也[6]。王若欲报齐乎，则不如因变服折节而朝齐[7]，楚王必怒矣[8]。王游人而合其斗[9]，则楚必伐齐。以休楚而伐罢齐[10]，则必为楚禽矣[11]。是王以楚毁齐也。"魏王曰："善。"乃使人报于齐，愿臣畜而朝[12]。

田婴许诺[13]。张丑曰[14]："不可。战不胜魏而得朝礼[15]，与魏和而下楚[16]，此可以大胜也。今战胜魏，覆十万之军而禽太子申，臣万乘之魏而卑秦、楚[17]，此其暴于戾定矣[18]。且楚王之为人也，好用兵而甚务名〔19〕,终为齐患者,必楚也。"田婴不听,遂内魏王而与之并朝齐侯再三〔20〕。

赵氏丑之〔21〕。楚王怒,自将而伐齐,赵应之,大败齐于徐州〔22〕。

**【注释】**

〔1〕此章事在周显王三十六年(前333)。

〔2〕马陵:齐邑,在今山东郯城县西南。此次战役发生于公元前341年。

〔3〕魏王:指魏惠王。惠施:宋国人,时为魏国相国。

〔4〕度:法度。

〔5〕属(zhǔ)怨:结怨。赵,疑当作"韩"。前342年,魏攻韩,战胜于梁、赫,齐救韩而伐魏。

〔6〕鲍彪注:"谓,谓得度知计。"

〔7〕变服:更换君主的服装。折节:屈己下人,降低身份。

〔8〕楚王:指楚威王。

〔9〕鲍彪注:"游,谓使人游二国之间也。"合其斗:使齐、楚争斗。

〔10〕休:休息,休整。罢(pí):通"疲"。

〔11〕禽:同"擒"。

〔12〕臣畜(xù):等于说"称臣"。

〔13〕田婴:即薛公,齐国相国。

〔14〕张丑:齐国之臣。

〔15〕战不胜魏:鲍彪注:"此设辞也。"而:缪文远云:"当为'不'字之讹。"

〔16〕下:攻。

〔17〕臣:臣服。卑:轻视。

〔18〕鲍本无"于"字。鲍彪注:"言二国谓齐暴戾决矣。"缪文远云:"言齐王定将因胜魏而行为暴戾,引起秦、楚嫉视。"

〔19〕务：追求，要求得到。

〔20〕内：同"纳"，接纳。齐侯：指齐威王。

〔21〕丑：憎恶。

〔22〕徐：鲍本作"俆"。俆（shū）州：即今山东滕州薛城。

## 【译文】

　　齐国、魏国在马陵交战，齐国大胜魏国，杀了公子申，歼灭了魏军十万人。魏惠王请来惠施告诉他说："齐国是寡人的仇敌，仇怨到死也不会忘记。国家虽然小，我经常想调动全部兵力去进攻它，怎么样？"惠施回答说："不行。我听说，成就王业的人切合法度，而成就霸业的人会用计谋。现在大王告诉臣下的，在法度上有所疏忽，在计谋上有所偏差。大王本来先跟赵国结下仇怨，后跟齐国作战。现在作战没有取胜，国家没有防守攻战的准备，大王又要调动全部兵力去进攻齐国，这可不是我所说的切合法度和会用计谋。大王想要报复齐国，就不如趁此机会换下君主的服装，降低身份去朝拜齐国，楚王就一定恼火了。大王派人在二国之间游说，挑起双方的争斗，楚国一定会进攻齐国。以休整的楚国来讨伐疲惫的齐国，那么齐国就一定被楚国制服了。这是大王用楚国捣毁齐国。"魏王说："好。"便派人向齐国报告，希望称臣而朝拜。

　　田婴答应了。张丑说："不行。倘若没有战胜魏国，就不得受它的朝拜，与魏国媾和去攻打楚国，这是可以大胜的。现在战胜魏国，歼灭魏军十万人，活捉了太子申，臣服拥有兵车万辆的魏国又卑视秦国、楚国，这样秦国、楚国就必定认为齐国暴戾了。而且楚王的为人，喜好用兵又极力追求声名，最终成为齐国祸患的，一定是楚国。"田婴不听，于是接纳魏王，并跟魏王一起朝拜齐侯两三次。

　　赵国憎恶齐国。楚王大怒，亲自率兵讨伐齐国，赵国响应他,在徐州大败齐军。

## 惠施为韩、魏交[1]

惠施为韩、魏交[2],令太子鸣为质于齐[3]。王欲见之[4],朱仓谓王曰[5]:"何不称病?臣请说婴子曰[6]:'魏王之年长矣,今有疾,公不如归太子以德之。不然,公子高在楚[7],楚将内而立之[8],是齐抱空质而行不义也。'"

【注释】

〔1〕此章事在周显王三十三年(前336)。
〔2〕为韩、魏交:替韩国、魏国结交齐国。
〔3〕太子鸣:魏惠王的太子,名鸣。
〔4〕王:指魏惠王。
〔5〕朱仓:魏国人。
〔6〕婴子:即田婴。
〔7〕公子高:魏国的公子,名高。
〔8〕内:入,送回。

【译文】

惠施为韩国、魏国结交齐国,让太子鸣在齐国做人质。魏惠王想见太子鸣,朱仓对魏惠王说:"为什么不声称您有病?请允许臣下游说婴子说:'魏王的年纪大了,现在有病,您不如送回太子使他感激您。不然的话,公子高在楚国,楚王将送回他并立他为太子。这样齐国就抱着没有实际用处的人质而做了不义的事。"

# 田需贵于魏王[1]

田需贵于魏王[2],惠子曰[3]:"子必善左右。今夫杨,横树之则生[4],倒树之则生,折而树之又生。然使十人树杨,一人拔之,则无生杨矣。故以十人之众,树易生之物,然而不胜一人者,何也?树之难而去之易也。今子虽自树于王,而欲去子者众,则子必危矣!"

【注释】

〔1〕此章事当在田需相魏(周赧王九年,前316)前后,又见于《韩非子·说林上》。

〔2〕田需:又作"田繻",魏国相国。《韩非子》作"陈轸"。魏王:指魏襄王。

〔3〕惠子:即惠施。

〔4〕树:种植。

【译文】

田需在魏襄王身边很显贵,惠子说:"您一定要跟左右的大臣们友好相处。就拿那杨树来说,横栽它能活,倒栽它能活,折断它再栽也能活。然而让十个人栽杨树,一个人去拔,那就没有成活的杨树了。所以用十人之多,去栽容易成活的植物,竟然禁不住一个人拔,为什么呢?栽树困难而拔树容易。现在您虽然在大王面前扎了根,但是想拔掉您的人很多,那您就一定危险了。"

# 田 需 死[1]

田需死[2],昭鱼谓苏代曰[3]:"田需死,吾恐张仪、薛公、犀首之有一人相魏者[4]。"代曰:"然则相者以谁而君便之也[5]?"昭鱼曰:"吾欲太子之自相也[6]。"代曰:"请为君北见梁王[7],必相之矣。"昭鱼曰:"奈何?"代曰:"君其为梁王[8],代请说君。"昭鱼曰:"奈何?"对曰:"代也从楚来,昭鱼甚忧,代曰:'君何忧?'曰:'田需死,吾恐张仪、薛公、犀首有一人相魏者。'代曰:'勿忧也。梁王长主也,必不相张仪。张仪相魏,必右秦而左魏[9];薛公相魏,必右齐而左魏;犀首相魏,必右韩而左魏。梁王长主也,必不使相也。'代曰[10]:'莫如太子之自相。是三人皆以太子为非固相也[11],皆将务以其国事魏,而欲丞相之玺[12]。以魏之强,而持三万乘之国辅之[13],魏必安矣。故曰不如太子之自相也。'"遂北见梁王,以此语告之,太子果自相。

【注释】

〔1〕此章不可通处极多,疑为晚出拟托之作。又见于《史记·魏世家》。

〔2〕田需:魏国相国。据《史记》载,田需死于魏哀王(当为襄王)九年(前310)。

〔3〕昭鱼:楚国相国。苏代:苏秦之兄。

〔4〕张仪:魏国人,曾任秦国相国。薛公:鲍彪注"田婴",司马贞谓"田文"。犀首:即公孙衍。据《韩非子·内储说下》载,犀首之死先于田需。

〔5〕姚宏云:"一本无'者以'字。"今从之。

〔6〕太子:指魏太子遫(sù),即后来的魏昭王。缪文远置疑说:"太子自相,于楚何利?"

〔7〕梁王:指魏襄王。

〔8〕为:假装为。缪文远云:"显系策士练习游谈之辞,事同儿戏,难信为实。"

〔9〕右:亲近。左:疏远,损害。

〔10〕"代曰"上《史记》有"王曰然则寡人孰相"八字。今补入译文中。

〔11〕固:《史记》作"常",则"固"乃"久常"之义。

〔12〕玺(xǐ):印。缪文远云:"战国时,三晋之相皆称相邦,此云丞相,当是秦以后所拟作。"

〔13〕姚宏云:"一本无'持'字。"三万乘之国:指秦国、齐国、韩国。

【译文】

田需死了,昭鱼对苏代说:"田需死了,我害怕张仪、薛公、犀首之中有一个做魏国的相国。"苏代说:"那么任命谁做相国您觉得有利呢?"昭鱼说:"我想让太子自己担任相国。"苏代说:"请允许我为您北向拜见魏王,就一定会任命太子做相国了。"昭鱼说:"怎么促成呢?"苏代说:"您假装是魏王,请让我来说服您。"昭鱼说:"怎么说服呢?"苏代回答说:"我从楚国来,昭鱼十分忧虑,我问他:'您忧虑什么?'他说:'田需死了,我害怕张仪、薛公、犀首之中有一个做魏国的相国。'我说:'不要忧虑。魏王是年长成熟的君主,一定不会任用张仪等人为相国。张仪做魏国的相国,一定亲近秦国损害魏国;薛公做魏国的相国,一定亲近齐国损害魏国;犀首做魏国的相国,一定亲近韩国损害魏国。

魏王是年长成熟的君主，一定不会让他们做相国。'魏王说：'那么寡人任命谁为相国？'我说：'不如太子自己担任相国。这三个人都认为太子是不能长久担任相国的，都将尽力使自己的国家为魏国效力，而想得到丞相的印玺。凭着魏国的强大，仗恃三个拥有万辆兵车的大国的帮助，魏国一定会安定的。所以说不如太子自己担任相国。'"于是苏代就北向拜见魏王，把这些话禀告魏王，太子果然自己担任相国了。

## 秦召魏相信安君[1]

秦召魏相信安君[2]，信安君不欲往。苏代为说秦王曰[3]："臣闻之，忠不必当[4]，当必不忠。今臣愿大王陈臣之愚意[5]，恐其不忠于下吏[6]，自使有要领之罪[7]，愿大王察之。今大王令人执事于魏[8]，以完其交[9]，臣恐魏交之益疑也[10]。将以塞赵也[11]，臣又恐赵之益劲也[12]。夫魏王之爱习魏信也甚矣[13]，其智能而任用之也厚矣，其畏恶严尊秦也明矣[14]。今王之使人入魏而不用[15]，则王之使人入魏无益也。若用，魏必舍所爱习而用所畏恶，此魏王之所以不安也[16]。夫舍万乘之事而退[17]，此魏信之所难行也。夫令人之君处所不安，令人之相行所不能，以此为亲则难久矣。臣故恐魏交之益疑也。且魏信舍事[18]，则赵之谋者必曰：'舍于秦[19]，秦必令其所爱信者用赵[20]，是赵存而我亡也[21]，赵安而我危也。'则上有野战之气,下有坚守之心,臣故恐赵之益劲也。

"大王欲完魏之交而使赵小心乎?不如用魏信而尊之以名。魏信事王,国安而名尊;离王[22],国危而权轻。然则魏信之事主也[23],上所以为其主者忠矣,下所以自为者厚矣,彼其事王必完矣[24]。赵之用事者必曰:'魏氏之名族不高于我[25],土地之实不厚于我[26],魏信以韩、魏事秦[27],秦甚善之,国得安焉,身取尊焉。今我讲难于秦[28],兵为招质[29],国处削危之形[30],非得计也。结怨于外,主患于中[31],身处死亡之地,非完事也。'彼将伤其前事而悔其过行;冀其利[32],必多割地以深下王[33]。则是大王垂拱之割地以为利重[34],尧、舜之所求而不能得也。臣愿大王察之。"

## 【注释】

〔1〕缪文远云:"此《策》通篇俱为空论,略无事实可据,当系策士伪托。"

〔2〕信安君:未详,当是魏国公族。

〔3〕苏代:苏秦之兄。

〔4〕鲍本"当"作"党"。党:偏袒,偏私。

〔5〕鲍本"愿"下补"为"字,今从之。

〔6〕下吏:属吏。此指秦王,表示敬畏,不敢直称对方。

〔7〕要(yāo)领之罪:指斩刑。要,同"腰"。领,脖子。

〔8〕执事:执政。鲍彪注:"谓别置相,以代信安。"

〔9〕完:坚固,巩固。

〔10〕益疑:增加疑忌。

〔11〕塞:遏止。

〔12〕鲍彪注:"信安必右赵者,秦召而伐之,欲魏不通赵。益劲,谓交

魏益坚。"

〔13〕习:亲近。魏信:即信安君。

〔14〕畏恶(wù):畏惧。严尊:尊敬。

〔15〕今:倘若,如果。

〔16〕鲍本无"以"字。

〔17〕鲍彪注:"退,谓去相位。"

〔18〕舍事:即上文"舍万乘之事"。

〔19〕方苞云:"舍于秦,'舍'当作'合'。"金正炜云:"此承上文'将以塞赵'而言也,'舍'者或为'合'字之讹。"

〔20〕用赵:在赵执政。

〔21〕我:赵之谋者自称。

〔22〕鲍彪注:"不事之。"离:背离。

〔23〕主:鲍本作"王"。今从之。

〔24〕完:完满,妥善。

〔25〕名族:名姓,指地位。

〔26〕实:财富。厚:多。

〔27〕鲍彪注:"衍'韩'字。"

〔28〕鲍本"讲"作"构"。今从之。

〔29〕招质:箭靶。

〔30〕形:形势。

〔31〕鲍本"主"作"生"。今从之。

〔32〕冀:希望。金正炜云:"'利'上当有'后'字,跟上二句为对文,盖误脱也。"

〔33〕鲍彪注:"下,亦'事'也。"

〔34〕垂拱:垂衣拱手,言毫不费力。之:等于"而"。

【译文】

秦国召见魏国的相国信安君,信安君不打算前往。苏代为他游说秦王说:"我听说,忠诚不一定偏私,偏私一定不忠诚。现在臣下希望向大王陈述臣下的愚见,惟恐对您不忠诚,自己使自己犯下斩腰砍头的大罪,希望大王对臣下加以考察。如今大王派人到魏国执掌政权,借以巩固两国的邦交,臣下担心与魏国的邦交增加疑忌。想以此遏止赵国,臣下又担心赵国与魏国的邦交会更加坚固。魏王非常喜欢亲近信安君,注重任用发挥信安君的才智和能力,他畏惧尊敬秦国的倾向很明显。倘若大王派人来魏国而不被任用,那么大王派人来魏国是没有益处的;倘若被任用,魏王就一定得舍弃所喜欢亲近的人而任用所畏惧讨厌的人,这是魏王心里的不安之处。舍弃大国相国的职事退离朝廷,这是信安君难以做到的。让人家的君主处于不安的境地,让人家的相国去做不能做的事情,以此谋求亲善就难以持久了。臣下所以担心秦魏之交会增加猜忌。再说信安君舍弃了大国相国的职事,那么赵国的谋臣一定会说:'跟秦国联合,秦国一定让它所喜欢信任的人在赵国掌权,这样赵国虽然存在而我们竟被灭亡,赵国虽然安定而我们却很危险。'那么赵国就上有野外决战的气概,下有坚守国土的决心,臣下所以担心赵国与魏国的邦交会更加坚固。

"大王想巩固与魏国的邦交,使赵国小心谨慎吗?不如任用信安君使他的名分尊贵。信安君侍奉大王,国家安定而名分尊贵;信安君脱离大王,国家危殆而权力减轻。那么信安君侍奉大王,上用以对待其主子的就忠诚了,下用以要求自己的就敦厚了,他侍奉大王就一定完满了。赵国的当权者一定说:'魏氏的地位不比我们高,土地的财富不比我们多,信安君率领韩国、魏国侍奉秦国,秦国对他很友善,魏国得以安定了,自身取得尊贵的名分了。如今我们跟秦国结怨,士兵成了人家的箭靶,国家处于削弱危殆的形势,这不是上策。在国外结下仇怨,在国内发生祸患,自身陷于死亡的境地,这不是好事。他们将为以前的事伤心,懊悔自己的过错;同时祈求自己以后的利益,就一定会多多割让土地来很好地侍奉大王。那么大王垂衣拱手就可以割取大量土地，取得更重的权势，这是尧、舜所求之不得的。臣下希望大王加以考察。"

## 秦、楚攻魏，围皮氏[1]

秦、楚攻魏，围皮氏[2]。为魏谓楚王曰[3]："秦、楚胜魏，魏王之恐也见亡矣[4]，必舍于秦[5]，王何不倍秦而与魏王[6]？魏王喜，必内太子[7]。秦恐失楚，必效城地于王。王虽复与之攻魏可也。"楚王曰："善。"乃倍秦而与魏。魏内太子于楚。

秦恐，许楚城地，欲与之复攻魏。樗里疾怒[8]，欲与魏攻楚，恐魏之以太子在楚不肯也。为疾谓楚王曰："外臣疾使臣谒之[9]，曰：'敝邑之王欲效城地[10]，而为魏太子之尚在楚也，是以未敢。王出魏质，臣请效之，而复固秦、楚之交[11]，以疾攻魏。'"楚王曰："诺。"乃出魏太子。秦因合魏以攻楚。

【注释】

〔1〕此章事在周赧王九年（前306）。
〔2〕皮氏：魏国邑名，在今山西河津市西。
〔3〕楚王：指楚怀王。
〔4〕魏王：指魏襄王。
〔5〕鲍本"舍"作"合"，今从之。
〔6〕倍：通"背"。与：亲近，联合。

〔7〕内：入，送。太子：即魏太子遫(sù)，后来的魏昭王。

〔8〕樗(chū)里疾：秦公子，惠王异母弟。

〔9〕外臣：士大夫对别国君主的自称。谒：禀告。

〔10〕敝邑：对本国的谦称。王：指秦昭王。

〔11〕固：原来的。

【译文】

秦国、楚国联合攻打魏国，围困皮氏。有人替魏国对楚怀王说："秦国、楚国战胜魏国，魏国害怕国家被灭，一定会跟秦国联合，大王为什么不反叛秦国跟魏王结盟呢？魏王一高兴，一定会送太子去做人质。秦国害怕失去楚国，一定会向大王进献城邑和土地。大王即使再跟秦国进攻魏国也是可以的。"楚王说："好。"于是就反叛秦国跟魏国结盟。魏王便把太子送到楚国去做人质。

秦国恐惧，答应割给楚国城邑和土地，打算跟楚国再去进攻魏国。樗里疾很生气，打算跟魏国去进攻楚国，恐怕魏国因为太子在楚国不同意。有人替樗里疾对楚王说："外臣樗里疾派臣下拜见您，说：'敝国的君主想进献城邑和土地，可是因为魏国的太子还在楚国，所以不敢。大王放回魏国的人质，臣下请求进献城邑和土地，以便恢复原来的秦、楚邦交，来加紧进攻魏国。'"楚王说："好吧。"便放回魏国的太子。秦国于是联合魏国去进攻楚国。

# 庞葱与太子质于邯郸〔1〕

庞葱与太子质于邯郸〔2〕，谓魏王曰："今一人言市有虎，王信之乎？"王曰："否。""二人言市有虎，王信之乎？"王曰："寡人疑之矣。""三人言市有虎，王信之乎？"王曰："寡人信之矣。"庞葱曰："夫市之无虎明矣，然而三人言而成虎。今邯郸去大梁也远于市[3]，而议臣者过于三人矣，愿王察之矣。"王曰："寡人自为知[4]。"于是辞行，而谗言先至。后太子罢质，果不得见。

【注释】

〔1〕此章事确年无从可考，又见于《韩非子·内储说上》及《新序·杂事二》。

〔2〕庞葱：《韩非子》及《新序》皆作"庞恭"。太子：指魏太子。邯郸：赵国国都，在今河北邯郸市。

〔3〕大梁：魏国国都，在今河南开封市北。

〔4〕鲍彪注："言不信人。"

【译文】

庞葱和魏国太子要到邯郸去做人质，他对魏王说："如果一个人说市场上有老虎，大王相信吗？"魏王说："不相信。"庞葱说："两个人说市场上有老虎，大王相信吗？"魏王说："寡人对此就产生怀疑了。"庞葱说："三个人说市场上有老虎，大王相信吗？"魏王说："寡人就相信了。"庞葱说："市场上没老虎再清楚不过的了，可是三个人说有竟认为真有虎。现在邯郸距离大梁比市场远得多，而议论臣下的人超过三个人了，希望大王对于他们的议论要明察呀。"魏王说："我心里有数。"庞葱这才告辞而去，可是关于庞葱的坏话很快就传来了。后来太子做完了人质，庞葱果然不得召见。

## 梁王魏婴觞诸侯于范台[1]

梁王魏婴觞诸侯于范台[2]。酒酣[3]，请鲁君举觞[4]。鲁君兴[5]，避席[6]，择言曰[7]："昔者，帝女令仪狄作酒而美[8]，进之禹，禹饮而甘之，遂疏仪狄，绝旨酒[9]，曰：'后世必有以酒亡其国者。'齐桓公夜半不嗛[10]，易牙乃煎熬燔炙[11]，和调五味而进之。桓公食之而饱，至旦不觉[12]，曰：'后世必有以味亡其国者。'晋文公得南之威[13]，三日不听朝，遂推南之威而远之，曰：'后世必有以色亡其国者。'楚王登强台而望崩山，左江而右湖，以临彷徨，其乐忘死[14]，遂盟强台而弗登，曰：'后世必有以高台陂池亡其国者[15]。'今主君之尊[16]，仪狄之酒也；主君之味，易牙之调也；左白台而右闾须[17]，南威之美也；前夹林而后兰台[18]，强台之乐也。有一于此，足以亡其国。今主君兼此四者，可无戒与？"梁王称善相属[19]。

【注释】

〔1〕此章事在周显王十三年（前356）。

〔2〕梁王魏婴：即魏惠王。鲍彪注："《史》作'罃'，音相近。"惠王名罃，"罃"与"婴"音相近。觞（shāng）：进酒，劝饮。范台：未详，疑为魏国台名。

〔3〕酣：酒喝得很畅快。

〔4〕鲁君:指鲁共公。觞:酒杯。

〔5〕兴:起,起身。

〔6〕避席:离开坐席,表示敬意。

〔7〕择言:鲍彪注:"择善而言。"

〔8〕姚宏云:"一本无'令'字。"王念孙云:"仪狄即帝女之名,不当有'令'字。"

〔9〕绝:断绝,戒除。旨酒:美酒。

〔10〕齐桓公:春秋时齐国国君。嗛(qiè):通"慊",满足,快意。不嗛,指肚子难受,想好东西吃。

〔11〕易牙:齐桓公的宠臣,善烹调。敖:通"熬",煎熬。燔(fán)炙:烧烤。

〔12〕觉:睡醒。

〔13〕晋文公:春秋时晋国国君。南之威:美女名。

〔14〕以上四句所述,亦见于《说苑》:"楚昭王欲之荆台,司马子綦进谏曰:'荆台之游,左洞庭之波,右彭蠡之水,南望猎山,下临方淮,其地使人遗老而忘死,王不可游也。'后汉边让《游章华台赋》和《淮南子》也有类似记载,唯台阁山水之名有所不同。程恩泽据以断定:"强台,即荆台、章华台也;崩山,即巫山、猎山、料山也;江即洞庭也;湖即彭蠡也;彷徨,即方淮、方皇也,其地则云梦也。"

〔15〕陂(bēi):池塘。

〔16〕主君:指魏惠王。尊:酒器。

〔17〕白台、闾须:鲍彪注:"皆美人。"

〔18〕夹林、兰台:当为魏惠王游乐之处。

〔19〕相属(zhǔ):告诫在座的人。属,同"嘱"。

## 【译文】

魏王魏婴在范台向诸侯进酒。酒喝得很畅快,请鲁共公举杯对饮。鲁共公站起来,离开坐席,选择美好的辞令说:"从前,帝舜的女儿仪狄酿酒,酒酿得很美,进献给大禹,大禹喝了而且觉得甜,于是疏远了仪狄,戒了美酒,说:'后世一定会有由于嗜

735

酒而丧失他的国家的。'齐桓公半夜想好东西吃,易牙便煎熬烧烤,调和五味把美食给他端上来,桓公吃了饱得很,到天亮还没睡醒,醒来说:'后世一定会有由于嘴馋而丧失他的国家的。'晋文公见到美女南之威,三天不去听理朝政,随后就推开南之威而远离她,说:'后世一定会有由于好色而丧失他的国家的。'楚王登上荆台眺望巫山,左边是洞庭右边是彭蠡,俯视方淮之水,快乐使人忘死,于是在荆台上发誓再也不登高作乐,说:'后世一定会有由于登临高台池塘而丧失他的国家的。'现在您的酒杯,盛的是仪狄酿的美酒;您的食物好比是易牙烹调的佳肴;左边是白台而右边是闾须,都是像南之威那样的美女;前边是夹林而后边是兰台,都有像强台那样的欢乐。这四样只要有一样,就足以丧失自己的国家。现在您兼有这四样,可以不警惕吗?"梁惠王连声称赞并告诫在座的人。

# 卷二十四　魏三

## 秦、赵约而伐魏[1]

秦、赵约而伐魏,魏王患之[2]。芒卯曰[3]:"王勿忧也。臣请发张倚使谓赵王曰[4]:'夫邺,寡人固刑弗有也[5],今大王收秦而攻魏[6],寡人请以邺事大王。'"

赵王喜,召相国而命之曰:"魏王请以邺事寡人,使寡人绝秦。"相国曰:"收秦攻魏,利不过邺。今不用兵而得邺,请许魏。"张倚因谓赵王曰:"敝邑之吏效城者,已在邺矣。大王且何以报魏?"赵王因令闭关绝秦。秦、赵大恶。

芒卯应赵使曰:"敝邑所以事大王者,为完邺也。今郊邺者[7],使者之罪也,卯不知也。"赵王恐魏承秦之怒,遽割五城以合于魏而支秦[8]。

【注释】

〔1〕此章事诸家皆系于周赧王二十五年(前290)。

〔2〕魏王:指魏昭王。

〔3〕芒卯:齐国人。《淮南子》作"孟卯"。

〔4〕张倚:魏国人。赵王:指赵惠文王。

〔5〕刑:通"形",显示,表露。

〔6〕金正炜说:"按下文云'魏王请以邺事寡人,使寡人绝秦',则此当作'今大王绝秦而收魏'。'今'犹'若'也,说见《释词》。'绝'作'收','收'作'攻',涉下文'收秦攻魏,利不过邺'而误。"收:联合。

〔7〕郊:一本作"效",黄丕烈按:"作'效'自是。"

〔8〕支:抗拒,抵抗。

【译文】

秦国、赵国相约讨伐魏国,魏王为此而忧虑。芒卯说:"大王不要忧虑。臣下请求派张倚出使对赵王说:'那邺地,寡人本已表露不想占有它。如果大王与秦国绝交而且联合魏国,寡人请求把邺地献给大王。'"

赵王听了很高兴,召见相国告诉他说:"魏王请求把邺地献给寡人,让寡人跟秦国绝交。"相国说:"联合秦国攻打魏国,所得的利益赶不上得到邺地。现在不用兵就能得到邺地,请答应魏国吧。"张倚于是对赵王说:"敝国进献城邑的官员,已经在邺地了,大王将以什么回报魏国呢?"赵王于是下令封闭关塞跟秦国断交。秦国和赵国的关系大为恶化。

芒卯应付赵国的使臣说:"敝国所以要侍奉大王,为的是保全邺地。现在进献邺地,乃是使者的罪过,我不知道。"赵王害怕魏国趁着秦国的恼怒与秦国联合进攻赵国,立即割让五个城邑跟魏国联合来抵抗秦国。

# 芒卯谓秦王〔1〕

芒卯谓秦王曰〔2〕:"王之士未有为之中者也〔3〕。臣闻明王不胄中而行〔4〕。王之所欲于魏者,长羊、王屋、洛林之地也[5]。王能使臣为魏之司徒[6]，则臣能使魏献之。"秦王曰："善。"因任之以为魏之司徒[7]。

谓魏王曰："王所患者上地也[8]。秦之所欲于魏者，长羊、王屋、洛林之地也。王献之秦，则上地无忧患。因请以下兵东击齐[9]，攘地必远矣[10]。"魏王曰："善。"因献之秦。

地入数月，而秦兵不下。魏王谓芒卯曰："地已入数月，而秦兵不下，何也？"芒卯曰："臣有死罪。虽然，臣死则契折于秦[11]，王无以责秦。王因赦其罪，臣为王责约于秦。"

乃之秦，谓秦王曰："魏之所以献长羊、王屋、洛林之地者，有意欲以下大王之兵东击齐也。今地已入而秦兵不可下[12]，臣则死人也。虽然，后山东之士，无以利事王者矣。"秦王懼然曰："国有事，未澹下兵也[13]，今以兵从。"后十日，秦兵下，芒卯并将秦、魏之兵以东击齐，启地二十二县[14]。

【注释】

〔1〕此章事又见于《吕氏春秋·应言》篇。诸家多系于周赧王二十五年（前290），唯林春溥系于周赧王二十九年（前286）。所述于史无征，不合情理，似为拟托。

〔2〕秦王：指秦昭王。

〔3〕中：内应，隐藏在对方之中做策应工作的人。

〔4〕胥（xū）：同"需"，等待，依赖。不：金正炜曰："当作'必'，一声之讹。"

〔5〕长羊、王屋、洛林：皆为地名。王屋在今河南济源市。顾观光

说:"长羊、洛林并未详。鲍改长羊为长平,又以林中释洛林,二邑并在河南,不在河东,且距王屋绝远,不可从。"

〔6〕司徒:官名,掌管土地和人民。

〔7〕任:保举。

〔8〕上地:指西部靠近秦国的土地。西方居上流,故称"上地"或"上国"。

〔9〕下兵:出兵。

〔10〕攘:夺取。

〔11〕契折:契约毁折。吴曾祺说:"谓臣死则事无信检,犹索债者先自折其契也。"

〔12〕可:肯。

〔13〕澹:通"赡",满足。

〔14〕启地:开拓土地。

【译文】

芒卯对秦王说:"大王的士人里没有能给您做内应的。臣下听说明智的君主是必须依靠内应处理国与国之间的事情的。大王想从魏国方面取得的,是长羊、王屋、洛林的土地。大王如果能使臣下担任魏国的司徒,那么臣下就能使魏国献出这些土地。"秦王说:"好。"于是就保举他做了魏国的司徒。

芒卯对魏王说:"大王所担忧的是靠近秦国的西部土地。秦国想从魏国取得的,是长羊、王屋、洛林的土地。大王把这些土地献给秦国,那么西部土地就不会有忧患。趁机请求秦国派兵东进攻击齐国,夺得的土地就一定会更远。"魏王说:"好。"于是就把长羊等地献给秦国。

土地献出好几个月,可是秦兵没有出动。魏王对芒卯说:"土地已经献出好几个月,可是秦兵还没有出动,为什么呢?"芒卯说:"臣下犯了死罪。尽管这样,臣下死了就像契约被秦国撕毁一样,大王就没有凭据要求秦国发兵,大王如果宽赦臣下的死罪,臣下就替大王到秦国去要求它履行诺言。"

芒卯于是到了秦国,对秦王说:"魏国之所以献出长羊、王屋、洛林的土地,意在借以调动大王的军队东进攻击齐国。现在土地已经献出,可是秦国的军队不肯出动,臣下就得被处死。要是这样,以后在崤山以东的士人里,就没有以实利侍奉大王的人了。"秦王惊讶地说:"因为国内有事,没能满足派兵的要求,现在就派兵跟您去。"十天以后,秦国军队出动,芒卯一并率领秦国和魏国的军队,向东进发攻击齐国,开拓了二十二县的土地。

## 秦败魏于华,走芒卯而围大梁[1]

秦败魏于华[2],走芒卯而围大梁。须贾为魏谓穰侯曰[3]:"臣闻魏氏大臣父兄皆谓魏王曰[4]:'初时惠王伐赵,战胜乎三梁[5],十万之军拔邯郸,赵氏不割而邯郸复归[6]。齐人攻燕,杀子之[7],破故国[8],燕不割,而燕国复归[9]。燕、赵之所以国全兵劲而地不并乎诸侯者[10],以其能忍难而重出地也[11]。宋、中山数伐数割,而随以亡[12]。臣以为燕、赵可法[13],而宋、中山可无为也。夫秦贪戾之国而无亲,蚕食魏,尽晋国[14],战胜睪子[15],割八县,地未毕入而兵复出矣。夫秦何厌之有哉!今又走芒卯,入北地[16],此非但攻梁也[17],且劫王以多割也[18],王必勿听也!今王循楚、赵而讲[19],楚、赵怒而与王争事秦,秦必受之。秦挟楚、赵之兵以复攻,则国救亡不可得也已[20]!愿王之必无讲也。王若欲讲,必少割而有质[21],不然,必欺[22]!'是臣之所闻于魏也,愿君之以是虑事也。

"《周书》曰:'维命不于常[23]。'此言幸之不可数也[24]。夫战胜睾子而割八县,此非兵力之精,非计之工也[25],天幸为多矣。今又走芒卯,入北地,以攻大梁,是以天幸自为常也。知者不然。臣闻魏氏悉其百县胜兵以止戍大梁[26],臣以为不下三十万。以三十万之众,守十仞之城,臣以为虽汤、武复生,弗易攻也。夫轻信楚、赵之兵[27],陵十仞之城[28],戴三十万之众[29],而志必举之[30],臣以为自天下之始分以至于今[31],未尝有之也。攻而不能拔,秦兵必罢[32],阴必亡[33],则前功必弃矣。今魏方疑,可以少割收也,愿之及楚、赵之兵未任于大梁也[34],亟以少割收[35]。魏方疑,而得以少割为和,必欲之,则君得所欲矣。楚、赵怒于魏之先己讲也,必争事秦,从是以散[36],而君后择焉[37]。且君之尝割晋国取地也,何必以兵哉?夫兵不用而魏效绛、安邑[38],又为阴启两[39],机尽故宋[40],卫效尤惮[41]。秦兵已令[42],而君制之,何求而不得?何为而不成?臣愿君之熟计而无行危也!"穰侯曰:"善。"乃罢梁围。

## 【注释】

〔1〕此文又见于帛书《战国纵横家书》第十五章、《史记·穰侯列传》。其事诸家系于周赧王四十至四十二年间,互有出入。兹从缪文远说,系于周赧王四十二年(前273)。

〔2〕华(huà):指华阳,亭名,在今河南新密市东南。

〔3〕须贾:魏国大夫。

〔4〕魏王:指魏安釐王。

〔5〕乎:于。三梁:赵国地名。一说即曲梁,在今河北邯郸市肥乡区;一说即勾梁,在今河北唐县东南。

〔6〕割:割让土地。吴师道说:"魏惠王十八年拔赵邯郸,二十年归赵邯郸。"

〔7〕杀子之:公元前 366 年,燕王哙让位于相国子之。公元前 314 年,燕国大乱,太子平和将军市被进攻子之,不克。子之反攻,杀太子平及市被。齐国乘机伐燕,攻下燕国,杀燕王哙,擒子之而处以醢刑。

〔8〕故国:指燕都蓟(在今北京市南)。

〔9〕燕国:帛书作"故国"。诸侯救燕,齐国撤兵。赵送燕公子职入燕为王,这就是燕昭王。

〔10〕劲(jìng):强。

〔11〕忍难:忍受灾难。重出地:把割让土地看得很重。

〔12〕"宋、中山"句:宋于公元前 286 年为齐所灭,中山于公元前 296 年为赵所灭。

〔13〕法:效法。

〔14〕"蚕食"二句:言魏国当初分得的晋国之地,都被秦国一点一点地吞并了。公元前 332 年魏献阴晋,公元前 330 年魏献河西,公元前 329 年秦取汾阴、皮氏与焦地,公元前 328 年魏献上郡十五县,公元前 322 年秦取曲沃、平周,公元前 303 年秦取蒲阪、晋阳、封陵,公元前 290 年魏献河东地四百里,公元前 289 年秦取六十一城,公元前 287 年秦取新垣、曲阳,公元前 286 年魏献安邑。

〔15〕皋(gāo)子:《史记》与帛书均作"暴子",指韩国大将暴鸢(yuān)。公元前 275 年秦攻魏至大梁,韩国派暴鸢援救,被秦击败,魏献温地求和。

〔16〕北地:当依《史记》与帛书作"北宅"。北宅即宅阳,在今河南郑州市北。

〔17〕梁:大梁,魏国首都。

〔18〕劫:胁迫。

〔19〕循:帛书注云当作"遁",逃避。按《史记》作"有",乃"背"字之讹。讲:讲和,和解。"讲"下《史记》有"秦"字。

〔20〕救亡:帛书和《史记》作"求毋(无)亡"。

〔21〕少割而有质:《史记》司马贞《索隐》云:"少割地而求秦质子。"

〔22〕必欺:《史记》作"必见欺"。

〔23〕所引《周书》见《尚书·康诰》。命:天命。于:王引之曰:"犹'为'也。"常:恒常不变的。

〔24〕幸:即下文"天幸",上天的宠幸。数(shuò):屡次,频频。

〔25〕工:精巧。

〔26〕百县:等于说"全国"。胜兵:精兵。帛书及《史记》"兵"作"甲","止"作"上"。因大梁是国都,所以说"上戍"。

〔27〕信:当作"倍"。帛书作"倍",《史记》作"背"。

〔28〕陵:登。

〔29〕戴:当作"战"。《史记》作"战"。

〔30〕志:期望。举:攻下,占领。

〔31〕天下:当作"天地"。帛书及《史记》"下"并作"地"。

〔32〕罢(pí):通"疲"。

〔33〕阴:当作"陶"。帛书及《史记》并作"陶"。穰侯封地,在今山东菏泽市定陶区。

〔34〕帛书及《史记》"之及"作"君逮","任"作"至",今从之。

〔35〕亟:急,赶快。

〔36〕从(zòng):合纵联盟。

〔37〕后择:鲍注:"择其所与于散从之后。"

〔38〕效:献,指割让土地。绛:在今山西曲沃县东北。安邑:在今山西夏县西北。

〔39〕又为阴启两:《史记》作"又为陶开两道"。张守节《正义》云:"穰故封定陶,故宋及单父是陶之南道也,魏之安邑及绛是陶之北道。"

〔40〕机:帛书及《史记》作"几"。司马贞《索隐》云:"此时宋已灭,是

秦将尽得宋地也。"几,几乎,差不多。

〔41〕尤悍:《史记》作"单父"。单父在今山东单县东,与定陶相邻。

〔42〕已令:《史记》作"可全",可以保全。缪文远云:"'兵可全'即上文'兵不用'。"

## 【译文】

秦国在华阳击败了魏国,打跑了芒卯,包围了大梁。须贾替魏王对穰侯说:"臣下听说魏国的大臣和父老兄弟都对魏王说:'当初惠王讨伐赵国,在三梁打了胜仗,十万大军攻克邯郸,赵王不肯割让而邯郸回归。齐国人进攻燕国,杀了子之,攻破了燕都蓟邑,燕国不肯割让而燕都蓟邑回归。燕国和赵国之所以国家完整军队强劲,土地没有被别国诸侯兼并,是因为它们能够忍受灾难的打击,无论如何也不肯割让土地。宋国和中山国多次被进攻,多次割让土地,随即灭亡。臣下认为燕国和赵国可以效法,而宋国和中山国不能追随。那秦国是贪婪残暴的国家,没有它所亲善的盟国,蚕食魏国,把魏国从晋国分得的土地吞并殆尽,战胜援魏的韩国大将暴鸢,割取八县,土地还没有完全接收,它的大军又出动了。那秦国还有满足吗?如今它打跑了芒卯,进入了宅阳,这不只是要攻占大梁,而且是胁迫大王多多割让土地,大王一定不要听从!现在大王抛开楚国和赵国来跟秦国讲和,楚、赵两国就会恼怒而跟大王争着服事秦国,秦国一定会接纳它们。秦国挟制楚、赵两国的军队再来进攻,那么国家寻求不被灭亡就不可能!希望大王一定不要跟秦国讲和。大王如果打算跟秦国讲和,一定少割地叫它出人质,不这样就会受骗上当。'这是我在魏国听到的,希望您根据这些情况来考虑事情。"

"《周书》说:'天命不是恒常不变的。'这是说上天的宠幸是不能一再降临的。战胜暴鸢而割取八县,这不是由于兵力精锐,也不是由于计谋巧妙,而是上天的宠幸太多了。如今又打跑了芒卯，进入了宅阳，攻打大梁，这是认为上天的宠幸是恒常不变的。明智的人可不这么看。我听说魏国调动全国的精兵来镇守大梁，臣下认为不下三十万人。动用三十万大军，守十仞高的城墙，臣下认为即使商汤王、周武王复活，也是不易攻克的。轻易抛开楚国和赵国的军队，登上十仞高的城墙，跟三十万大军作战，竟然期望攻下大梁，臣下认为从开天辟地以至当今，是不曾有过先例的。进攻而不能攻克，秦军一定疲惫不堪，陶邑一定会丧失，那就前功尽弃了。如今魏国正在犹疑，可以少割取它的土地。希望您趁着楚、赵两国的军队还没有赶到大梁，赶快少割取些土地同魏国联合。魏国正在犹疑，少割让土地就能讲和，它一定愿意这样做，那么您的要求就能实现了。楚国和赵国对于魏国先跟秦国讲和不满，就一定会争着服事秦国，合纵因此瓦解，您随后即可从它们当中选择了。再说您曾经分割过晋国取得的土地，为什么一定要用兵呢？兵不用魏国就能献出绛和安邑，又为陶邑开辟两条道路，几乎完全占有宋国的故地，卫国还会献出单父。秦军可以保全而您能控制这些地方，还有什么要求得不到满足呢？做什么事情不能成功呢？臣下希望大王仔细考虑一下可不要冒险呀！"穰侯说："好。"就解除了对大梁的包围。

## 秦败魏于华，魏王且入朝于秦[1]

秦败魏于华[2]，魏王且入朝于秦[3]。周䜣谓王曰[4]："宋人有学者，三年反而名其母[5]。其母曰：'子学三年，反而名我者，何也？'其子曰：'吾所贤者，无过尧、舜，尧、舜名；吾所大者，无大天地，天地名；今母贤不过尧、舜，母大不过天地，是以名母也。'其母曰：'子之于学者，将尽行之乎？愿子之有以易名母也。子之于学也，将有所不行乎？愿子之且以名母为后也。'今王之事秦，尚有可以易入朝者乎？愿王之有以易之，而以入朝为后。"魏王曰："子患寡人入而不出邪？许绾为我祝曰[6]：入而不出，请殉寡人以头[7]。"周䜣对曰："如臣之贱也，今人有谓臣曰'入不测之渊而必出，不出，请以一鼠首为女殉'者，臣必不为也。今秦不可知之国也，犹不测之渊也；而许绾之首，犹鼠首也。内王于不可知之秦，而殉王以鼠首，臣窃为王不取也。且无梁孰与无河内急[8]？"王曰："梁急。""无梁孰与无身急？"王曰："身急。"曰："以三者，身，上也，河内，其下也。秦未索其下，而王效其上，可乎？"

王尚未听也。支期曰[9]："王视楚王[10]，楚王入秦，王以三乘先之[11]；楚王不入，楚、魏为一，尚足以捍秦[12]。"王乃止。王谓支期曰："吾始已诺于应侯矣[13]，今不行者，欺之矣。"支期曰："王勿忧也。臣使长信侯请无内王[14]，王待臣也。"

支期说于长信侯曰："王命召相国。"长信侯曰："王何以臣为？"支期曰："臣不知也，王急召君。"长信侯曰："吾内王于秦者，宁以为秦邪[15]？吾以为魏也。"支期曰："君无为魏计，君其自为计。且安死乎？安生乎？安穷乎？安贵乎？君其先自为计，后为魏计。"长信侯曰："楼公将入矣[16]，臣今从。"支期曰："王急召君，君不行，血溅君襟矣[17]！"

长信侯行,支期随其后。且见王,支期先入,谓王曰:"伪病者乎而见之[18],臣已恐之矣。"长信侯入,见王,王曰:"病甚奈何?吾始已诺于应侯矣,意虽道死,行乎!"长信侯曰:"王毋行矣!臣能得之于应侯,愿王无忧。"

【注释】

〔1〕此章事又载于《吕氏春秋·应言》篇,惟"周䜣"作"魏敬"。考其所述史实,当从顾观光《国策编年》系于周赧王五十六年(前273)。

〔2〕此五字可能涉上章而衍。

〔3〕魏王:指魏安釐王。

〔4〕周䜣(xīn):魏国大臣。

〔5〕反:返,回来。名其母:称呼他母亲的名字。

〔6〕许绾(wǎn):秦国大臣。祝:发誓。

〔7〕殉(xùn):殉葬。以头殉葬,是说拿生命担保。

〔8〕梁:即大梁,魏国国都,在今河南开封市北。河内:指今河南黄河以北地区。急:要紧。

〔9〕支期:魏国人。

〔10〕楚王:指楚考烈王。

〔11〕三乘(shèng):三辆车,指轻使。

〔12〕捍:抵抗。

〔13〕诺:答应。应侯:即范雎,秦国的相。

〔14〕长信侯:与应侯友善的魏相。

〔15〕宁:岂,难道。

〔16〕楼公:即楼缓,赵国人。

〔17〕血溅衣襟:言将被杀。

〔18〕伪病:装病。

【译文】

秦国在华阳击败了魏国,魏王将要到秦国朝拜秦王。周䜣对魏王说："宋国有个出外求学的人,三年回来就称呼他母亲的名字。他母亲说:'你求学三年,回来就称呼我的名字,为什么?'他说:'我所认为贤明的人,没有谁能超过尧、舜,对尧、舜都称呼名字;我所认为伟大的物,没有什么能超过天、地,对天、地都称呼名字。如今母亲贤明没有超过尧、舜,母亲伟大没有超过天、地,因此称呼母亲的名字。'他母亲说:"你对所学的道理,打算完全实行吗?希望你能有个替换称呼母亲名字的称呼;你对所学的道理,不打算完全实行吗?希望你暂且把称呼母亲名字的做法放在以后。'如今大王侍奉秦国,还有可以替换入朝称臣的办法吧?希望大王能有替换的办法,把入朝称臣的放在以后做。"魏王说:"你担心寡人入秦就出不来吗?许绾对我发誓说:如果入秦出不来,请用他的头颅为寡人殉葬。"周䜣回答说:"像我这样卑贱,如果有人对我说:'跳入不可探测的深渊一定能出来,倘若出不来,请用一个老鼠脑袋为你殉葬。'我一定不干。如今秦国是个不可捉摸的国家,犹如不可探测的深渊;而许绾的头,犹如老鼠脑袋。使大王陷入不可捉摸的秦国,竟用一个老鼠脑袋为大王殉葬,臣下私下认为大王不能采取这个做法。再说失去大梁跟失去河内比哪个要紧?"魏王说:"失去大梁要紧。"周䜣问:"失掉大梁跟失去性命比哪个要紧?"魏王说:"失掉性命要紧。"周䜣说:"就拿这三者来说,性命是最主要的,河内是最次要的。秦国还没有索取最次要的,而大王竟要送上最主要的,可以这么做吗?"

魏王还是不听。支期说:"大王看看楚王,如果楚王入秦称臣,大王就用三辆车抢在他的前面;如果楚王不入秦称臣,楚、魏联合为一,还可以抵抗秦国。"魏王这才作罢。魏王对支期说:"我起初已经答应应侯了,现在不去,就是欺骗他了。"支期说:"大王不要忧虑。臣下叫长信侯向应侯请求不要接纳大王,大王等着臣下去做吧。"

支期对长信侯说:"大王命令我来召请相国。"长信侯说:"大王让我干什么呢?"支期说:"臣下不知道,大王请您快去。"长信侯说:"我把大王送到秦国去,难道这是为了秦国吗?我是为了魏国。"支期说:"您不必为魏国打算,您还是为自己打算吧。再说您是安于死呢?安于生呢?安于穷呢?安于贵呢?您还是先为自己打算,然后再为魏国打算。"长信侯说:"楼公就要来了,臣下现在跟他去。"支期说:"大王请您快去,您若不去,鲜血就得溅到您的衣襟上了!"

长信侯前往,支期跟在他的后头。长信侯即将拜见魏王,支期抢先进去对魏王说:"您要假装生病接见他,我已经恐吓过他了。"长信侯进来拜见魏王,魏王说:"我病重怎么办?我起初已经答应应侯了,我想即使死在道上,还是去吧?"长信侯说:"大王不要去了,我能取得应侯的同意,希望大王不要忧虑。"

## 华军之战[1]

华军之战[2],魏不胜秦。明年,将使段干崇割地而讲[3]。

孙臣谓魏王曰[4]:"魏不以败之上割[5],可谓善用不胜矣。而秦不以胜之上割,可谓不能用胜矣。今处期年[6]乃欲割,是群臣之私而王不知也。且夫欲玺者段干子也[7],王因使之割地;欲地者秦也,而王因使之受玺[8]。夫欲玺者制地[9],而欲地者制玺,其势必无魏矣。且夫奸臣固皆欲以地事秦,以地事秦譬犹抱薪而救火也,薪不尽,则火不止。今王之地有尽,而秦之求无穷,是薪火之说也。"

魏王曰:"善。虽然,吾已许秦矣,不可以革也[10]。"对曰:"王独不见夫博者之用枭邪[11]?欲食则食,欲握则握[12]。今君劫于群臣而许秦[13],因曰'不可革',何用智之不若枭也[14]?"魏王曰:"善。"乃按其行[15]。

【注释】

〔1〕此章事又载于《史记·魏世家》,惟"孙臣"作"苏代"。华阳之战,事在周赧王四十二年(前273)。

〔2〕华军:依鲍本当作"华阳"。

〔3〕段干崇:魏国人。

〔4〕孙臣:魏国人。魏王:指魏安釐王。

〔5〕上:初。

〔6〕期(jī)年:一周年。

〔7〕欲玺:欲得秦封,受其印玺。

〔8〕受:授予,给予。后来写作"授"。

〔9〕制:控制,掌握。

〔10〕革:更改。

〔11〕独:难道。博:古代一种赌输赢的棋类游戏。枭:博戏五个骰(tóu)子(枭、卢、雉、犊、塞)之一,上刻枭鸟的形状。掷得枭者为胜,可以吃对方的棋子,也可以走别的棋。

〔12〕握:不吃子,即不行棋。

〔13〕劫:胁迫。

〔14〕不若枭:不如博者之用枭。

〔15〕按:阻止。

【译文】

华阳那次战役,魏国没有战胜秦国。第二年,魏王要派段干崇去割让土地跟秦国讲和。

孙臣对魏王说:"魏国没有在战败之初割让土地,可以说是善于应付战败的局面了;而秦国没有在战胜之初割取土地,可以说是不善于利用战胜的机会了。现在过了一年才想割让土地,这是群臣谋求私利而大王却不知道。况且想要得到秦国封赏和印玺的是段干崇,大王便派他去割让土地;想要得到土地是秦国,大王便叫它授予段干崇印玺。想得到印玺的掌握土地,而想要得到土地的掌握印玺,其趋势一定是要灭亡魏国了。再说奸臣本来都想用土地侍奉秦国,用土地侍奉秦国,好比是抱着柴火去救火,柴火没烧尽,火就灭不了。现在大王的土地有限,而秦国的贪求无穷,这就跟所说的柴火与火的关系一样。"

魏王说:"对。虽然如此,可我已经答应秦国了,不可以更改。"孙臣回答说:"大王难道没有看见那赌博者使用枭子吗?想吃子就用它吃子,不想吃子就握在手里。现在您被群臣胁迫便答应了秦国,就说'不可以更改',为什么用智谋还不如用枭子呢?"魏王说:"对。"这才阻止了段干崇的出使。

## 齐欲伐魏[1]

齐欲伐魏,魏使人谓淳于髡曰[2]:"齐欲伐魏,能解魏患唯先生也。敝邑有宝璧二双,文马二驷[3],请致之先生[4]。"淳于髡曰:"诺。"入说齐王曰[5]:"楚,齐之仇敌也;魏,齐之与国也[6]。夫伐与国,使仇敌制其余敝[7],名丑而实危,为王弗取也。"齐王曰:"善。"乃不伐魏。

客谓齐王曰:"淳于髡言不伐魏者,受魏之璧马也。"王以谓淳于髡曰:"闻先生受魏之璧马,有诸?"曰:"有之。""然则先生之为寡人计之,何如?"淳于髡曰:"伐魏之事不便[8],魏虽刺髡,于王何益?若诚不便,魏虽封髡,于王何损?且夫王无伐与国之诽[9],魏无见亡之危,百姓无被兵之患[10],髡有璧马之宝,于王何伤乎?"

【注释】

〔1〕此章事诸家系年不一,皆无实据。

〔2〕淳于髡(kūn):齐稷下学士,以博学著称,滑稽多辩,曾为齐威王、宣王多次出使诸侯,不辱使命。

〔3〕文马:毛色有文采的马。驷:四匹马。古时四匹马同驾一辆车。

〔4〕致:赠送。

〔5〕齐王:指齐威王。

〔6〕与国:盟国。

〔7〕余敝:残余疲惫之兵。

〔8〕便:有利。"便"上"不"字衍。王念孙说:"《艺文类聚·宝玉部》、《太平御览·珍宝部》引此并作'伐魏之事便,虽刺髡,于王何益?'"

〔9〕诽:非议。

〔10〕被兵:遭受战祸。

【译文】

齐国想要讨伐魏国,魏国派人对淳于髡说:"齐国想要讨伐魏国,能够解除魏国祸患的,只有先生您。敝国有珍贵的璧玉两对,毛色漂亮的骏马八匹,请允许我把它们送给先生。"淳于髡说:"好吧。"他入宫便劝说齐王道:"楚国是齐国的仇敌,魏国是齐国的盟国。讨伐盟国,让仇敌来制服我们的残余疲惫的士兵,名声不好而且情况危险,为大王着想这是不可取的。"齐王说:"好。"便没有讨伐魏国。

有位客人对齐王说:"淳于髡主张不讨伐魏国的原因,是他接受了魏国的璧玉和马匹。"齐王因而对淳于髡说:"听说先生接受了魏国的璧玉和马匹,有这事吗?"淳于髡说:"有这事。"齐王说:"既然这样,那么先生是怎么替我考虑的呢?"淳于髡说:"如果讨伐魏国一事有利,魏国即使把我刺死,对大王有什么好处?如果讨伐魏国果真不利,魏国即使封赏我,对大王有什么损失?再说这样大王没有讨伐盟国的非议,魏国没有被灭亡的危险,百姓没有遭受战祸的忧患,我得到璧玉和马匹这些珍宝,对大王有什么损伤呢?"

## 秦将伐魏[1]

秦将伐魏,魏王闻之[2],夜见孟尝君[3],告之曰:"秦且攻魏,子为寡人谋,奈何?"孟尝君曰:"有诸侯之救,则国可存也。"王曰:"寡人愿子之行也。"重为之约车百乘[4]。

孟尝君之赵,谓赵王曰[5]:"文愿借兵以救魏。"赵王曰:"寡人不能。"孟尝君曰:"夫敢借兵者,以忠王也。"王曰:"可得闻乎?"孟尝君曰:"夫赵之兵非能强于魏之兵,魏之兵非能弱于赵也。然而赵之地不岁危而民不岁死,而魏之地岁危而民岁死者,何也?以其西为赵蔽也[6]。今赵不救魏,魏歃盟于秦[7],是赵与强秦为界也。地亦且岁危，民亦且岁死矣。此文之所以忠于大王也。"赵王许诺，为起兵十万，车三百乘。

又北见燕王曰[8]："先日公子常约两王之交矣[9]。今秦且攻魏，愿大王之救之。"燕王曰："吾岁不熟二年矣[10]，今又行数千里而以助魏，且奈何？"田文曰："夫行数千里而救人者，此国之利也。今魏王出国门而望见军，虽欲行数千里而助人，可得乎？"燕王尚未许也。田文曰："臣效便计于王[11]，王不用臣之忠计，文请行矣，恐天下之将有大变也！"王曰："大变可得闻乎？"曰："秦攻魏，未能克之也，而台已燔[12]，游已夺矣[13]。而燕不救魏，魏王折节割地[14]，以国之半与秦，秦必去矣。秦已去魏，魏王悉韩、魏之兵，又西借秦兵，以因赵之众，以四国攻燕，王且何利？利行数千里而助人乎？利出燕南门而望见军乎？则道里近而输又易矣[15]，王何利？"燕王曰："子行矣，寡人听子。"乃为之起兵八万，车二百乘，以从田文。

魏王大说，曰："君得燕、赵之兵甚众且亟矣。"秦王大恐，割地请讲于魏，因归燕、赵之兵而封田文。

**【注释】**

〔1〕此章事在周赧王三十二年（前283）。

〔2〕魏王：指魏昭王。

〔3〕孟尝君：即田文，齐公族，袭其父田婴的封爵，封于薛（在今山东滕州市东南），称薛公。此时为魏国相国。

〔4〕重：郑重。约车：备车，套车。

〔5〕赵王：指赵惠文王。

〔6〕蔽:屏障。

〔7〕歃(shà)盟:歃血为盟。歃,饮。古代举行盟会时,杀牲饮血,以表示诚意。

〔8〕燕王:指燕昭王。

〔9〕公子:孟尝君对其父田婴的尊称。两王:指燕王、魏王。

〔10〕岁不熟:年景不好。岁,年景。熟,指谷物成熟,丰收。

〔11〕便计:有利的计谋。

〔12〕台:土筑的高台,供观察和游览。燔:焚烧。

〔13〕游:行宫。夺:金正炜说:"《说文》:'夺,取也。'于文不合,当为'毁'字之讹。夺,古文作'敚',俗书'毁'作'敚',二字相似而误。"

〔14〕折节:屈己下人,降低身份。

〔15〕输:运输。此句言当四国兵临城下时,路途近而运输方便。

【译文】

秦国将要讨伐魏国,魏王听说此事,当夜召见孟尝君,告诉孟尝君说:"秦国将要进攻魏国,您替寡人谋划一下,怎么样?"孟尝君说:"有各国诸侯的援救,国家就可以存在。"魏王说:"寡人希望您前往各国游说。"便郑重地为孟尝君配备了一百辆车。

孟尝君到了赵国,对赵王说:"我想借兵去援救魏国。"赵王说:"寡人不能借。"孟尝君说:"我胆敢来借兵,是为了效忠大王。"赵王说:"可以说说道理吗?"孟尝君说:"赵国的军队不比魏国的军队强,魏国的军队不比赵国的军队弱。可是赵国的土地不是年年都有丧失的危险,人民不是年年都有死亡的可能;而魏国的土地年年都有丧失的危险,人民年年都有死亡的可能,为什么呢?是因为它在西边做赵国的屏障。现在赵国不援救魏国,魏国与秦国歃血结盟,赵国就与强大的秦国交界为邻,土地也将年年有丧失的危险,人民也将年年有死亡的可能了。这就是我所以效忠大王的道理。"赵王答应了,给魏国派了十万兵,三百辆战车。

孟尝君又北上拜见燕王说:"以前我父亲曾经协助燕王和魏王缔结了盟约,如今秦国将要进攻魏国,希望大王援救魏国。"燕王说:"我国年成不好连续两年了,如今又得行军几千里援助魏国,这得怎么办?"孟尝君说:"行军几千里去援助别人,这是维护国家的利益。如今魏王出了国门便望见敌军压境,即使想行军几千里去援助别人,可能吗?"燕王还是没有答应他。孟尝君说:"我给大王献上一个有利的计策,大王如果不采纳我这个忠于您的计策,我就走了,但我担心天下将会发生很大的变化。"燕王说:"这很大的变化可以说给我听听吗?"孟尝君说:"秦国进攻魏国,如果不能获胜,亭台也得被烧毁,行宫也得被破坏。如果燕军不援救魏国,魏王卑躬屈节割让土地,把国土的一半给予秦国,秦国就一定会撤兵。秦国从魏国撤兵以后,魏王就会动用韩国和魏国的全部军队,再去西方求借秦国军队,依靠人数众多的赵国军队,用四个国家的兵力进攻燕国,大王将会得到什么好处呢?是行军千里去援助别人有利呢?还是出了燕国南门就望见敌军压境有利呢?这倒是路程近输送军饷容易了,大王到底认为哪种做法有利?"燕王说:"您回去吧,我听您的。"于是给魏国派了八万兵,二百辆车,随从田文而去。

魏王特别高兴,说:"您借得燕、赵两国的军队真是又多又及时啊。"秦王特别害怕,便割让土地跟魏国讲和。魏王于是归还燕、赵两国的军队并且封赏孟尝君。

# 魏将与秦攻韩[1]

魏将与秦攻韩,朱己谓魏王曰[2]:"秦与戎、翟同俗[3]，有虎狼之心，贪戾好利而无信，不识礼义德行。苟有利焉，不顾亲戚兄弟，若禽兽耳。此天下之所同知也，非所施厚积德也[4]。故太后母也[5]，而以忧死；穰侯舅也[6]，功莫大焉，而竟逐之；两弟无罪[7]，而再夺之国[8]。此于其亲戚兄弟若此，而又况于仇雠之敌国也？

"今大王与秦伐韩而益近秦[9]，臣甚或之[10]，而王弗识也，则不明矣。群臣知之而莫以此谏，则不忠矣。今夫韩氏，以一女子承一弱主[11]，内有大乱，外安能支强秦、魏之兵[12]，王以为不破乎？韩亡，秦尽有郑地[13]，与大梁邻[14]，王以为安乎？王欲得故地，而今负强秦之祸也[15]，王以为利乎？

"秦非无事之国也，韩亡之后必且便事[16]，便事必就易与利[17]，就易与利必不伐楚与赵矣。是何也？夫越山逾河，绝韩之上党而攻强赵[18]，则是复阏与之事也[19]，秦必不为也。若道河内[20]，倍邺、朝歌[21]，绝漳、滏之水[22]，而以与赵兵决胜于邯郸之郊[23]，是受智伯之祸也[24]，秦又不敢。伐楚，道涉而谷行三十里[25]，而攻危隘之塞[26]，所行者甚远，而所攻者甚难，秦又弗为也。若道河外[27]，背大梁，而右上蔡、召陵[28]，以与楚兵决于陈郊[29]，秦又不敢也。故曰：秦必不伐楚与赵矣，又不攻卫与齐矣[30]。韩亡之后，兵出之日，非魏无攻矣。

"秦故有怀、地、邢丘[31]，之城垝津[32]，而以之临河内，河内之共、汲莫不危矣[33]。秦有郑地，得垣雍[34]，决荥泽而水大梁[35]，大梁必亡矣。王之使者大过矣，乃恶安陵氏于秦[36]，秦之欲许之久矣[37]。然而秦之叶阳、昆阳与舞阳、高陵邻[38]，听使者之恶也，随安陵氏而欲亡之[39]。秦绕舞阳之北以东临许，则南国必危矣[40]。南国虽无危，则魏国岂得安哉？且夫憎韩、不受安陵氏可也[41]，夫不患秦之不爱南国，非也。

"异日者[42]，秦乃在河西[43]，晋国之去梁也千里有余[44]，河山以兰之[45]，有周、韩而间之。从林军以至于今[46]，秦十攻魏，五入国中，边城尽拔，文台堕[47]，垂都焚[48]，林木伐，麋鹿尽，而国继以围[49]。又长驱梁北，东至陶、卫之郊[50]，北至乎阚[51]，所亡乎秦者，山北、河外、河内[52]，大县数百，名都数十。秦乃在河西，晋国之去大梁也尚千里，而祸若是矣。又况于使秦无韩而有郑地[53]，无河山以兰之，无周、韩以间之，去大梁百里，祸必百此矣。异日者[54]，从之不成矣[55]，楚、魏疑而韩不可得而约也。今韩受兵三年矣[56]，秦挠之以讲[57]，韩知亡犹弗听，投质于赵[58]，而请为天下雁行顿刃[59]。以臣之观之，则楚、赵必与之攻矣。此何也？则皆知秦之无穷也[60]，非尽亡天下之兵而臣海内之民，必不休矣。是故臣愿以从事乎王，王速受楚、赵之约而挟韩、魏之质[61]，以存韩为务，因求故地于韩，韩必效之。如此则士民不劳而故地得，其功多于与秦共伐韩，然而无与强秦邻之祸。

"夫存韩安魏而利天下，此亦王之大时已[62]。通韩之上党于共、莫[63]，使道已通[64]，因而关之[65]，出入者赋之<sup>〔66〕</sup>。是魏重质韩以其上党也。共有其赋,足以富国,韩必德魏、爱魏、重魏、畏魏,韩必不敢反魏,韩是魏之县也。魏得韩以为县,则卫、大梁、河外必安矣。今不存韩,则二周必危,安陵必易<sup>〔67〕</sup>,楚、赵大破<sup>〔68〕</sup>,卫、齐甚畏<sup>〔69〕</sup>,天下之西乡而驰秦,入朝为臣之日不久!"

## 【注释】

〔1〕此章亦见于帛书《战国纵横家书》第十六章及《史记·魏世家》,事在周赧王五十三年(前262)。

〔2〕朱己:《史记·魏世家》作"无忌","无"乃"朱"字之讹,"忌"、"己"古通用。

〔3〕戎:我国古代对西部民族的统称。翟(dí):通"狄",我国古代北部的一个民族。

〔4〕厚:姚云:"刘作'惠'。"今从之。

〔5〕太后:指宣太后,秦惠王之后,昭襄王之母。

〔6〕穰(ráng)侯:即魏冉,宣太后异父弟,多次为相,封于穰(今河南邓县西南)。

〔7〕两弟:指泾阳君、高陵君。

〔8〕以上七句指周赧王四十九年(前266),秦昭襄王听用范雎之说,废太后,逐穰侯,令泾阳君、高陵君等出关。

〔9〕益:更加。

〔10〕或:通"惑"。

〔11〕一女子:指韩桓惠王之母韩太后。承:辅佐。帛书及《史记》并作"奉"。弱主:等于说"幼主",指韩桓惠王。

〔12〕支:抵抗。

〔13〕郑地:指韩地。当时郑国已亡,其地属于韩国。

〔14〕大梁:魏国国都,在今河南开封市北。

〔15〕负:被,遭受。

〔16〕便:当作"更",帛书及《史记》并作"更"。更事:再兴事端。

〔17〕就:趋向,选取。

〔18〕绝:横穿。上党:郡名。韩国所置,治所在壶关(今长治市北),辖今山西东南部。

〔19〕阏(yù)与之事:指公元前270年秦国派胡阳通过韩国上党攻打赵国的阏与,赵将赵奢往救,大破秦军。阏与,先为韩邑,后属赵,在今山西和顺县。

〔20〕道:取道。河内:指今河南黄河以北地区。

〔21〕倍:背向。邺:魏邑,在今河北临漳县西。朝歌:殷都,在今河南淇县。

〔22〕绝:横渡。漳:水名。漳水有二源:一是浊漳,源于今山西长子县;一是清漳,源于今山西昔阳县。二水至今河南林县北界合流,东北流入今河北东光县入古黄河。滏(fǔ):水名。漳水支流,源出河北磁县西北滏山。

〔23〕邯郸:赵都,在今河北邯郸市。

〔24〕智伯之祸:指公元前453年,赵襄子联合韩、魏共反围困他三年的智伯,杀死智伯,三分其地。

〔25〕帛书及《史记》并无"而"字,"十"作"千"。涉谷:地名,通往楚国的险路。从秦赴楚有两道,涉谷是西道,河内是东道。

〔26〕危隘之塞:黄丕烈、王念孙皆谓"危"乃"黾"字之讹。黾隘之塞即黾塞。黾塞是楚国北方险塞,在今河南信阳市与湖南应山县之间。

〔27〕河外:司马贞《索隐》:"河之南邑,若曲沃、平周等地。"

〔28〕上蔡:楚邑,在今河南许昌市东。召(shào)陵:楚邑,在今河南鄢陵县北。

〔29〕陈:楚邑,在今河南周口市淮阳区。

〔30〕卫:帛书作"燕",今从帛书。

〔31〕故:通"固",本来。怀:地名,在今河南武陟县西。地:帛书及《史记》并作"茅"。茅,地名,在今河南获嘉县。刑丘:即邢丘,在今河南

761

温县。

〔32〕之:衍文。帛书及《史记》并无"之"字。城:筑城。垝(guǐ)津:即白马口,在今河南滑县。

〔33〕共:地名,在今河南辉县。汲:地名,在今河南汲县西。

〔34〕垣雍:地名,在今河南原阳县西南。

〔35〕荧泽:即荥泽,古泽名,在今河南郑州市北。水:用水灌。

〔36〕恶:中伤。安陵氏:魏的附属小国,魏襄王封其弟于此,在今河南鄢陵县北。

〔37〕欲许之久矣:帛书无"之"字。许,地名,在今河南许昌市。

〔38〕帛书及《史记》并无"然而"、"高陵"四字。叶阳:地名,在今河南叶县。昆阳:地名,在今河南叶县。舞阳:地名,在今河南舞阳县。

〔39〕随:帛书作"堕",今从之。堕(huī),毁坏。

〔40〕南国:指魏国的南部土地。

〔41〕受:帛书及《史记》并作"爱"。

〔42〕异日:他日,指从前。

〔43〕河西:即西河之外,指今山西、陕西两省间黄河南段以西的地方。

〔44〕晋国:指魏国旧都安邑。帛书及《史记》并无"余"字,这样"有"字当属下。

〔45〕兰:鲍本作"阑"。阑,阻隔。

〔46〕林军:军于林,指林之战,事在公元前283年。林,又称林乡、林中,在今河南新郑市东。

〔47〕文台:台名,在今山东菏泽市西北。

〔48〕垂都:亭名,在今山东曹县北。

〔49〕国:国都,指大梁。

〔50〕陶:地名,在今山东菏泽市定陶区。卫:地名,在今山东滑县东。

〔51〕阚(kàn):地名,又称"监",在今山东汶上县西南。

〔52〕帛书及《史记》"山北"之上并有"山南"二字。山,指中条山。

〔53〕无韩:当作"亡韩"。

〔54〕异日:他日,指将来。

〔55〕从:合纵联盟。矣,当依鲍本和《史记》作"也"。

〔56〕受兵:遭受兵祸。按:韩桓惠王八年(前265),秦攻取少曲、高平,九年,秦攻取陉城,十年,秦攻取南阳。

〔57〕挠:屈服。

〔58〕质:人质,质子。

〔59〕雁行:在前行,做先锋。顿刃:毁坏兵器,意谓决一死战。

〔60〕"之"下当从《史记》补"欲"字。

〔61〕"魏"字衍,帛书及《史记》皆无"魏"字。

〔62〕大时:良机。

〔63〕莫:帛书及《史记》并作"宁"。宁即修武,赵邑,在今河南获嘉县及修武县。郭希汾云:"时韩之上党与韩中绝,故劝魏假道,使韩得与上党往来。"

〔64〕使道:通使之道。

〔65〕关:设立关卡。

〔66〕赋:征收关税。

〔67〕易:谓易主,为秦所有。

〔68〕帛书及《史记》并无"楚"字。

〔69〕帛书"卫"字作"燕",今从之。

**【译文】**

魏国准备跟秦国进攻韩国,朱忌对魏王说:"秦国和西戎、北狄的风俗相同,有虎狼一般的心肠,贪婪暴戾,好占便宜,而且不讲信义,不懂得礼义德行。如果有利可图,不管亲戚兄弟,争得像禽兽一样。这是天下人所共知的,它不是施惠积德的国家。所以太后昭王的母亲,却因为忧伤而死;穰侯昭王的舅父,功劳无人可比,竟被驱逐;两个弟弟没有罪过,竟两次剥夺他们的封国。这个秦王对于他的亲戚兄弟尚且如此,更何况对于结下仇怨势均力敌的国家呢?

"现在大王跟秦国攻打韩国,而且更加亲附秦国,对此为臣十分疑惑,而大王却不知道这么做的害处,那就不明智了。大臣们知道这么做的害处,却没有谁就此事进谏,那就是不忠了。现在那韩国是由一个女子辅佐一个幼主,国内有大乱,国外怎能抵抗强大的秦、魏联军,大王认为韩国不能攻破吗?韩国灭亡了,秦国完全占有从前郑国的土地,与大梁为邻,大王认为这样安全吗?大王想收回过去的土地,如今竟遭受强秦的灾祸,大王认为这样有好处吗?

"秦国不是不制造事端的国家,韩国灭亡以后必将再次制造事端,再次制造事端一定是选取容易和有利的事干,选取容易和有利的事干就一定不会讨伐楚国和赵国了。这是为什么呢?因为翻越高山跨过大河,横穿韩国的上党去攻打强大的赵国,这就是阏与惨败的重演,秦国一定不干。如果取道河内,远离邺城和朝歌,横渡漳水和滏水,从而在邯郸城郊跟赵国军队决一胜负,这样会遭受类似智伯那次的灾祸,秦国又不敢。讨伐楚国,取道涉谷,行军三千里去攻打黾塞,所走的路程太远,所进攻的目标太难,秦国又不干。如果取道河外,背对大梁,向右翼的上蔡、召陵进军,跟楚国军队在陈州郊外决战,秦国又不敢。所以说,秦国一定不会讨伐楚国和赵国,也不会攻打燕国与齐国。韩国灭亡以后,秦兵出动之日,除非魏国就没有可以进攻的了。

"秦国本来有怀、茅、邢丘,又在垝津筑城,因为这些地方逼近河内,河内的共、汲等地就没有不危险的了。秦国占有郑国的土地,取得垣雍,掘开荥泽用水灌大梁,大梁就一定得失守。大王的使者太错误了,竟然向秦国中伤安陵氏,秦国想占有许地由来已久了。然而秦国的叶阳、昆阳与舞阳为邻,秦国听了使者的中伤,就得捣毁灭亡安陵氏。秦军绕过舞阳的北边向东逼近许地,那么魏国的南部就危险了。南部即使没有危险,魏国难道还能得到安宁吗?再说憎恨韩国、不爱惜安陵氏可以,不忧虑秦国的侵犯、不吝惜南部的土地,是错误的。

"以往,秦国还在西河之外,晋国旧都安邑距离大梁一千多里,有河山阻隔,有周、韩处于其间。从林乡之战到现在,秦国十次进攻魏国,五次侵入国内,边境的城邑全被攻占,文台被破坏,垂都被烧毁,树林被砍伐,麋鹿被杀光,接着国都被包围。秦军又长驱直入到大梁以北,东到陶、卫二邑的郊外,北到监地,被秦国攻占的地方,有中条山南、中条山北、黄河以南、黄河以北,大县几百个,名都几十个。秦国还在西河之外,晋国旧都安邑距离大梁还有千里,然而祸患竟至如此地步了。更何况假使秦国灭了韩国而且据有郑地,没有河山阻隔,没有周、韩处于其间,距离大梁只有百里,祸患一定比现在要超过百倍了。到那时,合纵就搞不成了,楚、魏互相猜疑,而韩国则不可能前来缔约。现在韩国遭受兵祸已经三年了,秦国极力使它屈服割地讲和,韩国知道即将灭亡,还是不听摆布,把人质送到赵国去,请求跟天下诸侯一道,像雁阵前行,跟秦国决一死战。以臣下看来,楚国和赵国一定会跟它进攻秦国了。这为什么呢?那就是谁都知道秦国的贪欲是没有穷尽的,不使天下所有的士兵丧失生命,因而臣服海内的人民,它决不罢休。因此臣下希望用合纵策略为大王效力,请大王赶快接受楚国和赵国的盟约,挟持韩国的人质,把救助韩国作为当务之急,趁机向韩国索取原来的土地,韩国一定能把这些土地献出来。这样士卒和人民没有付出辛劳就可收回旧地,这个功绩比跟秦国一道讨伐韩国大得多,这样还没有跟强秦为邻的祸患。

"援救韩国安定魏国使天下人得利,也是大王的良机呀。要使韩国的失地上党跟共、莫二地沟通,这条道路通行以后,便设立关卡,出入这里的人都要纳税,这就好比魏国拿韩国的上党做抵押。双方共同收取赋税,完全可以使国家富足起来。韩国一定会感激魏国,爱戴魏国,尊重魏国,敬畏魏国,韩国一定不敢反叛魏国,韩国便是魏国的一个县。魏国得到韩国作为一个县,那么卫地、大梁、河外就一定安宁了。现在不援救韩国,那么东西周一定危险,安陵一定易主。楚、赵两国将被秦国彻底攻破,燕国和齐国将十分恐惧。天下诸侯面向西方投奔秦国,入朝称臣的日子就没有多久了。"

## 叶阳君约魏[1]

叶阳君约魏[2],魏王将封其子[3]。谓魏王曰[4]:"王尝身济漳[5],朝邯郸,抱葛薜、阴成以为赵养邑[6],而赵无为王有也。王能又封其子问阳、姑衣乎[7]?臣为王不取也。"魏王乃止。

【注释】

〔1〕此章与《赵策四·齐欲攻宋》章事重,事在周赧王二十九年(前286)。

〔2〕叶阳君:当作"奉阳君",即李兑。吴师道补曰:"'叶'即'奉'之讹。"李兑,赵人,惠文王时为相,封奉阳君。

〔3〕魏王:指魏昭王。

〔4〕"谓"上当有"苏秦"二字。

〔5〕漳:漳水。漳水有二源,会合于今河南林县。

〔6〕抱:奉献。葛薜:当作"葛孽",地名,在今河北肥县西。阴成:地名,在今河南卢氏县东北洛水北岸。养邑:供养的城邑。

〔7〕能:乃。问阳:当作"河阳",地名,在今河南孟州市西。姑衣:当作"姑密",地名,在今河南孟州市东北。

【译文】

赵国的奉阳君跟魏国订立盟约,魏王想封赏他的儿子。苏秦对魏王说:"大王曾经亲自渡过漳水,到邯郸去朝拜赵王,奉献葛孽、阴成作为赵国的供养之邑,可是赵国对大王没有这样的奉献。大王还能封他的儿子于河阳、姑密吗?臣下认为大王不必采取这种做法。"魏王便作罢。

# 秦使赵攻魏[1]

秦使赵攻魏,魏谓赵王曰:"攻魏者,亡赵之始也。昔者晋人欲亡虞而伐虢[2],伐虢者,亡虞之始也。故荀息以马与璧假道于虞[3],宫之奇谏而不听[4],卒假晋道。晋人伐虢,反而取虞。故《春秋》书之[5],以罪虞公。今国莫强于赵,而并齐、秦[6]。王贤而有声者相之[7],所以为腹心之疾者,赵也。魏者,赵之虢也;赵者,魏之虞也。听秦而攻魏者,虞之为也。愿王之熟计之也。"

【注释】

〔1〕此章事在何年无从可考。

〔2〕虞:周代诸侯国,在今山西平陆县,武王封古公亶父之子虞仲的后代于此。虢(guó):周代诸侯国,此指北虢。文王封其弟虢仲于陕西宝鸡附近,号为西虢。北虢是虢仲的别支,也在今山西平陆县。

〔3〕荀息:晋国大夫。

〔4〕宫之奇:虞国大夫。

〔5〕《春秋》:书名。孔子依据鲁国史官所编《春秋》加以整理修订而成。

〔6〕而:通"能",能够。并:比并。

〔7〕有声者:有名望的人。

**【译文】**

秦国让赵国进攻魏国,魏人对赵王说:"进攻魏国,是灭亡赵国的开始。从前晋人打算灭亡虞国而讨伐虢国,讨伐虢国就是灭亡虞国的开始。所以荀息用马匹和璧玉向虞国借道,宫之奇谏阻虞公不听,终于借道给晋国。晋人讨伐虢国,回来就侵占虞国。所以《春秋》记载此事,借以谴责虞公。当今各国没有哪个国家比赵国更强,能够同齐、秦两国势均力敌。大王贤明又有颇有声望的人辅佐,因此成了秦国心腹之患的,就是赵国。魏国好比是赵国的虢国,赵国好比是魏国的虞国。听从秦国去攻打魏国,这是虞公之类干的蠢事。希望大王仔细考虑这件事。"

## 魏太子在楚[1]

魏太子在楚,谓楼子于鄢陵曰[2]:"公必且待齐、楚之合也,以救皮氏[3]。今齐、楚之理必不合矣。彼翟子之所恶于国者[4],无公矣[5]。其人皆欲合齐、秦外楚以轻公[6],公必谓齐王曰[7]:'魏之受兵,非秦实首伐之也[8],楚恶魏之事王也,故劝秦攻魏。'齐王故欲伐楚[9],而又怒其不已善也,必令魏以地听秦而为和。以张子之强[10],有秦、韩之重,齐王恶之,而魏王不敢据也[11]。今以齐、秦之重,外楚以轻公,臣为公患之。钧之出地以为和于秦也[12],岂若由楚乎[13]?秦疾攻楚,楚还兵,魏王必惧[14],公因寄汾北以予秦而为和[15],合亲以孤齐,秦、楚重公,公必为相矣!臣意秦王与樗里疾之欲之也[16],臣请为公说之。"

乃请樗里子曰[17]:"攻皮氏,此王之首事也,而不能拔[18],天下且以此轻秦。且有皮氏于以攻韩、魏,利也。"樗里子曰:"吾已合魏矣,无所用之。"对曰:"臣愿以鄙心意公,公无以为罪。有皮氏,国之大利也。而以与魏,公终自以为不能守也,故以与魏。今公之力有余守之,何故而弗有也?"樗里子曰:"奈何?"曰:"魏王之所恃者,齐、楚也;所用者,楼廪、翟强也。今齐王谓魏王曰:'欲讲攻于齐[19]。'王兵之辞也[20],是弗救矣。楚王怒于魏之不用楼子[21],而使翟强为和也[22],怨颜已绝之矣[23]。魏王之惧也见亡。翟强欲合齐、秦外楚,以轻楼廪;楼廪欲合秦、楚外齐,以轻翟强。公不如按魏之和[24],使人谓楼子曰:'子能以汾北与我乎?请合于楚外齐,以重公也。此吾事也。'楼子与楚王必疾矣。又谓翟子:'子能以汾北与我乎?必为合于齐外于楚[25],以重公也。'翟强与齐王必疾矣。是公外得齐、楚以为用,内得楼廪、翟强以为佐,何故不能有地于河东乎[26]?"

【注释】

〔1〕此章事在周赧王九年(前306)。

〔2〕楼子:指楼廪(bǐ),魏国人。主张与楚国联合。鄢陵:即安陵,魏

邑,在今河南鄢陵县北。

〔3〕皮氏:本魏邑,在今山西河津市西。

〔4〕翟子:指翟强,魏国的相国。

〔5〕无:无如。

〔6〕其人:翟强一伙的人。

〔7〕齐王:指齐宣王。

〔8〕实:语气词,表示强调。

〔9〕故:通"固",本来。

〔10〕张子:指张仪。时张仪已死,这是追叙。

〔11〕以上四句,鲍彪注云:"言魏襄为齐逐仪。"按:公元前319年齐、楚等国助公子衍相魏,行合纵之策,魏逐张仪回秦。

〔12〕钧:通"均",同,同样。鲍彪注:"言齐与楚。"

〔13〕由:从,依从,追随。

〔14〕魏王:指魏惠王。

〔15〕寄:委托,等于说"割让"。汾北:汾水之北,指皮氏。

〔16〕秦王:指秦昭王。樗(chū)里疾:秦公子,惠王异母弟,名疾,居于樗里。为人滑稽多智,人称"智囊"。

〔17〕请:当依鲍本作"谓"。

〔18〕而:王引之曰:"犹'如'也。"

〔19〕讲攻:吴师道曰:"'讲'当作'构'。构攻,犹言'构兵'。"

〔20〕王:鲍本作"主"。主兵:主战。

〔21〕楚王:指楚怀王。

〔22〕为和:鲍彪注:"和齐、秦。"

〔23〕怨颜已绝:鲍彪注:"怨魏欲绝之,见于颜色。"

〔24〕按:抑制,停止。

〔25〕外于楚:衍"于"字。

〔26〕有地:占有皮氏。河东:西河以东,即西河与汾水之间的魏地。

**【译文】**

魏太子在楚国做人质,有人在鄢陵对楼廙说:"您一定要等待齐国和楚国联合，来拯救皮氏。目前齐、楚双方的情势一定联合不起来。那翟强在国内所憎恶的人，没有谁超过您了。他那一伙人都打算联合齐国和秦国，排斥楚国以表示轻视您，您一定要对齐王说：'魏国遭受兵祸，不是秦国首先讨伐它，是楚国憎恶魏国侍奉大王，所以劝说秦国进攻魏国。'齐王本来就想讨伐楚国，而且对楚国跟自己不友善很不满，一定会让魏国以土地满足秦国的欲望求得和解。从前凭着张仪势力强大，有秦国和韩国的倚重，齐王讨厌他，魏王就不敢依仗他。如今翟强凭着齐国和秦国的倚重，排斥楚国而且轻视您，我替您为此而忧虑。齐国和楚国同样割让土地跟秦国讲和，与其追随齐国，哪里赶得上追随楚国呢？秦国加紧进攻楚国，楚国就退兵，魏王一定恐惧，您趁机把汾北割让给秦国以求和，合好相亲来孤立齐国，秦国和楚国尊重您，您就一定能担任相国了。我估计秦王和樗里疾会同意的，请让我替您说服他们。"

此人便对樗里疾说："攻克皮氏，这是大王的头等大事，如果不能攻克，天下人将因此轻视秦国。而且占有皮氏，对于进攻韩国和魏国，是有利的。"樗里子说："我已经跟魏国联合了，占有皮氏没有用。"此人回答说："臣下想用个人的心理猜度您，您不要怪罪我。占有皮氏，这是贵国的最大利益。然而把它留给魏国，是您认为皮氏终究是守不住的，所以才把它留给魏国。现在您是有余力守住它的，为什么不占有它呢？"樗里疾说："那怎么办？"此人说："魏王所仰仗的，是齐国和楚国；所重用的，是楼廪和翟强。现在齐王对魏王说：'在我齐国方面打算跟秦国交战。'这是主战的言论，这就不能解救皮氏了。楚王对于魏国不重用楼廪很不满，便派翟强跟齐国和秦国谋求和解，怨恨魏国想断绝关系已经在脸色上表现出来了。魏王很害怕国家被灭亡。翟强想联合齐国、秦国排斥楚国，以表示轻视楼廪；楼廪想联合秦国、楚国排斥齐国,以表示轻视翟强。因此,您不如停止同魏国讲和,派人去对楼鼻说:'您能把汾水以北让给我吗?我便跟楚国联合排斥齐国,以便使您受到重用,这是我能办到的事情。'楼鼻和楚王一定会立即答应。又派人去对翟强说:'您能把汾水以北让给我吗?我一定跟齐国联合排斥楚国,以便使您受到重用。'翟强和楚王一定会立即答应。这样您外得齐国、楚国为您所利用,内得楼鼻、翟强做您的辅佐,怎么不能占有西河以东的皮氏呢?"

# 卷二十五　魏四

## 献书秦王[1]

（阙文）献书秦王曰[2]："昔窃闻大王之谋出事于梁[3]，谋恐不出于计矣[4]，愿大王之熟计之也。梁者，山东之要也[5]。有蛇于此，击其尾，其首救；击其首，其尾救；击其中身，首尾皆救。今梁王[6]，天下之中身也。秦攻梁者，是示天下要断山东之脊也，是山东首尾皆救中身之时也。山东见亡，必恐，恐必大合。山东尚强，臣见秦之必大忧可立而待也。臣窃为大王计，不如南出事于南方[7]。其兵弱，天下必能救[8]，地可广大[9]，国可富，兵可强，主可尊。王不闻汤之伐桀乎？试之弱密须氏以为武教[10]，得密须氏而汤之服桀矣。今秦国与山东为雠[11]，不先以弱为武教，兵必大挫，国必大忧！"秦果南攻蓝田、鄢郢[12]。

【注释】

〔1〕此章事在周赧王三十六年（前279）。

〔2〕秦王：指秦昭王。

〔3〕昔:鲍本作"臣"。从鲍本。出事于梁:对魏国发动进攻。

〔4〕金正炜曰:"'不'字疑当为'者',本在'恐'字之上而误乙于下也。'出'当作'诎',涉上而讹也。""诎"与"屈"通,屈于计,即穷于计谋,策略失算。

〔5〕要(yāo):人体的中部,后来写作"腰"。

〔6〕王:鲍本作"者"。

〔7〕"不如"之下的"南"字,似为衍文。南方:指楚国。

〔8〕鲍彪曰:"'必'上补'不'字。"吴师道补曰:"作'必不'语顺。又'必'字恐当作'不'。"

〔9〕姚宏注:"曾无'大'字。"

〔10〕密须氏:商代小国,姞(jí)姓,在今甘肃灵台县西南。武教:军事教育,武装训练。按《史记·周本纪》:"西伯伐密须,商汤伐昆吾。"据此,"密须"当为"昆吾"。

〔11〕国:当依鲍本作"欲"。

〔12〕蓝田:楚邑,在今湖北宜城市东南。鄢郢:楚都,在今湖北江陵县西北。

【译文】

……有人上书给秦王说:"臣下私下里听说大王谋划对魏国发动进攻,这项谋划恐怕是失策了,希望大王仔细考虑一下。魏国是崤山以东六国的腰部。就好比是一条蛇,你打它的尾巴,它的头来救护;你打它的头,它的尾巴来救护;你打它的腰部,它的头和尾巴都来救护。现在魏国就是天下诸侯的腰部。秦国进攻魏国,这是向天下人表示要拦腰斩断崤山以东六国的脊梁,这正是崤山以东六国的头和尾巴都来救护腰部的时候。崤山以东六国见到魏国将亡,一定害怕,害怕就一定大联合。崤山以东六国还很强大,臣下看秦国的极大忧患是顷刻之间就会到来的。臣下私下为大王考虑,不如对南方楚国发动进攻。它的兵力弱,天下诸侯一定不能援救,土地可以扩大,国家可以富足,兵力可以加强，主上可以尊贵。大王没听说过商汤讨伐夏桀吗？首先试着讨伐弱小的密须氏，加以军事训练，战胜了密须氏商汤便把夏桀征服了。现在秦国要跟崤山以东六国为敌，不事先以弱国为对手加以军事训练，军队一定大大受挫，国家一定大祸临头。"秦军果然南下，攻打蓝田、鄢郢。

## 八年谓魏王[1]

八年[2]（阙文）谓魏王曰[3]："昔曹恃齐而轻晋[4]，齐伐釐、莒而晋人亡曹[5]。缯恃齐以捍越[6]，齐和子乱而越人亡缯[7]。郑恃魏以轻韩，伐榆关而韩氏亡郑[8]。原恃秦、翟以轻晋[9]，秦、翟年谷大凶而晋人亡原[10]。中山恃齐、魏以轻赵[11]，齐、魏伐楚而赵亡中山[12]。此五国所以亡者，皆其所恃也[13]。非独此五国为然而已也，天下之亡国皆然矣。夫国之所以不可恃者多，其变不可胜数也。或以政教不修、上下不辑而不可恃者[14]，或有诸侯邻国之虞而不可恃者[15]，或以年谷不登、稸积竭尽而不可恃者[16]，或化于利、比于患[17]。臣以此知国之不可必恃也。今王恃楚之强，而信春申君之言[18]，以是质秦[19]，而久不可知。即春申君有变[20]，是王独受秦患也。即王有万乘之国而以一人之心为命也[21]。臣以此为不完[22]，愿王之熟计之也。"

【注释】

〔1〕此章事在秦王政六年(前241)。

〔2〕八年:"八"当为"二"字之误。秦王政六年为魏景湣王二年。

〔3〕魏王:指魏景湣王。

〔4〕曹:小国名。姬姓,文王之子振铎的封地,在今山东菏泽市定陶区。

〔5〕鳌:即莱,小国名。姜姓。在今山东黄县东南。莒:小国名,己姓,在今山东莒县。晋人亡曹:当指僖公二十八年(前632)晋侯伐曹,分割其地,曹君出奔。此次曹未灭,曹于公元前487年为宋所灭。

〔6〕缯(céng):即鄫,小国名。姒姓,在今山东枣庄市东。悍:通"捍",抗拒。

〔7〕齐和子乱:指齐太公田和于公元前391年迁齐康公于海上一事。公元前386年周安王正式承认田氏为诸侯。越人亡缯:于史无征。《左传·襄公六年》:"秋,莒人灭鄫,鄫恃赂也。"杜预注:"鄫有贡赋之贴在鲁,恃之而慢莒,故灭之。"按:鲁襄公六年为公元前567年,莒人灭鄫早于齐和子乱一百七十余年。

〔8〕榆关:楚邑,在今河南中牟县西南。魏伐榆关,韩氏亡郑,均在公元前375年。

〔9〕原:小国名,姬姓,在今河南济源市西北。翟(dí):通"狄",我国西北部的一个民族。

〔10〕年谷:一年收获的谷物,收成。凶:收成不好。

〔11〕中山:小国名。春秋时白狄别族所建立,又称鲜虞。战国初期建都于顾(今河北定县),后迁都灵寿(今河北平山东北)。

〔12〕齐魏伐楚:事在公元前301年。齐、魏、韩共攻楚方城,杀楚将唐眛。赵亡中山:事在公元前206年。此前,赵曾两伐中山。

〔13〕其:鲍本作"有"。

〔14〕修:善。辑:和睦。

〔15〕虞:忧患。

〔16〕登:成熟。稸:同"蓄"。

〔17〕化:移,改变。比:近,接近。

〔18〕春申君:即黄歇。

〔19〕质秦:做秦攻击的目标。质,箭靶。

〔20〕即:如果。

〔21〕即:即使,纵然。

〔22〕完:完满,妥善。

## 【译文】

二年……有人对魏王说:"从前曹国仰仗齐国而轻视晋国,齐国讨伐莱、莒两国晋人便乘机灭亡了曹国。鄅国仰仗齐国而轻视越国,齐国和子作乱越人便乘机灭亡了鄅国。郑国仰仗魏国而轻视韩国,魏国攻打榆关韩国便乘机灭亡了郑国。原国仰仗秦国和狄人而轻视晋国,秦国和狄地闹了饥荒晋人便乘机灭亡了原国。中山国仰仗齐国和魏国而轻视赵国,齐、魏联合讨伐楚国赵国便乘机灭亡了中山国。这五个国家之所以灭亡,都是因为他们有所仰仗。不只这五个国家是这样,天下所有灭亡的国家都是这样。大国之所以不可仰仗的原因很多,它的变故是不可胜数的。有的是因为政治教化不善、上下不和睦才不可仰仗,有的是因为邻国诸侯酿成忧患才不可仰仗,有的是因为年成不好、储备竭尽才不可仰仗,还有的是被某种利益所左右以致接近祸患。臣下根据这些理由知道大国是不可仰仗的。现在大王仰仗楚国的强大,相信春申君的诺言,因此成为秦国攻击的目标,日久后果很难逆料。如果春申君有所改变,这样大王就得承受秦国的灾祸。纵然大王掌握着拥有万辆兵车的大国,也是以秦王一个人的意志为命令。臣下认为这是不完善的,希望大王仔细考虑这件事。"

# 魏王问张旄[1]

魏王问张旄曰[2]:"吾欲与秦攻韩,何如?"张旄对曰:"韩且坐而胥亡[3]乎?且割而从天下乎?"王曰:"韩且割而从天下。"张旄曰:"韩怨魏乎?怨秦乎?"王曰:"怨魏。"张旄曰:"韩强秦乎[4]?强魏乎?"王曰:"强秦。"张旄曰:"韩且割而从其所强,与所不怨乎[5]?且割而从其所不强,与其所怨乎?"王曰:"韩将割而从其所强,与其所不怨。"张旄曰:"攻韩之事,王自知矣。"

【注释】

〔1〕此章与《魏策三·魏将与秦攻韩》为一事,事在周赧王五十三年(前262)。

〔2〕魏王:指魏安釐王。张旄(máo):魏国大臣。

〔3〕胥:通"须",等待。

〔4〕强秦:以秦国为强。

〔5〕与:联合。

【译文】

魏王问张旄说:"我打算与秦国进攻韩国,怎么样?"张旄回答说:"韩国将坐着等待灭亡呢?将割让土地顺从天下诸侯呢?"魏王说:"韩国将割让土地顺从天下诸侯。"张旄说:"韩国怨恨魏国呢?怨恨秦国呢?"魏王说:"怨恨魏国。"张旄说:"韩国认为秦国强大呢?认为魏国强大呢?"魏王说:"认为秦国强大。"张旄说:"韩国将割让土地听从它所认为强大的国家,联合它所不怨恨的国家呢？将割让土地听从它所认为不强的国家，联合它所怨恨的国家呢？"魏王说："韩国将割让土地听从它所认为强大的国家，联合它所不怨恨的国家。"张旄说："进攻韩国这件事，大王自己晓得该怎么办了。"

## 客谓司马食其[1]

客谓司马食其曰[2]："虑久以天下为可一者[3]，是不知天下者也。欲独以魏支秦者，是又不知魏者也。谓兹公不知此两者[4]，又不知兹公者也。然而兹公为从[5]，其说何也？从则兹公重，不从则兹公轻。兹公之处重也，不实为期[6]。子何不疾及三国方坚也自卖于秦[7]？秦必受子。不然，横者将图子以合于秦[8]，是取子之资而以资子之雠也[9]。"

【注释】

〔1〕此章人与事皆不可考。有人附于始皇六年，无据。

〔2〕司马食其(yì jī)：魏国人。

〔3〕虑：大概。姚宏云："刘无'久'字。"

〔4〕兹公：此人，主张合纵的人。缪文远云："乃假托人物，本无其人。"

〔5〕为从(zòng)：主张合纵。

〔6〕姚宏云"不下""一本添'以'字"。实：实际，实效。期：期望，要求。

〔7〕自卖于秦：鲍彪云："谓阴倍从，以收秦利。"

〔8〕横者：主张连横的人。

〔9〕金正炜云："按《史记·留侯世家》：'宜缟素为资。'晋灼曰：'资，藉也。'此谓食其之所凭藉，将为横者所利用也。雠，谓衡者。"

【译文】

客人对司马食其说："大约认为天下各国是可以合而为一的人，这是不了解天下各国的人。打算只靠魏国抵抗秦国的人，这又是不了解魏国的人。说此公是不了解这两方面的人，这又是不了解此公的人。可是此公却主张合纵，该怎么解释呢？因为合纵此公的权势就重，不合纵此公的权势就轻。此公处在有权有势的情况下，他是不管合纵有无实效的。您为什么不赶快趁着三国联合正牢固的时候自己讨好秦国？秦国一定会接受您。否则，鼓吹连横的人就会算计您来跟秦国联合，这是拿您所凭借的主张去资助您的仇敌。"

# 魏、秦伐楚[1]

魏、秦伐楚[2]，魏王不欲[3]。楼缓谓魏王曰[4]："王不与秦攻楚，楚且与秦攻王。王不如令秦、楚战，王交制之也[5]。"

【注释】

〔1〕此章事在周赧王十四年（前301）。

〔2〕魏、秦：姚宏云："刘作'秦、魏'。"

〔3〕魏王：指魏襄王。

〔4〕楼缓：赵国人。

〔5〕交：一并，同时。

【译文】

秦国联合魏国讨伐楚国,魏王不想参加。楼缓对魏王说:"大王不跟秦国进攻楚国,楚国将跟秦国进攻大王。大王不如使秦国和楚国交战,大王一并控制他们。"


# 穰侯攻大梁[1]

穰侯攻大梁[2],乘北郢[3],魏王且从[4]。谓穰侯曰:"君攻楚,得宛、穰以广陶[5];攻齐,得刚、博以广陶[6];得许、鄢陵以广陶[7]。秦王不问者[8],何也?以大梁之未亡也。今日大梁亡,许、鄢陵必议[9],议则君必穷[10]。为君计者,勿攻便。"

【注释】

〔1〕此章事在周赧王四十年(前275)。

〔2〕穰侯:即魏冉。详见《秦策一·张仪说秦王》注。大梁:魏都,在今河南开封市北。

〔3〕乘北郢:当作"入北宅"。《史记·魏冉列传》:"入北宅,遂围大梁。"北宅即宅阳。详见《魏策三·秦败魏于华,走芒卯而围大梁》注。

〔4〕魏王:指魏安釐王。从:顺服。

〔5〕宛(yuān):楚邑,在今河南南阳市。金正炜云:"按魏冉封穰在前,益陶在后。此文穰字疑'杝(dù)'之讹。《汉志》定陶与杝,同属济阴郡。战国时本为宋地。三国分宋,杝或入于楚,故穰侯取以益陶。"陶:穰侯的封邑之一,在今山东菏泽市定陶区西北。

〔6〕刚、博:吴师道云:"'刚、博'当是'刚、寿'。"刚,在今山东宁阳县东北。寿,在今山东东平县西南。

〔7〕吴师道云:"'得许'上当有'攻魏'字,缺脱。"许,在今河南许昌市东。鄢陵,即安陵。

〔8〕秦王:指秦昭王。

〔9〕鲍彪注:"议其不当得。"

〔10〕穷:理屈。

【译文】

穰侯攻打大梁,进入北宅,魏王将要顺服。有人对穰侯说:"您进攻楚国,拿下宛、穰二地而扩大了陶邑;进攻齐国拿下刚、寿二地而扩大了陶邑;进攻魏国,拿下许、鄢陵二地而扩大了陶邑。秦王没有过问,为什么?因为大梁还没有被攻破。今天大梁被攻破,许地和鄢陵的归属于您必然有异议,有异议您就必然理屈。替您考虑,还是不攻打大梁有利。"

# 白珪谓新城君[1]

白珪谓新城君曰[2]:"夜行者能无为奸,不能禁狗使无吠己也。故臣能无议君于王[3],不能禁人议臣于君也。"

【注释】

〔1〕此章事在周赧王十六年(前299)。

〔2〕白珪(guī):魏国人,名丹,字珪(或作'圭'),仕于秦。新城君:即芈戎,楚国人,秦昭王舅父。详见《秦策五·献则谓公孙消》注。

〔3〕王:指秦昭王。

【译文】

白珪对新城君说:"夜里赶路的人能够不干坏事,却不能禁止狗对自己狂吠。所以我能在君王面前不议论您，却不能禁止他人在您面前议论我。"

## 秦攻韩之管[1]

秦攻韩之管[2]，魏王发兵救之。昭忌曰[3]："夫秦，强国也，而韩、魏壤梁[4]。不出攻则已，若出攻，非于韩也，必魏也。今幸而于韩，此魏之福也。王若救之，夫解攻者必韩之管也，致攻者必魏之梁也。"魏王不听，曰："若不因救韩，韩怨魏，西合于秦，秦、韩为一，则魏危。"遂救之。

秦果释管而攻魏。魏王大恐，谓昭忌曰："不用子之计而祸至，为之奈何？"昭忌乃为之见秦王曰："臣闻明主之听也，不以挟私为政，是参行也[5]。愿大王无攻魏，听臣也。"秦王曰："何也？"昭忌曰："山东之从，时合时离，何也哉？"秦王曰："不识也。"曰："天下之合也，以王之不必也[6]；其离也，以王之必也。今攻韩之管，国危矣，未卒而移兵于梁，合天下之从，无精于此者矣[7]。以为秦之求索，必不可支也。故为王计者，不如齐赵[8]。秦已制赵，则燕不敢不事秦，荆、齐不能独从。天下争敌于秦，则弱矣。"秦王乃止。

【注释】

〔1〕此章事在何年不可考，前人系年不一，皆无据。

〔2〕管:西周管叔的封地,战国属韩,在今河南郑州市北。

〔3〕昭忌:似为楚国人,在魏国做官。

〔4〕金正炜云:"按:'梁'当为'挈'之讹。'挈'与'挈'通。《赵策》:'邦属而壤挈者七百里。'"壤挈:壤土相连。

〔5〕参行:参考众人之说行事。

〔6〕必:一定实行,讲信用。

〔7〕精:甚。

〔8〕齐:当依鲍本作"制"。金正炜云:"齐字涉下而误。下云'秦已制赵',则此当作'制'可知。"

【译文】

秦国攻打韩的管邑,魏王派兵去援救。昭忌说:"秦国是个强国,而韩、魏两国与秦国接壤,秦国不出兵进攻便罢,倘若出兵进攻,不是对着韩国就是对着魏国。如今幸而对着韩国,这是魏国的福分。大王倘若援救韩国,那解除被攻局面的,一定是韩国的管邑;招致攻击的,一定是魏国的大梁。"魏王不听,说:"倘若不趁此时援救韩国,韩国就会怨恨魏国,转向西方跟秦国联合,秦、韩两国结成一体,魏国就危险了。"于是就去援救韩国。

秦国果然放弃管城来进打魏国。魏王特别害怕,对昭忌说:"没有采用您的计谋从而大祸临头,对此该怎么办?"昭忌便为此事拜见秦王说:"我听说英明的君主处理事情,不坚持自己意愿决定大政,总是参照众人意见采取行动。希望大王不要进攻魏国,听取我的意见。"秦王说:"为什么?"昭忌说:"崤山以东六国的合纵,时而联合,时而分离,为什么呢?"秦王说:"不知道。"昭忌说:"天下诸侯之所以联合,是因为大王不讲信用;他们之所以分离,是因为大王讲信用。如今攻打韩国的管邑,韩国已经危险了,战斗没有结束竟然向魏国转移军队,使天下诸侯的合纵,再没有比这一举动更急切的了。天下诸侯都认为秦国的求索,必然是单独抵抗不了的。所以替大王考虑,不如遏制赵国。

秦国遏制住赵国,那么燕国就不敢不侍奉秦国,楚国和齐国也不能单独合纵。如果天下诸侯争着跟秦国为敌,那么秦国就日益衰弱了。"秦王这才停止进攻魏国。

## 秦、赵构难而战[1]

秦、赵构难而战[2]。谓魏王曰:"不如齐赵而构之秦[3]。王不构赵,赵不以毁构矣[4];而构之秦[5],赵必复斗,必重魏。是并制秦、赵之事也。王欲焉而收齐、赵攻荆,欲焉而收荆、赵攻齐[6],欲王之东长之待之也[7]。"

【注释】

〔1〕此章事在何年不可考,文句也讹谬难通。

〔2〕构难:结为怨仇。此次秦赵之战,鲍彪注为"长平之役"。秦赵之战曾经发生多次,此说无据。

〔3〕齐:通"济",帮助。构:构兵、交战。

〔4〕鲍彪注:"赵不能以毁折之兵独与秦合战。"

〔5〕而:王引之云:"犹'若'也。"

〔6〕欲焉……欲焉……:等于"要么……要么……"。

〔7〕吴师道云:"荆、齐、赵皆在魏东。长之,为之长。待之,待其事也。欲王者,此士愿之之辞。"

【译文】

秦国和赵国结为怨仇发生战争。有人对魏王说:"大王不如帮助赵国跟秦国交战。大王不跟赵国交战,赵国就不会用被挫败的兵力单独跟秦国交战;如果大王跟秦国交战,赵国一定会再次投入争斗,一定会尊重魏国。这就是一并控制了秦、赵两国的大事。大王要么联合齐、赵两国进攻楚国,要么联合楚、赵两国进攻齐国,我们期待大王面向东方各国做他们的纵约长。"

## 长平之役[1]

长平之役[2],平都君说魏王曰[3]:"王胡不为从?"魏王曰:"秦许吾以垣雍[4]。"平都君曰:"臣以垣雍为空割也。"魏王曰:"何谓也?"平都君曰:"秦、赵久相持于长平之下而无决。天下合于秦,则无赵;合于赵,则无秦。秦恐王之变也,故以垣雍饵王也[5]。秦战胜赵,王敢责垣雍之割乎[6]?王曰:'不敢。'秦战不胜赵,王能令韩出垣雍之割乎?王曰:'不能。'[7]臣故曰垣雍空割也。"魏王曰:"善。"

【注释】

〔1〕此章事在周赧王五十五年(前260)。

〔2〕长平之役:秦赵两国之间的一次战役。长平,赵邑,在今山西高平市西北。

〔3〕平都君:即平都侯,赵悼襄王时封君。魏王:指魏安釐王。

〔4〕垣雍:鲍彪注:"韩所得魏地。"参见《魏策三·魏将与秦攻韩》注。

〔5〕饵:引诱。

〔6〕责:要求,索取。

〔7〕王念孙云:"'王曰不敢'、'王曰不能'两'王'字,皆后人入也。'曰不敢'、'曰不能',皆平都君之语,与上文自为问答。"

【译文】

　　长平战役的时候,平都君劝魏王说:"大王为什么不采取合纵的策略?"魏王说:"秦王答应把垣雍还给我。"平都君说:"臣下认为割让垣雍是空话。"魏王说:"为什么这样说?"平都君说:"秦、赵两国在长平城下相持很久没有决出胜负。因此天下诸侯如果跟秦国联合,就不会有赵国;如果跟赵国联合,就不会有秦国。秦王害怕大王改变主意,所以用垣雍引诱大王。如果秦国战胜赵国,大王还敢要求秦国割让垣雍吗?王说'不敢';如果秦国没有战胜赵国,大王能叫韩国交出垣雍作为割地吗?王说'不能'。我所以说,割让垣雍是空话。"魏王说:"讲得好。"


# 楼梧约秦、魏[1]

　　楼梧约秦、魏[2],将令秦王遇于境[3]。谓魏王曰[4]:"遇而无相[5],秦必置相。不听之,则交恶于秦;听之,则后王之臣[6],将皆务事诸侯之能令于王之上者[7]。且遇于秦而相秦者[8],是无齐也,秦必轻王之强矣。有齐者不若相之[9],齐必喜。是以有雍者与秦遇[10],秦必重王矣。"

【注释】

　　〔1〕此章事在周赧王八年(前307),与《秦策五·楼䣅约秦、魏》同时。

　　〔2〕楼梧:即楼䣅,魏国大臣。

　　〔3〕秦王:指秦武王。遇:会见。

〔4〕魏王：指魏襄王。

〔5〕无相：鲍彪注："无相魏者。"

〔6〕后：使居于后。

〔7〕务：致力。事：侍奉。诸侯之能令于王之上者：鲍彪注："言处魏上，而能使之从令若秦者。"

〔8〕金正炜云："按'而相秦者'当作'而相有秦者'，字误脱也。"有：通"友"。

〔9〕鲍本"不"上有"王"字。

〔10〕鲍本"雍"作"齐"。"雍"字误。

【译文】

楼䚅使秦、魏两国同意订约，将使秦王跟魏王在边境会见。他对魏王说："会见时您没有相国，秦王一定要为您安排一个相国。您不听从他的，那么跟秦国的邦交就会恶化；您听从他的，那么大王的臣子就得居于该相国之后，都将尽力侍奉在大王之上能够发号施令的诸侯。而且在跟秦王会见的时候用亲秦者为相国，这就会失去齐国的援助，秦王就一定轻视大王的强大了。亲齐者大王不如用他为相国，齐国一定高兴，因此亲齐的相国跟秦王相会，秦王就一定会重视大王了。"

# 芮宋欲绝秦、赵之交[1]

芮宋欲绝秦、赵之交[2]，故令魏氏收秦太后之养地[3]。秦王于秦[4]。芮宋谓秦王曰："魏委国于王而王不受，故委国于赵也。李郝谓臣曰[5]：'子言无秦，而养秦太后以地，是欺我也。'故敝邑收之。"秦王怒，遂绝赵也。

【注释】

〔1〕此章事于史无征,不知其年代。

〔2〕芮宋:魏国大臣。

〔3〕秦太后:鲍彪注:"宣太后。"无据。养地:供养之地,即食邑。

〔4〕秦王:鲍彪注为昭王,无据。此句不完,与上下文不相属。鲍本"于秦"二字作"怒",今从之。

〔5〕李郝:赵国人。

【译文】

芮宋打算瓦解秦、赵两国的邦交,所以让魏国收回秦太后的供养之地。秦王大怒,芮宋对秦王说:"魏国把国家托付给大王而大王不肯接受,所以才把国家托付给赵国。李郝对臣下说:'你说不跟秦国来往,却用土地供养秦太后,这是欺骗我。'所以敝国要把土地收回来。"秦王大怒,便跟赵国绝交。

# 为魏谓楚王[1]

为魏谓楚王曰[2]:"索攻魏于秦[3],秦必不听王矣。是智困于秦而交疏于魏也。楚、魏有怨,则秦重矣。故王不如顺天下[4],遂伐齐,与魏便地[5],兵不伤,交不变,所欲必得矣。"

【注释】

〔1〕此章事在周赧王三十一年(前284)。

〔2〕楚王:指楚顷襄王。

〔3〕索:请求。

〔4〕鲍彪注:"天下不欲秦伐魏。"

〔5〕便:当为"更"字之讹。更,更换。

【译文】

有人替魏国对楚王说:"向秦国请求攻打魏国,秦国一定不会听从大王的,这样智谋就会被秦国所困住,而且跟魏国疏远了邦交。楚国和魏国之间有仇隙,那么秦国的地位就重要了。所以大王不如随顺天下诸侯的意愿,立即讨伐齐国,跟魏国交换土地,军队不致伤亡,邦交不会改变,所要得到的就一定能够得到了。"

# 管鼻之令翟强与秦事[1]

管鼻之令翟强与秦事[2],谓魏王曰[3]:"鼻之与强,犹晋人之与楚人也。晋人见楚人之急[4],带剑而缓之,楚人恶其缓而急之。令鼻之入秦之传舍[5],舍不足以舍之[6]。强之入,无蔽于秦者[7]。强,王贵臣也,而秦若此其甚,安可?"

【注释】

〔1〕此章事在何年无从可考。顾观光《国策编年》系于周赧王九年(前306)。

〔2〕管鼻:疑即楼鼻,"管"为"楼"字之误。楼鼻亦作楼廪,参见《魏三·魏太子在楚》注。翟强:魏国的相。与(yù):参与。"与秦事",等于说"出使秦国"。

〔3〕金正炜云:"按此,盖鼻之徒毁强于王之辞也。"

〔4〕急:性情急躁。

〔5〕令:假使。鲍本作"今"。今亦有假使义。传(zhuàn)舍:供行人

休息住宿的处所,即宾馆。

〔6〕舍:安置。

〔7〕吴师道云:"言无人从之。"黄丕烈按:"《史记·刺客列传》:'跪而蔽席。'《索隐》曰:'蔽,犹拂也。'此字与彼同。"

【译文】

楼鼻让翟强出使秦国,他的徒属对魏王说:"楼鼻跟翟强,犹如晋国人和楚国人一般。晋国人见楚国人性情急躁,带着刀剑使他们平和缓慢些;楚国人厌恶晋国人行事太慢,便促使他们紧张急迫些。假使楼鼻进入秦国的客舍,秦国安置他的人马都安排不下。翟强进入秦国的客舍,在秦国连给他打扫枕席的人都没有。翟强是大王高贵的臣子,然而秦国对他如此无礼,这怎么可以?"

# 成阳君欲以韩、魏听秦[1]

成阳君欲以韩、魏听秦[2],魏王弗利[3]。白圭谓魏王曰[4]:"王不如阴侯人说成阳君曰[5]:'君入秦,秦必留君,而以多割于韩矣。韩不听,秦必留君而伐韩矣。故君不如安行求质于秦[6]。'成阳君必不入秦。秦、韩不敢合[7],则王重矣。"

【注释】

〔1〕此章事在周赧王二十五年(前290)。

〔2〕成阳君:韩国人。

〔3〕魏王:指魏昭王。

〔4〕白圭：魏国人，参见《魏策四·白珪谓新城君》注。

〔5〕侯：鲍本作"使"，今从鲍本。

〔6〕安：徐，缓。

〔7〕鲍彪注："衍'敢'字。"金正炜云："'敢'字当在'入秦'上，误淆于下也。"

【译文】

　　成阳君想使韩国和魏国服从秦国，魏王认为对自己不利。白圭对魏王说："大王不如暗中派人劝告成阳君：'您进入秦国，秦国一定扣留您，进而从韩国多割取土地。韩国若不答应，秦国一定扣留您并讨伐韩国。所以您不如慢慢前往秦国要求作人质。'成阳君一定不敢进入秦国，秦国和韩国联合不起来，那么大王的地位就重要了。"

# 秦拔宁邑〔1〕

　　秦拔宁邑〔2〕，魏王令之谓秦王曰〔3〕："王归宁邑，吾请先天下构〔4〕。"魏魏王曰〔5〕："王无听，魏王见天下之不足恃也，故欲先构。夫亡宁者，宜割二宁以求构〔6〕；夫得宁者，安能归宁乎？"

【注释】

〔1〕此章事在周赧王五十八年(前257)。

〔2〕宁邑：魏邑，在今河南修武县东。

〔3〕魏王：指魏安釐王。之：鲍本作"人"。秦王：指秦昭王。

〔4〕构：通"媾"，讲和。

〔5〕魏魏：衍一"魏"字。王：鲍本作"冉"。鲍本是。

〔6〕二宁:二倍于宁的土地。

【译文】

秦国攻克宁邑,魏王派人对秦王说:"大王归还宁邑,我就先于各国诸侯跟您讲和。"魏冉对秦王说:"大王不要听信,魏王发现各国诸侯不能依靠,所以想先跟您讲和。丧失宁邑的,应该割让两个宁邑来求和;取得宁邑的,怎么能归还宁邑呢?"

# 秦罢邯郸〔1〕

秦罢邯郸〔2〕,攻魏,取宁邑。吴庆恐魏王之构于秦也〔3〕,谓魏王曰:"秦之攻王也,王知其故乎?天下皆曰王近也〔4〕,王不近秦,秦之所去〔5〕。皆曰王弱也,王不弱二周〔6〕,秦人去邯郸、过二周而攻王者,以王为易制也。王亦知弱之召攻乎〔7〕?"

【注释】

〔1〕此章事与上章同时,在周赧王五十八年(前257)。

〔2〕罢:停止进攻。邯郸:赵国国都。

〔3〕吴庆:魏国大臣。魏王:指魏安釐王。构:通"媾",讲和。

〔4〕近:亲近。"近"下似夺"赵"字。

〔5〕金正炜曰:"'去'盖'劫'之坏字。《管子·大匡篇》'于是劫鲁'注:'劫谓兴兵胁之。'《汉书·高帝纪》'因以劫众'注:'劫,谓威胁之。'"

〔6〕二周:东周、西周。

〔7〕鲍彪云:"若讲于秦,复示弱也。"

【译文】

秦国停止进攻邯郸,进攻魏国,夺取宁邑。吴庆害怕魏王跟秦国讲和,对魏王说:"秦军进攻大王,大王知道其中的缘故吗?天下诸侯都说大王亲近赵国,大王不亲近秦国,这就是秦国相威胁的原因。天下诸侯都说大王软弱,大王并不比二周软弱,秦人撤离邯郸,越过二周来进攻大王,是因为他们认为大王是容易制服的。大王也知道软弱会招致别人进攻吗?"

## 魏王欲攻邯郸[1]

魏王欲攻邯郸[2]。季梁闻之[3],中道而反,衣焦不申[4],头尘不去,往见王曰:"今者臣来,见人于大行[5],方北面而持其驾[6],告臣曰:'我欲之楚。'臣曰:'君之楚,将奚为北面?'曰:'吾马良。'臣曰:'马虽良,此非楚之路也。'曰:'吾用多[7]。'臣曰:'用虽多,此非楚之路也。'曰:'吾御者善。'此数者愈善,而离楚愈远耳。今王动欲成霸王[8],举欲信于天下[9],恃王国之大,兵之精锐,而攻邯郸,以广地尊名,王之动愈数[10],而离王愈远耳,犹至楚而北行也。"

【注释】

〔1〕此章事在周显王十五年(前354)。
〔2〕魏王:指魏惠王。
〔3〕季梁:魏国之臣。
〔4〕焦:卷曲。申:伸展。
〔5〕大行(háng):大道。
〔6〕方:正。北面:向北。

〔7〕用:资财,路费。

〔8〕霸王:霸业,王业。

〔9〕举:举动,行事。

〔10〕数(shuò):频繁。

**【译文】**

魏王打算攻打邯郸。季梁听说此事,从半路上返回来,衣服皱了也没伸展一下,满头尘土也没洗一洗,忙去谒见魏王说:"方才臣下来的时候,在大道上看见一个人,正在往北边赶着他的车,告诉臣下说:'我想到楚国去。'臣下说:'你到楚国去,为什么还往北走?'他说:'我的马好。'臣下说:'马虽然好,这不是去楚国的路。'他说:'我的路费多。'我说:'路费虽然多,这不是去楚国的路。'他说:'臣下的车夫棒。'这几方面越强,离楚国就越远了。如今大王每一个行动都想成就霸业或王业,每一个作为都想在天下取得威信,仗恃国家的强大,兵力的精锐,就去攻打邯郸,以便扩大土地提高名分,大王的行动越频繁,距离王业就越远,就好像到楚国去往北走一样。"

## 周肖谓宫他[1]

周肖谓宫他曰[2]:"子为肖谓齐王曰肖愿为外臣[3],令齐资我于魏[4]。"宫他曰:"不可。是示齐轻也[5]。夫齐不以无魏者以害有魏者,故公不如示有魏。公曰:'王之所求于魏者,臣请以魏听[6]。'齐必资公矣。是公有齐,以齐有魏也[7]。"

【注释】

〔1〕此章又见于《韩非子·说林下》,周肖作周趡,事在何年不可考。

〔2〕周肖:即周宵,魏国人。《孟子·滕文公下》作周霄。宫他:周朝大臣,亲齐。

〔3〕外臣:士大夫对别国君主的自称。

〔4〕资:资助,帮助。此句《韩非子》作"以齐资我于魏,请以魏事王。"

〔5〕示齐轻:鲍彪注:"肖,魏臣,而假重于外,是示齐以无魏也。"《韩非子》此句作"是示之无魏也。"无魏,在魏国没有地位。

〔6〕以:使。

〔7〕以齐有魏:鲍彪注:"因齐之资以得魏重。"

【译文】

周肖对宫他说:"您替我跟齐王说我希望做他的外臣,让齐国帮助我在魏国任职。"宫他说:"不行。这是向齐国显示您在魏国没有地位。那齐国不会用在魏国没有地位的人去伤害在魏国有地位的人,所以您不如显示自己在魏国有地位。您说:'大王向魏国所要求的条件,请允许臣下使魏国从命。'齐国就一定会帮助您了。这样您就有了齐国的支持,靠齐国的帮助在魏国有了地位。"

## 周最善齐[1]

周最善齐[2],翟强善楚[3],二子者欲伤张仪于魏[4]。张子闻之,因使其人为见者啬夫[5],闻见者[6],因无敢伤张子。

【注释】

〔1〕此章所述与张仪两次相魏时事均不合,无以系年,当为拟托之作。

〔2〕周㝡:亦作"周最"。㝡,同"最"。周㝡为周王朝公子,秦置为魏相。

〔3〕翟强:魏相。

〔4〕伤:中伤,诋毁。

〔5〕见者:指周㝡、翟强等来见王者。啬夫:随从小臣。吴师道云:"仪使其臣为见者之啬夫,以间伺之。"

〔6〕闻:鲍本作"间"。间(jiàn),侦伺,监视。

【译文】

周最跟齐国亲善,翟强跟楚国亲善,这两个人都想在魏王面前中伤张仪。张仪听说此事,就让他手下的人前来求见魏王的周最、翟强的接待员,监视来求见的周最、翟强,周最、翟强便未敢中伤张仪。

# 周最入齐[1]

周最入齐[2],秦王怒[3],令姚贾让魏王[4]。魏王为之谓秦王曰:"魏之所以为王通天下者[5],以周最也。今周最遁寡人入齐[6],齐无通于天下矣。敝邑之事王,亦无齐累矣[7]。大国欲急兵[8],则趣赵而已[9]。"

【注释】

〔1〕此章事在周赧王二十九年(前286)。

〔2〕吴师道云:"此语在田文相魏昭王时,是最先见逐于齐,今复自

魏入齐。"

〔3〕秦王:指秦昭王。

〔4〕姚贾:张清常、王延栋《战国策笺注》:"按,姚贾与韩非同时,在此后五十余年。疑此'姚贾'当为'起贾'之误。"起贾,秦御史,参见《赵四·齐欲攻宋》。魏王:指魏昭王。

〔3〕缪文远云:"据下文,'王'当为'齐'之讹。"通:交通,交往。

〔6〕遁:逃,逃离。

〔7〕累:牵连,拖累。

〔8〕大国:贵国,指秦国。急兵:鲍彪注:"伐齐。"

〔9〕趣(cù):催促,督促。

【译文】

周最去了齐国,秦王大怒,派起贾去谴责魏王。魏王为此对秦王说:"魏国之所以能够为齐国跟天下诸侯交往,靠的就是周最。如今周最逃离寡人去了齐国,齐国就没有办法跟天下诸侯交往了。敝国侍奉大王,也就没有齐国的牵累了。贵国想要紧急出兵讨伐齐国,那就只有催促赵国而已。"

## 秦、魏为与国[1]

秦、魏为与国[2],齐、楚约而欲攻魏,魏使人求救于秦,冠盖相望[3],秦救不出。

魏人有唐且者[4],年九十余,谓魏王曰[5]:"老臣请出西说秦[6],令兵先臣出,可乎?"魏王曰:"敬诺。"遂约车而遣之[7]。唐且见秦王[8],秦王曰:"丈人芒然乃远至此[9],甚苦矣。魏来求救数矣[10],寡人知魏之急矣。"唐且对曰:"大王已知魏之急而救不至者,是大王筹策之臣无任矣[11]。且夫魏一万乘之国,称东藩[12],受冠带[13],祠春秋者[14],以为秦之强足以为与也。今齐、楚之兵已在魏郊矣,大王之救不至,魏急,则且割地而约齐、楚。王虽欲救之,岂有及哉!是亡一万乘之魏,而强二敌之齐、楚也[15]。窃以为大王筹策之臣无任矣。"

秦王喟然愁悟[16],遽发兵[17],日夜赴魏。齐、楚闻之,乃引兵而去。魏氏复全,唐且之说也。

【注释】

〔1〕此章事在周赧王四十九年(前266),又见于《史记·魏世家》和《新序·杂事三》。

〔2〕与国:盟国。

〔3〕冠盖相望:言使者络绎不绝。冠盖本指官员的冠服和车乘,在此特指使者。

〔4〕唐且:当时著名策士。鲍本及《史记》《新序》并作"唐雎"。"且""雎"字同。

〔5〕魏王:指魏安釐王。

〔6〕王念孙云:"'请'下不当有'出'字,此涉下文'出'字而误衍耳。"

〔7〕约车:准备车马。

〔8〕秦王:指秦昭王。

〔9〕丈人:对年长人的尊称。芒然:疲倦的样子。

〔10〕数(shuò):多次。

〔11〕筹策:出谋划策。任:能力。

〔12〕藩:属国。

〔13〕冠带:本指帽子与腰带,在此比喻封爵、官职。

〔14〕祠:祭祀。此言春、秋贡奉以助秦祭祀。

799

〔15〕敌:相当,匹敌。
〔16〕喟(kuì)然:叹息的样子。
〔17〕遽(jù):急速,立即。

**【译文】**

　　秦国和魏国结成盟国,齐国和楚国订约打算进攻魏国,魏国派人到秦国去求救,一批接一批络绎不绝,秦国的救兵就是不出动。

　　魏国人有个唐且,年纪有九十多岁,对魏王说:"请允许老臣我到西方去说服秦王,叫救兵在我回来之前就出发,可以吗?"魏王说:"就这么办。"于是就准备车马送他出使。唐且拜见秦王,秦王说:"您老先生疲惫不堪地从远方来到这里,太辛苦了。魏国来求救多次了,寡人知道魏国局势紧急了。"唐且回答说:"大王既然知道魏国局势紧急救兵却没到,这就是大王手下出谋划策的臣子不称职了。再说魏国作为一个有万辆兵车的大国,自称秦国的东方藩属,接受秦国赏赐的冠带,供给秦国春祭和秋祭的祭品,就是认为秦国强盛满可以做自己的盟国。如今齐、楚的联军已经开到魏国国都的郊外了,大王的救兵还不到,魏国一着急,就得割让土地跟齐、楚两国订立盟约。那时大王即使想援救魏国,难道还来得及吗?这是失去一个有万辆兵车的魏国,使与秦国势均力敌的齐、楚二国强大起来。我私下认为大王手下出谋划策的臣子太不称职了。"

　　秦王长叹一声忧虑而醒悟,当即派出救兵,日夜兼程奔赴魏国。齐国和楚国听到这个消息,就撤兵离去。魏国又一次得到保全,全仗唐且的一番游说。

# 信陵君杀晋鄙〔1〕

　　信陵君杀晋鄙〔2〕,救邯郸,破秦人,存赵国。赵王自郊迎[3]。唐且谓信陵君曰:"臣闻之曰:事有不可知者,有不可不知者;有不可忘者,有不可不忘者。"信陵君曰:"何谓也?"对曰:"人之憎我也,不可不知也;吾憎人也,不可得而知也;人之有德于我也,不可忘也;吾有德于人也,不可不忘也。今君杀晋鄙,救邯郸,破秦人,存赵国,此大德也。今赵王自郊迎,卒然见赵王[4],臣愿君之忘之也。"信陵君曰:"无忌谨受教。"

【注释】

〔1〕此章事在周赧王五十八年(前257),又见于《史记·魏公子列传》。

〔2〕信陵君:即魏公子无忌,参见《齐策三·国子曰秦破马服君之师》注。晋鄙:魏国将领。

〔3〕赵王:指赵孝成王。

〔4〕卒(cù):通"猝",突然,仓促。

【译文】

信陵君杀了晋鄙,拯救了邯郸,击败了秦兵,保住了赵国。赵孝成王亲自到郊外迎接他。唐且对信陵君说:"臣下听说这么几句话:事情有不可以知道的,有不可以不知道的;有不可以忘记的,有不可以不忘记的。"信陵君说:"这话怎么讲?"唐且回答说:"别人憎恨我,不可以不知道;我憎恨别人,不可以让他知道;别人对我有恩德,不可以忘记;我对别人有恩德,不可以不忘记。如今您杀了晋鄙,拯救了邯郸,击败了秦兵,保住了赵国,这是大恩大德。现在赵王亲自到郊外迎接您,仓促之间就会见到赵王,臣下希望您把这件事忘掉。"信陵君说:"我衷心接受您的指教。"

# 魏攻管而不下[1]

魏攻管而不下[2]。安陵人缩高其子为管守[3]。信陵君使人谓安陵君曰："君其遣缩高,吾将仕之以五大夫[4],使为持节尉[5]。"安陵君曰："安陵,小国也,不能必使其民。使者自往请。"使道使者至缩高之所[6],复信陵君之命。缩高曰："君之幸高也[7],将使高攻管也。夫以父攻子守[8],人大笑也。是臣而下[9],是倍主也[10]。父教子倍,亦非君之所喜也。敢再拜辞。"

使者以报信陵君,信陵君大怒,遣大使之安陵[11],曰："安陵之地,亦犹魏也。今吾攻管而不下,则秦兵及我[12],社稷必危矣。愿君之生束缩高而致之[13]。若君弗致也,无忌将发十万之师,以造安陵之城[14]。"安陵君曰："吾先君成侯受诏襄王以守此地也[15],手受大府之宪[16],宪之上篇曰:'子弑父,臣弑君,有常不赦[17]。国虽大赦,降城亡子不得与焉[18]。'今缩高谨解大位以全父子之义[19],而君曰'必生致之',是使我负襄王诏而废大府之宪也。虽死,终不敢行。"

缩高闻之曰："信陵君为人悍而自用也[20],此辞反,必为国祸。吾已全己无为人臣之义矣[21],岂可使吾君有魏患也。"乃之使者之舍,刎颈而死。

信陵君闻缩高死,素服缟素辟舍[22],使使者谢安陵君,曰:"无忌小人也,困于思虑,失言于君,敢再拜释罪。"

**【注释】**

〔1〕此章事在秦庄襄王三年(前247)。

〔2〕管:在今河南郑州市。初为韩邑,后入魏,又入秦,此时属秦。

〔3〕安陵:魏国的附属国,在今河南鄢陵县西北。其:当作"之"。守(shòu):守臣,地方长官。

〔4〕五大夫:爵位名。战国时楚、魏始设,为二十等爵的第九级。

〔5〕持节:手执符节,作为奉命出使的凭证。尉:武官。

〔6〕道:引导。缩:鲍本作"缩"。

〔7〕幸:宠爱。指"仕之以五大夫,使为持节尉"。

〔8〕姚宏云一本无"以"字。

〔9〕是:鲍本作"见"。下:屈服,投降。

〔10〕倍:背叛。

〔11〕大使:重使,特使。

〔12〕秦兵及我:吴师道云:"不得秦地,必受秦攻。"

〔13〕生束:活捉。致:送。

〔14〕造:到……去,前往。

〔15〕成侯:安陵始封之君。襄王:即魏襄王。

〔16〕手:亲手,亲自。大(tài)府:魏国收藏图籍的机构。宪:法令。

〔17〕常:常刑。

〔18〕降城亡子:弃城逃跑的人。

〔19〕解:鲍本作"辞",今从之。大位:高位,指"五大夫"之爵位。

〔20〕悍:凶暴。

〔21〕己无:姚宏云一本作"己之",今从之。

〔22〕黄丕烈云:"鲍衍上'素'字。"缟素:白色的丧服。

**【译文】**

魏国攻打管邑没有攻下来。安陵人缩高的儿子为管邑的守官。信陵君派人对安陵君说:"您还是把缩高派来,我打算授予他五大夫的爵位,派他做持节尉。"安陵君说:"安陵是一个小国,不能强行使用自己的人民。您的使者亲自去请吧。"便派人把使者送到缩高的住所,使者重申信陵君的命令。缩高说:"信陵君之所以宠爱我,是打算叫我去攻打管邑。作为父亲攻打儿子的守邑,人们会大大笑话的。我儿子见到臣下就投降,这是背叛君主的行为。父亲教儿子背叛,这也不是信陵君所喜欢的行为。臣下只好冒昧地再拜谢绝他。"

使者把缩高的话禀报信陵君,信陵君大为恼火,派特使去安陵说:"安陵这地方,也还是魏国的领地。现在我攻打管邑没有攻下来,那么秦军逼近我,国家就不免危险了。希望您活捉缩高把他送来。倘若您不把缩高送来,我就派出十万军队,奔赴安陵城下。"安陵君说:"我的先君成侯,接受襄王的命令来据守此地,亲手接受太府的法令。法令的上篇说:'儿子杀害父亲,臣子杀害君主,有固定的刑法不可赦免。国家即使实行大赦,弃城逃跑的人也不算在内呀。'现在缩高郑重地辞去他的高位,来保全父子之义,可是您却说'一定活捉押送他',这是让我辜负襄王的遗诏,并且抛弃太府的法令。即使处死我,我也不敢执行。"

缩高得知此事说:"信陵的为人凶暴而且自用。把这些话传回去,一定会酿成国家的灾祸。我已经保全了自己做人臣的大义,怎么可以使我的国君遭致魏国的祸患!"于是前往大使的客馆,自刎而死。

信陵君听说缩高自杀而死,身穿白色的丧服,离开自己的正房,派使者向安陵君赔罪说:"我是个小人,被糊涂思想所困扰,对您说了一些错话,冒昧地再拜请求恕罪。"

# 魏王与龙阳君共船而钓[1]

魏王与龙阳君共船而钓[2],龙阳君得十余鱼而涕下[3]。王曰:"有所不安乎? 如是,何不相告也?"对曰:"臣无敢不安也。"王曰:"然则何为涕出?"曰:"臣为王之所得鱼也[4]。"王曰:"何谓也?"对曰:"臣之始得鱼也,臣甚喜,后得又益大,今臣直欲弃臣前之所得矣[5]。今以臣凶恶[6],而得为王拂枕席[7]。今臣爵至人君,走人于庭,辟人于途[8]。四海之内美人亦甚多矣,闻臣之得幸于王也,必褰裳而趋王[9]。臣亦犹曩臣之前所得鱼也[10],臣亦将弃矣,臣安能无涕出乎?"魏王曰:"误[11]。有是心也,何不相告也?"于是布令于四境之内,曰:"有敢言美人者族[12]。"

由是观之,近习之人[13],其挚谄也固矣[14],其自篡繁也完矣[15]。今由千里之外欲进美人,所效者庸必得幸乎[16]? 假之得幸[17],庸必为我用乎? 而近习之人相与怨我,见有祸,未见有福;见有怨,未见有德,非用知之术也[18]。

**【注释】**

〔1〕此章事在何时无从可考。
〔2〕龙阳君:魏王的宠姬。
〔3〕涕:眼泪。

〔4〕王:鲍本作"臣"。今从之。

〔5〕直:仅,只是。

〔6〕凶恶:相貌丑陋。

〔7〕拂枕席:等于说"侍寝"。

〔8〕"走人"二句:鲍彪注:"在庭则人为之趋走,在途则行者避。"

〔9〕褰(qiān)裳:提着衣裙。褰,撩起,提起。

〔10〕曩(nǎng):从前,以往。王引之云:"曩即前也。上既言曩,下不得复言前。此因上文'臣前之所得'而误衍耳。"

〔11〕误:王引之云:"吴(师道)以'误'为'谮'之讹,近之。然误与谮字不相似,谮字无缘讹作误。'误'当为'诶(xī)',形近而讹也。"

〔12〕族:灭族。

〔13〕近习之人:指国君的亲近、宠幸之人。

〔14〕挚诣:献媚,讨好。

〔15〕篡繁:鲍本作"幂(mì)系"。鲍彪注:"幂,覆也,言自芘自结于王。"芘(bì),通"庇",荫庇,庇护。

〔16〕效:进献。庸:岂,难道。

〔17〕假之:假使。

〔18〕知(zhì):今写作"智"。

【译文】

魏王和龙阳君同乘一条船钓鱼,龙阳君钓到十几条鱼竟流泪哭了。魏王说:"你心里有所不安吗?这么伤心,为什么不告诉我?"龙阳君回答说:"妾身不敢不安。"魏王说:"既然这样,那你为什么流泪呢?"龙阳君说:"为妾身所钓的鱼流泪。"魏王说:"这话是什么意思?"龙阳君说:"妾身一开始钓到鱼,妾身很高兴,后来钓到的鱼越来越大,现在妾身就只想抛弃以前所钓的鱼了。如今就凭妾身这副丑陋相貌,竟能够为大王拂拭枕席伴寝。如今妾身的爵位高至人君,在朝廷上人们见我要快走致敬,在道路上人们见我要立即回避。四海之内美人多得很,她们听说我在大王面前受到宠幸,一定会提起衣裙跑到大王这里。那时候妾身也就像妾身先前所钓的鱼一样,也就要被抛弃了,妾身怎能不流泪呢?"魏王说:"喔。有这种想法,为什么不告诉我?"魏王于是向全国发布命令说:"有敢议论美人的判处灭族罪。"

由此来看,君主亲近宠幸的人,他们谄媚讨好使自己的地位巩固了,他们讨取荫庇使自身安全了。如今想从千里之外进献美人,所进献的难道一定能受到宠幸吗?假如受到宠幸,难道一定能为自己所用吗?而且君主亲近宠幸的人们互相怨恨,只看到有祸,没看到有福;只看见有怨,没看见有德,这不是运用智慧的办法。

## 秦攻魏急[1]

秦攻魏急[2]。或谓魏王曰[3]:"弃之不如用之之易也,死之不如弃之之易也[4]。能弃之弗能用之,能死之弗能弃之[5],此人之大过也。今王亡地数百里,亡城数十,而国患不解,是王弃之,非用之也。今秦之强也,天下无敌;而魏之弱也甚,而王以是质秦[6],王又能死而弗能弃之,此重过也。今王能用臣之计,亏地不足以伤国,卑体不足以苦身,解患而怨报[7]。

"秦自四境之内,执法以下至于长挽者[8],故毕曰[9]:'与嫪氏乎[10]?与吕氏乎[11]?'虽至于门闾之下[12],廊庙之上[13],犹之如是也。今王割地以赂秦,以为嫪毒功;卑体以尊秦,以因嫪毒[14]。王以国赞嫪毒[15]，以嫪毒胜矣[16]。王以国赞嫪氏[17]，太后之德王也[18]，深于骨髓，王之交最为天下上矣。秦、魏百相交也，百相欺也[19]。今由嫪氏善秦，而交为天下上，天下孰不弃吕氏而从嫪氏？天下必合吕氏而从嫪氏[20]，则王之怨报矣。"

【注释】

〔1〕此章事在秦王政九年(前238)，又见于《孔丛子·论势》。

〔2〕《史记·魏世家》载："景湣王元年，秦拔我二十城，以为秦东郡。二年，秦拔我朝歌。卫徙野王。三年，秦拔我汲。五年，秦拔我垣、蒲阳、衍。"按，景湣王元年为秦王政五年。

〔3〕魏王：指魏景湣王。

〔4〕"弃之"二句：鲍彪注："弃，谓战而丧地。用，谓割地赂之。死，谓败死。"吴师道云："《孔丛子》注：'言弃其地不如用其地以攻守为易，死其地不如弃其地以图存为易。盖当计其势如何，亦在弃之用之得其宜。'"

〔5〕金正炜云："按《经传释词》'能'与'宁'一声之转。此文'能'字，亦当读为'宁'。《说文》：'宁，愿词也。'下文'王又能死而弗能弃之'，义同。"

〔6〕质秦：做秦国的攻击目标。质，箭靶，这里用作动词。

〔7〕解患：当作"患解"。

〔8〕鲍彪注："执法，执政之臣。长挽者，长为挽车之人。"《孔丛子》"执法"作"执政"。

〔9〕故：通"固"，一定。毕：都。

〔10〕与：亲近。嫪(lào)氏：即嫪毒(ǎi)。详见《楚策四·楚考烈王无子》注。

〔11〕吕氏：即吕不韦。详见《秦策五·濮阳人吕不韦贾于邯郸》注。

〔12〕门闾之下：指平民百姓。闾，里巷的大门。

〔13〕廊庙之上：指达官贵人。廊庙，指朝廷。

〔14〕因:依靠。
〔15〕赞:帮助。
〔16〕以:则。《孔丛子》作"则嫪毒胜矣"。
〔17〕"王以"句:此句因上文而衍,《孔丛子》无此句。
〔18〕太后:秦庄襄王后,秦王政之母。德:感激。
〔19〕"秦、魏"二句:鲍彪注:"言昔之交,毕卒归于欺。"
〔20〕合:鲍本作"舍",从鲍本。

**【译文】**

秦国加紧进攻魏国。有人对魏王说:"放弃土地认输不如割让土地求和容易,固守土地而死不如放弃土地认输容易。宁愿放弃土地认输不愿割让土地求和,宁愿固守土地而死不愿弃土地认输,这是某些人的大错误。如今大王丧失土地方圆几百里,丧失城池几十座,可是国家的祸患没有消除,原因就是大王放弃土地认输,不是割让土地求和。当今秦国的强大,天下无敌,然而魏国软弱得很,可是大王却把这些土地作为秦国的攻击目标,大王又宁愿固守土地而死而不愿放弃土地认输,这是严重的错误。如今大王采用我的计策,损失土地却不至于损害国家,屈体下拜却不至于自身受苦,可以消除祸患并且报仇雪恨。

"秦国四境之内,从执政的大臣到拉车的车夫,一定都在说:'大王是亲近嫪氏呢?是亲近吕氏呢?'即使到里门之下,朝廷之上,同样如此。如今大王割让土地来贿赂秦国,以为这是嫪毒的功劳;屈体下拜来尊奉秦王,来依附嫪毒。大王用国家帮助嫪毒,嫪毒就取胜了。秦太后感激大王,深入骨髓,大王跟秦国的邦交就是天下的上交了。秦、魏两国交往不下一百次,互相欺骗也不下一百次。如今通过嫪氏跟秦国友善,结为天下的上交,天下诸侯谁不抛弃吕氏依从嫪氏呢?天下诸侯一定会舍掉吕氏而依从嫪氏,那么大王的仇怨也就报了。"

809

# 秦王使人谓安陵君[1]

秦王使人谓安陵君曰[2]:"寡人欲以五百里之地易安陵[3],安陵君其许寡人?"安陵君曰:"大王加惠,以大易小,甚善。虽然,受地于先生[4],愿终守之,弗敢易!"秦王不说,安陵君因使唐且使于秦[5]。

秦王谓唐且曰:"寡人以五百里之地易安陵,安陵君不听寡人,何也?且秦灭韩亡魏[6],而君以五十里之地存者,以君为长者,故不错意也[7]。今吾以十倍之地请广于君,而君逆寡人者,轻寡人与?"唐且对曰:"否,非若是也。安陵君受地于先生而守之,虽千里不敢易也,岂直五百里哉[8]!"秦王怫然怒[9],谓唐且曰:"公亦尝闻天子之怒乎?"唐且对曰:"臣未尝闻也。"秦王曰:"天子之怒,伏尸百万,流血千里。"唐且曰:"大王尝闻布衣之怒乎?"秦王曰:"布衣之怒,亦免冠徒跣[10],以头抢地尔[11]。"唐且曰:"此庸夫之怒也,非士之怒也。夫专诸之刺王僚也[12],彗星袭月[13];聂政之刺韩傀也[14],白虹贯日[15];要离之刺庆忌也[16],仓鹰击于殿上[17]。此三子者,皆布衣之士也,怀怒未发,休祲降于天[18],与臣而将四矣。若士必怒,伏尸二人[19],流血五步,天下缟素,今日是也。"挺剑而起[20]。秦王色挠[21],长跪而谢之[22],曰:"先生坐,何至于此?寡人谕矣[23]。夫韩、魏灭亡,而安陵以五十里之地存者,徒以有先生也。"

**【注释】**

〔1〕此章又见于《说苑·奉使》,所述多不可考,悖于情理,缪文远说:"然细按之,实辩士之寓言也。"

〔2〕秦王:指秦王政。安陵君:战国晚期封君。

〔3〕易:换。安陵:在今河南鄢陵县北。据考,安陵早已为秦所有,无须以地易之。

〔4〕生:鲍本作"王",下同。

〔5〕唐且(jū):即唐雎,著名策士。按:唐雎于公元前296年曾说秦昭王救魏,时"年九十余"(参见《魏策四·秦、魏为与国》)。本章言"秦灭韩亡魏",当在公元前225年以后,则唐雎已一百三十岁,这是不可能的。

〔6〕秦灭韩亡魏:秦灭韩在公元前230年,亡魏在公元前225年。

〔7〕错意:放在心上。错,后来写作"措"。

〔8〕直:只。

〔9〕怫(fú)然:忿怒的样子。

〔10〕徒跣(xiǎn):光着脚。

〔11〕抢(qiāng):触,撞。尔:同"耳"。

〔12〕专诸:春秋时吴国人。王僚:即吴王僚,公元前526—公元前515年在位。吴公子光(即阖闾)欲杀王僚以自立,便派专诸把匕首藏在鱼腹中,乘进餐时刺杀王僚。

〔13〕彗星:俗称扫帚星。

〔14〕聂政:战国时韩国人。韩傀(guī):一名侠累,韩国的相国。韩烈侯时,严遂与侠累结怨,聂政便为严遂刺死侠累。

〔15〕贯:穿。

〔16〕要离:春秋末吴国人。庆忌:王僚之子。公子光刺死王僚之后,庆忌逃到卫国,公子光又派要离去卫国刺杀庆忌。

〔17〕仓:通"苍",青色。

〔18〕休祲(jìn)：偏义复词，指凶兆。休，吉兆。祲，不祥之气。

〔19〕二人：唐雎指他和秦王。

〔20〕挺：拔出。吴师道云："秦法，侍者不得操兵，此云'挺剑而起'，何也？"

〔21〕挠：屈服。

〔22〕长跪：挺直上身而跪。古人席地而坐，坐时两膝着地，以臀部放在脚跟上，跪时则伸直腰股。

〔23〕谕：明白。

**【译文】**

秦王派人对安陵君说："寡人打算用方圆五百里的土地换安陵，安陵君能答应寡人吧？"安陵君说："大王施与恩惠，用大块土地换小块土地，很好。虽然如此，可是我从先王那里接受了这块土地，情愿终身守着它，不敢换。"秦王听了很恼火，安陵君于是派唐且出使秦国。

秦王对唐且说："寡人用方圆五百里的土地换安陵，安陵君不服从寡人，为什么？再说秦国灭了韩国亡了魏国，而安陵君却凭那方圆五十里的土地存在着，是因为我把他当作忠厚长者，所以没把安陵放在心上。现在我用十倍的土地请安陵君扩大地盘，可是安陵君竟违抗寡人，这是轻视寡人吧？"唐且回答说："不，不是这样。安陵君从先王那里接受土地而守着，即使是方圆千里都不敢换，岂只方圆五百里呢？"秦王勃然大怒，对唐且说："您也曾听说天子发脾气吗？"唐且回答说："臣下没听说过。"秦王说："天子发脾气，就得百万人头落地，流血千里。"唐且说："大王曾经听说平民发脾气吗？"秦王说："平民发脾气，不过是摘下帽子光着脚，拿脑袋往地上碰罢了。"唐且说："这是庸人发脾气，不是高士发脾气。那专诸刺杀王僚的时候，彗星侵袭月亮；聂政刺杀韩傀的时候，白虹穿过太阳；要离刺杀庆忌的时候，苍鹰在宫殿上搏击。这三个人，都是平民中的高士，他们满怀的怒火还没发泄出来,凶兆就从天而降,把臣下算上就是四个人了。倘若一定要使高士发脾气,就得倒下尸首两具,流血不过五步,天下人都得穿上白色的孝衣,今天就是这个日子。"唐且拔剑而起,秦王脸都吓白了,挺直身子跪着向唐且赔罪说:"先生请坐,何至于此,寡人明白了。韩、魏两国相继灭亡,而安陵君凭那方圆五十里的土地还能存在着,只是因为有先生啊。"

## 卷二十六　韩一

**【题解】**

韩国为三晋之一,是晋大夫韩武子的后代。其祖先与周同姓(姬)。武子事晋得封于韩原(在今陕西韩城西南),故称韩武子。武子后三氏有韩厥,从封姓为韩氏。韩厥即韩献子,传宣子、贞子、简子、庄子至康子,于公元前453年,同魏桓子联合赵襄子共灭智氏,三分其地。康子卒,武子代。武子卒,景侯立,公元前403年被周威烈王承认为诸侯。国都最早是平阳(在今山西临汾市西南)。后来是宜阳(在今河南宜阳县西),景侯迁至阳翟(今河南禹县),哀侯灭郑便迁都于郑(今河南新郑市)。

韩国于公元前230年为秦所灭,历传十一世:景侯(前408—前400)、烈侯(前399—前387)、文侯(前386—前377)、哀侯(前376—前375)、懿侯(前374—前363)、昭侯(前362—前333)、宣惠王(前332—前312)、襄王(前311—前296)、釐王(前295—前273)、桓惠王(前272—前239)、韩王安(前238—前230)。韩自列于诸侯迄于覆亡计173年。

韩国疆域约当今山西省东南角和河南省中部,介于魏、秦、楚三国之间,乃是古代兵家必争之地。韩昭侯曾起用申不害为相,进行改革,国力较强。《史记·韩世家》云:"申不害相韩,修术行道,国内以治,诸侯不来侵伐。"但统观韩国的历史,韩国总是处在被动挨打的地位,四面受敌,连年征战,疲弊不堪。

《韩策》在《战国策》中,篇幅是七雄策文中最少的,但论章节之多则居第二,仅次于《魏策》。《韩策》姚本三卷:《韩一》二十四章,《韩二》二十一章,《韩三》二十四章,共六十九章。鲍本一卷,凡六十章。今以两本对校,有所分合,《韩一》定为二十五章,《韩二》定为二十二章,《韩三》定为二十三章,总共七十章。

## 魏之围邯郸[1]

魏之围邯郸也[2],申不害始合于韩王[3],然未知王之所欲也,恐言而未必中于王也。王问申子曰:"吾谁与而可[4]?"对曰:"此安危之要[5],国家之大事也。臣请深惟而苦思之[6]。"乃微谓赵卓、韩晁曰[7]:"子皆国之辩士也,夫为人臣者,言可必用[8]?尽忠而已矣。"二人各进议于王以事。申子微视王之所说以言于王,王大说之。

【注释】

〔1〕此章事在周显王十五年(前354),又见于《韩非子·内储说上》。

〔2〕邯郸:赵国国都。

〔3〕合:会合,接触。韩王:指韩昭侯。

〔4〕谁与:同谁联合。鲍彪注:"与魏耶?赵耶?"

〔5〕要:关键。

〔6〕惟:思,考虑。

〔7〕微:暗中,悄悄地。赵卓、韩晁:皆为韩国之臣。

〔8〕可:通"何",怎么。

【译文】

魏国围攻邯郸,申不害刚刚跟韩王接触,因此不知道韩王的打算,恐怕说出自己的意见未必符合韩王的意图。韩王问申不害说:"我跟谁联合才好?"申不害回答说:"这是安危的关键,国家的大事。请允许臣下冥思苦想一番。"便悄悄地对赵卓、韩晁说:"您二位都是国内的能言善辩之士,做为人臣,发表的意见大王怎么能一定被采用?不过是尽忠罢了。"两个人各自就眼前的事向韩王提出建议。申不害偷偷观察韩王喜欢什么就对韩王说什么,韩王对他特别满意。

## 申子请仕其从兄官[1]

申子请仕其从兄官[2],昭侯不许也,申子有怨色。昭侯曰:"非所谓学于子者也[3]。听子之谒而废子之道乎[4]?又亡其行子之术而废子之谒乎[5]?子尝教寡人循功劳、视次第[6],今有所求,此我将奚听乎?"申子乃辟舍请罪曰[7]:"君真其人也[8]!"

【注释】

〔1〕此章事在周显王十八年(前351),又见于《韩非子·外储说左上》。

〔2〕申子:即申不害。从兄:堂兄。

〔3〕谓:《韩非子》无。《韩非子》载:"申子曰:'法者见功而与赏,因能而受官,今君设法度而听左右之请,此所以难行也。'"所以韩昭侯才说申不害言行相悖。

〔4〕谒:请求。

〔5〕又:《韩非子》无。亡(wú)其:还是。

〔6〕循功劳:即"见功而与赏"之意。循,按照。视次第:即"因能而受官"之意。次第,指能力的大小。

〔7〕辟舍:等于"辟席",离开坐席。辟,同"避"。

〔8〕其人：那种人，指理想的国君。

【译文】

申不害请求授予他的堂兄一个官职，韩昭侯不答应，申不害有点不高兴。韩昭侯说："这可不是从你那里学到的原则。我是听从你的请求抛弃你的学说呢？还是推行你的学说拒绝你的请求呢？你曾经指教我按照功劳的大小，安排官吏的等级。现在你有所请求，这叫我听从哪种意见呢？"申不害于是避开席位请罪，对韩昭侯说："您真是个秉公持正的人！"

# 苏秦为楚合从说韩王[1]

苏秦为楚合从说韩王曰[2]："韩北有巩、洛、成皋之固[3]，西有宜阳、常阪之塞[4]，东有宛、穰、洧水[5]，南有陉山[6]，地方千里，带甲数十万[7]。天下之强弓劲弩[8]，皆自韩出。溪子、少府、时力、距来[9]，皆射六百步之外。韩卒超足而射[10]，百发不暇止[11]，远者达胸，近者掩心[12]。韩卒之剑戟，皆出于冥山、棠溪、墨阳、合伯膊[13]。邓师、宛冯、龙渊、大阿[14]，皆陆断马牛，水击鹄雁，当敌即斩。坚甲盾、鞮鍪、铁幕、革抉、𠂤芮[15]，无不毕具。以韩卒之勇，被坚甲，蹠劲弩[16]，带利剑，一人当百，不足言也。夫以韩之劲与大王之贤，乃欲西面事秦，称东藩[17]，筑帝宫[18]，受冠带[19]，祠春秋[20]，交臂而服焉[21]。夫羞社稷而为天下笑，无过此者矣。是故愿大王之熟计之也。大王事秦，秦必求宜阳、成皋。今兹效之[22],明年又益求割地。与之,即无地以给之[23];不与,则弃前功而后更受其祸。且夫大王之地有尽,而秦之求无已,夫以有尽之地,而逆无已之求[24],此所谓市怨而买祸者也,不战而地已削矣。臣闻鄙语曰[25]:'宁为鸡口,无为牛后[26]。'今大王西面交臂而臣事秦,何以异于牛后乎?夫以大王之贤,挟强韩之兵,而有牛后之名,臣窃为大王羞之。"

韩王忿然作色,攘臂按剑[27],仰天太息曰:"寡人虽死,必不能事秦。今主君以楚王之教诏之[28],敬奉社稷以从。"

## 【注释】

〔1〕此章又见于《史记·苏秦列传》,诸家皆系于周显王三十六年(前333)。因与史实颇有不合,缪文远断言"其为依托无疑"。

〔2〕韩王:《史记》作"韩宣王"。

〔3〕巩:在今河南巩义市西南。洛:即今河南洛阳。《史记》无"洛"字。成皋:即虎牢,参见《秦策三·五国罢成皋》注。

〔4〕宜阳:在今河南宜阳县西北洛河北岸。常阪:即商山,在今陕西商县东南。

〔5〕宛(yuān):在今河南南阳市。穰:在今河南邓县西南。洧(wěi)水:源出河南登封市北阳城山,东南流入颍水。

〔6〕陉(xíng)山:在今河南漯河市东。

〔7〕带甲:披甲的将士。

〔8〕劲:强。弩:一种用机械力发射的弓。

〔9〕溪子、少府、时力、距来:皆为弩名。王念孙云:"'距来'当为'距黍','黍''来'隶书相近,故'黍'讹为'来'。《韩策》作'距来',亦后人依《史记》改之。"(《读书杂志·史记四》)

〔10〕超足:举足踏弩。

〔11〕不暇止:不间歇。

〔12〕掩心:鲍彪注:"箭中心上,如掩。"

〔13〕冥山:即冥阸,古隘道,在今河南淅阳市西南。棠溪:在今河南舞阳县东南。墨阳:在今河南淅川县北。合伯膊:姚宏云:"曾无'伯'字。"而鲍本无"膊"字。合伯,亦称"合膊",在今河南舞阳县南。

〔14〕邓师、宛冯、龙渊、大(tài)阿:皆宝剑名。司马贞《史记索隐》:"邓国有工铸剑,而师名焉。徐广云'荥阳有冯池',谓宛人于冯池铸剑,故号'宛冯'。《吴越春秋》'楚王令风胡子请吴干将、越欧冶作剑二,其一曰龙泉,二曰太阿'。"龙泉即龙渊。

〔15〕盾:《史记》无,疑衍。鞮鍪(dī móu):头盔。铁幕:铁制的护臂。革抉(jué):革制的扳指,射箭时套在拇指上,用以钩弦。吷:鲍本及《史记》作"呿"。吷芮(fá ruì),系盾的丝带。吷,同"瞂",盾。

〔16〕蹠(zhí):踩,踏。

〔17〕东藩:东方的属国。藩,属国,属地。

〔18〕筑帝宫:为秦王建筑宫室,以备其巡幸。

〔19〕受冠带:接受秦王的封赏。冠带,比喻官爵、官职。

〔20〕祠春秋:春秋供奉,助秦祭祀。

〔21〕交臂:叉手,拱手,表示屈服。

〔22〕今兹:今年。

〔23〕即:则。

〔24〕逆:迎受,承受。

〔25〕鄙语:俗语。

〔26〕"宁为"二句:张守节《史记正义》云:"鸡口虽小,犹进食;牛后虽大,乃出粪也。"《颜氏家训》引作"宁为鸡尸,不为牛从",司马贞《史记索隐》引延笃注云:"尸,鸡中主也。从谓牛子也。言宁为鸡中之主,不为牛之从后也。"近人朱启凤云:"'口'、'后'协韵,此本古人成语。……变'口'为'尸',改'后'为'从',于义不顺,于韵亦不协。此文人好奇之过。"

〔27〕攘(rǎng)臂:挽袖伸臂。

〔28〕主君：尊称苏秦。古时尊称卿大夫为主君。楚：吴师道云："字误，《史》正作'赵'。"

## 【译文】

苏秦为楚国合纵游说韩王说："韩国北面有巩地、洛地、成皋牢固的边邑，西面有宜阳、常阪险要的关塞，东面有宛地、穰地和洧水，南面有陉山，土地纵横千里，身披铠甲的将士几十万。天下的强弓劲弩，都是韩国制造的。溪子、少府、时力、距黍这些良弓，都能射到六百步以外。韩国士兵脚踏弩机发射，百箭飞出防不胜防，远的射入胸膛，近的穿透心房。韩国士兵的剑和戟，完全出自冥山、棠溪、墨阳、合伯。邓师、宛冯、龙渊、太阿这些良剑，都能在陆上斩断马牛，在水上击中天鹅和大雁，遇见敌人当即斩杀。至于铠甲、头盔、铁护臂、皮扳指、系盾带，应有尽有，无不具备。凭韩国士兵的勇敢，身披坚固的铠甲，脚踏强劲的弩机，腰带锋利的宝剑，一个人可以抵挡百人，这是不消说的。凭韩国的强大和大王的贤明，竟要投向西方侍奉秦国，自称秦国东方的属国，为秦王修筑行宫，接受秦王的封赏，为秦国供奉春秋的祭品，拱手屈服于秦国之下。辱没自己的国家，被天下人所耻笑，再也没有比这更过分的了。因此希望大王仔细考虑这件事。大王侍奉秦国，秦国一定要求割让宜阳、成皋。今年把这些地方献给它，明年它还得要求割让更多的土地。割给它吧，就会没有土地满足它的要求；不割给它吧，就前功尽弃，日后还得遭受它的祸害。再说大王的土地毕竟有限，而秦国的要求没有止境，用有限的土地来迎合没有止境的要求，这就是所谓购买怨恨和灾祸的做法，未曾交战土地就丧失了。臣下听俗话说：'宁做鸡口，不做牛屁股。'如今大王投向西方拱手像臣仆一般地侍奉秦国，跟做牛屁股有什么区别呢？就凭大王的贤明，拥有强大的韩国军队，竟落个牛屁股的名声，臣下私下替大王感到羞愧。"

韩王听了十分激动变了脸色,挽起衣袖按着宝剑,仰天长叹说:"寡人就是死了,也一定不能侍奉秦国。现在您把赵王的指教转告我,我恭恭敬敬地把国家大事交您处理。"

## 张仪为秦连横说韩王[1]

张仪为秦连横说韩王曰[2]:"韩地险恶,山居,五谷所生,非麦而豆[3];民之所食,大抵豆饭、藿羹[4];一岁不收,民不餍糟糠[5];地方不满九百里,无二岁之所食。料大王之卒,悉之不过三十万,而厮徒负养在其中矣[6]。为除守徼亭鄣塞[7],见卒不过二十万而已矣[8]。秦带甲百余万,车千乘,骑万匹,虎挚之士[9],跿跔科头、贯颐奋戟者[10],至不可胜计也。秦马之良,戎兵之众[11],探前趹后、蹄间三寻者[12],不可称数也。山东之卒,被甲冒胄以会战[13],秦人捐甲徒裎以趋敌[14],左挈人头,右挟生虏。夫秦卒之与山东之卒也,犹孟贲之与怯夫也[15];以重力相压,犹乌获之与婴儿也[16]。夫战孟贲、乌获之士[17],以攻不服之弱国,无以异于堕千钧之重集于鸟卵之上[18],必无幸矣[19]。诸侯不料兵之弱、食之寡,而听从人之甘言好辞[20],比周以相饰也[21]。皆言曰:'听吾计,则可以强霸天下。'夫不顾社稷之长利,而听须臾之说,诖误人主者[22],无过于此者矣。大王不事秦,秦下甲据宜阳[23],断绝韩之上地[24],东取成皋、宜阳,则鸿台之宫、桑林之菀[25]，非王之有已。夫塞成皋，绝上地，则王之国分矣。先事秦则安矣，不事秦则危矣。夫造祸而求福，计浅而怨深，逆秦而顺楚，虽欲无亡，不可得也。故为大王计，莫如事秦。秦之所欲，莫如弱楚，而能弱楚者莫如韩。非以韩能强于楚也，其地势然也。今王西面而事秦以攻楚，为敝邑[26]，秦王必喜。夫攻楚而私其地，转祸而说秦，计无便于此者也。是故秦王使使臣献书大王御史[27]，须以决事[28]。"

韩王曰："客幸而教之，请比郡县，筑帝宫[29]，祠春秋，称东藩，效宜阳。"

## 【注释】

〔1〕此章又见于《史记·张仪列传》，诸家皆系于周赧王四年（前311），因与史实多不相合，缪文远断为拟托之作。

〔2〕韩王：据《史记》指韩襄王。

〔3〕非麦而豆：《史记》作"非菽而麦。"姚宏注："古语只称菽，汉以后方呼豆。"而：则。

〔4〕豆饭：《史记》作"饭菽"。王念孙云："当为'菽饭'，'菽饭'、'藿羹'相对为文。"藿，豆叶。

〔5〕餍（yàn）：饱。

〔6〕厮徒：从事杂役的奴隶。负养：负荷养牧的仆役。

〔7〕徼（jiào）亭：边境的哨所。鄣塞：边境的城堡关塞。鄣，同"障"。

〔8〕见卒：现有的士卒。见，同"现"。

〔9〕挚：《史记》作"贲"。王念孙云："作'虎贲'是也。"虎贲，勇士。

〔10〕跿跔（tú jū）：赤脚。科头：不戴头盔。贯颐：王引之云："'贯'读为'弯弓'之'弯'。颐，弓名也。《广雅》作'䪷'，云'弓名'。出《韵略》，古无'䪷'字，借'颐'为之耳。"

〔11〕"秦马"二句:敦煌《春秋后语》残卷作"乘马之良,戎马之众",今从之。

〔12〕探前趹(jué)后:司马贞《史记索隐》:"谓马前足探向前,后足趹于后。趹谓后足抉地,言马之走势疾也。"寻:八尺。

〔13〕冒胄:顶着头盔。

〔14〕徒裎(chéng):赤脚裸体。

〔15〕孟贲:战国时著名勇士。

〔16〕乌获:秦武王时的力士。

〔17〕金正炜云:"按'战'当作'载',字形相近又涉上文'合战'而误。"

〔18〕堕:落,掉下来。钩:三十斤,古代重量单位。

〔19〕幸:幸免。

〔20〕从(zòng)人:主张合纵的人。

〔21〕比周:勾结,结党。相饰:自我标榜。

〔22〕诖(guà)误:贻误。

〔23〕下甲:出兵。

〔24〕上地:即上党之地,在今山西东南部。详见《东周·或为周最谓金投》。

〔25〕鸿台之宫、桑林之菀:都是韩国的宫苑。菀,通"苑",养禽兽植树木供帝王游乐打猎的场所。

〔26〕为:帮助。

〔27〕御史:指替国君传命的小臣。此实指韩王。

〔28〕须:等待。

〔29〕筑帝宫:为秦王筑宫室。

**【译文】**

张仪为秦国连横游说韩王说:"韩国的地势险恶,在山上居住,农业的出产,不是麦子就是豆子;人民的食物,大都是豆子饭和豆叶羹;一年收成不好,人民连酒糟和米糠都吃不饱;土地纵横不到九百里,没有两年的粮食储备。估计大王的士兵,满算上不超过三十万,而且杂役劳工也算在里头了。去掉驻守在边境哨所和关塞的士兵,现有的士兵不过二十万罢了。而秦国身披铠甲的士兵一百多万,战车一千辆,战马一万匹,勇猛的士兵,赤足光头、张弓奋击的,竟至不计其数。秦国的战车精良,战马众多,探起前蹄蹬开后蹄、一跃两丈多的,不可胜数。崤山以东六国的士兵,披着铠甲戴着头盔来交战,而秦国人却脱掉铠甲赤足露身去迎击敌人,左手拎着人头,右手拉着俘虏。那秦国的士兵与崤山以东六国的士兵比起来,就像勇士孟贲和懦夫一样;叫他们承受重压,就像力士乌获和婴儿一样。载着用孟贲、乌获这样的士兵去攻打不驯服的弱国,跟把几千斤的重东西扔到鸟蛋上没有什么不同,一定没有幸免的了。各国诸侯不估量自己兵力的软弱,粮食的缺少,竟听信鼓吹合纵者的花言巧语,相互勾结自我标榜。他们都说:'采纳我的计策可以强大起来而称霸天下。'不顾国家的长远利益,使君主听信顷刻之间的胡说,贻误君主的,没有比这个更过分的了。大王不侍奉秦国,秦国就会派出甲士占据宜阳,截断韩国上党的土地,向东夺取成皋和宜阳,那么鸿台宫、桑林苑,就不属于大王所有了。封锁了成皋,截断了上党,那么大王的国家就被分割了。先侍奉秦国就可以安宁,不侍奉秦国就会有危险。造成祸患再去寻求幸福,计谋短浅而结怨太深,违背秦国而顺从楚国,即使想不亡国,也是不可能的。所以替大王考虑,不如侍奉秦国。秦国所想的,就是要削弱楚国,而能使楚国削弱的谁也不如韩国。并不是因为韩国比楚国强大,是韩国的地势使它如此重要。现在大王投向西方侍奉秦国去进攻楚国,帮助敝国,秦王一定高兴。进攻楚国而占有它的土地,转嫁祸患而取悦秦国,任何计谋也没有比这更有利的。因此秦王派使臣向大王的御史呈上书信,等待决定此事。"

韩王说:"承蒙贵客指教,请把我国比作贵国郡县,为秦王修筑行宫,供奉春秋祭祀的祭品,自称东方的藩国,敬献宜阳。"

# 宣王谓摎留[1]

宣王谓摎留曰[2]:"吾欲两用公仲、公叔[3],其可乎?"对曰:"不可。晋用六卿而国分[4];简公用田成、监止而简公弑[5];魏两用犀首、张仪而西河之外亡[6]。今王两用之,其多力者内树其党,其寡力者籍外权[7]。群臣或内树其党以擅其主,或外为交以裂其地,则王之国必危矣。"

【注释】

〔1〕此章又见于《韩非子》的《说林上》和《难一》,诸家多系于周显王四十八年(前321)前后。

〔2〕宣王:指韩宣惠王。摎(jiū)留:韩国大臣。

〔3〕两用:并用,同时使用。公仲、公叔:都是韩国的公族。公仲即公仲朋、韩公仲。

〔4〕六卿:指范、中行、智、赵、魏、韩六氏。公元前458年智、赵、韩、魏共灭范氏、中行氏,分其地以为己邑。公元前453年赵、魏、韩共灭智氏,三分其地。从此晋国被赵、魏、韩三家瓜分。

〔5〕简公:指齐简公,名壬,齐悼公之子。田成:即田成子,又称陈成子,名恒(一作"常"),简公相。监止:字子我,简公相。监止有宠于简公,田成忌之,公元前481年田成杀监止及简公。

〔6〕犀首:即公孙衍。西河:魏郡,在今陕西东部黄河西岸地区。外:指西。

〔7〕籍:通"藉",凭借,依靠。

【译文】

韩宣惠王对摎留说:"我想并用公仲和公叔执掌国政,可以吗?"摎留回答说:"不可以。晋国并用六卿导致国家分裂,齐简公并用田成和监止掌权而自己被杀,魏国并用犀首和张仪为相而丧失西河之外的土地。如今大王并用他俩执政,那个势力大的就会在国内树立私党,那个势力小的就会凭借国外势力牟取私利。群臣有的在国内树立自己的私党挟持自己的君主,有的在国外任意结交来分割国家的土地,那么大王的国家可就危险了。"

## 张仪谓齐王[1]

(阙文)张仪:"谓齐王曰[2]:'王不如资韩朋[3],与之逐张仪于魏。魏因相犀首,因以齐、魏废韩朋,而相公叔以伐秦。'公仲闻之,必不入于齐。据公于魏[4],是公无患。"

【注释】

〔1〕此章事在周显王四十七年(前322)。

〔2〕鲍本"张"上补"谓"字,"仪"下补"臣"字。吴师道云:"章首有缺文。"

〔3〕资:资助。韩朋:即公仲。朋,其名,或作"明"。

〔4〕据:依靠。

【译文】

有人对张仪说:"臣下对齐王说:'大王不如资助韩朋,跟他把张仪驱逐到魏国去。魏国就会任命犀首做相国,犀首就会凭借齐国和魏国的势力罢免韩朋,而任命公叔为相国去攻打秦国。'公仲听说此事,一定不会到齐国去。他会来魏国依靠您,这样您就没有祸患了。"

## 楚昭献相韩[1]

楚昭献相韩[2]。秦且攻韩,韩废昭献。昭献令人谓公叔曰:"不如贵昭献以固楚[3],秦必曰楚、韩合矣。"

【注释】

〔1〕此章事在韩宣惠王时(前322—前312),确年不可考。

〔2〕昭献:楚国的相国。此时韩国与楚国结盟,要依靠楚国抵抗秦国,所以任命他为相国。

〔3〕固楚:巩固与楚国的联盟。

【译文】

楚国的昭献在韩国担任相国。秦国即将进攻韩国,韩国便要罢免昭献。昭献派人对公叔说:"不如抬高昭献的地位来巩固和楚国的联盟,秦国一定会说楚国和韩国联合起来了。"

## 秦攻陉[1]

秦攻陉[2],韩使人驰南阳之地[3]。秦已驰[4],又攻陉,韩因割南阳之地。秦受地,又攻陉。陈轸谓秦王曰[5]:"国形不便,故驰。交不亲,故割。今割矣而交不亲,驰矣而兵不止,臣恐山东之无以驰割事王者矣。且王求百金于三川而不可得[6],求千金于韩,一旦而具。今王攻韩,是绝上交而固私府也[7],窃为王弗取也。"

【注释】

〔1〕此章事在周赧王五十一年(前264)。

〔2〕陉:即陉城,在今山西曲沃县东北。

〔3〕驰:王念孙云:"读为移。移,易也。谓以南阳之地易秦地也。下文曰:'国形不便,故驰。'谓两国之地形不便,故交相易也。"

〔4〕秦已驰:言秦已同意易地。

〔5〕陈轸:著名策士。秦王:指秦昭王。按:周赧王五十一年为秦昭王四十三年,陈轸当为九十余岁,恐他未必有如此高寿。此乃本章一大疑点。

〔6〕三川:指河、洛、伊三水之间地。本为韩地,易之于魏。

〔7〕固:通"锢",封闭,关闭。私府:金正炜云:"犹云'外府',即上所谓'求千金于韩,一旦而具'也。"

【译文】

秦军进攻陉地,韩国派人以南阳之地换秦国之地。秦国已经同意换地,又进攻陉地,韩国于是割让南阳之地。秦国接受土地,又进攻陉地。陈轸对秦王说:"两国地形不便所以才换地。邦交不亲,所以才割地。现在韩国割地了邦交依然不亲,换地了进兵依然不止,臣下担心崤山以东六国再也不会有谁以换地割地来侍奉大王了。再说大王在三川索取百金都没办到,而向韩国索取千金,一下子都拿到了。现在大王进攻韩国,这是断绝了最好的邦交而且封闭了自己的外府,臣下私下认为大王不能采取这种做法。"

# 五国约而攻秦[1]

五国约而攻秦[2],楚王为从长[3]。不能伤秦,兵罢而留于成皋。魏顺谓市丘君曰[4]:"五国罢,必攻市丘以偿兵费。君资臣,臣请为君止天下之攻市丘。"市丘君曰:"善。"因遣之。

魏顺南见楚王,曰:"王约五国而西伐秦,不能伤秦,天下且以是轻王而重秦。故王胡不卜交乎[5]?"楚王曰:"奈何?"魏顺曰:"天下罢,必攻市丘以偿兵费。王令之勿攻市丘。五国重王[6],且听王之言而不攻市丘;不重王,且反王之言而攻市丘。然则王之轻重必明矣。"故楚王卜交而市丘存。

【注释】

〔1〕此章事在秦王政六年(前241)。
〔2〕五国:指楚、韩、赵、魏、燕。
〔3〕楚王:指楚考烈王。从(zòng)长:合纵联盟的盟主。
〔4〕魏顺:魏相。市丘君:韩釐王时封君。市丘,在今河南荥阳市东北。
〔5〕胡:何。卜交:预测交情,测知诸侯与楚国的关系。
〔6〕五:鲍注:"当作四。"

【译文】

五国相约攻打秦国,楚王为纵约长。没能使秦国受到损伤,便停止进攻屯驻在成皋。魏顺对市丘君说:"五国收兵,一定会攻占市丘来补偿军费。您若资助臣下，请允许臣下替您阻止天下诸侯攻占市丘。"市丘君说："好。"于是派他到楚国去。

魏顺到南方拜见楚王说："大王与五国订约西去讨伐秦国，没能使秦国受到损伤，天下诸侯将因此轻视大王而尊重秦国。所以大王为什么不测验一下天下诸侯跟您的交情呢？"楚王说："怎么测验？"魏顺说："天下诸侯撤兵，一定会攻占市丘来补偿军费。请大王命令他们不要攻占市丘。四国诸侯如果尊重大王，就会听从大王的话不去攻占市丘；如果不尊重大王，就会违反大王的话去攻占市丘。这样一来大王的地位是轻是重就看清楚了。"所以楚王测验与诸侯的交情便把市丘保存下来。

# 郑强载八百金入秦[1]

郑强载八百金入秦[2]，请以伐韩。冷向谓郑强曰[3]："公以八百金请伐人之与国[4]，秦必不听公。公不如令秦王疑公叔[5]。"郑强曰："何如？"曰："公叔之攻楚也，以几瑟之存焉[6]，故言先楚也。今已令楚王奉几瑟以车百乘居阳翟[7]，令昭献转而与之处[8]，旬有余，彼已觉。而几瑟，公叔之仇也；而昭献，公叔之人也。秦王闻之，必疑公叔为楚也。"

【注释】

〔1〕此章事在周赧王十五年（前300）。

〔2〕郑强：郑公族。

〔3〕冷向：秦国之臣。

〔4〕与国:盟国。

〔5〕秦王:指秦昭王。

〔6〕几瑟:韩公子。鲍彪注:"太子婴弟,时质楚,公叔所不善。"

〔7〕楚王:指楚怀王。奉:护送。阳翟:韩邑,在今河南禹州市。

〔8〕昭献:楚相国。

【译文】

　　郑强装载八百金进入秦国,请求用以讨伐韩国。冷向对郑强说:"您用八百金请求讨伐人家的盟国,秦国一定不会听您的。您不如使秦王怀疑公叔。"郑强问:"怎么办?"冷向说:"公叔之所以下令进攻楚国,是因为几瑟在那里,所以他主张首先进攻楚国。现在已经让楚王用一百辆车子把几瑟送回阳翟居住,让昭献回转阳翟跟他住在一起,十多天来他们已经互相察觉。然而几瑟是公叔的仇敌,昭献是公叔的朋友。倘若秦王听说此事,一定怀疑公叔帮助楚国。"

# 郑强之走张仪于秦[1]

　　郑强之走张仪于秦[2],曰仪之使者必之楚矣[3]。故谓大宰曰[4]:"公留仪之使者,强请西图仪于秦。"故因而请秦王曰[5]:"张仪使人致上庸之地[6],故使使臣再拜谒秦王[7]。"秦王怒,张仪走。

【注释】

〔1〕此章事在周赧王十五年(前300)。

〔2〕走:使出走,赶走。

〔3〕使者:使唤的人,助手。

〔4〕大(tài)宰：楚国官名。

〔5〕而：鲍本作"西"，今从之。秦王：指秦武王。

〔6〕致：送还。上庸：邑名，在今湖北竹山县西南。鲍彪注："秦惠十三年取上庸,今言仪致之楚,欲以怒秦。"

〔7〕谒：拜见。秦：黄丕烈云："涉下文而衍。"

【译文】

郑强把张仪从秦国赶走，扬言说张仪的助手一定到楚国去了。又对楚国的太宰说："您留住张仪的助手，我请求西去秦国设法对付张仪。"所以他西去秦国见秦王说："张仪派人到楚国送还上庸的土地，所以派使臣我来拜谢大王。"秦王大为恼火，张仪便逃跑了。

# 宜阳之役[1]

宜阳之役[2]，杨达谓公孙显曰[3]："请为公以五万攻西周，得之，是以九鼎印甘茂也[4]。不然，秦攻西周，天下恶之，其救韩必疾[5]，则茂事败矣[6]。"

【注释】

〔1〕此章事在周赧王七年（前308）。

〔2〕宜阳之役：秦攻韩的一次战役，秦派甘茂攻宜阳。宜阳，韩邑，在今河南宜阳县西北洛河北岸。详见《东周策·秦攻宜阳》注。

〔3〕杨达：秦国人。公孙显：见《秦策二·秦武王谓甘茂》注。

〔4〕九鼎：象征国家政权的传国之宝。印：鲍本作"抑"，今从之。甘茂：楚国人，秦武王时为左丞相。详见《东周策·秦攻宜阳》注。鲍彪注："茂与显争国，显得九鼎，其功大，秦必弃茂用显。"

〔5〕救韩必疾：救周必经韩之宜阳，故救周必先救宜阳。

〔6〕茂事：甘茂攻宜阳之事。

**【译文】**

在宜阳的战役中，杨达对公孙显说："请允许我替您用五万兵攻打西周，攻下西周，这就可以用九鼎压倒甘茂的地位。不然的话，秦国就会攻打西周，天下诸侯讨厌此事，他们一定会加紧援救韩国，那么甘茂攻宜阳之事也就失败了。"

## 秦围宜阳〔1〕

秦围宜阳，游腾谓公仲曰〔2〕："公何不与赵蔺、离石、祁〔3〕，以质许地〔4〕？则楼缓必败矣〔5〕。收韩、赵之兵以临魏，楼鼻必败矣〔6〕。韩为一〔7〕，魏必倍秦，甘茂必败矣〔8〕。以成阳资翟强于齐〔9〕，楚必败之。须〔10〕，秦必败。秦失魏，宜阳必不拔矣〔11〕。"

**【注释】**

〔1〕此章事在周赧王七年（前308）。

〔2〕游腾：游说之士。

〔3〕蔺、离石、祁：鲍彪注："赵地，韩尝取之，今使归之。"蔺，在今山西吕梁市离石区西。离石，即今山西吕梁市离石区。祁，在今山西祁县东。

〔4〕以质许地：吴师道补正："以质子而许之地也。"

〔5〕楼缓：赵国人。

〔6〕楼鼻：魏国人。鼻，鲍本作"廧"。金正炜云："韩要赵以质而归其地，则二国之交可合。然后收韩、赵之兵以临魏，魏不得不听。缓之在赵，鼻之在魏，皆欲以其国合于秦者也。今赵、魏皆合于韩，故曰二子必

败也。"

〔7〕韩为一：姚宏云："一本作'韩、赵为一'。"

〔8〕金正炜云："二国合兵以临魏，魏必倍秦，则甘茂约魏攻韩之策亦败矣。"

〔9〕成阳：在今山东鄄城县东南。翟强：魏国相国，亲楚。

〔10〕须：待，少待。

〔11〕金正炜云："盖秦攻宜阳，必先得魏。是策行则秦失魏而宜阳可全矣。"

【译文】

秦军围攻宜阳，游腾对公仲说："您为什么不归还赵国的蔺、离石、祁三地，以抵押公子为条件答应赵国的土地要求呢？那么楼缓就一定会失败了。集结韩、赵两国的军队去进逼魏国，楼鼻就一定会失败了。韩、赵两国结为一体，魏国一定背叛秦国，甘茂就一定会失败了。在齐国用成阳资助翟强，楚国一定要战败秦国。等一等，秦国一定失败。秦国失去魏国的支持，宜阳就一定不会被攻下来了。"

# 公仲以宜阳之故仇甘茂〔1〕

公仲以宜阳之故仇甘茂〔2〕。其后，秦归武遂于韩〔3〕，已而，秦王固疑甘茂之以武遂解于公仲也〔4〕。杜赫为公仲谓秦王曰〔5〕："明也愿因茂以事王〔6〕。"秦王大怒于甘茂，故樗里疾大说杜聊〔7〕。

【注释】

〔1〕此章事在周赧王九年（前306）。

〔2〕公元前308年秦使甘茂率师攻下宜阳,公仲因此怨恨甘茂。

〔3〕武遂:韩邑,在今山西垣曲县东南。

〔4〕秦王:指秦昭王。解:消除怨恨,和解。

〔5〕杜赫:韩国人。

〔6〕明:公仲之名。此公仲用以自称。鲍本作"朋"。鲍彪注:"若公仲与茂善,以实秦王之疑。"

〔7〕樗里疾:秦公子。详见《西周策·秦令樗里疾以车百乘入周》。杜聊:当为"杜赫"之误。按:樗里疾与甘茂为左、右丞相,秦王疑甘茂则重樗里疾,故樗里疾悦杜赫。

【译文】

公仲因为宜阳战役的缘故仇恨甘茂。打那以后,秦国把武遂归还韩国,后来,秦王便怀疑甘茂是用武遂来消除跟公仲的仇怨。杜赫替公仲对秦王说:"我希望通过甘茂来侍奉大王。"秦王听了对甘茂十分不满,所以樗里疾非常赞赏杜赫。

# 秦、韩战于浊泽〔1〕

秦、韩战于浊泽〔2〕,韩氏急。公仲明谓韩王曰〔3〕:"与国不可恃〔4〕。今秦之心欲伐楚,王不如因张仪为和于秦,赂之以一名都〔5〕,与之伐楚〔6〕。此以一易二之计也〔7〕。"韩王曰:"善。"乃儆公仲之行〔8〕,将西讲于秦。

楚王闻之〔9〕,大恐,召陈轸而告之〔10〕。陈轸曰:"秦之欲伐我久矣,今又得韩之名都一而具甲〔11〕,秦、韩并兵南乡〔12〕,此秦所以庙祠而求也〔13〕。今已得之矣,楚国必伐矣。王听臣,为之徼四境之内,选师言救韩[14],令战车满道路;发信臣[15],多其车,重其币,使信王之救己也。纵韩为不能听我[16],韩必德王也,必不为雁行以来[17]。是秦、韩不和,兵虽至,楚国不大病矣。为能听我,绝和于秦,秦必大怒,以厚怨于韩。韩得楚救,必轻秦,轻秦,其应秦必不敬。是我困秦、韩之兵而免楚国之患也[18]。"

楚王大说,乃徼四境之内,选师言救韩[19];发信臣,多其车,重其币[20]。谓韩王曰:"弊邑虽小[21],已悉起之矣。愿大国遂肆意于秦[22],弊邑将以楚殉韩。"

韩王大说,乃止公仲。公仲曰:"不可。夫以实告我者[23],秦也;以虚名救我者,楚也。恃楚之虚名,轻绝强秦之敌,必为天下笑矣。且楚、韩非兄弟之国也,又非素约而谋伐秦矣[24]。秦欲伐楚,楚因以起师言救韩,此必陈轸之谋也。且王以使人报于秦矣[25],今弗行,是欺秦也。夫轻强秦之祸[26],而信楚之谋臣,王必悔之矣。"韩王弗听,遂绝和于秦。秦果大怒,兴师与韩氏战于岸门[27],楚救不至,韩氏大败。

韩氏之兵,非削弱也,民非蒙愚也,兵为秦禽[28],智为楚笑,过听于陈轸[29],失计于韩明也。

【注释】

〔1〕此章事在周赧王元年(前314),又见于帛书《战国纵横家书》第二十四章、《韩非子·十过》、《史记·韩世家》。

〔2〕浊泽:韩国地名,在今河南长葛市西北。

〔3〕明:帛书作"佣",《韩非子》作"朋"。韩王:指韩宣惠王。

〔4〕与国:盟国。恃:依靠。

〔5〕赂:赠送。名都:大邑。帛书"都"作"县"。

〔6〕帛书与《史记》伐上有"南"字。《韩非子》作"南与伐楚"。

〔7〕易:换。司马贞《史记索隐》:"一,谓名都也,二,谓使不伐韩而又与之伐楚也。"

〔8〕儆(jǐng):告诫。

〔9〕楚王:指楚怀王。

〔10〕陈轸:著名策士,此时仕于楚。

〔11〕具甲:具备兵力。

〔12〕并兵:合兵。乡:通"向"。

〔13〕庙祠:在宗庙祭祀。

〔14〕选:帛书作"兴",《史记》作"起"。作"选"恐误。

〔15〕信臣:信守王命的使臣。

〔16〕纵:帛书无。王念孙云:"'韩为不能听我','为能听我',两'为'字并与'如'字同义。"

〔17〕雁行(háng):在前行,先锋。

〔18〕因:《史记》、鲍本并讹作"因"。

〔19〕选:帛书及《史记》并作"兴"。

〔20〕此句之下帛书有"使之韩"三字。

〔21〕弊邑:同"敝邑",对本国的谦称。

〔22〕大国:等于说"贵国",指韩国。

〔23〕告:姚宏云:"一作'困'。"帛书作"苦"。"告"当为"苦"字之误。

〔24〕素约:预先约定。矣,帛书及《史记》并作"也",当作"也"。

〔25〕以:通"已"。鲍本及《史记》并作"已"。

〔26〕轻强秦之祸:帛书作"轻绝强秦",《史记》作"轻欺强秦"。

〔27〕兴:帛书及《史记》并作"益"。岸门:在今河南许昌市北。

〔28〕禽:同"擒"。

841

〔29〕过听：错误地听信。

**【译文】**

　　秦国和韩国在浊泽交战，韩国形势危急。公仲明对韩王说："盟国靠不住。现在秦国的意图是讨伐楚国，大王不如通过张仪向秦国求和，把一座名城送给它，跟它一起讨伐楚国。这是用一失换取二利的计策。"韩王说："好。"于是告诫公仲明出发，准备西行跟秦国讲和。

　　楚王听说此事，特别害怕，便召来陈轸把此事告诉他。陈轸说："秦国想要讨伐我国已有很久了，如今又得到韩国的一座名城而且具备兵力，秦国和韩国合兵向南开拔，这是秦国在宗庙祭祀所祈求的事情。现在已经得到机会了，楚国一定得被讨伐了。大王就听我的意见，为此在四境之内严加警戒，发动军队声言援救韩国，使战车布满道路；再派出信守王命的使臣，多给他们车辆，多带厚重礼物，使韩国相信大王是援救自己的。如果韩国不能听从我们，韩国也一定会感激大王，一定不会作为先锋来攻打我们。这样秦国和韩国不和，他们的军队即使来到，楚国也不会受到严重损伤了。韩国如果能够听从我们，拒绝跟秦国讲和，秦王一定大为不满，跟韩国结下深仇。韩国得到楚国援救，一定轻视秦国，轻视秦国，对待秦国一定不会恭敬。这样我们就困住了秦国和韩国的兵力，从而免除了楚国的祸患。"

　　楚王特别高兴，便在四境之内加强戒备，发动军队声言援救韩国，派遣信守王命的使臣，多给他们车辆，多带厚重礼物。使臣对韩王说："敝国虽然很小，已经完全动员起来了。希望贵国随心所欲地对待秦国，敝国将使楚军为韩国拼死作战。"

　　韩王特别高兴，便阻止公仲明出使秦国。公仲明说："不行。用实力困扰我们的是秦国，用空话救助我们的是楚国。依仗楚国的空话，轻易拒绝强秦国这样的对手，必定被天下人笑话了。况且楚国和韩国也不是兄弟之国,又不是预先约定而策划讨伐秦国的。秦国打算讨伐楚国,楚国趁机发动军队声言援救韩国,这一定是陈轸的计谋。再说大王已经派人向秦国通报言和了,如果不实行,这是欺骗秦国。轻视强秦的灾祸,相信楚国的谋臣,大王一定会为此而后悔的。"韩王不听,便拒绝跟秦国言和。秦王果然大怒,发动军队跟韩国在岸门决战,楚国的救兵没到,韩国彻底失败。

韩国的军队并不软弱,人民并不蒙昧愚笨,然而士兵被秦军俘虏,智谋被楚人取笑,过错就在于听信了陈轸的胡言,没有采纳公仲明的计谋。

## 颜率见公仲[1]

颜率见公仲[2],公仲不见。颜率谓公仲之谒者曰[3]:"公仲必以率为阳也[4],故不见率也。公仲好内[5],率曰好士;仲啬于财[6],率曰散施[7];公仲无行[8],率曰好义。自今以来[9],率且正言之而已矣[10]。"公仲之谒者以告公仲,公仲遽起而见之。

【注释】

〔1〕此章事确年不可考。

〔2〕颜率:西周之臣。

〔3〕谒者:负责通报传达的小官。

〔4〕阳:通"佯",虚假,不实在。

〔5〕好内:好色。内,指女色。

〔6〕鲍本"仲"上有"公"字。
〔7〕散施:布施,施恩惠于人。
〔8〕无行:没有德行。
〔9〕自今以来:从今往后。
〔10〕正言:直言。

【译文】

　　颜率想拜见公仲,公仲不接见。颜率对公仲的传达官说:"公仲一定认为我不实在,所以不接见我。公仲喜欢女色,我喜欢贤士;公仲吝惜钱财,我不惜施舍;公仲品行不好,我讲求仁义。从今以后,我只有直言批评他罢了。"公仲的传达官把颜率的话告诉公仲,公仲马上起身接见颜率。

# 韩公仲谓向寿[1]

　　韩公仲谓向寿曰[2]:"禽困覆车[3]。公破韩[4],辱公仲,公仲收国复事秦,自以为必可以封[5]。今公与楚解中[6],封小令尹以桂阳[7]。秦、楚合,复攻韩,韩必亡。公仲躬率其私徒以斗于秦[8],愿公之熟计之也。"向寿曰:"吾合秦、楚,非以当韩也[9]。子为我谒之公仲[10],曰:'秦、韩之交可合也。'"对曰:"愿有复于公[11]。谚曰:'贵其所以贵者贵。'今王之爱习公也不如公孙郝[12],其知能公也不如甘茂[13]。今二人者皆不得亲事矣,而公独与王主断于国者[14],彼有以失之也。公孙郝党于韩[15],而甘戊党于魏[16],故王不信也。今秦、楚争强,而公党于楚,是与公孙郝、甘茂同道也[17]。公何以异之？人皆言楚之多变也，而公必之[18]，是自为贵也[19]。公不如与王谋其变也，善韩以备之，若此则无祸矣。韩氏先以国从公孙郝，而后委国于甘茂，是韩，公之仇也。今公言善韩以备楚，是外举不辟仇也[20]。"

向寿曰："吾甚欲韩合[21]。"对曰："甘茂许公仲以武遂，反宜阳之民。今公徒令收之[22]，甚难。"向子曰："然则奈何？武遂终不可得已[23]。"对曰："公何不以秦为韩求颍川于楚[24]，此乃韩之寄地也[25]。公求而得之，是令行于楚而以其地德韩也。公求而弗得，是韩、楚之怨不解而交走秦也[26]。秦、楚争强，而公过楚以攻韩[27]，此利于秦。"向子曰："奈何？"对曰："此善事也。甘茂欲以魏取齐，公孙郝欲以韩取齐，今公取宜阳以为功，收楚、韩以安之，而诛齐、魏之罪，是以公孙郝、甘茂之无事也[28]。"

**【注释】**

〔1〕此章事在周赧王九年（前306），又见于《史记·甘茂列传》。

〔2〕此句《史记》作"韩公仲使苏代谓向寿曰"。缪文远云："此当是公仲使人谓向寿，说者之名已佚，《史记》以为苏代，非。"向寿：秦宣太后的外族，秦武王近臣。

〔3〕禽：鸟兽的总称。此泛指走兽。

〔4〕公破韩：指公元前308年甘茂、向寿攻取宜阳事。

〔5〕"自以"句：张守节《史记正义》："公仲自以为必可得秦封。"

〔6〕解中：《史记》作"解口"。司马贞《索隐》："解口，秦地名，近韩，今将与楚。"解口，在今河南洛阳市东。此"中"恐是"口"字之讹。

〔7〕桂阳:《史记》作"杜阳"。司马贞《索隐》:"又封楚之小令尹以杜阳,杜阳亦秦地,今以封楚令尹,是秦、楚合也。"令尹,楚官名。杜阳,在今陕西麟游县西北。此"桂"字恐是"杜"字之讹。

〔8〕"公仲"下《史记》有"且"字。

〔9〕当:抵挡,对抗。

〔10〕子:指公仲所使之人。谒:告诉。

〔11〕复:告诉。

〔12〕爱习:宠爱亲近。公孙郝:秦国公族。

〔13〕知(zhì)能:智慧才能。这里用作动词,认为……有智慧才能。

〔14〕主断:专断。

〔15〕党:偏袒,偏向。

〔16〕戊:鲍本及《史记》均作"茂",此字讹。

〔17〕同道:行为相同。

〔18〕必:信赖。

〔19〕自为贵:鲍彪注:"非贵所同贵。"

〔20〕外举:举荐外人。辟:同"避"。

〔21〕"欲"下省"与"字。

〔22〕令:鲍本及《史记》无,当为衍文。收:联合。

〔23〕"武遂"句:鲍彪注:"与韩地,宜以其所得于韩,若武遂者可也。茂已许之已,无以易之也。"

〔24〕颍川:郡名,在今河南禹州、许昌一带。

〔25〕寄地:暂时由他人代管的地方。鲍彪注:"此本韩地,楚取,故云。"

〔26〕走:趋向。

〔27〕攻:《史记》作"收",此字误。

〔28〕之:《史记》无,鲍彪以为衍。

【译文】

韩公仲派人对向寿说:"野兽被困能撞翻猎人的车。您打败韩国,侮辱公仲,公仲收拾韩国再度侍奉秦国,他自以为一定可以受到封赏。如今您把解口让给楚国,又把杜阳封给楚国的小令尹。秦、楚联合,又要攻打韩国,韩国必然灭亡。公仲就得亲自率领他那伙人跟秦国决斗,希望您仔细考虑这件事。"向寿说:"我把秦、楚联合起来,不是用以对抗韩国的。你替我转告公仲,说:'秦、韩的邦交是可以缔结的。'"使者回答说:"还有些话希望禀告您。谚语说:'尊重别人所尊重的就会被别人尊重。'如今秦王宠爱亲近您的程度不如公孙郝,他对您智慧才能的了解不如甘茂。现在这两个人都不能亲自过问国事,只有您能与秦王决断国事,这是因为他们有过失。公孙郝跟韩国关系密切,而甘茂跟魏国的关系密切,所以秦王不相信他们。如今秦国和楚国争霸,而您跟楚国关系密切,这和公孙郝、甘茂的行为是相同的。您在哪一点上跟他们不同呢?人们都说楚国是多变的,而您却信赖它,这是自己谋求尊贵的地位。您不如跟秦王谋划怎样对付它的多变,亲善韩国来防备它,这样就不会有祸患了。韩国起先是把国政移交公孙郝,后来又把国政委托甘茂,因此韩国是您的仇敌。现在您声称亲善韩国防备楚国,这就是所谓外举不避仇。"

向寿说:"我很想跟韩国联合。"使者回答说:"甘茂答应公仲把武遂归还韩国,让宜阳的人民返回家园。现在您又要联合韩国,这是很难的。"向寿说:"既然如此,又怎么办呢?武遂韩国是终究不能得到的。"使者回答说:"您为什么不凭借秦国的力量替韩国向楚国求取颍川?这颍川本是韩国的故地。如果您能求得颍川,这是您的命令在楚国行得通,用楚国的土地恩典韩国;如果您不能求得颍川,这样韩、楚之间的怨仇就解不开,从而争相投奔秦国。秦、楚争霸,您就谴责楚国联合韩国,这对秦国有利。"向寿问:"怎么办?"使者回答说:"这是好事。甘茂打算借助魏国夺取齐地,公孙郝打算借助韩国夺取齐地,如果您把夺取宜阳作为自己的战功，再联合楚国和韩国来安抚他们，进而声讨齐国和魏国的罪过，因此公孙郝和甘茂都得失去权势。"

## 或谓公仲曰听者听国[1]

或谓公仲曰："听者听国[2]，非必听实也[3]。故先王听谚言于市，愿公之听臣言也。公求中立于秦而弗能得也[4]，善公孙郝以难甘茂[5]，劝齐兵以劝止魏[6]，楚、赵皆公之雠也。臣恐国之以此为患也，愿公之复求中立于秦也[7]。"

公仲曰："奈何？"对曰："秦王以公孙郝为党于公而弗之听[8]，甘茂不善于公而弗为公言，公何不因行愿以与秦王语[9]？行愿之为秦王臣也公，臣请为公谓秦王曰[10]：'齐、魏合与离，于秦孰利？齐、魏别与合，于秦孰强？'秦王必曰：'齐、魏离则秦重，合则秦轻；齐、魏别则秦强，合则秦弱。'臣即曰：'今王听公孙郝[11]，以韩、秦之兵应齐而攻魏，魏不敢战，归地而合于齐[12]，是秦轻也，臣以公孙郝为不忠。今王听甘茂，以韩、秦之兵据魏而攻齐，齐不敢战，不求割地而合于魏[13]，是秦轻也，臣以甘茂为不忠。故王不如令韩中立以攻齐齐[14]，王言救魏以劲之[15]，齐、魏不能相听，久离兵史[16]。王欲则信公孙郝于齐，为韩取南阳[17]，易谷川以归[18]，此惠王之愿也[19]。王欲则信甘茂于魏，以韩、秦之兵据魏以郄齐[20]，此武王之愿也[21]。臣以为令韩以中立以劲齐[22],最秦之大急也。公孙郝党于齐而不肯言,甘茂薄而不敢谒也[23]。此二人,王之大患也。愿王之熟计之也。'"

**【注释】**

〔1〕此章事在周赧王九年(前306)。

〔2〕听者:即听政者,处理政事的人。听国:听取国人的意见。鲍彪注:"谓听于众。"

〔3〕听实:金正炜云:"义不可通。'实'当为'贵',字形相似而讹也。"贵,指显贵,有权有势的人。

〔4〕鲍彪注:"立,谓立于齐、魏之间。此章实右魏。"

〔5〕难:忌恨,厌恶。

〔6〕上"劝"字,鲍本作"欢"。金正炜云:"按,'劝'与'欢',疑皆有误,或当为'勤'。"下"劝"字,金正炜云:"涉上文而衍。此以'勤齐兵'与上句'善公孙郝',以'止魏'与'难甘茂'相对为文,不当有'劝'字。"勤,帮助。止,阻止。

〔7〕鲍彪注:"详此,则公仲与(亲近)齐者也。二国不善齐,故雠公仲。"

〔8〕秦王:指秦昭王。

〔9〕行愿:人名,秦国大臣。

〔10〕吴师道云:此句言"请行愿为公仲言于秦王"。

〔11〕今:若,如果。

〔12〕归:通"馈",赠给。

〔13〕不:鲍本作"亦",今从之。

〔14〕金正炜云:"'齐齐'当作'齐魏',谓使齐魏相攻"。

〔15〕劲(jìng):加强。

〔16〕金正炜云:"'离'与'䍒'通。'史'当作'事'。"

〔17〕南阳:古地区名,在今河南济源至朝歌镇一带,属于魏国。

〔18〕谷川:水名,源于河南渑池县西,东流经新安县至洛阳市入

洛水。

〔19〕惠王:指秦惠王。

〔20〕郄:当作"卻",同"却",使退却。

〔21〕武王:指秦武王。

〔22〕姚宏云:"刘无'以'字。"劲:鲍本作"攻"。以上下文推之,"齐"下当有"魏"字。

〔23〕金正炜云:"'薄'下当有'于魏'二字,文义乃完。《广雅·释言》:'薄,附也。''薄'与'党'义相近,二句本为对文。此策欲使齐、魏相敝,故郝不肯言,茂亦不敢谒。以二人一党于齐而一薄于魏也。"

**【译文】**

有人对公仲说:"善于听政的人听取国人的意见,不一定听取权贵的意见。所以先王在市场上听取谚语,希望您听取臣下的意见。您请求在秦国面前保持中立并没有做到,跟公孙郝友善而跟甘茂作对,支持秦兵攻魏而阻止魏兵攻齐,楚、赵两国都是您的仇敌。臣下害怕国家因此遭致祸患,希望您再次谋求在秦国面前保持中立。"

公仲说:"那得怎么办?"回答说:"秦王认为公孙郝跟您结为私党便不听公孙郝的意见,甘茂跟您不友善便不为您讲话,您为什么不通过行愿去跟秦王对话?行愿作为秦王的大臣是公正的,臣下请让行愿替您对秦王说:'齐国和魏国联合与分离,哪种情况对秦国有利?齐国和魏国分离与联合,哪种情况使秦国更强?'秦王一定说:'齐国和魏国分离秦国的地位就重,联合秦国的地位就轻;齐国和魏国分离,秦国的力量就强,联合秦国的力量就弱。'臣下就让行愿说:'如果大王听信公孙郝,用韩国和秦国的军队响应齐国进攻魏国,魏国不敢交战,就得赠献土地跟齐国讲和,这样秦国的地位就轻,我认为公孙郝是不忠的。如果大王听信甘茂,用韩国和秦国的军队依据魏国进攻齐国,齐国不敢交战，只求魏国割让土地而跟魏国讲和，这样秦国的地位就轻，我认为甘茂是不忠的。所以大王不如让韩国中立使齐国和魏国互相进攻，大王声言援救魏国来壮大魏国，齐国和魏国互不相让，长时间遭受战乱。大王想要这样，就要使公孙郝取信于齐国，为韩国夺取南阳，换取谷川而归属秦国，这是武王的愿望。大王想要那样，就要使甘茂取信于魏国，用韩国和秦国的军队凭借魏国来击退齐国，这是武王的愿望。我认为让韩国保持中立来进攻齐国和魏国，这是秦国最大的当务之急。公孙郝跟齐国结成私党不肯说出实际情况，甘茂依附于魏国不敢禀报天下形势。这两个人是大王的大祸害。希望大王仔细考虑这个问题。'"

## 韩公仲相[1]

韩公仲相[2]，齐、楚之交善秦。秦、魏遇[3]，且以善齐而绝齐乎楚[4]。王使景鲤之秦[5]，鲤与于秦、魏之遇。楚王怒景鲤，恐齐以楚遇为有阴于秦、魏也[6]，且罪景鲤[7]。

为谓楚王曰："臣贺鲤之与于遇也。秦、魏之遇也，将以合齐、秦而绝齐于楚也。今鲤与于遇，齐无以信魏之合己于秦而攻于楚也[8]，齐又畏楚之有阴于秦、魏也，必重楚。故鲤之与于遇，王之大资也。今鲤不与于遇[9]，魏之绝齐于楚明矣[10]。齐、楚信之[11]，必轻王。故王不如无罪景鲤，以视齐于有秦、魏[12]，齐必重楚,而且疑秦、魏于齐[13]。"王曰:"诺。"因不罪而益其列[14]。

**【注释】**

〔1〕此章事在周赧王二年(前313)。

〔2〕金正炜云:"此文当以'韩公仲相齐',为句。'齐'下当重'齐'字。因公仲相齐而齐楚之交乃善也。"

〔3〕鲍彪注:"'秦'下补'与'字,无上'秦'(前句)字。"遇:会见。

〔4〕善齐:指楚国与齐国友善。

〔5〕"王"上鲍本补"楚"字。楚王:指楚怀王。景鲤:楚怀王的相。

〔6〕吴师道云:"楚遇,楚谓鲤也。"鲍彪注:"恐齐以此谓楚有私于二国。"

〔7〕罪:判罪,惩罚。

〔8〕鲍彪注:"将绝齐于楚,而楚使与焉,故齐疑之。"金正炜云:"按'攻'字疑本为'外'。"

〔9〕今:若,如果。

〔10〕黄丕烈云:"'明'上鲍本有'信'字。"金正炜云:"'绝'下'齐'字衍。"

〔11〕鲍彪注:"衍'楚'字。"

〔12〕视:通"示"。鲍彪注:"示齐以楚有二国。"

〔13〕疑:使之疑。

〔14〕列:位次。

**【译文】**

韩公仲做了齐国的相国,齐、楚两国的邦交才友善。秦王跟魏王会见,将因楚国跟齐国友善而使齐国跟楚国绝交。楚王派景鲤到秦国去,景鲤参与了秦王跟魏王的会见。楚王对景鲤很不满,害怕齐国因为楚国参与秦王和魏王的会见以为跟秦国和魏国有阴私,将要惩罚景鲤。

有人为景鲤对楚王说："臣下祝贺景鲤参与秦王跟魏王的会见。秦王跟魏王的会见，将要以齐国和秦国的联合来断绝齐国跟楚国的邦交。现在景鲤参与了秦王跟楚王的会见，齐国没有相信魏国跟秦国联合而对楚国加以排斥的理由，齐国又畏惧楚国跟秦国和魏国有阴私，一定会重视楚国。所以景鲤参与秦王跟魏王的会见，这对大王是十分有利的。如果景鲤不参与秦王和魏王的会见，魏国使齐国跟楚国断绝邦交的意图就明显了。齐国相信魏国，一定会轻视大王。所以大王不如不惩罚景鲤，以便向齐国表示楚国与秦、魏两国友好，齐国一定会尊重楚国，而且会使齐国对秦、魏两国产生怀疑。"楚王说："好吧。"于是没有惩罚景鲤并且提升了他的官位。

## 王曰向也子曰天下无道[1]

王曰[2]："向也子曰'天下无道'[3]，今也子曰'乃且攻燕'者，何也？"对曰："今谓马多力则有矣，若曰胜千钧则不然者[4]，何也？夫千钧，非马之任也。今谓楚强大则有矣，若夫越赵、魏而斗兵于燕，则岂楚之任也哉？且非楚之任而楚为之，是弊楚也。强楚，弊楚，其于王孰便也？"

【注释】

〔1〕此章事在秦庄襄王二年（前248），与《楚策四·虞卿谓春申君》章末段重复。大抵由于脱简而误入《韩策》。

〔2〕王：指魏安釐王。

〔3〕向:从前,原先。子:指虞卿。天下无道:《楚策》作"天下无敌"。金正炜云:"'道'当作'适',读如'敌'。"

〔4〕胜(shēng):能承担,能承受。

【译文】

魏王说:"过去您说'天下无敌',现在您说'即将攻燕',为什么?"虞卿回答说:"如果说马的力量很大那不假,倘若说它能承担几万斤的重量可不对,为什么?因为那几万斤的重量,不是马能够承受的。如果说楚国很强大那不假,倘若说跨越赵、魏两国跟燕国鏖战,那怎能是楚国承受得了的呢?不是楚国能够承受的,楚国却去干,这是削弱楚国。是壮大楚国,还是削弱楚国,这对大王来说哪个有利呢?"

## 或谓魏王王儆四强之内〔1〕

或谓魏王:"王儆四强之内〔2〕,其从于王者〔3〕,十日之内,备不具者死。王因取其游之舟上击之〔4〕。臣为王之楚,王胥臣反〔5〕,乃行。"春申君闻之〔6〕,谓使者曰:"子为我反,无见王矣〔7〕。十日之内,数万之众,今涉魏境〔8〕。"秦使闻之,以告秦王。秦王谓魏王曰:"大国有意必来〔9〕,以是而足矣。"

【注释】

〔1〕此章事在何时不可考,而且与韩国无涉。鲍本隶于《魏策》是对的。

〔2〕儆(jǐng):告诫,警告。强:鲍本作"疆",从鲍本。

〔3〕从于王者：鲍彪注："凡兵械当从者。"

〔4〕游(liú)：古代旌旗上的飘带。字亦作"旒"。之(前)：王引之云："犹'于'也。"舟：金正炜云："当为'辀'之省。"辀(zhōu)，车辕。击：鲍本作"系"。今从鲍本。

〔5〕胥：通"须"，等待。

〔6〕春申君：即黄歇，楚考烈王的相国。

〔7〕王：指楚考烈王。

〔8〕今：王引之云："可训为'即'。"

〔9〕大国：指魏国。

**【译文】**

有人对魏王说："大王要告诫在四境之内的百姓，那些应当带兵械跟随大王出征的，十日之内，准备不齐全的就把他处死。大王于是取下旌旗上的飘带把它系在车辕上。臣下替大王出使楚国，大王等臣下回来，就发兵。"春申君听说这件事，对使者说："你为我回去吧，不必见楚王了。十日之内，几万的士兵就会进入魏国境内。"秦国的使者听说这件事，便把这件事禀告秦王。秦王对魏王说："贵国有意来攻敝国，用您这些兵也就足够了。"

## 观鞅谓春申[1]

观鞅谓春申曰[2]："人皆以楚为强，而君用之弱[3]。其于鞅也不然。先君者[4]，二十余年未尝见攻。今秦欲逾兵于渑隘之塞[5]，不使[6]；假道两周倍韩以攻楚[7]，不可。今则不然，魏且旦暮亡矣[8]，不能爱其许、鄢陵与梧[9]，割以予秦，去百六十里[10]。臣之所见者,秦、楚斗之日也已[11]。"

【注释】

〔1〕此章事在秦王政六年(前241),又见于《史记·春申君列传》。

〔2〕观鞅:《史记》"观津人朱英"的省称,黄丕烈云:"观,观津也。鞅,即'英'字。"其人为春申君的门客,观津在今河北武邑县东。

〔3〕用:治理。

〔4〕先君者:指在春申君以前的执政者。

〔5〕今:《史记》无,系衍文。逾兵:使军队越过。渑隘之塞,即黾塞。参见《楚四·庄辛谓楚襄王》注。

〔6〕使:当依《史记》作"便"。

〔7〕两周:指东周国和西周国。

〔8〕且:《史记》无。

〔9〕爱:吝惜。许:在今河南许昌市东。鄢陵:在今河南鄢陵县北,即安陵。梧:与虎牢相近。

〔10〕此句有脱文,《史记》"去"上有"秦兵"二字,"去"下有"陈"二字。

〔11〕《史记》作"秦楚之日斗也"。

【译文】

观鞅对春申君说:"人们都认为楚国是强大的,可是您执政以来是软弱的。在我看来并非如此。先于您的执政者,二十多年国家未曾受到进攻。当时秦国想使军队跨越黾塞,不方便;向两周借道背向韩国去进攻楚国,不可能。现在却不是这样,魏国不久就要灭亡了,不能吝惜它的许地、鄢陵和梧地,只好割让给秦国,离楚国的陈地才一百六十里。臣下所见到的,就是这种秦、楚日复一日的争斗呀。"

# 公仲数不信于诸侯[1]

公仲数不信于诸侯[2],诸侯锢之[3]。南委国于楚[4],楚王弗听。苏代为谓楚王曰:"不若听而备于其反也[5]。明之反也[6],常仗赵而畔楚,仗齐而畔秦。今四国锢之而无所入矣,亦甚患之。此方其为尾生之时也[7]。"

【注释】

〔1〕此章事确年不可考。

〔2〕数(shuò):屡次。

〔3〕锢:鲍彪注:"不行其说。"

〔4〕委国:以国事相托。委,委托。

〔5〕反:反复无信。

〔6〕明:鲍本作"朋",公仲之名。

〔7〕尾生:名高,又作"微生高",古代传说中极讲信用的人。他和一个女子约定在桥下见面,女子没来,突发大水,他抱着桥柱子被淹死了。

【译文】

公仲对各国诸侯屡次不讲信用,各国诸侯都抵制他的主张。他去南方把国事委托给楚国,楚王不听信他。苏代替他对楚王说:"不如听信他而防备他反复无信。公仲反复无信,往往是仰仗赵国背叛楚国,仰仗齐国背叛秦国。如今四国诸侯抵制他,他就没有空子钻了,他也为此很忧虑。现在正是他做尾生讲信义的时候。"

# 卷二十七　韩二

## 楚围雍氏五月[1]

楚围雍氏五月[2]。韩令使者求救于秦,冠盖相望也[3],秦师不下殽[4]。韩又令尚靳使秦[5],谓秦王曰[6]:"韩之于秦也,居为隐蔽[7],出为雁行[8]。今韩已病矣[9],秦师不下殽。臣闻之:唇揭者其齿寒[10]。愿大王之熟计之。"宣太后曰[11]:"使者来者众矣,独尚子之言是。"召尚子入。宣太后谓尚子曰:"妾事先王也[12],先王以其髀加妾之身[13],妾困不疲也[14]。尽置其身妾之上,而妾弗重也。何也? 以其少有利焉[15]。今佐韩,兵不众,粮不多,则不足以救韩。夫救韩之危,日费千金,独不可使妾少有利焉[16]?"

尚靳归书报韩王[17],韩王遣张翠[18]。张翠称病[19],日行一县。张翠至,甘茂曰:"韩急矣,先生病而来。"张翠曰:"韩未急也,且急矣。"甘茂曰:"秦重国知王也[20],韩之急缓莫不知。今先生言不急,可乎?"张翠曰:"韩急则折而入于楚矣,臣安敢来?"甘茂曰:"先生毋复言也。"

甘茂入言秦王曰:"公仲柄得秦师[21],故敢捍楚。今雍氏围而秦师不下殽,是无韩也。公仲且抑首而不朝[22],公叔且以国南合于楚[23]。楚、韩为一,魏氏不敢不听,是楚以三国谋秦也。如此,则伐秦之形成矣!不识坐而待伐孰与伐人之利?"秦王曰:"善。"果下师于殽以救韩。

【注释】

〔1〕此章事在周赧王八年(前有307),又见于《史记·甘茂列传》。

〔2〕雍氏:韩邑,在今河南禹州市东北。

〔3〕冠盖相望:言使者一路上往来不绝。冠盖,本指官员的冠服和车乘,此特指使者。

〔4〕殽(xiáo):山名,也写作"崤"、"肴",在今河南洛宁县北。

〔5〕尚靳:韩国之臣。

〔6〕秦王:指秦昭襄王。

〔7〕居:平时,无战事时。隐蔽:等于说"屏障"。

〔8〕出:出兵,有战事时。雁行:先锋。

〔9〕病:指陷入困境。

〔10〕揭:举,向上翻。

〔11〕宣太后:秦惠文王后,昭襄王母。

〔12〕先王:指秦惠文王。

〔13〕髀(bì):大腿。加:放上,压。

〔14〕疲:□本作"支",今从之。

〔15〕少□□有利:有好处,即舒服。

〔16〕□道。

〔17〕□□□□本作'尚靳归报韩王',谓靳自秦归,以宣太后之言报韩王□□□□'书'字。"韩王:指韩襄王。

〔18〕张翠:韩国之臣。《史记》作"公仲侈"。

〔19〕称病:借口生病。

〔20〕重:大。知(zhì):同"智"。

〔21〕"公仲"句:郭希汾注:"谓公仲柄国而能得秦师。"柄,通"秉",执掌。

〔22〕抑首:低头。言不得秦救而忧郁。

〔23〕公叔:韩国公族。

**【译文】**

楚国围攻雍氏五个月。韩国派使者向秦国求救,一批又一批络绎不绝,秦国的军队就是不下殽山。韩国又派尚靳出使齐国,对秦王说:"韩国对秦国来说,平时为秦国屏障,出征为秦国打先锋。现在韩国已经陷入困境了,秦国军队仍然不下殽山。臣下听说,嘴唇往上翻牙齿就寒冷。希望大王仔细考虑这件事。"宣太后说:"使者来得很多了,唯独尚靳的话说得对。"便召尚靳入宫。宣太后对尚靳说:"我侍奉先王的时候,先王把他的大腿放在我的身上,我疲惫不支;把他的身子完全压在我的身上,我倒不觉得重,为什么?因为这对我是稍为舒服的。现在帮助韩国,士兵不多,粮食不多,就不足以挽救韩国。挽救韩国的危难,每天要耗费千金,难道不能让我得到一些好处吗?"

尚靳便回国把宣太后的话禀报韩王,韩王派遣张翠出使秦国。张翠借口生病每天走一个县的路程。张翠到了秦国,甘茂说:"韩国危急了,先生竟带病而来。"张翠说:"韩国尚未危急,将要危急了。"甘茂说:"秦国是强大的国家有明智的君主,韩国的形势缓急无所不知。现在先生说不危急,成吗?"张翠说:"韩国要是危急就转而屈从楚国了,臣下怎敢前来?"甘茂说:"先生不要再说了。"

甘茂入朝对秦王说:"公仲执掌国家权力取得秦军的援助,所以敢于抵抗楚国。现在雍氏被围而秦国军队不下殽山,这样就会失去韩国。公仲将忧郁低头不理朝政,公叔将使韩国向南跟楚国联合。楚、韩两国合成一体,魏国便不敢不听从,这样楚国便以三国的力量图谋秦国。这样进攻秦国的形势就形成了。不知道坐着等待讨伐跟讨伐别人比哪个有利?"秦王说:"好。"果然从殽山发兵而去援救韩国。

## 楚围雍氏,韩令冷向借救于秦[1]

楚围雍氏,韩令冷向借救于秦[2],秦为发使公孙昧入韩[3]。公仲曰:"子以秦为将救韩乎[4]?其不乎[5]?"对曰:"秦王之言曰[6]:'请道于南郑、蓝田以入攻楚[7],出兵于三川以待公[8]。'殆不合军于南郑矣[9]。"公仲曰:"奈何?"对曰:"秦王必祖张仪之故谋[10]。楚威王攻梁[11],张仪谓秦王曰:'与楚攻梁,魏折而入于楚。韩固其与国也,是秦孤也。故不如出兵以劲魏[12]。'于是攻皮氏[13],魏氏劲,威王怒,楚与魏大战,秦取西河之外以归[14]。今也,其将扬言救韩,而阴善楚,公恃秦而劲,必轻与楚战。楚阴得秦之不用也[15],必易与公相支也。公战胜楚,遂与公乘楚[16],易三川而归;公战不胜楚,塞三川而守之[17],公不能救也。臣甚恶其事。司马康三反之郢矣[18],甘茂与昭献遇于境,其言曰收玺[19],其实犹有约也[20]。"公仲恐,曰:"然则奈何?"对曰:"公必先韩而后秦,先身而后张仪[21]。以公不如亟以国合于齐、楚[22],秦必委国于公以解伐[23]。是公之所以外者仪而已,其实犹之不失秦也。"

**【注释】**

〔1〕此章事在周赧王三年(前312),又见于《史记·韩世家》。

〔2〕冷向:不知何国人,此时为韩国之臣。

〔3〕公孙昧(mò):秦国之臣。

〔4〕子:指冷向。

〔5〕不(fǒu):同"否"。

〔6〕秦王:指秦惠文王。

〔7〕道:取道,经由。南郑:在今陕西汉中市。蓝田:在今陕西蓝田县西部。

〔8〕三川:指河、洛、伊三水之间地。

〔9〕《史记》无"军于南郑"四字,今从《史记》。张琦云:"据《策》文,盖言兵分三道,一由汉中,一由商洛,此二道以攻楚;一由殽函,出三川以救韩。昧窥秦实无出兵之心,徒为此言,故曰'殆不合矣',非谓其迟缓也。'军于南郑'四字,衍文。"黄丕烈云:"此冷向对公仲之辞。"张氏以为公孙昧非。

〔10〕祖:效法。

〔11〕梁:即魏。

〔12〕劲(jìng):强。此用为使动,等于说"帮助"。鲍彪注:"阳为助魏,实欲其与楚战。"

〔13〕皮氏:魏邑,在今山西河津市西。鲍彪注:"楚攻之。"

〔14〕西河:魏郡,在今陕西东部黄河西岸地区。外:指西。

〔15〕不用:鲍彪注:"不为韩用。"

〔16〕缪文远云:"乘楚,谓乘楚之敝而取其地。"

〔17〕黄丕烈云:"此谓秦塞三川也。"

〔18〕司马康:秦国人。《史记》作"司马庚"。郢:楚都,在今湖北江陵县西北。

863

〔19〕收玺:收回军符,言欲止楚攻韩。

〔20〕约:指与楚伐韩之约。

〔21〕吴师道注:"先韩者,急图其国;后秦者,不望其救。先身者,善己之谋;后仪者,不堕人之诈。"

〔22〕"公"上"以"字衍,《史记》无。

〔23〕解伐:放弃伐韩之谋。

【译文】

楚国围攻雍氏,韩国派冷向去跟秦国借救兵,秦国为此派遣使臣公孙昧到韩国。公仲说:"您认为秦国是将会援救韩国呢?还是不援救呢?"冷向回答说:"秦王是这么说的:'请你们取道南郑、兰田去攻打楚国,我们派兵到三川去等您。'大概他不会派兵跟我们会合了。"公仲说:"怎么办呢?"冷向回答说:"秦王一定效法张仪过去的计谋。楚威王进攻魏国,张仪对秦王说:'跟楚国进攻魏国,魏国掉头就会投向楚国。韩国本来就是它的盟国,这样秦国就会孤立。所以不如出兵以加强魏国的力量。'于是楚国出兵攻打皮氏,魏国不甘示弱,楚威王十分恼火,楚国和魏国展开大战,秦国趁机夺取西河以西的土地便撤兵而归。现在秦国表面上声言援救韩国,而在暗地里跟楚国友善。您仗恃秦国不甘示弱,一定会轻易地跟楚军交战。楚国在暗地里得知秦国不会为韩国出力,一定会满不在乎地跟您较量。如果您战胜楚国,秦国就会跟您乘楚国之危夺取土地,换取三川而归;如果您没有战胜楚国,秦国就会阻塞三川而据守,您就不能自救。臣下很讨厌这种事情。司马康往返郢都三趟了,甘茂跟昭献在边境上也会见过,他们声言说是收取军符,其实他们还另有密约。"公仲恐惧地说:"既然如此,那怎么办?"冷向回答说:"您一定要先考虑韩国如何图强,后考虑秦国能否援救;先考虑自身的策略,后考虑张仪的诈术。您不如赶快使韩国跟齐国和楚国联合起来,秦国就一定会把国家委托您。从而放弃伐韩的打算。这样您所排斥在外只是张仪之流罢了,在实际上仍然没有失去秦国。"

## 公仲为韩、魏易地[1]

公仲为韩、魏易地,公叔争之而不听[2],且亡[3]。史惕谓公叔曰[4]:"公亡,则易必可成矣;公无辞以后反[5],且示天下轻公。公不若顺之。夫韩地易于上[6],则害于赵;魏地易于下[7],则害于楚。公不如告楚、赵。楚、赵恶之。赵闻之,起兵临羊肠[8];楚闻之,发兵临方城[9],而易必败矣。"

【注释】

〔1〕此章事在周赧王十二年(前357)。

〔2〕争(zhèng):规劝,进谏。

〔3〕亡:逃亡,到别国去。

〔4〕史惕:韩国之臣。

〔5〕后:鲍本作"复",从鲍本。

〔6〕上:指北。此指魏国。

〔7〕下:指南。此指韩国。

〔8〕羊肠:赵国的险塞,在今山西晋城市南太行山上。参见《西周策·韩、魏易地》注。

〔9〕方城:指楚国在其北境沿伏牛山麓所筑的一条长城。参见《西周策·楚请道于二周之间》注。

**【译文】**

公仲为韩、魏两国交换土地,公叔因极力劝阻他不听,即将逃亡。史惕对公叔说:"您要是逃亡,那么交换土地的事就一定可以办成了。日后您没有什么借口回来,将使天下人知道韩国轻视您。您还不如顺着他。把韩国的土地换给魏国,对赵国就会有损害;把魏国的土地换给韩国,对楚国就会有损害。您不如把这件事告诉楚国和赵国。楚、赵两国一定讨厌这种做法。赵国听说后,就得派兵逼近羊肠;楚国听说后,就得派兵逼近方城,交换土地之事就一定得失败了。"

## 锜宣之教韩王取秦[1]

锜宣之教韩王取秦[2],曰:"为公叔具车百乘,言之楚易三川[3]。因令公仲谓秦王曰:'三川之言曰:秦王必取我[4],韩王之心不可解矣。王何不试以襄子为质于韩[5],令韩王知王之不取三川也[6]。'因以出襄子而德太子。"

**【注释】**

〔1〕此章事确年无从可考。
〔2〕锜(yǐ)宣:韩国之臣。取秦:联合秦。
〔3〕易三川:以三川之地交换楚地。三川,见《西周策·韩、魏易地》注。
〔4〕鲍彪注:"我,三川也。"
〔5〕襄子:鲍彪注:"秦诸公子不善太子者。"
〔6〕鲍彪注:"韩之易地,畏秦取之也。今秦入质,则不取可知。"

**【译文】**

锜宣教韩王联合秦国的计策,说:"给公叔准备一百辆车,声言到楚国去用三川交换楚国的土地。同时让公仲对秦王说:'三川一带流传传说,秦王一定要夺取我们这个地方,韩王的忧心无法排解了。大王为什么不试着让襄子到韩国做人质,使韩王明白大王是不会夺取三川的。'于是秦王就会派出襄子使秦国太子感激我们。"

## 襄陵之役[1]

襄陵之役[2],毕长谓公叔曰[3]:"请毋用兵,而楚、魏皆德公之国矣。夫楚欲置公子高[4],必以兵临魏,公何不令人说昭子曰[5]:'战未必胜。请为子起兵以之魏。'子有辞以毋战[6],于是以太子扁、昭扬、梁王皆德公矣[7]。"

【注释】

〔1〕此章事在周显王四十六年(前323)。

〔2〕襄陵:魏邑,在今河南睢县。参见《齐策一·邯郸之难》注。钟凤年《国策勘研》云:"《楚记》怀六年称:'楚使柱国昭阳将兵而攻魏,破之于襄陵,得八邑,又移兵而攻齐。'此章毕长令公说昭阳勿与魏战,事盖即在《史》所言时。"

〔3〕毕长:魏国人。

〔4〕置:立。公子高:又作"公子咎",魏国公子,当时在楚国为人质,楚国想立他为魏国太子。

〔5〕昭子:即昭阳,楚国大将。

〔6〕鲍彪注:"楚临魏,欲置咎也。韩令顺之,故可以无战。"辞,借口。

〔7〕鲍彪注:"衍'以'字。"鲍本"扁"作"与","扬"作"阳"。太子指魏惠王太子,即后来的魏襄王。梁王指魏惠王。张清常、王延栋《战国策笺注》:"魏王免遭兵难,太子不受威胁,而昭阳也没有战而不胜的后患,故言'皆德公'。"

【译文】

襄陵战役发生后,毕长对公叔说:"请不要动用兵力,楚、魏两国因而都会感激您的国家。楚国想立公子高为魏太子,一定派兵威逼魏国。您为什么不派人规劝昭阳说:'战也不一定能胜。请让我替您发兵到魏国去。'您有借口宣布不战,于是魏国太子扁和昭阳、魏王就都感激您了。"

## 公叔使冯君于秦〔1〕

公叔使冯君于秦〔2〕,恐留,教阳向说秦王曰〔3〕:"留冯君以善韩臣〔4〕,非上知也。主君不如善冯君而资之以秦〔5〕。冯君广王而不听公叔〔6〕,以与太子争〔7〕,则王泽布而害于韩矣。"

【注释】

〔1〕此章事在周赧王十五年(前300)。
〔2〕冯君:下文谓其"与太子争",当为韩国的公子。金正炜云:"疑即公仲冯。《史记·田世家》'韩冯',徐广曰'即公仲侈'。《甘茂传》'公仲侈',徐广曰'一作冯'。'冯'与'朋'古字通。故《策》文'韩朋',《史记》作'冯'。其实一人,后人不辨'冯'即'公仲',因以意增'君'字耳。"言之有理,姑从其说。
〔3〕阳向:游说之士。秦王:指秦昭王。
〔4〕臣:姚宏云:"集、钱、刘、曾作'辰'。"金正炜云:"韩臣,当是韩

辰。后公仲相韩,见《韩相公仲珉使韩侈之秦》章,与此文正合。留冯以善辰,谓秦如留冯,徒资辰于韩也。"

〔5〕主君:金正炜云:"'主'当作'王','君'字涉上下文而衍。当时惟小国称'主君',不得施之于秦,且下文固称'王'也。"

〔6〕广:宣扬。吴曾祺云:"宜作'德'字。"

〔7〕太子:鲍彪注:"时未定所立,故几瑟、咎、婴更称之。"吴师道云:"此太子指咎也。"

**【译文】**

公叔派公仲到秦国去。公仲怕被扣留,指教阳向规劝秦王说:"倘若扣留公仲而结交韩辰,不是最明智的做法。大王不如善待公仲,并用秦国的财物资助他。公仲就会宣扬大王的恩德,不听公叔的指使,跟太子争权,那么大王的恩泽就会流布天下,对韩国也就不利了。"

## 谓公叔曰公欲得武遂于秦〔1〕

谓公叔曰:"公欲得武遂于秦〔2〕,而不患楚之能扬河外也〔3〕。公不如令人恐楚王〔4〕,而令人为公求武遂于秦。谓楚王曰:'发重使为韩求武遂于秦。秦王听〔5〕,是令得行于万乘之主也。韩得武遂以恨秦〔6〕,毋秦患而得楚〔7〕。韩,楚之县而已。秦不听,是秦、韩之怨深而交楚也。'"

**【注释】**

〔1〕此章事在周赧王九年(前306)。按:秦于上年攻取武遂。

〔2〕武遂：在今山西垣曲县东南。

〔3〕扬：通"伤"，损害。河外：程恩泽云："案此河外与武遂连文，盖即河南宜阳、新城之地。"

〔4〕恐：金正炜云："'恐'当作'怂'，草书相似而误。《广雅·释诂》：'怂，劝也。'"怀王：指楚怀王。

〔5〕秦王：指秦昭王。

〔6〕恨：鲍本作"限"，今从之。

〔7〕毋：通"无"。得：通"德"。

【译文】

有人对公叔说："您想从秦国要回武遂，就不要害怕楚国可能侵扰河外的土地。您不如派人鼓动楚王，派人替您到秦国索要武遂。对楚王说：'请派遣显赫的使臣替韩国到秦国索要武遂。秦王如果答应，这说明您的命令能够在大国的君主那里行得通。韩国收回武遂来限制秦国，没有秦患从而感激楚国。韩国不过相当楚国的一个县而已。秦王如果不答应，这样秦国和韩国的仇怨就会加深，韩国就会跟楚国结交。'"

# 谓公叔曰乘舟〔1〕

谓公叔曰："乘舟，舟漏而弗塞，则舟沉矣。塞漏舟而轻阳侯之波〔2〕，则舟覆矣。今公自以辩于薛公而轻秦〔3〕，是塞漏舟而轻阳侯之波也。愿公之察也。"

【注释】

〔1〕此章事确年无从可考。

〔2〕阳侯：古代传说中的波涛之神。《淮南子·览冥训》高诱注："陵

阳国侯也。其国近水,溺水而死,其神能为大波,有所伤害,因谓之阳侯之波。"

〔3〕辩:鲍本作"辨"。辨,同"辦",治理。这里用作形容词,指治理的水平高。薛公:指田婴。参见《齐策一·楚威王战胜于徐州》注。

**【译文】**

有人对公叔说:"坐船,船漏了不堵上,船就会沉了。堵上了漏船,却轻视巨大的波涛。船就会翻了。现在您自以为比薛公高明而轻视秦国,这就是堵住了漏船轻视巨大的波涛。希望您明察。"

# 齐令周最使郑[1]

齐令周最使郑[2],立韩扰而废公叔[3]。周最患之,曰:"公叔之与周君,交也[4]。令我使郑,立韩扰而废公叔,语曰:'怒于室者色于市[5]。'今公叔怨齐,无奈何也。必周君而深怨我矣[6]。"史舍曰[7]:"公行矣,请令公叔必重公。"

周最行,至郑,公叔大怒。史舍入见,曰:"周最固不欲来使,臣窃强之[8]。周最不欲来,以为公也;臣之强之也,亦以为公也。"公叔曰:"请闻其说。"对曰:"齐大夫诸子有犬[9],犬猛,不可叱[10],叱之必噬人[11]。客有请叱之者,疾视而徐叱之,犬不动;复叱之,犬遂无噬人之心。今周最固得事足下[12],而以不得已之故来使,彼将礼陈其辞而缓其言。郑王必以齐王为不急[13],必不许也。今周最不来,他人必来。来使者无

871

交于公,而欲德于韩扰,其使之必疾,言之必急,则郑王必许之矣。"公叔曰:"善。"遂重周最。王果不许韩扰。

**【注释】**

〔1〕此章事确年无从可考。

〔2〕周最:西周武公之子。郑:即韩国。鲍彪注:"韩灭郑,有其地,故多称郑。"

〔3〕韩扰:韩国公子。

〔4〕交:鲍彪注:"言其相善。"

〔5〕语:谚语。语出《左传·昭公十九年》,原作"室于怒,市于色。"

〔6〕"必"下鲍本有"绝"字。

〔7〕史舍:齐国使者。

〔8〕强(qiǎng):勉强。等于说"逼迫"。

〔9〕诸:疑当作"之"。

〔10〕叱(chì):大声呵斥。

〔11〕噬(shì):咬。

〔12〕固:通"故",旧时,先前。

〔13〕郑王:指韩襄王。齐王:指齐闵王。

**【译文】**

齐国派周最出使韩国,立韩扰为相并罢免公叔。周最为此而忧虑,说:"公叔与周君很有交情。派我出使韩国,立韩扰为相而罢免公叔,正如俗话说:'跟家里人生气,对街上人发火。'现在公叔怨恨齐国,那没有办法。一定要跟周君绝交他就要特别恨我了。"史舍说:"您去吧,请让我使公叔一定尊重您。"

周最前往韩国,公叔大发雷霆。史舍拜见公叔说:"周最本来不想前来出使,臣下私下逼迫他来的。周最不想来,是为了您;臣下逼迫他来,也是为了您。"公叔说:"请让我听听您的说法。"史舍回答说:"有个齐国大夫的儿子有一条狗,这条狗很凶猛,不可呵斥,呵斥它一定会咬人。客人有要求呵斥它的,主人瞟它一眼慢慢地呵斥,狗就不敢动;再呵斥它,狗就没有咬人之心。先前周最侍奉过您,如今无法推托前来出使,他将以礼陈辞慢条斯理地讲话。韩王一定认为齐王的要求不急,一定不会答应。如果周最不来,别人一定来。前来的使者跟您没有交情,而且打算给韩扰一些好处,他们出使一定尽力,讲话一定急切,那韩王就一定得答应他们了。"公叔说:"好。"于是很尊重周最。韩王果然没有答应立韩扰为相。

# 韩公叔与几瑟争国,郑强为楚王使于韩[1]

韩公叔与几瑟争国[2],郑强为楚王使于韩[3],矫以新城、阳人合世子[4],以与公叔争国。楚怒[5],将罪之。郑强曰:"臣之矫与之,以为国也。臣曰世子得新城、阳人以与公叔争国[6],而得全[7],魏必急韩氏[8]。韩氏急,必县命于楚[9],又何新城、阳人敢索?若战而不胜,走而不死[10],今且以至,又安敢言地?"楚王曰:"善。"乃弗罪。

【注释】

〔1〕此章事在周赧王十五年(前300),与《楚策一·韩公叔有齐、魏》文字略同。

〔2〕几瑟:韩公子,太子婴弟。争国:鲍彪注:"争立为相。"

〔3〕郑强:鲍彪注:"郑公族,韩灭郑,故为韩人。"楚王:指楚怀王。

〔4〕矫:假托命令。新城:在今河南伊川县西南,时属楚。阳人:楚邑,在今河南临汝县西。合:鲍本作"命",许诺。世子:指几瑟。

〔5〕"楚"下当有"王"字。《韩公叔有齐、魏》恰有"王"字。

〔6〕曰:金正炜云:"或当为'以'。……以,犹以为也。"甚是,《韩公叔有齐、魏》作"为",义同。

〔7〕而:若,如果。全:成全。

〔8〕鲍彪注:"魏欲立咎,故急攻之。"咎,韩公子咎。

〔9〕县(xuán)命:寄托命运。县,后来写作"悬"。

〔10〕走:鲍本作"幸",今从之。

【译文】

韩公叔跟太子几瑟争夺相位,郑强为楚王到韩国出使,假托楚王的命令把新城、阳人许诺给太子,以便几瑟跟公叔争夺相位。楚王很恼火,打算惩处郑强。郑强说:"臣下所以假托王命给他二城,是为了我国。我认为太子得到新城、阳人从而跟公叔争夺相位,如果成全了他,魏国一定加紧进攻韩国。韩国危急,一定要把命运寄托于楚国,他还敢要什么新城、阳人?倘若他作战失败,幸而不死,还来归附楚国,又怎敢提出土地要求?"楚王说:"好。"就没有惩处郑强。

# 韩公叔与几瑟争国,中庶子强谓太子〔1〕

韩公叔与几瑟争国,中庶子强谓太子曰〔2〕:"不若及齐师未入,急击公叔〔3〕。"太子曰:"不可。战之于国中,必分〔4〕。"对曰:"事不成,身必危,尚何足以图国之全为?"太子弗听。齐师果入,太子出走。

【注释】

〔1〕此章事在周赧王十五年(前300)。
〔2〕中庶子:太子属官。强:吴师道云:"或是郑强。"太子:指几瑟。
〔3〕鲍彪注以上二句曰:"齐助公叔。"
〔4〕鲍本"必"上有"国"字。

【译文】

韩公叔跟太子几瑟争夺相位,中庶子郑强对太子说:"我看不如趁齐国军队没有打进来,赶快除掉公叔。"太子说:"不行。在国土之中打内战,国家一定得分裂。"郑强回答说:"这件事干不成,自身必不可保,还有什么必要谋求国家的完整呢?"太子不听。齐国军队果然打进来,太子出逃国外。

# 齐明谓公叔[1]

齐明谓公叔曰[2]:"齐逐几瑟,楚善之[3]。今楚欲善齐甚,公何不令齐王谓楚王[4]:'王为我逐几瑟以穷之[5]。'楚听,是齐、楚合而几瑟走也;楚王不听,是有阴于韩也[6]。"

【注释】

〔1〕此章事在周赧王十五年(前300)。
〔2〕齐明:当时的辩士。
〔3〕与上章所言"齐师果入,太子出走"相应。
〔4〕齐王:指齐闵王。楚王:指楚怀王。
〔5〕穷:困厄。
〔6〕阴:暗中交往。

875

【译文】

齐明对公叔说:"齐国把几瑟赶跑了,楚国对他很友善。现在楚国很想跟齐国和好,您为什么不让齐王对楚王说:'请大王替我把几瑟赶跑,叫他走投无路。'如果楚王照办,这样齐、楚联合起来,而几瑟只好逃走;如果楚王不照办,这是他跟韩国有密谋。"

## 公叔将杀几瑟[1]

公叔将杀几瑟也,谓公叔曰:"太子之重公也[2],畏几瑟也。今几瑟死[3],太子无患,必轻公。韩大夫见王老,冀太子之用事也[4],固欲事之。太子外无几瑟之患[5],而内收诸大夫以自辅也,公必轻矣。不如无杀几瑟以恐太子,太子必终身重公矣。"

【注释】

〔1〕此章大抵是策士拟托之作。
〔2〕太子:指公子咎。
〔3〕今:若,如果。
〔4〕冀:希望。用事:执政、掌权。
〔5〕鲍彪注:几瑟"时在楚,故言外"。

【译文】

公叔即将杀死几瑟,有人对公叔说:"太子咎之所以尊重您,是他害怕几瑟。假如几瑟死了,太子没有隐患,他就一定轻视您。韩国的大夫看到大王年老,便期望太子执掌政权,必然都想侍奉太子。太子在国外没有几瑟这样的隐患,而在国内笼络大夫们来辅佐自己,您就一定要受到轻视了。不如不杀几瑟借以威胁太子,太子就一定会终身尊重您了。"

## 公叔且杀几瑟[1]

公叔且杀几瑟也,宋赫为谓公叔曰[2]:"几瑟之能为乱也,内得父兄而外得秦、楚也[3]。今公杀之,太子无患[4],必轻公。韩大夫知王之老而太子定,必阴事之。秦、楚若无韩[5],必阴事伯婴[6]。伯婴亦几瑟也。公不如勿杀。伯婴恐[7],必保于公[8]。韩大夫不能必其不入也[9],必不敢辅伯婴以为乱。秦、楚挟几瑟以塞伯婴,伯婴外无秦、楚之权,内无父兄之众,必不能为乱矣。此便于公。"

【注释】

〔1〕此章大抵也是策士拟托之作。

〔2〕宋赫:辩士之流,不详。

〔3〕父兄:指公仲朋。

〔4〕太子:指公子咎。

〔5〕金正炜云:"按秦、楚皆挟几瑟以有韩者,几瑟死,则秦、楚如失韩矣。故必改而阴结伯婴。"

〔6〕伯婴:韩诸公子,与几瑟、公子咎争国。

〔7〕鲍彪注:"婴与太子在韩,皆几瑟之仇。几瑟在,故婴恐。"

〔8〕"必"下鲍本有"阴"字。保:依附。

〔9〕其:指几瑟。入:指返回韩国。

877

**【译文】**

公叔即将杀死几瑟，宋赫为几瑟对公叔说："几瑟之所以能够作乱，是因为国内得到父兄的支持，国外得到秦国、楚国的援助。现在您杀了他，太子没有隐患了，就一定轻视您。韩国的大夫们知道大王年老而且太子已经确定，一定会暗中侍奉他。秦国、楚国失去几瑟如同失去韩国，一定暗中侍奉伯婴。对您说来，伯婴也就是几瑟。您不如不杀几瑟。伯婴害怕几瑟，一定会暗中投靠您。韩国的大夫们不能认定几瑟不能返回韩国，就一定不敢帮助伯婴作乱。秦国、楚国护卫几瑟排斥伯婴，伯婴国外没有秦国、楚国那样的权势可依，国内没有众多父兄们的支持，就一定不能作乱了。这对于您有利。"

# 谓新城君曰[1]

谓新城君曰[2]："公叔、伯婴恐秦、楚之内几瑟也[3]，公何不为韩求质子于楚[4]？楚王听而入质子于韩[5]，则公叔、伯婴必知秦、楚之不以几瑟为事也，必以韩合于秦、楚矣。秦、楚挟韩以窘魏[6]，魏氏不敢东[7]，是齐孤也。公又令秦求质子于楚[8]，楚不听，则怨结于韩，韩挟齐、魏以昫楚[9]，楚王必重公矣。公挟秦、楚之重[10]，以积德于韩，则公叔、伯婴必以国事公矣。"

**【注释】**

〔1〕此章事在周赧王十五年（前300），又见于《史记·韩世家》。

〔2〕新城君:即芈(mǐ)戎,秦宣太后之弟。参见《魏策四·白珪谓新城君》注。

〔3〕内(nà):接纳。后来写作"纳"。

〔4〕质子:古代派往别处或别国去做抵押的人质。多为王子或世子。此指几瑟。

〔5〕楚王:指楚怀王。

〔6〕挟:挟制。窘:困迫。

〔7〕东:指面向东方与齐联合。《史记》作"魏氏不敢合于齐"。

〔8〕质子:此指韩国要回几瑟后送去的另一个人质。

〔9〕眄(miǎn):斜视,轻视。

〔10〕挟:仗恃,依仗。

**【译文】**

有人对新城君说:"公叔、伯婴害怕秦国和楚国收留几瑟,您为什么不替韩国向楚国要回做人质的几瑟?如果楚王答应把人质送回韩国,那么公叔和伯婴就一定明白秦国和楚国不把几瑟当回事,就一定使韩国跟秦国和楚国联合了。秦国和楚国挟制韩国来困迫魏国,魏国就不敢向东联合齐国,这样齐国便被孤立起来。您再让秦国向楚国索求韩国所送的人质,如果楚王不答应,那么它就跟韩国结下怨仇,韩国就会仗着齐国和魏国的帮助貌视楚国,楚王就一定会尊重您了。您仗着秦国和楚国的尊重在韩国多积恩德,那么公叔和伯婴一定会把韩国的大事交给您了。"

# 胡衍之出几瑟于楚〔1〕

胡衍之出几瑟于楚也〔2〕,教公仲谓魏王曰:"太子在楚[3],韩不敢离楚也[4]。公何不试奉公子咎[5],而为之请太子[6]？因令人谓楚王曰：'韩立公子咎而弃几瑟,是王抱虚质也[7]。王不如亟归几瑟[8],几瑟入,必以韩权报仇于魏而德王矣[9]。'"

【注释】

〔1〕此章乃是拟托之作,所述与当时情事不符。
〔2〕胡衍：韩国人。
〔3〕太子：指几瑟。
〔4〕离：叛离。鲍彪注："惧其为几瑟伐韩。"
〔5〕公：鲍本作"王"。
〔6〕请太子：请立为太子。
〔7〕抱：怀有,据有。虚质：空质,没有用的质子。
〔8〕亟：急,赶快。
〔9〕报仇于魏：报魏请立公子咎之仇。

【译文】

胡衍在几瑟到楚国以后,教公仲对魏王说："太子几瑟在楚国,韩国是不敢叛离楚国的。大王为什么不试着尊奉公子咎,为他请求立太子？随后派人对楚王说：'韩国立公子咎为太子把几瑟抛弃了,这样大王就只据有一个毫无价值的人质。大王不如赶快叫几瑟回去,几瑟回去,一定会用韩国的权势报魏国请立公子咎之仇,并感激大王了。'"

## 几瑟亡之楚[1]

几瑟亡之楚,楚将收秦而复之[2]。谓芈戎曰[3]：

"废公叔而相几瑟者,楚也。今几瑟亡之楚,楚又收秦而复之。几瑟入郑之日[4],韩,楚之县邑[5]。公不如令秦王贺伯婴之立也。韩绝于楚,其事秦必疾[6],秦挟韩亲魏,齐、楚后至者先亡。此王业也。"

【注释】
〔1〕此章乃是拟托之作。
〔2〕收:联合。复:回去。
〔3〕芈(mǐ)戎:秦宣太后同父弟。参见《秦策五·献则谓公孙消》注。
〔4〕郑:指韩国。
〔5〕邑:鲍本作"已",今从之。已,通"矣"。
〔6〕疾:快,急。

【译文】
几瑟逃亡到楚国,楚国打算联合秦国把他送回去。有人对芈戎说:"搞垮公叔而支持几瑟的是楚国。如今几瑟逃亡到楚国,楚国又联合秦国把他送回去。几瑟回到韩国那一天,韩国就好比是楚国的一个县邑。您不如让秦王祝贺伯婴立为太子。因为韩国跟楚国断交的话,它必定急于侍奉秦国,秦国挟制韩国亲近魏国,齐、楚两国后来服事秦国的就得首先灭亡。这是帝王的事业。"

# 冷向谓韩咎[1]

冷向谓韩咎曰[2]:"几瑟亡在楚,楚王欲复之甚[3],令楚兵十余万在方城之外[4]。臣请令楚筑万家之都于雍氏之旁,韩必起兵以禁之,公必将矣。公因以楚、韩之兵奉几瑟而内之郑[5]。几瑟得入而德公,必以韩、楚奉公矣[6]。"

【注释】

〔1〕此章事在周赧王十五年(前300),又见于《史记·韩世家》。
〔2〕冷向:《史记》作"苏代"。韩咎:吴师道云:"愚谓咎即太子咎,岂有内几瑟之理? 当是谓公仲之辞。"
〔3〕楚王:指楚怀王。
〔4〕方城:指楚国在其北境沿伏牛山麓所筑的一条长城。
〔5〕奉:护送。
〔6〕奉:拥戴。

【译文】

冷向对韩咎说:"几瑟逃亡在楚国,楚王很想把他送回去,命令十多万楚军驻扎在方城之外。臣下请求让楚国在雍氏的旁边建造一个拥有万户人家的都城,韩国一定会出兵制止他们的行动,您就一定是领兵出征的统帅了。您趁机利用楚、韩两国的兵力把几瑟护送回韩国。几瑟能够回国就会感激您,他就一定会凭借韩、楚两国的权势拥戴您了。"

## 楚令景鲤入韩[1]

楚令景鲤入韩[2],韩且内伯婴于秦,景鲤患之[3]。冷向谓伯婴曰:"太子入秦[4],秦必留太子而合楚,以复几瑟也[5],是太子反弃之[6]。"

【注释】

〔1〕此章所言与史实不合,乃是拟托之作。

〔2〕景鲤:楚怀王相国。

〔3〕鲍彪注:"楚欲立几瑟,怨秦立婴故。"

〔4〕太子:鲍彪注:"谓伯婴。"

〔5〕复:恢复。

〔6〕之:指太子之位。

【译文】

楚国派景鲤进入韩国,韩国即将把伯婴送到秦国去,景鲤为此忧虑。冷向对伯婴说:"太子进入秦国,秦国一定得扣留太子而跟楚国联合,以便恢复几瑟的地位,这样太子反而丢掉了太子的地位。"

## 韩咎立为君而未定[1]

韩咎立为君而未定也[2],其弟在周,周欲以车百乘重而送之[3],恐韩咎入韩之不立也[4]。綦母恢曰[5]:"不如以百金从之[6]。韩咎立,因以为戒[7];不立[8],则曰来效贼也[9]。"

【注释】

〔1〕此章事在周赧王十六年(前299),又见于《韩非子·说林下》。

〔2〕韩咎:即太子咎,韩釐王。吴师道云:"韩襄王十二年,公子咎、公子几瑟争立,楚围雍氏。次年,魏襄王与齐闵王会于韩,立咎为太子。此《策》必其争立之时,若既即位,则何未定之有?"

〔3〕此句《韩非子》作"周欲重之",无"以车百乘"及"而送"六字。

883

对照下文,"以车百乘"四字可无,然无"而送"二字则语意不完。

〔4〕此句《韩非子》作"恐韩咎之不立也",无"入韩之"三字。陈奇猷《韩非子集释》:"'咎'作'之',是也。此谓恐韩之不立韩咎之弟,非谓恐韩咎不立为君也,明当作'之'。"然则此句衍"咎入韩"三字。

〔5〕綦母恢:西周之臣。

〔6〕此句《韩非子》作"不若以车百乘送之",与下文"以为戒"、"来献贼"十分通畅。若此作"以百金从之",则与下文难以相贯。

〔7〕王念孙云:"'因也'当为'因曰',与下文'则曰'相对为文。"

〔8〕"立"下省"之"字,之,指公子咎之弟。《韩非子》作"得立"。

〔9〕效:献。贼:指公子咎之弟。陈奇猷云:"谓咎弟得立,则谓以车乘为戒,示惠于咎弟;咎弟不得立,得咎弟为咎之贼,因致咎弟于咎而言来效贼也。"

## 【译文】

韩咎被立为君的事还没有定下来,他的弟弟正在周地,周君打算隆重地送他回国,又担心韩国不立他为太子。綦母恢说:"不如用一百辆车送他回国,韩咎立他为太子,就说用以给他做警戒;不立他为太子,就说是来遣送乱贼。"


# 史疾为韩使楚〔1〕

史疾为韩使楚〔2〕,楚王问曰:"客何方所循〔3〕?"曰:"治列子圉寇之言〔4〕。"曰:"何贵?"曰:"贵正。"王曰:"正亦可为国乎?"曰:"可。"王曰:"楚国多盗,正可以圉盗乎〔5〕?"曰:"可。"曰:"以正圉盗,奈何?"顷间,有鹊止于屋上者,曰:"请问楚人谓此鸟何?"王曰:"谓之鹊。"曰:"谓之乌可乎?"曰:"不可。"曰:"今王之国,有柱国、令尹、司马、典令[6],其任官置吏,必曰廉洁胜任。今盗贼公行而弗能禁也,此乌不为乌、鹊不为鹊也。"

**【注释】**

〔1〕此章事确年无从可考。

〔2〕史疾:辩士之流,不详。

〔3〕方:方术,法术。循:金正炜云:"当为'脩',《广雅·释诂》:'脩,治也。'"按:脩,通"修"。

〔4〕列子圉寇:即列御寇,郑人,战国时道家。

〔5〕圉:通"御",阻止,防范。

〔6〕柱国:楚国最高武官。令尹:楚国最高官职,掌军政大权,相当于别国的相。司马:掌军政和军赋的官。典令:负责诸侯礼仪的官。

**【译文】**

史疾为韩国出使楚国,楚王问他说:"客人所研究的是什么方术?"史疾说:"我研究列御寇的学说。"楚王又问:"您崇尚什么?"史疾说:"崇尚正名。"楚王又问:"正名也可以治理国家吗?"史疾说:"可以。"楚王说:"楚国有很多盗贼,正名可以防御盗贼吗?"史疾说:"可以。"楚王说:"用正名防御盗贼,怎么做?"一会儿,有一只喜鹊落在房顶,史疾说:"请问楚人管这种鸟叫什么?"楚王说:"管它叫喜鹊。"史疾说:"管它叫乌鸦,行吗?"楚王说:"不行。"史疾说:"现在大王的国家有柱国、令尹、司马、典令,您委任官职安排胥吏,一定强调廉洁奉公、胜任职守。现在盗贼公然横行竟无法禁止,这就是乌鸦不叫乌鸦,喜鹊不叫喜鹊。"

# 韩傀相韩[1]

韩傀相韩[2],严遂重于君[3],二人相害也[4]。严遂政议直指[5],举韩傀之过。韩傀以之叱之于朝[6]。严遂拔剑趋之,以救解。于是严遂惧诛,亡去,游求人可以报韩傀者。

至齐,齐人或言:"轵深井里聂政[7],勇敢士也。避仇隐于屠者之间。"严遂阴交于聂政,以意厚之。聂政问曰:"子欲安用我乎?"严遂曰:"吾得为役之日浅[8],事今薄[9],奚敢有请?"于是严遂乃具酒觞聂政母前[10],仲子奉黄金百镒前为聂政母寿[11]。聂政惊,愈怪其厚,固谢严仲子[12]。仲子固进[13],而聂政谢曰:"臣有老母,家贫,客游以为狗屠,可旦夕得甘脆以养亲。亲供养备,义不敢当仲子之赐[14]。"严仲子辟人[15],因为聂政语曰:"臣有仇,而行游诸侯众矣。然至齐,闻足下义甚高,故直进百金者,特以为夫人粗粝之费[16],以交足下之欢,岂敢以有求邪?"聂政曰:"臣所以降志辱身居市井者[17],徒幸而养老母[18]。老母在,政身未敢以许人也。"严仲子固让,聂政竟不肯受。然仲子卒备宾主之礼而去[19]。

久之,聂政母死,既葬,除服[20]。聂政曰:"嗟乎!政乃市井之人,鼓刀以屠[21],而严仲子乃诸侯之卿相也,不远千里,枉车骑而交臣[22]。臣之所以待之,至浅鲜矣,未有大功可以称者,而严仲子举百金为亲寿。我虽不受,然是深知政也。夫贤者以感忿睚眦之意[23],而亲信穷僻之人,而政独安可嘿然而止乎[24]?且前日要政,政徒以老母。老母今以天年终[25],政将为知己者用。"

遂西至濮阳[26],见严仲子曰:"前所以不许仲子者,徒以亲在。今亲不幸[27],仲子所欲报仇者为谁?"严仲子具告曰[28]:"臣之仇韩相傀,傀又韩君之季父也[29]。宗族盛,兵卫设,臣使人刺之,终莫能就[30]。今足下幸而不弃,请益具车骑壮士以为羽翼[31]。"政曰:"韩与卫中间不远[32],今杀人之相,相又国君之亲,此其势不可以多人。多人不能无生得失[33],生得失则语泄,语泄则韩举国而与仲子为仇也。岂不殆哉[34]!"遂谢车骑人徒,辞,独行仗剑至韩。

韩适有东孟之会[35],韩王及相皆在焉[36],持兵戟而卫者甚众。聂政直入,上阶刺韩傀。韩傀走而抱哀侯,聂政刺之,兼中哀侯[37],左右大乱。聂政大呼,所杀者数十人。因自皮面抉眼[38],自屠出肠,遂以死。韩取聂政尸于市[39],县购之千金[40]。久之,莫知谁子。

政姊闻之,曰:"弟至贤,不可爱妾之躯[41],灭吾弟之名,非弟意也。"乃之韩,视之曰:"勇哉,气矜之隆[42]!是其轶贲、育而高成荆矣[43]。今死而无名,父母既殁矣,兄弟无有,此为我故也。夫爱身不扬弟之名,吾不忍也!"乃抱尸而哭之,曰:"此吾弟轵深井里聂政也。"亦自杀于尸下。

晋、楚、齐、卫闻之,曰:"非独政之能[44],乃其姊者亦列女也[45]。"聂政之所以名施于后世者[46],其姊不避菹醢之诛以扬其名也[47]。

## 【注释】

〔1〕此章事在周烈王五年(前371),又见于《韩非子·说林上》及《史记·刺客列传》。

〔2〕韩傀(guī):即侠累。参见《魏策四·秦王使人谓安陵君》注。

〔3〕严遂:韩国之臣,字仲子。重:器重。

〔4〕害:伤害,倾轧。

〔5〕政:通"正"。

〔6〕以之:因此。

〔7〕轵(zhǐ):邑名,在今河南济源市南。深井里:轵邑的里名。聂政:韩国的刺客。

〔8〕为役:充当仆役,等于说"效劳"。浅:短。

〔9〕薄:急,紧迫。

〔10〕具酒:备酒,摆设酒席。觞:敬酒。

〔11〕镒(yì):古代重量单位,二十或二十四两为一镒。

〔12〕固:坚决,执意。谢:推辞,拒绝。

〔13〕进:进献,送上。

〔14〕义:按情理。

〔15〕辟人:避开别人。辟,同"避"。

〔16〕特:只,不过。夫人:《史记》作"大人",指聂政的母亲。粗粝(lì):粗粮,糙米。

〔17〕降志辱身:司马贞《史记索隐》:"卑下其志,屈辱其身。"市井:市场,集市。

〔18〕徒:只。幸:希望。

〔19〕备:完成。

〔20〕除服:守孝三年期满,脱去丧服。

〔21〕鼓刀:谓摆弄刀子发出响声。宰杀牲畜时敲击其刀,使之发声,故曰鼓刀。

〔22〕枉:委屈。车骑:随从的车马。此指严遂。

〔23〕贤者:指严遂。感忿:金正炜云:"当作'感忽',倏忽之间也。"睚眦(yá zì):怒目而视。

〔24〕独安:二字同义复合,难道,怎么。嘿:同"默"。

〔25〕天年:人的自然寿命。

〔26〕濮阳:在今河南濮阳县西南。

〔27〕不幸:指死。

〔28〕具:详细,一五一十地。

〔29〕季父:叔父。

〔30〕莫:没有人。就:成功。

〔31〕益:多。羽翼:辅佐,助手。

〔32〕中间(jiàn):间隔,相距。

〔33〕得失:偏义复词,指差错。

〔34〕殆:危险。

〔35〕适:恰巧,正好。东孟之会:韩国与其他国家在东孟的一次会盟活动。东孟,地名,不详所在。

〔36〕韩王:指韩烈侯。相:即韩傀。

〔37〕以上三句《史记》无。聂政刺韩傀与韩严杀哀侯本非一事。

〔38〕皮面:剥去脸皮。抉:挖出。

〔39〕"尸"下鲍本及《史记》皆有"暴"字。

〔40〕县(xuán)购:悬赏征求。县,同"悬"。

〔41〕爱:吝惜。

〔42〕气矜:金正炜云:"犹言'气势'。"隆:盛,壮烈。

〔43〕贲:指孟贲。育:指夏育。二人与成荆皆为著名勇士。

〔44〕能：有勇力。

〔45〕列：同"烈"。

〔46〕施：流传。

〔47〕菹醢（zū hǎi）：古代酷刑之一，把人剁成肉酱。

## 【译文】

韩傀做韩国的相国，严遂被韩王所器重，两个人互相倾轧。严遂敢于正面议论直接指责，列举韩傀的过失。韩傀因此在朝廷上大骂他，严遂拔出宝剑冲上前去刺杀韩傀，由于有人搭救得以解脱。从此严遂害怕被杀害，逃离韩国，四处游历寻找可以替他报仇杀韩傀的人。

严遂到了齐国，齐国有人说："轵城深井里的聂政，是个勇敢的壮士，躲避仇人隐居在屠户里。"严遂便在暗中跟聂政交往，以诚意厚待他。聂政问道："您打算怎么使用我呢。"严遂说："我得到为您效劳的时日还很短，只是事到如今很急迫，怎敢开口请求帮助呢？"于是严遂就备办酒菜，亲自端杯到聂政母亲的面前敬酒，还拿出一百镒黄金走上前去给聂政的母亲祝寿。聂政大吃一惊，愈发对他的厚意感到奇怪，执意谢绝严遂的厚礼。严遂执意奉送，可聂政谢绝说："我有年老的母亲，家境贫寒，客居流浪成了一个杀狗的屠户，每天都可以赚得一些香甜酥脆的食物来奉养母亲，母亲的奉养业已齐备，按情理不敢接受您的赏赐。"严遂便避开旁人，趁机对聂政说："我有个仇人，为报仇我寻访了许多诸侯国。然而到了齐国，才听说您侠义出众，所以直接呈上这百镒黄金，只是用以作为给老太太买些糙米的费用，以便得到跟您交朋友的欢乐，怎敢有什么要求呢？"聂政说："我所以压抑志气辱没自身，隐居在市场之中，只图赡养老母。老母在世，我的生命是不敢许给别人的。"严遂执意相让，聂政终于不肯接受。然而严遂到底行完了宾主相见之礼才离去。

许久以后,聂政的母亲死了,安葬完毕,脱下丧服,聂政说:"唉!我只是一个市井平民,操刀杀狗为业,而严遂乃是诸侯的卿相,竟不远千里,屈尊前来跟我结交。可我对他的回报太差太少了,没有什么大功值得一提,严遂竟拿出百镒黄金为母亲祝寿。我虽然没有接受,然而他是了解我最深的。一个贤德的人为报他倏忽之间结下的仇恨,亲近信赖穷乡僻壤的人,我难道可以默不作声就算了事吗?再说他之前求我,我只是因为赡养老母才没答应。现在老母已经享尽天年,我应该为了解自己的人效力。"

聂政于是西行到了濮阳,见到严遂就说:"以前我所以没有答应您,只是因为母亲在世。现在母亲去世我已经没有牵挂,您想要报仇的那个人是谁?"严遂详细地告诉他说:"我的仇人是韩国的相国韩傀,韩傀还是韩王的叔父。宗族势力强大,卫兵部署严密,我派人刺过他,始终没有人取得成功。如今幸而您看得起我,请给您多配备些车马和壮士,作为您的助手。"聂政说:"韩国和卫国相距不远,如今刺杀人家的相国,相国又是国君的至亲,在这种情况下人多是不行的。人多不能不出岔子,出岔子就得走漏风声,走漏风声韩国就举国上下跟您结下怨仇,难道不危险吗?"于是就辞退了车马和随从,告辞而去,独自持剑到了韩国。

韩国正好在东孟举行盛会,韩王以及相国等人都在那里,手持武器担任警卫的士兵很多。聂政径直闯进去,登上台阶就刺韩傀。韩傀忙跑抱住哀侯,聂政刺他,同时刺中哀侯,左右的人们乱成一片。聂政大声呼喊,一连杀了几十人。随后自己剥去脸皮挖出眼睛,自己剖腹露出肠子,于是就死了。韩国人把聂政的尸体放在市场上,用千镒黄金悬赏征求他的姓名。过了很久,没有人知道他是谁。

聂政的姐姐听说此事,说:"我弟弟太好了,可不能吝惜我自己的性命,以至泯灭弟弟的英名,尽管这不是弟弟的本意。"于是到了韩国,看着聂政的尸体说:"真勇敢啊,气势多么壮烈!他这壮举已经超过孟贲、夏育而且高于成荆了。如今他死了却没有留下姓名,为了谁?父母都去世了,兄弟也没有,这就是为了我的缘故。因吝惜性命而不敢宣扬弟弟的名字,我是不忍心的。"于是抱着尸体哭着说:"这是我弟弟轵城深井里的聂政。"便也自杀在尸体旁。

晋、楚、齐、卫等国人听说这件事,都说:"不仅聂政有勇力,就连他姐姐也是一位刚烈女子啊。"聂政之所以名传后世,是因为他姐姐不避粉身碎骨之祸来显扬他的名声。

# 卷二十八　韩三

## 或谓韩公仲[1]

或谓韩公仲曰:"夫孪子之相似者[2],唯其母知之而已;利害之相似者,唯智者知之而已。今公国其利害之相似,正如孪子之相似也。得以其道为之[3],则主尊而身安;不得其道,则主卑而身危。今秦、魏之和成[4],而非公适束之[5],则韩必谋矣[6]。若韩随魏以善秦,是为魏从也[7],则韩轻矣,主卑矣。秦已善韩,必将欲置其所爱信者,令用事于韩以完之[8],是公危矣。今公与安成君为秦、魏之和[9],成固为福,不成亦为福。秦、魏之和成而公适束之,是韩为秦、魏之门户也[10],是韩重而主尊矣。安成君东重于魏,而西贵于秦,操右契而为公责德于秦、魏之主[11],裂地而为诸侯,公之事也。若夫安韩、魏而终身相[12],公之下服[13],此主尊而身安矣。秦、魏不终相听者也,齐怒于不得魏[14],必欲善韩以塞魏[15];魏不听秦,必务善韩以备秦,是公择布而割也[16]。秦、魏和,则两国德公;不和,则两国争事公。

所谓成为福,不成亦为福者也。愿公之无疑也。"

### 【注释】

〔1〕此章事在周赧王十三年(前302)。

〔2〕孪生:双生子。

〔3〕其道:指正确的治国之道。

〔4〕今:若。

〔5〕适(dí):专主,做主。束:约,缔结和约。

〔6〕谋:言被韩、魏图谋。

〔7〕从:随从,附庸。

〔8〕用事:执政,掌权。完之:保全秦国。

〔9〕安成君:韩国人,韩宣惠王时所封。

〔10〕门户:鲍彪注:"喻两国由之。"

〔11〕右契:讨债的凭证。古代刻木、竹为契,分左右两半,双方各执一半。右契归讨债一方。

〔12〕相:谓兼相韩、魏。

〔13〕下服:次一等的功业。

〔14〕齐怒:吴师道云:"详文意当作'秦怒'。"

〔15〕塞:遏制。

〔16〕择布而割:选择布匹来剪裁。鲍彪注:"布,喻齐(当作秦)、魏。割,喻制之。"

### 【译文】

有人对韩公仲说:"孪生儿彼此相似,只有他们的母亲能分清楚罢了;利与害彼此相似,只有聪明的人能分清楚罢了。如今您的国家,它的利与害也是彼此相似的,正如孪生儿彼此相似一样。找到正确的方法来治理,就会使君主尊显、自身安宁;找不到正确的方法来治理,就会使君主卑微、自身危险。如果秦国和魏国联合成功,而不是您做主两国的联合,那么韩国就一定被它们算计了。如果韩国追随魏国去跟秦国友善，这就是魏国的随从，那么韩国就轻贱了，君主就卑微了。秦国跟韩国亲善以后，一定要安置它所喜欢信任的人，叫他们在韩国掌权来保全本国，这样您就危险了。现在您和安成君谋求秦、魏两国的联合，成功了固然是福，不成功也是福。秦、魏两国的联合成功，而且是您做主两国的联合，这样韩国就成了秦、魏两国往来的门户，这样韩国就重要、君主就尊贵了。安成君在东边为魏国所重视，在西边为秦国所尊敬，他操着右契为您向秦、魏两国的君主索取回报，分割土地而做诸侯，这是您的头等大事。至于使韩、魏两国相安而终身做两国的相国，这是您的次等事业，这样就君主尊贵、自身安宁了。秦、国和魏国是不能始终相互信任的，秦国对于得不到魏国的支持而发怒，就一定会跟韩国友善来遏制魏国；魏国不服从秦国，就一定致力于跟韩国友善以防备秦国，这样您就像挑选布匹随意剪裁一样。秦国和魏国联合，那么两国都会感激您；不能联合，那么两国都会争着侍奉您。这就是所谓成功是福，不成功也是福。希望您不要怀疑。"

# 或谓公仲[1]

或谓公仲曰："今有一举而可以忠于主，便于国，利于身，愿公之行之也。今天下散而事秦，则韩最轻矣；天下合而离秦[2]，则韩最弱矣；合离之相续，则韩最先危矣。此君国长民之大患也[3]。今公以韩先合于秦，天下随之，是韩以天下事秦，秦之德韩也厚矣。韩与天下朝秦，而独厚取德焉。公行之计[4]，是其于主也至忠矣。天下不合秦,秦令而不听,秦必起兵以诛不服。秦久与天下结怨构难而兵不决[5],韩息士民以待其衅[6]。公行之计,是其于国也大便也。昔者,周佼以西周善于秦[7],而封于梗阳[8];周启以东周善于秦[9],而封于平原[10]。今公以韩善秦,韩之重于两周也无计[11],而秦之争机也万于周之时[12]。今公以韩为天下先合于秦,秦必以公为诸侯,以明示天下[13]。公行之计,是其于身大利也。愿公之加务也。"

【注释】

〔1〕此章事在周赧王二十年(前288)以后。

〔2〕离:背离。

〔3〕君国长(zhǎng)民:做一国之君,做万民之长。

〔4〕之:此。

〔5〕构难:交兵,进行战争。不决:指胜负不定。

〔6〕衅(xìn):缝隙,漏洞。此指可乘之机。

〔7〕周佼:西周之臣。

〔8〕梗阳:赵邑,在今山西清源县。

〔9〕周启:东周之臣。

〔10〕平原:赵邑,在今山东平原县西南。

〔11〕无计:不可计数。

〔12〕争机:言争得韩国的机会。

〔13〕明示:公开宣布。

【译文】

有人对公仲说:"现在有一做法可以效忠于君,有益于国,有利于己,希望您实行这种法。假使天下诸侯离散而侍奉秦国,那么韩国的分量最轻了;天下诸侯联合而背离秦国,那么韩国的力量最弱了；天下诸侯联合与离散交替，那么韩国就得最先遇到危险了。这是统治国家、治理民的最大祸患。假使您带领韩国首先跟秦国联合，天下诸侯跟随韩国行动，这是韩国带领天下各国侍奉秦国，秦国对韩国的感激就深厚了。韩国和天下各国朝拜秦国，竟能单独受到秦国深厚的感激。您采取这个计策，这对于君主来说是最忠的了。天下各国不跟秦国联合，秦国的命令谁也不听，秦国一定得发兵讨伐不服的国家。秦国长久地跟天下各国结下仇怨进行战争，而它的兵力又不能决定胜负，韩国使自己的士兵和民众休养生息，以便等待可乘之机。您采取这个计策，这对于国家来说是特别方便的。从前，周佼带领西周跟秦国友善，因而受封于梗阳；周启带领东周跟秦国友善，因而受封于平原。如今您带领韩国跟秦国友善，韩国的分量之重跟两周比是无法计算的，而且秦国争取韩国的机会，跟两周投靠它的时事相比要高出一万倍。如今您带领韩国跟秦国联合给天下各国带个头，秦王一定会把您立为诸侯，而且向天下公开宣布。您采取这个计策，这对于自身来说是最有利的。希望您更加致力于此。"

# 韩 人 攻 宋 [1]

韩人攻宋[2]，秦王大怒[3]，曰："吾爱宋与新城、阳晋同也[4]。韩珉与我交[5]，而攻我甚所爱，何也？"苏秦为韩说秦王曰[6]："韩珉之攻宋，所以为王也。以韩之强，辅之以宋，楚、魏必恐，恐必西面事秦。王不折一兵，不杀一人，无事而割安邑[7]，此韩珉之所以祷于秦也[8]。"秦王曰:"吾固患韩之难知,一从一横[9],此其说何也?"对曰:"天下固令韩可知也。韩故已攻宋矣[10],其西事秦,以万乘自辅[11];不西事秦,则宋地不安矣[12]。中国白头游敖之士[13],皆积智欲离秦、韩之交。伏轼结靷西驰者[14],未有一人言善韩者也;伏轼结靷东驰者[15],未有一人言善秦者也。皆不欲韩、秦之合者,何也?则晋、楚智而韩、秦愚也[16]。晋、楚合,必伺韩、秦[17];韩、秦合,必图晋、楚。请以决事[18]。"秦王曰:"善。"

**【注释】**

〔1〕此章事在周赧王二十九年(前286),又见于《史记·田敬仲完世家》。

〔2〕吴师道云:"《韩策》云'韩珉相齐',盖韩珉为齐伐宋也。首句不云'韩攻宋'而云'韩人',疑'人'即'珉'之讹。"

〔3〕秦王:指秦昭王。

〔4〕新城:韩邑,在今河南伊川县西南。阳晋:本为卫邑,在今山东曹县。

〔5〕韩珉(mín):即韩眠(měn),齐国之臣。《史记》作"韩聂"。

〔6〕韩:《史记》作"齐"。金正炜曰:"篇中'韩'字皆当为'齐',此由不辨'韩人攻宋之讹'悉改'齐'字以从之也。"以下"韩"当为"齐"者凡十处。

〔7〕无事:没有战事。安邑:在今山西夏县西北。

〔8〕祷:向神祝告求福。

〔9〕一从一横:言忽而合纵忽而连横。

〔10〕故:通"固"。鲍本作"固"。

〔11〕万乘:指秦国。

〔12〕鲍彪注:"难得宋地,不能自安。"

〔13〕中国:指崤山以东六国。游敖之士:即游说之士。敖,同"遨"。

〔14〕伏轼:俯身靠在车前的横木上。结靷(yǐn):系好拉车的皮带。伏轼结靷,指乘车。西驰:指到秦国去。

〔15〕东驰:指到齐国去。

〔16〕则:即。晋:指赵、魏、韩。

〔17〕伺:探察,窥探。

〔18〕决事:决断齐伐宋之事。

## 【译文】

韩珉进攻宋国,秦王大发雷霆说:"我爱宋国跟爱新城、阳晋是相同的。韩珉跟我交往,竟进攻我们最喜欢的地方,为什么?"苏秦为齐国游说秦王说:"韩珉进攻宋国,完全是为了大王。凭着齐国的强大,由宋国来辅助,楚国和魏国一定恐惧,恐惧它们就得投向西方侍奉秦国。大王不用损失一个兵,不用杀掉一个人,没有发生战事就可以割取安邑,这简直是韩珉为秦国求福的结果。"秦王说:"我本来就担心齐国难以逆料,一会儿合纵一会儿连横,你这么说为什么呢?"苏秦回答说:"天下诸侯本来就使得齐国可以理解了。齐国本来已经攻占宋国了,它投向西方侍奉秦国,是要靠拥有万辆兵车的秦国帮助自己;它不投向西方侍奉秦国,那么宋地就不会安定了。中原各国满头白发的游说之士,都在处心积虑地离间秦国和齐国的邦交。那些乘着车子向西行驶的,没有一个人主张跟齐国友善的;而那些乘着车子向东行驶的,没有一个人主张跟秦国友善的。他们都不希望齐国跟秦国联合,为什么呢?那是因为三晋和楚国聪明而齐国和秦国愚蠢。三晋和楚国联合的话,一定得刺探齐国和秦国的情况;齐国和秦国联合的话,一定得图谋搞垮三晋和楚国。请大王根据这些情况决定天下大事。"秦王说:"好。"

# 或 谓 韩 王[1]

或谓韩王曰[2]:"秦王欲出事于梁[3],而欲攻绛、安邑[4],韩计将安出矣?秦之欲伐韩以东窥周室甚,唯寐忘之。今韩不察,因欲与秦[5],必为山东大祸矣。秦之欲攻梁也,欲得梁以临韩,恐梁之不听也,故欲病之以固交也。王不察,因欲中立[6],梁必怒于韩之不与己,必折为秦用,韩必举矣[7]。愿王熟虑之也。不如急发重使之赵、梁[8],约复为兄弟,使山东皆以锐师戍韩、梁之西边。非为此也[9],山东无以救亡。此万世之计也。秦之欲并天下而王之也,不与古同[10]。事之虽如子之事父,犹将亡之也。行虽如伯夷[11],犹将亡之也。行虽如桀、纣,犹将亡之也[12]。虽善事之,无益也,不可以为存,适足以自令亟亡也。然则山东非能从亲[13],合而相坚如一者,必皆亡矣。"

【注释】

〔1〕此章事在周赧王十六年(前299)。
〔2〕韩王:指韩襄王。
〔3〕秦王:指秦昭王。出事于梁:对魏国发动战争。事,指战事。
〔4〕绛:魏邑,在今山西曲沃县东北。安邑:战国初魏都,在今山西夏县西北。
〔5〕与:亲近,亲附。
〔6〕中立:鲍彪注:"不助秦,亦不救魏。"

〔7〕举:被攻下。

〔8〕重使:显赫的使者,特使。

〔9〕为此:如此。王引之云:"为,犹'如'也。"

〔10〕不与古同:言与古代王者不同。

〔11〕伯夷:商末孤竹君之子。与弟叔齐互让君位,逃至周。反对周武王伐纣,商亡逃至首阳山,不食周粟而死。此以伯夷作为有德者的代称。

〔12〕鲍彪注:"言志于亡之而已,无择也。"

〔13〕从亲:合纵相亲。

【译文】

有人对韩王说:"秦王打算对魏国发动战争,打算攻打绛和安邑,韩国将采取什么对策呢?秦国想要进攻韩国,进而东下窃取二周迫不及待,只有睡着才能把这事忘记。如果韩国不加考察,就想亲附秦国,一定得酿成崤山以东六国的大祸。秦国打算进攻魏国,打算取得魏国进而逼近韩国,惟恐魏国不驯服,所以打算重创魏国来巩固与魏国的邦交。大王不考察这个情况,就想既不助秦,也不救魏,魏国一定对韩国不肯帮助自己十分不满,一定会掉转过去为秦国所用,韩国就一定会被攻下。希望大王仔细考虑这件事。不如赶快派出特使到赵国和魏国去,重新订约结为兄弟,使崤山以东六国都拿出精锐的军队去驻守韩国和魏国的西部边疆。不这样,崤山以东六国就没有办法挽救危亡。这是关系子孙后代的大计。秦国想要吞并天下而称帝王,跟古代的五帝三王并不相同。侍奉它即使像儿子侍奉父亲那样,也还是要把你灭亡。品德即使像伯夷那样高尚,也还是要把你灭亡;行为即使像夏桀、商纣那样恶劣,也还是要把你灭亡。纵然殷勤周到地侍奉它,也没有益处。非但不可以维持生存,反而恰好使自己加速灭亡。既然如此,那么崤山以东六国如果不能合纵相亲,联合起来成为一个牢不可破的整体,就一定都得灭亡了。"

## 谓 郑 王[1]

谓郑王曰[2]:"昭釐侯[3],一世之明君也;申不害[4],一世之贤士也。韩与魏敌侔之国也[5],申不害与昭釐侯执珪而见梁君[6],非好卑而恶尊也,非虑过而议失也。申不害之计事曰[7]:'我执珪于魏,魏君必得志于韩,必外靡于天下矣[8],是魏弊矣[9]。诸侯恶魏,必事韩,是我免于一人之下[10],而信于万人之上也[11]。夫弱魏之兵而重韩之权,莫如朝魏。'昭釐侯听而行之,明君也;申不害虑事而言之,忠臣也。今之韩弱于始之韩,而今之秦强于始之秦[12]。今秦有梁君之心矣[13],而王与诸臣不事为尊秦以定韩者[14],臣窃以为王之明为不如昭釐侯,而王之诸臣忠莫如申不害也。

"昔者,穆公一胜于韩原而霸西州[15],晋文公一胜于城濮而定天下[16],此以一胜立尊令[17],成功名于天下。今秦数世强矣,大胜以千数[18],小胜以百数,大之不王[19],小之不霸,名尊无所立[20],制令无所行。然而春秋用兵者,非以求主尊成名于天下也[21]?昔先王之攻,有为名者,有为实者。为名者攻其心[22],为实者攻其形[23]。昔者,吴与越战,越人大败,保于会稽之上[24]。吴人入越而户抚之。越王使大夫种行成于吴[25],请男为臣,女为妾,身执禽而随诸御[26]。吴人果听其辞，与成而不盟[27]。此攻其心者也。其后越与吴战，吴人大败，亦请男为臣，女为妾，反以越事吴之礼事越。越人不听也，遂残吴国而禽夫差[28]。此攻其形者也。今将攻其心乎？宜使如吴；攻其形乎？宜使如越。夫攻形不如越，而攻心不如吴，而君臣上下、少长贵贱毕呼霸王，臣窃以为犹之井中而谓曰：'我将为尔求火也。'

"东孟之会[29]，聂政、阳坚刺相兼君[30]。许异蹴哀侯而殪之[31]，立以为郑君[32]。韩氏之众无不听令者，则许异为之先也[33]。是故哀侯为君，而许异终身相焉[34]。而韩氏之尊许异也，犹其尊哀侯也[35]。今日郑君不可得而为也[36]，虽终身相之焉，然而吾弗为云者，岂不为过谋哉[37]！昔齐桓公九合诸侯[38]，未尝不以周襄王之命[39]。然则虽尊襄王，桓公亦定霸矣。九合之尊桓公也[40]，犹其尊襄王也。今日天子不可得而为也，虽为桓公，吾弗为云者，岂不为过谋而不知尊哉！韩氏之士数十万，皆戴哀侯以为君[41]，而许异独取相焉者，无他[42]；诸侯之君无不任事于周室也，而桓公独取霸者，亦无他也[43]。今强国将有帝王之亹[44]，而以国先者[45]，此桓公、许异之类也，岂可不谓善谋哉？夫先与强国之利，强国能王，则我必为之霸；强国不能王，则可以辟其兵[46]，使之无伐我。然则强国事成，则我立帝而霸[47]；强国之事不成，犹之厚德我也。今与强国，强国之事成则有福，不成则无患。然则先与强国者，圣人之计也"。

【注释】

〔1〕此章事确年难以断定,顾观光《国策编年》附于秦昭王五十三年(前254)。

〔2〕郑王:指韩桓惠王。

〔3〕昭釐侯:即韩昭侯,名武,懿侯之子。

〔4〕申不害:郑国人,韩昭侯时为相十五年,主张法治。

〔5〕敌:匹敌,相当。侔(móu):相等,等同。

〔6〕珪(guī):同圭,诸侯在举行朝会典礼时拿的一种玉器。梁君:指魏惠王。

〔7〕计:盘算。

〔8〕靡:分散。

〔9〕弊:衰败。

〔10〕免:通"俛(俯)",俯首。

〔11〕信:通"伸",伸腰,挺立。

〔12〕金正炜云:"按'始之秦'当作'始之梁',故下文云'今秦有梁君之心矣'。"

〔13〕秦有梁君之心:言秦王也有使韩尊己之心。

〔14〕为:王引之云:"犹'于'也。"

〔15〕鲍本"穆"上补"秦"字。韩原:春秋晋邑,在今山西稷山县西。西州:即西方。按:公元前645年,秦大败晋师于韩原,晋惠公被俘。

〔16〕城濮:春秋卫邑,在今山东范县西南。按:公元前632年4月,晋败楚师于城濮。5月,周襄王莅践土劳师,策命晋文公为侯伯。10月,晋文公以朝天子名义会诸侯于温,又率诸侯朝于践土。

〔17〕金正炜云:"鲍本'此'下有'皆'字。"缪文远云:"'令'当作'名'。"

〔18〕鲍本"千"作"十"。

〔19〕之:王引之云:"犹'则'也。"

〔20〕名尊:缪文远云:"当作'尊名'。"

〔21〕金正炜云:"'主尊'当为'立尊',字形相似而误。'也'犹'耶'。'春秋'犹云'终岁'。"

〔22〕攻其心:鲍彪注:"使其心服而已。"

〔23〕形:鲍彪注:"在外者,谓地与民。"

〔24〕保:守。会稽:山名,在今浙江绍兴、嵊州、诸暨、东阳之间。公元前494年,吴王夫差败越王勾践于夫椒,越王带领余兵五千退守会稽山。

〔25〕越王:指勾践。大夫种:即文种,字少禽。行成:讲和。

〔26〕执禽:拿着禽鸟作为见面礼。诸御:服役人员。

〔27〕成:和解。

〔28〕残:摧残,消灭。禽:后来写作'擒'。夫差:春秋末年吴国国君,阖闾之子。按:公元前473年越大败吴师,囚吴王夫差于姑苏山。夫差使公孙雄请和,越王不许。越王请夫差居甬东,夫差自杀。

〔29〕东孟:地名,不详所在。

〔30〕聂政:刺客名,韩国轵人。阳坚:聂政刺杀韩傀的助手。相:指韩傀。君:指韩烈侯。

〔31〕许异:韩国人。蹴:踢。哀侯,当为"烈侯"之误。下同。殪(yì):使之装死。

〔32〕郑君:即韩君。按:聂政刺韩傀并中烈侯,时当烈侯三年。烈侯未死,又在位十年。此不当言"立"。

〔33〕金正炜云:"《荀子·修身》篇:'以善先人者谓之教。'注:'先,谓首唱也。'此言郑君之立,异有定策安宗庙之功。"

〔34〕缪文远云:"许异事盖策士之寓言。"

〔35〕犹:通"由",由于。

〔36〕吴师道云:"一本'日'作'曰'。"金正炜云:"按作'曰'是也,正与下文'云者'相应。"下文"今日天子"之"日"亦当作"曰"。

〔37〕以上三句鲍彪注:"言无前日之难而可以久相,而曰不为者,过也。"

〔38〕齐桓公:春秋时齐国国君。九合:多次聚会。

〔39〕以:用。周襄王:名郑,惠王之子。

〔40〕九合：谓参与"九合"的诸侯。
〔41〕戴：拥护。
〔42〕无他：没有其他原因。
〔43〕鲍彪注："知所尊而已。"
〔44〕强国：鲍彪注："谓秦。"亶：征兆。
〔45〕而：同"能"。先：指先合于秦。
〔46〕辟：同"避"。
〔47〕立：金正炜云："当为'竝'之脱损半字。"竝，并的异体字；依附。

## 【译文】

有人对韩桓惠王说："昭釐侯是一代英明的君主，申不害是一代贤良的人士。韩国和魏国是势均力敌的国家，申不害与昭釐侯手执玉圭去见魏王，他们并不是喜好卑贱厌恶尊贵，并不是考虑不周计议欠妥。申不害盘算国事说：'我们到魏国执圭称臣，魏王一定会对韩国表现傲慢，一定会向外扩张分散国力于天下，这样魏国就衰败了。各国诸侯讨厌魏国就一定会侍奉韩国，这样我们俯首于一人之下，却挺立于万人之上。削弱魏国的兵力，加重韩国的权力，什么办法也不如朝拜魏国。'昭釐侯听信这个主张并付诸实行，真是英明的君主；申不害为他谋虑大事并直言不讳，真是忠诚的臣子。如今的韩国比当初的韩国软弱，而如今的秦国比当初的魏国强大。如今秦王也有魏王那样的野心，可是大王和大臣们却不奉行尊奉秦王使韩国安定之策，臣下私下认为大王不如昭釐侯明察，而大王的大臣们也不如申不害忠诚。

"从前，秦穆公在韩原打了一次胜仗便在西方称霸，晋文公在城濮打了一次胜仗就平定了天下，这都是靠打一次胜仗建立了崇高的声名，在天下成就了功名。如今秦国已连续几代强盛了，大胜仗数以十计，小胜仗数以百计，大胜没有成就王业，小胜没有成就霸业，崇高的声名没有建立，制度法令没有推行。然而秦国终年用兵,不是谋求建立崇高的声名、在天下成就功名吗?从前先王进行攻伐,有为名声的,有为实利的。为声名的使对方心服,为实利的争夺对方的土地和人民。从前,吴国跟越国打仗,越国人大败,退守在会稽山上。吴国人进入越国挨门挨户地加以抚慰。越王派大夫文种向吴国求和,请求男人做奴隶,女人做婢妾,亲自拿着禽鸟作为见面礼跟在服役人员的身后。吴国人果然听信他的话,与越国和解却未立盟约,这就是使对方心服的策略。后来越国跟吴国打仗,吴国人大败,也请求男人做奴隶,女人做婢妾,反过来用越国服事吴国的礼节服事越国。越国人不听从,于是消灭了吴国活捉了夫差。这是争夺对方土地和人民的策略。现在您要使对方心服么,就应使用像吴国那样的策略;您要争夺对方的土地和人民么,就应使用像越国那样的策略。倘若争夺土地和人民不如越国那样坚决,使人心服不如吴国那样认真,而且君臣上下、少长贵贱都高喊称霸称王,臣下私下认为好比是掉进井里竟对人说:'我要替你取火。'

"东孟那次盟会,聂政、阳坚刺杀相国韩傀及君主烈侯。许异踢烈侯让他装死,烈侯才活下来仍为韩国的国君。韩国的民众没有不听从王命的,因为许异给他们做了带头人。因此烈侯做国君,而许异终身给他做相国。然而韩国人尊敬许异,是由于他尊敬烈侯。现在说韩国君主是不可以辅佐的,即使终身给他做相国,这样我也说不干,难道不是打算错了吗?从前齐桓公跟诸侯会合九次,未尝不是本着周襄王的命令。然而虽然尊奉襄王,桓公也确定霸主地位了。参与九合的诸侯尊奉桓公,是由于他们尊重襄王。现在说天子是不可以拥戴的,即使做桓公那样的霸主,我也说不干,难道不是打算错了不知道尊贵吗?韩国士民几十万,都拥戴烈侯做国君,可是只有许异取得了相国的地位,没有其他原因;各诸侯国的君主没有不在周王室任职的,可是只有桓公取得了霸主的地位,也没有其他原因。当今强大的国家有做帝王的征兆,能使国家先跟秦国联合的,这就是桓公和许异一类的人,他们难道不可以说是多谋善断吗?先帮助强国的好处是,强国能够称王,那么我们一定可以因此称霸;强国不能称王,那么就可以避免它的兵祸,使它不讨伐我们。这样的话,强国的事业成功,那么我们就依附帝王而称霸一方;强国的事业没有成功,它也会重重地感激我们。如今帮助强国,强国的事业成功就会享有福分,不成功也没有祸患。既然如此,率先帮助强国,这是圣人的计谋。"

## 韩阳役于三川而欲归[1]

韩阳役于三川而欲归[2],足强为之说韩王曰[3]:"三川服矣,王亦知之乎?役且共贵公子[4]。"王于是召诸公子役于三川者而归之。

【注释】

〔1〕此章事在秦庄襄王元年(前249)。

〔2〕韩阳:韩国公子。役:战役。此指参加战役。三川:指河、洛、伊三川之间地。

〔3〕足强:韩国人。韩王:指韩桓惠王。

〔4〕鲍彪注:"役,役人。公子,谓阳等辈。贵,言立之为君。"

【译文】

韩阳在三川参加战役打算回国,足强替他游说韩王说:"三川已经降服了,大王也知道这个情况吧?服役的兵士将共同拥戴公子为君。"韩王于是把在三川参加战役的公子们召回国去。

# 秦 大 国[1]

秦,大国也;韩,小国也。韩甚疏秦,然而见亲秦[2],计之,非金无以也,故卖美人[3]。美人之贾贵[4],诸侯不能买,故秦买之三千金。韩因以其金事秦,秦反得其金与韩之美人。韩之美人因言于秦曰:"韩甚疏秦。"从是观之,韩亡美人与金,其疏秦乃始益明。故客有说韩者曰:"不如止淫用[5],以是为金以事秦,是金必行,而韩之疏秦不明[6]。美人知内行者也[7],故善为计者,不见内行。"

【注释】

〔1〕此章疑文有阙亡,时不可考。

〔2〕见(xiàn):显露,表现。下同。

〔3〕美人:指韩王之妾。

〔4〕贾:同"价",价格。

〔5〕淫用:过分的费用。

〔6〕不明,金正炜云:"当作'亦明',字形相近而讹。"非是,"不"字不误。

〔7〕内行(xíng):隐秘的事。

【译文】

秦国是大国,韩国是小国。韩国跟秦国很疏远,然而要表现跟秦国亲近,考虑来考虑去,不用黄金没有别的办法,所以就出卖美女。美女的价钱贵，各国诸侯买不起，所以秦国花三千金来买。韩国于是用这些黄金侍奉秦国，秦国反倒得到这些黄金和韩国的美女。韩国的美女于是对秦国说："韩国跟秦国很疏远。"由此可见，韩国失去了美女和黄金，它跟秦国疏远更加清楚。所以有位游说韩国的客人说："不如停止过分的花费，用这种办法换取黄金侍奉秦国，这样黄金必须送去，而韩国跟秦国疏远就不明显。美女是知道内情的，所以善于使用计谋的人，不暴露内情。"

## 张丑之合齐、楚讲于魏[1]

张丑之合齐、楚讲于魏也[2]，谓韩公仲曰："今公疾攻魏之郓[3]，魏急，则必以地和于齐、楚，故公不如勿攻也。魏缓，则必战[4]。战胜，攻郓而取之易矣[5]；战不胜，则魏且内之[6]。"公仲曰："诺。"张丑因谓齐、楚曰："韩已与魏矣[7]。以为不然，则盖观公仲之攻也[8]？"公仲不攻，齐、楚恐[9]，因讲于魏而不告韩。

【注释】
〔1〕此章事确年无从可考。
〔2〕张丑：齐国之臣。讲：讲和，媾和。
〔3〕郓：即郓，邑名，在今山东郓城县东。
〔4〕鲍彪注："与齐、楚战。"
〔5〕鲍彪注："胜则兵敝，又无齐、楚之助，韩可取郓。"
〔6〕鲍彪注："内郓于韩。"内，同"纳"。

〔7〕与：讲和。

〔8〕盖：通"盍"，何不。

〔9〕鲍彪注："恐韩、魏合。"

**【译文】**

张丑联合齐国、楚国跟魏国讲和，对韩国公仲说："如今您猛攻魏国的郪地，魏国形势危急，就一定用土地跟齐、楚两国媾和，所以您不如不进攻。魏国形势缓和，就一定跟齐、楚两国交战。如果它战胜了，趁它军队疲敝进攻郪地夺取就容易了；如果它战败了，那么魏国将把郪地献给韩国。"公仲说："好吧。"张丑于是对齐、楚两国说："韩国已经跟魏国讲和了。你们如果认为不是这样，那么何不去观察公仲进攻郪地呢？"公仲没有进攻郪地，齐、楚两国害怕起来，便跟魏国讲和，而且没有告诉韩国。

# 或谓韩相国〔1〕

或谓韩相国曰："人之所以善扁鹊者〔2〕，为有臃肿也〔3〕。使善扁鹊而无臃肿也〔4〕，则人莫之为之也。今君以所事善平原君者〔5〕，为恶于秦也。而善平原君，乃所以恶于秦也。愿君之熟计之也。"

**【注释】**

〔1〕此章事确年无从可考。

〔2〕扁鹊：原名秦越人，郑国人，春秋末期名医。

〔3〕臃肿：痈疽，肌肉肿胀。

〔4〕使：假使。

〔5〕金正炜云："'以所事善平原君'，当作'所以善平原君'，与上文

'所以善扁鹊',下文'乃所以恶于秦'相应为文。'以''所'二字误倒,又衍'事'字,文意遂晦。"

【译文】

有人对韩国相国说:"人们之所以称赞扁鹊,是因为有痈疽这种毒疮。假使要人们称赞扁鹊而并没有痈疽这种毒疮,那么人们就没有谁肯做这种事。现在您所以称赞平原君,是因为被秦国所憎恨。可是称赞平原君,却是被秦国所憎恨的原因。希望您仔细考虑这件事。"

## 公仲使韩珉之秦求武隧[1]

公仲使韩珉之秦求武隧[2],而恐楚之怒也。唐客谓公仲曰[3]:"韩之事秦也,且以求武隧也,非弊邑之所憎也[4]。韩已得武隧,其形乃可以善楚。臣愿有言,而不敢为楚计。'今韩之父兄得众者,毋相韩[5],不能独立,势必不善楚[6]。'王曰[7]:'吾欲以国辅韩珉而相之,可乎?父兄恶珉[8],珉必以国保楚[9]。'"公仲说,士唐客于诸公[10],而使之主韩、楚之事。

【注释】

〔1〕此章事在周赧王九年(前306)。

〔2〕韩珉:曾为齐相,主亲秦。武隧:即武遂,在今山西垣曲县东南。

〔3〕唐客:楚国人。

〔4〕弊邑:敝国。

〔5〕父兄:指韩公族。毋:鲍本作"每"。

〔6〕黄丕烈云:"鲍衍'不'字。"吴师道亦云:"疑衍。"
〔7〕王:指楚怀王。鲍彪注:"唐客以楚怀王言告公仲。"
〔8〕恶:诋毁,中伤。
〔9〕保:依附。
〔10〕士:通"仕",做官。

**【译文】**

公仲派韩珉到秦国去要武隧,又害怕楚国恼怒。唐客对公仲说:"韩国侍奉秦国,将借以要回武隧,这不是敝国所憎恨的事情。韩国得到武隧以后,那样的形势才可以跟楚国亲善。臣下希望讲几句话,但并不敢替楚国打算。'如今韩国的父兄得到众人支持的,常常做相国,不可能独立,迫于形势一定会跟楚国友善。'楚王说:'我想用国家的力量帮助韩珉做韩国的相国,可以吗?韩国的父兄诋毁韩珉,韩珉一定会把国家依附于楚国。'"公仲很高兴,当着众大臣的面推荐唐客做官,让他掌管韩、楚之间的事务。

## 韩相公仲珉使韩侈之秦[1]

韩相公仲珉使韩侈之秦,请攻魏,秦王说之[2]。韩侈在唐[3],公仲珉死。韩侈谓秦王曰:"魏之使者谓后相韩辰曰[4]:'公必为魏罪韩侈。'韩辰曰:'不可。秦王仕之,又与约事[5]。'使者曰:'秦之仕韩侈也,以重公仲也。今公仲死,韩侈之秦,秦必弗入。入又奚为挟之以恨魏王乎[6]?'韩辰患之,将听之矣。今王不召韩侈[7],韩侈且伏于山中矣。"秦王曰:"何意寡人如是之权也[8]！令安伏[9]？"召韩侈而仕之。

## 【注释】

〔1〕此章人名混乱难晓,其事确年几不可考。张清常、王延栋《战国策笺注》谓"在周赧王二十五年(前290)韩珉为齐相之前"。姑从其说。

〔2〕秦王:指秦昭王。

〔3〕唐:在今河南洛阳市东北,乃自韩之秦必经之地。

〔4〕韩辰:韩国相国。

〔5〕约事:鲍彪注:"言约攻魏。"

〔6〕魏王:指魏昭王。

〔7〕今:如果。

〔8〕意:怀疑。权:鲍彪注:"犹'变'也。始说侈而今不入,是变也。"

〔9〕黄丕烈云:"'令'当作'今'。上文云'且伏于山中',故此问其今者安所伏也。"

## 【译文】

韩国相国公仲珉派韩侈到秦国去,请求攻打魏国,秦王对此很满意。韩侈在唐地时,公仲珉死了。韩侈对秦王说:"魏国的使者对后任相国韩辰说:'您一定要替魏国处罚韩侈。'韩辰说:'不行。秦王让他做官,又跟他约定攻打魏国。'使者说:'秦国让韩侈做官,是因为尊重公仲珉。现在公仲珉死了,韩侈到秦国去,秦国一定不让他入境。入境,又怎么能倚仗他违背魏王呢?'韩辰为此忧虑,要听从使者的了。如果大王不召见我韩侈,我韩侈就要隐匿到山里去了。"秦王说:"你怎么怀疑寡人会如此反复无常呢?如今你想隐匿在哪里?"于是召来韩侈让他做官。

# 客卿为韩谓秦王[1]

客卿为韩谓秦王曰[2]:"韩珉之议,知其君不知异君,知其国不知异国。彼公仲者,秦势能诎之[3]。秦之强[4],首之者[5],珉为疾矣[6]。进齐、宋之兵至首垣[7],远薄梁郭,所以不及魏者[8],以为成而过南阳之道[9],欲以四国西首也[10]。所以不者,皆曰以燕亡于齐[11],魏亡于秦[12],陈、蔡亡于楚[13],此皆绝地形[14],群臣比周以蔽其上[15],大臣为诸侯轻国也[16]。今王位正,张仪之贵不得议公孙郝[17],是从臣不事大臣也[18];公孙郝之贵不得议甘戊[19],则大臣不得事近臣矣[20]。贵贱不相事,各得其位,辐凑以事其上[21],则群臣之贤不肖可得而知也。王之明一也。公孙郝尝疾齐、韩而不加贵[22],则为大臣不敢为诸侯轻国矣。齐、韩尝因公孙郝而不受[23],则诸侯不敢因群臣以为能矣。外内不相为[24],则诸侯之情伪可得而知也[25]。王之明二也。公孙郝、樗里疾请无攻韩[26],陈四辟去[27],王犹攻之也。甘茂约楚、赵而反敬魏[28],是其讲我[29],茂且攻宜阳[30],王犹校之也[31]。群臣之知无几于王之明者[32],臣故愿公仲之国以侍于王,而无自左右也[33]。"

【注释】

〔1〕此章事在周赧王五年(前310)。

〔2〕客卿：指在本国做官的外国人。此指韩国客卿。秦王：指秦昭王。

〔3〕诎(qū)之：使他屈服。

〔4〕鲍本"秦"上补"以"字。

〔5〕金正炜云："'首之者'当为'冒之者'，字形相似，又涉下文'首坦'、'西首'而误。"冒，触犯。

〔6〕疾：病，此等于说"祸患"。

〔7〕鲍本"坦"作"垣"。首垣：魏地，在今河南长垣东北。

〔8〕金正炜云："'远'当为'近'，字之讹也。'及'鲍本作'反'，于文当为'拔'。"

〔9〕成：和解，媾和。南阳：古地区名，在今河南济源至朝歌镇一带。

〔10〕四国：指韩、宋、齐、魏。西首：向西，即抗秦。

〔11〕公元前314年，齐趁燕国内乱而攻下燕，杀燕王哙。鲍彪注："亡，谓丧地。"

〔12〕公元前352年，秦围魏安邑，安邑降秦。

〔13〕公元前478年楚灭陈。公元前447年楚灭蔡。

〔14〕鲍彪注："言其大小相绝，而四国轻以小敌大，故亡。"

〔15〕比周：勾结。

〔16〕吴师道云："燕、魏亡地于齐、秦，陈、蔡亡国于楚，则地形已绝，不可复通。韩、齐、宋之于魏，则不然。'绝地形'以下，当有缺文，引言秦事。"金正炜云："吴云此下有缺文，其说当是。'群臣比周'以下，与此文不相属，或别为一章。"

〔17〕张仪：见《秦策一·秦惠王谓寒泉子》。公孙郝：见《秦策二·秦武王谓甘茂》注。

〔18〕从臣：侍从之臣。事：等于说"干预"。大臣：官职尊贵之臣。

〔19〕戊：鲍本作"茂"。甘茂，见《东周策·秦攻宜阳》注。

〔20〕近臣：君主左右亲近之臣。

〔21〕辐凑：车辐凑集于毂上，比喻人或物集聚一处。

〔22〕疾：吴师道云："恐有误。"金正炜云："'疾'字疑当作'挟'。"

〔23〕不受:谓不被秦接受。

〔24〕外:指诸侯。内:指群臣。为:帮助。

〔25〕情:实情。伪:虚假,不真实。

〔26〕樗里疾:秦公子,惠王异母弟。

〔27〕鲍彪注:"陈(zhèn),军陈。以不攻,故解散。"

〔28〕敬:金正炜云:"当读如'儆'。"儆,告诫。

〔29〕金正炜云:"'是'或为'使',音同而误。"

〔30〕宜阳:韩邑,在今河南宜阳县西北洛河北岸。

〔31〕金正炜云:"'校之'者,谓计攻讲之孰利也。以上皆言王之专断于国,权不下移,故愿公仲举国以听。"

〔32〕知:同"智"。几(jī):近。

〔33〕吴师道云:"谓公仲一心听王,不由左右。"

**【译文】**

韩国客卿为了韩国对秦昭王说:"韩珉议事,只了解自己的君主却不了解别国的君主,只了解自己的国家却不了解其他的国家。那个公仲,秦国的威力能够使他屈服。秦国如此强大,竟敢触犯它,这就是韩珉造成的祸患了。他曾让齐、宋两国军队攻到魏国的首垣,逼近大梁的外城,所以没有攻占魏国,是认为跟魏国讲和就可以通过南阳这条道路,想与韩、宋、齐、魏四国向西抗秦。所以没有采取行动,都说是因为燕国被齐国攻破,魏国被秦国攻破,陈国和蔡国被楚国灭亡,这都是地理形势阻绝造成的,再就是群臣结党营私蒙蔽君主,大臣帮助别国诸侯轻视本国。如今大王亲自执政,张仪尊贵却不得议论公孙郝,这是属臣不能干预大臣的事情;公孙郝尊贵却不得议论甘茂,这是大臣不能干预近臣的事情。贵贱之间不能互相干预,各自履行自己的职责,就像辐条聚集轴心那样来为自己的君主服务,那么群臣之中哪个贤能哪个无能就可以知道了。这是大王的第一个明察处。公孙郝曾经依仗齐国、韩国,并没有更加尊贵,那么做大臣的就不敢帮助别国诸侯轻视本国了。齐国、韩国曾想通过公孙郝左右秦国大王却没有接受,那么别国诸侯就不敢通过群臣来为所欲为了。国外与国内不能互相帮助,那么别国诸侯的真伪虚实就可以知道了。这是大王的第二个明察处。公孙郝和樗里疾请求不要攻打韩国,韩国列好战阵便解散撤退,大王如同攻破了韩国一样。甘茂跟楚、赵两国订约却反过来告诫魏国,使魏国跟我国讲和,在甘茂即将攻克宜阳的时候,大王还要比较攻伐与讲和的得失。群臣的智谋没有能够赶上大王的英明的,所以臣下希望公仲用韩国来侍奉大王,您不要听从左右的人的谋略。"

## 韩珉相齐[1]

韩珉相齐,令吏逐公畴竖[2],大怒于周之留成阳君也[3]。谓韩珉曰:"公以二人者为贤人也,所入之国因用之乎?则不如其处小国。何也?成阳君为秦去韩,公畴竖,楚王善之[4]。今公因逐之,二人者必入秦、楚,必为公患,且明公之不善于天下[5]。天下之不善公者与欲有求于齐者,且收之,以临齐而市公。"

【注释】
　　〔1〕此章事在周赧王二十七年(前288)。
　　〔2〕公畴竖:齐国人。
　　〔3〕大:鲍本作"又"。成阳君:韩国人,主张秦、韩两国联合。
　　〔4〕楚王:指楚顷襄王。

〔5〕明:显示。

【译文】

韩珉做齐国相国时,命令官吏驱逐公疇竖,又对周人滞留成阳君很恼怒。有人对韩珉说:"您认为这两个人是贤人,他们所到的国家就会任用他们吗?倒不如叫他们住在小国。为什么呢?成阳君为了秦国离开韩国,公疇竖,楚王对他很好。现在您趁机驱逐他们,他们二人一定会跑到秦国、楚国去,一定会成为您的祸患,而且显示您对天下诸侯不友善。天下那些对您不友善的诸侯跟那些对齐国有所求的人,都将收留他们,以便在兵临齐国求取您的相位。"

## 或谓山阳君〔1〕

或谓山阳君曰〔2〕:"秦封君以山阳〔3〕,齐封君以莒〔4〕。齐、秦非重韩,则贤君之行也。今楚攻齐取莒,上及不交齐〔5〕,次弗纳于君,是棘齐、秦之威而轻韩也〔6〕。"山阳君因使之楚〔7〕。

【注释】

〔1〕此章事确年不可考,缪文远系于周赧王四十二年(前273)。

〔2〕山阳君:韩国大臣,韩釐王封君。

〔3〕山阳:在今河南焦作市东南。

〔4〕莒(jǔ):在今山东莒县。

〔5〕鲍本无"及"字。

〔6〕棘:刺,损害。

〔7〕"使"下省略宾语"之"字。

919

【译文】

有人对山阳君说:"秦国把山阳封给您,齐国把莒地封给您。齐国、秦国不是重视韩国,就是认为您的品行好。如今楚国进攻齐国夺取莒地,一不跟齐国结交,二不让莒地接纳您,这是损害齐国、秦国的威风,瞧不起韩国。"山阳君于是派他到楚国去。


## 赵、魏攻华阳[1]

赵、魏攻华阳[2],韩谒急于秦[3],冠盖相望[4],秦不救。韩相国谓田苓曰[5]:"事急,愿公虽疾,为一宿之行。"田苓见穰侯[6],穰侯曰:"韩急乎?何故使公来?"田苓对曰:"未急也。"穰侯怒曰:"是何以为公之王使乎[7]?冠盖相望,告弊邑甚急。公曰'未急',何也?"田苓曰:"彼韩急,则将变矣[8]。"穰侯曰:"公无见王矣[9],臣请令发兵救韩[10]。"八日中,大败赵、魏于华阳之下。

【注释】

〔1〕此章事在周赧王四十二年(前273),又见于《史记·韩世家》,与《韩策二·秦围雍氏五月》文字相同,盖仿张翠事而伪作者。

〔2〕华阳:韩邑,在今河南新郑市北。

〔3〕谒急:告急。

〔4〕冠盖相望:言使者往来不绝。冠盖,冠服和车盖,此特指使者。

〔5〕田苓:韩国人。《史记》作"陈筮"。朱启凤云:"'陈'字古通作

'田','苓'乃'筮'字之误。"

〔6〕穰侯:见《秦策一·张仪说秦王》注。

〔7〕公:朝廷,指韩国。王:鲍本及《史记》作"主"。主使,古代对使者的称呼。

〔8〕变:权变,谓背离秦国而从赵、魏。

〔9〕王:指秦昭王。

〔10〕王念孙云:"'令'当作'今',字之误也。"今,等于说"即",立即。

**【译文】**

赵国、魏国攻打华阳,韩国向秦国告急,使者一批接一批络绎不绝,秦国不肯援救。韩国相国对田苓说:"事情紧急,您虽然身体不适,也希望您赶一夜的路程。"田苓拜见穰侯,穰侯说:"韩国危急了吧?为什么派您来?"田苓回答说:"并没有危急。"穰侯大怒说:"这样为什么替您的君王出使呢?使者一批接一批络绎不绝,告诉敝国你们很危急。您说'并没有危急',为什么?"田苓说:"韩国危急的话,那就要叛变秦国了。"穰侯说:"您不用拜见大王了,臣下请求立即派兵援救韩国。"八天之内,秦军在华阳城下大败赵国、魏国。

# 秦招楚而伐齐〔1〕

秦招楚而伐齐〔2〕,冷向谓陈轸曰〔3〕:"秦王必外向〔4〕:'楚之齐者〔5〕,知西不合于秦,必且务以楚合于齐。齐、楚合,燕、赵不敢不听。齐以四国敌秦,是齐不穷也〔6〕。'向曰:'秦王诚必欲伐齐乎?不如先收于楚之齐者〔7〕。楚之齐者先务以楚合于齐〔8〕,则楚必即秦矣。以强秦而有晋、楚[9],则燕、赵不敢不听,是齐孤矣。'向请为公说秦王。"

**【注释】**

〔1〕此章事在周赧王二年(前313),语有费解,或有讹误。

〔2〕招:招引,邀请。

〔3〕冷向:秦国之臣。陈轸:著名策士,时仕楚。

〔4〕秦王:指秦惠王。金正炜云:"按'外'当为'谓',一声之讹。'秦王必谓向'与下文'向曰'皆设为问答之辞。故终之以'向请为公说秦王'。"

〔5〕鲍彪注:"与齐善者。"

〔6〕穷:困厄。

〔7〕收:联合。

〔8〕金正炜云:"'先'盖'无'字之误。无,犹'不'也。"

〔9〕鲍彪注:"衍'晋'字。"

**【译文】**

秦国招引楚国去讨伐齐国,冷向对陈轸说:"秦王一定会对我说'楚国与齐国亲善的人,知道西边不能跟秦国联合,一定要致力于使楚国跟齐国联合。齐、楚两国联合起来,燕、赵两国就不敢不听从。齐国用四个国家的力量抵抗秦国,这样齐国就不致陷入困境。'我说:"秦王真的一定要讨伐齐国吗?不如先联合楚国与齐国亲善的人。楚国与齐国亲善的人不致力于楚国跟齐国联合,那么楚国就一定会靠近秦国了。凭着强大的秦国又有楚国的支持,那么燕国和赵国就不敢不听从,这样齐国就孤立了。'我请求替您去游说秦王。"

# 韩氏逐向晋于周[1]

韩氏逐向晋于周[2],周成恢为之谓魏王曰[3]:"周必宽而反之[4],王何不为之先言?是王有向晋于周也[5]。"魏王曰:"诺。"成恢因为谓韩王曰:"逐向晋者韩也,而还之者魏也,岂如道韩反之哉?是魏有向晋于周,而韩王失之也[6]。"韩王曰:"善。"亦因请复之。

【注释】

〔1〕此章事确年无从可考。
〔2〕向晋:周国之臣。
〔3〕鲍本"周"下有"使"字。成恢:魏国人。
〔4〕宽:宽恕。
〔5〕鲍彪注:"有,言得其用。"
〔6〕金正炜云:"'韩王'二字当有一衍。"衍"韩"字。

【译文】

韩国把向晋驱逐回周,周派成恢替他对魏王说:"周一定能够宽恕向晋把他送回韩国,大王为什么不替他先说几句好话,这样大王在周就有向晋做内应。"魏王说:"好吧。"成恢于是替魏王对韩王说:"驱逐向晋的是韩国,而把他送回去的是魏国,哪里赶得上通过韩国把他召回呢?这是魏国在周有向晋做内应,而大王却失去了他。"韩王说:"好。"也趁机请求让向晋回去。

# 张登请费绁[1]

张登请费绁曰[2]:"请令公子年谓韩王曰[3]:'费绁,西周仇之,东周宝之。此其家万金,王何不召之以为三川之守[4]?是绁以三川与西周戒也,必尽其家以事王。西周恶之,必效先王之器以止王[5]。'韩王必为之。西周闻之,必解子之罪[6],以止子之事[7]。"

【注释】

〔1〕此章事确年无从可考。

〔2〕张登:中山人。请:鲍本作"谓"。费绁(xiè):韩国人。

〔3〕公子年:韩国公子。鲍本"年"作"牟"。

〔4〕三川:指河、洛、伊三水之间地。

〔5〕止王:鲍彪注:"止韩勿使为守。"

〔6〕解:免除。

〔7〕事:指任三川郡守之事。

【译文】

张登对费绁说:"请您让公子牟对韩王说:'费绁,西周仇恨他,东周器重他。这个人家有钱财万金,大王为什么不召请他让他做三川太守。这样费绁就会在三川对西周加以戒备,一定会拿出他的全部家财来侍奉大王。西周憎恨他,一定会献出先王的宝器来阻止大王任用他为太守。'韩王一定会这样做。西周听说后,一定会赦免您的罪过,来阻止您做三川太守这件事。"

# 安邑之御史死[1]

安邑之御史死[2],其次恐不得也[3]。输人为之谓安令曰[4]:"公孙綦为人请御史于王[5],王曰:'彼固有次乎!吾难败其法[6]。'"因遽置之[7]。

【注释】

〔1〕此章事在何年不可确考。

〔2〕安邑:此指韩国的安邑。《史记·白起列传》:"起迁为国尉,涉河取韩安邑以东到乾河。"司马贞《索隐》:"魏以安邑入秦,然安邑以东至乾河皆韩故地,故云'取韩安邑'。"御史:国君亲近之职,掌文书及记事。此指安陵令的属官。

〔3〕次:指副职。不得:指得不到御史之职。

〔4〕输:鲍彪注:"安邑里名。"鲍本"安"下补"邑"字。

〔5〕公孙綦:人名,未详。

〔6〕败:破坏。其法:指御史之职出现空缺由其副手接任的制度。

〔7〕遽:立即,马上。

【译文】

安邑的御史死了,他的副手害怕当不上御史。输里的人为他去对安邑令说:"公孙綦替别人向大王请求御史的职位,大王回答说:'那御史本来有副手呀!我不能破坏原来的制度。'"于是马上任命副手为御史。

## 魏王为九里之盟[1]

魏王为九里之盟[2],且复天子[3]。房喜谓韩王曰[4]:"勿听之也。大国恶有天子,而小国利之。王与大国弗听,魏安能与小国立之?"

【注释】

〔1〕此章事在周显王二十九年(前344),又见于《韩非子·说林上》。

〔2〕魏王:指魏惠王。九里之盟:即逢泽之会。公元前344年魏惠王与秦、韩、宋、卫、邹、鲁等国诸侯在逢泽的一次会盟。会盟之后魏惠王率领诸侯于九里朝周,所以又称九里之盟。九里,周地,在今河南登封市西北。

〔3〕复天子:恢复天子之尊。

〔4〕房喜:韩国大臣。韩王:指韩昭侯。

【译文】

魏惠王主持逢泽的盟会,即将恢复天子的尊位。房喜对韩王说:"不要听从他们。大国讨厌有天子,而小国认为有天子对自己有利。大王和其他大国不听,魏国怎么能和几个小国恢复天子的尊位?"

## 建信君轻韩熙[1]

建信君轻韩熙[2],赵敖为谓建信侯曰[3]:"国形有之而存、无之而亡者,魏也[4]。不可无而从者,韩也[5]。今君之轻韩熙者,交善楚、魏也。秦见君之交反善于楚、魏也,其收韩必重矣[6]。从则韩轻,横则韩重,则无从轻矣[7]。秦出兵于三川[8],则南围鄢[9],蔡、邵之道不通矣[10]。魏急,其救赵必缓矣。秦举兵破邯郸[11],赵必亡矣。故君收韩,可以无釁[12]。"

【注释】

〔1〕此章事在何年不可确考。

〔2〕建信君:赵国大臣,为赵孝成王所宠幸。韩熙:韩国大臣。

〔3〕赵敖:赵国人。侯:鲍本作"君"。

〔4〕鲍彪注:"赵、魏为邻,故其势如此。"之,指魏国。

〔5〕鲍彪注:"欲为从,必得韩。"从,同"纵"。

〔6〕收:联合。重:重视。

〔7〕从:采取。此字与'纵'不同。

〔8〕三川:见《西周策·韩、魏易地》注。

〔9〕鄢:即鄢陵,在今河南漯河市鄢陵区。

〔10〕蔡:即上蔡,在今河南上蔡县。邵:即召陵,在今河南漯河市郾城区。

〔11〕邯郸:赵都,在今河北邯郸市。

〔12〕釁(xìn):漏洞。

【译文】

建信君瞧不起韩熙,赵敖为他去对建信君说:"我国的形势有它才能存在、没有它就得灭亡的是魏国。不可没有它而合纵的是韩国。如今您所以瞧不起韩熙,是因为要和楚国、魏国建立亲善的邦交。秦国看到您反而跟楚国、魏国建立亲善的邦交,它就一定重视联合韩国。实行合纵韩国就被轻视,实行连横韩国就受重视,那么我国可不要采取被轻视的策略了。倘若秦国出兵到三川,就会向南围攻鄢陵,上蔡和召陵这条道路就不通了。魏国形势危急,它援救赵国就一定得延缓了。秦国发兵攻破邯郸,赵国就一定得灭亡了。所以您联合韩国,就可以没有漏洞。"

## 段产谓新城君[1]

段产谓新城君曰[2]:"夫宵行者能无为奸,而不能令狗无吠己。今臣处郎中[3],能无议君于王,而不能令人毋议臣于君。愿君察之也。"

【注释】
〔1〕此章与《魏策四·白珪谓新城君》大致相同,缪文远云:"盖仿彼章而拟作者。"
〔2〕段产:秦国人。新城君:即芈戎。
〔3〕郎中:宫中侍卫之臣。

【译文】
段产对新城君说:"夜里走路的人能够不做坏事,却不能使狗不咬自己。如今我处在郎官之中,能够做到不在大王面前非议您,却不能使人不在您的面前非议我。希望您考察这件事。"

## 段干越人谓新城君[1]

段干越人谓新城君曰[2]:"王良之弟子驾云取千里

马[3],遇造父之弟子[4]。造父之弟子曰:'马不千里。'王良弟子曰:'马[5],千里之马也;服[6],千里之服也。而不能取千里,何也?'曰:'子缪牵长[7]。'故缪牵于事[8],万分之一也,而难千里之行。今臣虽不肖,于秦亦万分之一也,而相国见臣不释塞者[9],是缪牵长也。"

**【注释】**

〔1〕此章事在何时不可确考。

〔2〕"人"字衍。《文选·励志诗》李善注引作"段干越谓韩相新城君"可证。段干越:魏国人。新城君:即芈戎。

〔3〕王良:赵简子的车夫。此句《文选·应诏观北湖田收》和《文选·励志诗》李善注引并作"王良弟子驾千里之马"。

〔4〕造父:横田惟考曰:"为齐王御,见《韩非子》,盖周末人。"

〔5〕马:比照下文,当指骖,辕马两边的马。

〔6〕服:驾辕的马。古车单辕,一马驾四匹马,居中的两匹叫服。

〔7〕缪(mò)牵:马缰绳。

〔8〕事:指所跑的里程。

〔9〕此句《文选·励志诗》李善注引作"而相国见臣不怿者"。相国,指新城君。怿(yì),喜悦。

**【译文】**

段干越对新城君说:"王良的弟子驾驭千里马,遇上了造父的弟子。造父的弟子说:'你的马不能日行千里。'王良的弟子说:'我的两骖是千里马,两服也是千里马。你却说它们不能日行千里,为什么?'造父的弟子说:'你的马缰绳长。'马缰绳对于马所跑的里程,有万分之一的影响,因此难以日行千里。现在我虽然不才,对于秦国也有万分之一的影响,可是相国见到我不高兴,这就是马缰绳长啊。"

# 卷二十九　燕一

【题解】

周武王灭商,始封其弟召公奭于燕,因地在燕山之野,遂以为国名。后徙于易,今河北易县东南有古燕城遗址。又并蓟地,遂定都于蓟(今北京市西南角)。三十传至献公(前492—前465在位。下同),献公十七年进入了史称的战国时代。历孝公、成公、湣公、桓公,至文公(前361—前333)始见于《战国策》(《策》称文侯)。文公卒,子易王(前332—前321)立,易王十年燕始称王。易王卒,子哙(前320—前317)立。哙为了博取禅让的美名,听朝臣之劝把王位让给宰相子之(前316—前314)。子之三年,国内大乱,杀死子之,王哙亦死。动乱持续了两三年之久,国人终立公子职为昭王(前311—前279)。昭王死,历惠王(前278—前272)、武成王(前271—前258)、孝王(前257—前255),至燕王喜(前254—前222)。公元前227年,秦进兵攻燕,王喜逃至辽东,五年后(前222)为秦所灭。

燕国地处最北,经不断开拓,占地包括今河北省东北部、辽东、辽西,以及朝鲜一部。

燕国由于有利的地理环境,较长时期很少受中原战乱的干扰。子之之乱,齐乘机掠燕,形成燕、齐世仇。此后,燕的主要国策是对齐实施报复。终于在燕昭王时用乐毅为将,联合五国之兵,几乎灭齐。这段历史是《燕策》记述的重点。

在燕对齐的报复中,苏秦在齐国给燕做间谍,使齐国疲于对外作战，给燕国攻齐造成有利时机。后来阴谋败露，被齐国处以车裂的极刑。《国策》关于苏氏兄弟（秦、代、厉）的记载，有多处淆乱。今人唐兰据文献及考古发掘证明，苏秦的主要活动是在燕昭王、齐湣王时期。其被处死在齐湣王末年，时年约五十许。所以，有关他在此以前诸多活动（如《燕策》开头苏秦以合纵说燕文侯等等），记述往往有失真之处。甚至连苏氏兄弟的排行都被搞错，如苏代本是苏秦的兄长，反说成弟弟；苏秦字季子，在三兄弟中最居末，反被说成兄长。由此而及，把苏秦的事说成苏代者也往往有之。

《燕策》最后一章，关于荆轲刺秦王的描写最为生动、具体，然而却是抄录《史记》之文。司马迁在《刺客列传》传赞中说，这篇故事是他亲自听与始皇御医夏无且有过交往的公孙季功、董生讲述而记录下来的，并非战国文字。

《燕策》姚本三卷：《燕一》十四章，《燕二》十三章，《燕三》五章，共三十二章。鲍本一卷，三十一章。今仍依姚本之旧。

# 苏秦将为从[1]

苏秦将为从,北说燕文侯曰[2]:"燕东有朝鲜、辽东[3],北有林胡、楼烦[4],西有云中、九原[5],南有呼沱、易水[6],地方二千馀里,带甲数十万,车七百乘,骑六千匹,粟支十年。南有碣石、雁门之饶[7],北有枣栗之利[8],民虽不由田作,枣栗之实,足食于民矣。此所谓天府也!

"夫安乐无事,不见覆军杀将之忧,无过燕矣。大王知其所以然乎?夫燕之所以不犯寇被兵者,以赵之为蔽于南也。秦、赵五战,秦再胜而赵三胜。秦、赵相弊,而王以全燕制其后,此燕之所以不犯难也。且夫秦之攻燕也,逾云中、九原,过代、上谷[9],弥地踵道数千里[10],虽得燕城,秦计固不能守也。秦之不能害燕亦明矣!今赵之攻燕也,发兴号令,不至十日而数十万之众军于东垣矣[11]。度呼沱,涉易水,不至四五日距国都矣。故曰:秦之攻燕也,战于千里之外;赵之攻燕也,战于百里之内。夫不忧百里之患,而重千里之外,计无过于此者。是故,愿大王与赵从亲,天下为一,则国必无患矣!"

燕王曰:"寡人国小,西迫强秦,南近齐、赵[12]。齐、赵,强国也。今主君幸教诏之,合从以安燕,敬以国从!"于是赍苏秦车马金帛以至赵。

## 【注释】

〔1〕本章又见于《史记·苏秦列传》。诸家多据《六国表》系于显王三十五年(前334)。然据后人考证,其史、地多有与事实不符者,故疑为依托之作。

〔2〕燕文侯:桓公之子,公元前361—公元前333年在位。

〔3〕朝鲜:今朝鲜半岛,当时非尽为燕地。辽东:燕郡名。在今辽河以东。

〔4〕林胡:民族地区名。在今内蒙包头以南。当时不属燕。楼烦:燕东邻国名。程恩泽曰:"然亦服属其国而已,未必能有其地也。"

〔5〕云中:郡名,当时属赵。在今内蒙托克托东北。九原:邑名,当时属赵。在今内蒙包头市西。

〔6〕呼沱:即今嘑沱河。发源于山西省泰戏山,流入河北平原,与滏阳河汇为子牙河。易水:在今河北省西部,源出易县西南。

〔7〕碣石:山名。在今河北省昌黎北。雁门:山名,在今山西省代县北。

〔8〕枣粟:粟,鲍本作"栗"。是。

〔9〕代、上谷:已见前注。

〔10〕弥地踵道:谓长途跋涉。弥,尽;踵,行。

〔11〕东垣:赵邑。在今河北正定西。

〔12〕"西迫"二句:似应作"西迫赵,南近齐"。

## 【译文】

苏秦将串连合纵,北行游说燕文侯道:"燕国东有朝鲜、辽东,北有林胡、楼烦,西有云中、九原,南有滹沱、易水。土地方圆二千多里,甲兵数十万,战车七百乘,战马六千匹,粮食可以预支十年。国中南部有碣石、雁门的富庶,北部有枣栗的出产,民即使不从事耕作,枣栗的果实,就足够民食了。这是所说的天府之地。

要说安乐无事，不知道覆军杀将的忧愁，没有超过燕的了。大王知道为何能够这样吗？燕国之所以不遭寇犯，不遇兵灾，是由于有赵国在南面做屏障啊。秦、赵五战，秦两胜而赵三胜。秦、赵互相削弱，而大王用全燕控制其后，这就是燕所以不遇战乱的原因。再说，秦进攻燕，要跨越云中、九原，经过代、上谷，路途跋涉几千里，即使攻取燕城，却根本没有守城之策。秦不能加害于燕，是十分明白的了。如今赵国攻燕，发号出令，不上十天，数十万大军，就屯集于赵的东邑了。渡滹沱，涉易水，不上四五天，就兵临燕都了。所以说，秦攻燕，是战于千里之外；赵攻燕，是战于百里之内。不担忧百里之内的灾患，而担心千里之外的敌人，没有比这更错误的决定了。因此，愿大王与赵结成合纵之亲，六国合一来对付秦，那么国家就一定没有灾患了。"

燕王说："寡人国土甚小，西迫近赵，南邻近齐。齐、赵都是强国。今有幸蒙先生教导告诫，合纵来使燕国平安，谨以国家相从。"于是赠给苏秦车马、金、帛，而回到赵国。

## 奉阳君李兑甚不取于苏秦[1]

奉阳君李兑甚不取于苏秦[2]。苏秦在燕，李兑因为苏秦谓奉阳君曰[3]："齐、燕离，则赵重；齐、燕合，则赵轻。今君之齐[4]，非赵之利也。臣窃为君不取也！"

奉阳君曰："何吾合燕于齐？"对曰："夫制于燕者[5]，苏子也。而燕，弱国也，东不如齐，西不如赵，岂能东无齐、西无赵哉？而君甚不善苏秦，苏秦能抱弱燕而孤于天下哉?是驱燕而使合于齐也。且燕,亡国之馀也[6],其以权立[7],以重外,以事贵。故为君计,善苏秦则取[8],不善亦取之,以疑燕、齐。燕、齐疑,则赵重矣。齐王疑苏秦,则君多资。"

奉阳君曰:"善。"乃使使与苏秦结交。

【注释】

〔1〕此章,顾氏《编年》系于赧王三十一年,以为当乐毅破齐之时,误。缪氏《考辨》据马雍说,系此于赧二十九年,以为时苏秦在赵,亦未确。按,《策》文明言"苏秦在燕";又谓奉阳君"乃使使与苏秦结交",亦非在赵之语。盖时当乐毅破齐之前,苏秦已从赵返燕,其在赧三十年(前285)欤?

〔2〕李兑:赵惠文王时为相,封奉阳君。曾与苏秦合纵攻秦。

〔3〕吴曾祺谓"李兑"二字为衍文。按,此当有讹误。

〔4〕金正炜曰:"'今君'下脱'合燕'二字。下文'何吾合燕于齐',即与此文相应。之,犹'于'也。"是。

〔5〕鲍注:"言其制燕。"缪文远谓"于"字为衍文。是。

〔6〕公元前314年燕王哙让位于相国子之,燕国大乱,齐乘机攻入燕都,杀哙、太子平与子之。后燕人共立庶子职为王,是为昭王。先是职为质于韩,赵召而纳之。

〔7〕以权立:谓昭王以权宜立为君也。

〔8〕鲍彪曰:"取,言与之交。"

【译文】

奉阳君李兑十分不赞成苏秦离间齐、赵关系,而与他断绝来往。苏秦返燕,某人为苏秦对奉阳君说:"齐与燕离,赵的地位就重;齐与燕合,赵的地位就轻。现在您的行为会促使燕与齐联合,对赵国很不利。臣个人不赞成您的做法。"

奉阳君说:"为什么说我的行为会促使燕合于齐呢?"回答说:"控制燕国权柄的是苏子。而燕是一个弱国,东不如齐,西不如赵,它岂能东不靠齐、西不靠赵呢?而您很不喜欢苏秦,苏秦能够抱着一个弱燕而孤立于天下吗?这是驱使燕去与齐联合。况且燕是亡国之余,太子平以权宜立为王,因而重视外交,谨慎对待权贵。所以为您打算,喜欢苏秦要结交他,不喜欢也要结交他,来使齐、燕互相猜疑。燕、齐互疑,赵的地位就重了。齐湣王猜疑苏秦,那么您的资本就雄厚了。"

奉阳君说:"好。"遂遣使与苏秦结交。


# 权 之 难[1]


权之难[2],燕再战不胜,赵弗救。哙子谓文公曰[3]:"不如以地请合于齐,赵必救我。若不吾救,不得不事。"文公曰:"善。"令郭任以地请讲于齐[4]。赵闻之,遂出兵救燕。

【注释】

〔1〕据今人马雍、杨宽所考,此章为燕昭王十六年时事,当周赧王十九年(前296)。参见《齐策二·权之难》注〔1〕。

〔2〕权:地名。详《齐策二·权之难》注〔2〕。

〔3〕哙子:即燕王哙,文公之孙。按,此时文公、子哙均已早死,疑有误。

〔4〕郭任:燕臣。

【译文】

燕、齐战于权,燕再战失利,赵国不救。燕文公之孙哙子对文公说:"不如用土地与齐国讲和,那么赵肯定会救我。即或不救我,将来也不得不服事我(避免燕与齐合)。"文公说:"好。"即派郭任用土地与齐讲和。赵闻知,遂马上出兵救燕。

## 燕文公时[1]

燕文公时,秦惠王以其女为燕太子妇[2]。文公卒,易王立。齐宣王因燕丧攻之[3],取十城。

武安君苏秦为燕说齐王[4],再拜而贺,因仰而吊。齐王桉戈而却曰:"此一何庆吊相随之速也?"对曰:"人之饥所以不食乌喙者[5],以为虽偷充腹,而与死同患也。今燕虽弱小,强秦之少婿也。王利其十城,而深与强秦为仇。今使弱燕为雁行,而强秦制其后,以招天下之精兵,此食乌喙之类也!"

齐王曰:"然则奈何?"

对曰:"圣人之制事也,转祸而为福,因败而为功。故桓公负妇人而名益尊[6],韩献开罪而交愈固[7]。此皆转祸而为福,因败而为功者也。王能听臣,莫如归燕之十城,卑辞以谢秦。秦知王以己之故归燕城也,秦必德王;燕无故而得十城,燕亦德王。是弃强仇而立厚交也。且夫燕、秦之俱事齐,则大王号令,天下皆从,是王以虚辞附秦,而以十城取天下也。此霸王之业矣!所谓转祸为福,因败成功者也。"

齐王大说,乃归燕城。以金千斤谢其后,顿首涂中[8],愿为兄弟,而请罪于秦。

【注释】

〔1〕又见《史记·苏秦列传》。诸家多据《史记》系此章于显王三十七年。缪氏《考辨》引徐中舒云:"此《策》言齐取燕十城,应是上章郭任以地请讲于齐事。《国策》系此于燕易王、齐宣王时,年代错乱,与上章'哙子谓文公曰',同属窜改苏秦年代而牵连涉及所致。"故此章系年应与上章同为赧王十九年(前296)。

〔2〕太子:这里指燕文公之子易王。按,公元前337年秦惠王即位,时年十八岁,当燕文公二十五年。公元前333年,燕文公卒,太子继立为易王,是时秦惠王亦止二十二岁,何得有女为易王妇? 秦王女与燕当是燕昭王时事。

〔3〕齐宣王伐燕在燕王哙七年,时值燕内乱。文公卒时,齐无伐燕之事。

〔4〕据今人考证,苏秦活动主要在燕昭王、齐湣王时;燕易王、齐宣王时尚未与燕、齐发生关系。

〔5〕乌喙:即乌头。一种有毒的植物。

〔6〕桓公负妇而名益尊:齐桓公与蔡姬乘小舟,姬故意摇荡,桓公恐惧变色,摇荡不止。桓公怒,遣姬归蔡,而未断绝关系。蔡人另嫁姬,桓公遂出兵侵蔡,并伐楚,楚服。事见《左传》僖公三年。

〔7〕"韩献"句:晋赵盾荐韩厥为军司马。战争中,赵盾仆人干犯军法,韩厥将他杀掉。赵盾非但不怪罪,反加鼓励。见《国语·晋语五》。韩献,韩厥;开罪,得罪。

〔8〕顿首:以头叩地而拜。涂中:泥涂之中。

【译文】

燕文公之时,秦惠王将女儿许配燕太子为妻。文公卒,燕易王立。齐宣王乘燕国丧葬来进攻它,夺取十座城邑。

武安君苏秦为燕国游说齐王,再拜称贺,随之仰天哀悼。齐宣王按戈后退说:"庆与吊为什么相随得这样快呢?"苏秦回答说:"人饥饿所以不吃乌头,是因为虽然苟且充饥,却会招来死亡的祸患。今燕国虽然弱小，却是强秦的女婿啊！王贪图它十座城邑，而与强秦结成深仇。如今使弱燕作为排头雁，而强秦随其后，招来天下的精兵，这与吃乌头一个样。"

齐王说："既然如此，该怎么办呢？"

回答说："圣人做事因势利导，能转祸而为福，因败而成功。所以齐桓公遣归蔡姬而声名愈尊崇，韩厥得罪赵孟而交情愈牢固。这都是转祸而为福，因败而成功的事例。大王能听信臣言，莫如归还燕的十座城邑，卑下其辞以谢罪于秦。秦知道大王因为秦的缘故而归还燕城，必定感激大王；燕无故而白得十城，也会感激大王。这是丢弃强仇而连结厚交。再说，燕、秦都来恭维齐，那么天下就都能服从大王的号令，结果是大王用虚辞而使秦归附，拿十座城来获得天下啊！这是霸王的事业。即所说的转祸为福，因败成功。"

齐王非常高兴，于是返还燕国十城。随后又以黄金千斤，并叩头至地，愿意约为兄弟，来向秦国请罪。

## 人有恶苏秦于燕王者[1]

人有恶苏秦于燕王者，曰："武安君，天下不信人也。王以万乘下之，尊之于廷，示天下与小人群也[2]！"

武安君从齐来，而燕王不馆也。谓燕王曰："臣，东周之鄙人也，见足下，身无咫尺之功，而足下迎臣于郊，显臣于廷。今臣为足下使，利得十城[3]，功存危燕，足下不听臣者，人必有言臣不信，伤臣于王者。臣之不信，是足下之福也。使臣信如尾生[4]，廉如伯夷[5]，孝如曾参<sup>[6]</sup>，三者天下之高行也，而以事足下，不可乎<sup>[7]</sup>？"燕王曰："可。"曰："有此，臣亦不事足下矣。"

苏秦曰<sup>[8]</sup>："且夫孝如曾参，义不离亲一夕宿于外，足下安得使之之齐？廉如伯夷，不取素餐<sup>[9]</sup>，污武王之义而不臣焉<sup>[10]</sup>，辞孤竹之君，饿而死于首阳之山<sup>[11]</sup>。廉如此者，何肯步行数千里而事弱燕之危主乎？信如尾生，期而不来，抱梁柱而死。信至如此，何肯扬燕、秦之威于齐，而取大功乎哉？且夫信行者，所以自为也，非所以为人也。皆自覆之术<sup>[12]</sup>，非进取之道也。且夫三王代兴，五霸迭盛，皆不自覆也。君以自覆为可乎？则齐不益于营丘<sup>[13]</sup>，足下不逾楚境<sup>[14]</sup>，不窥于边城之外。且臣有老母于周，离老母而事足下，去自覆之术而谋进取之道，臣之趣固不与足下合者。足下，皆自覆之君也；仆者，进取之臣也，所谓以忠信得罪于君者也！"

燕王曰："夫忠信又何罪之有也？"

对曰："足下不知也！臣邻家有远为吏者，其妻私人。其夫且归，其私之者忧之。其妻曰：'公勿忧也，吾已为药酒以待之矣。'后二日，夫至，妻使妾奉卮酒进之。妾知其为药酒也，进之则杀主父，言之则逐主母，乃阳僵弃酒<sup>[15]</sup>。主父大怒而笞之。故妾一僵而弃酒，上以活主父，下以存主母也。忠至如此，然不免于笞。此以忠信得罪者也！臣之事，适不幸而有类妾之弃酒也。且臣之事足下，亢义益国<sup>[16]</sup>，今乃得罪，臣恐天下后事足下者，莫敢自必也！且臣之说齐，曾不欺之也。使之说齐者莫如臣之言也，虽尧舜之智，不敢取也！"

941

【注释】

〔1〕又见《史记·苏秦列传》,亦见帛书《战国纵横家书》第五章。马雍据帛书,谓此章应为苏秦与燕昭王策划破齐之谈论,事在赧十五年(前300)。今按,详味此章文意,当紧接上两章之后,苏秦说齐归还燕十城而返燕之时。在赧王十九年(前296)或稍后。

〔2〕群:同群,为伍。

〔3〕利得十城:谓说齐使返还所侵燕的十座城池。

〔4〕尾生:见《韩策一·公仲数不信于诸侯》注〔7〕。

〔5〕伯夷:殷末孤竹国君长子,为逃避爵禄与弟叔齐同隐于首阳山。又以周武王伐纣为不义而不食周粟,饿死。

〔6〕曾参:孔子弟子,以孝闻名。

〔7〕鲍本无"不"字。是。

〔8〕鲍本无"苏秦曰"三字。是。

〔9〕素餐:言白吃饭。

〔10〕污:肮脏。这里作动词用。

〔11〕首阳山:在山西永济市南。

〔12〕自覆:自我束缚。覆,遮盖。

〔13〕营丘:在今山东临淄。齐始封之地。

〔14〕鲍本谓衍"楚"字;帛书此句作"楚将不出睢、章"。今按,《策》文疑"楚""境"二字互倒。"楚"字属下读,且其句应移"足下"句之前,连上句为"则齐不益于营丘,楚不窥于边城之外,足下不踰境"。边城,金正炜曰:"疑是方城。"

〔15〕阳僵:假装躺倒在地上。

〔16〕亢义:高义。

【译文】

有向燕王说苏秦坏话的,道:"武安君苏秦,是天下最不讲信义的人。大王以万乘之主来礼下他,在朝廷尊崇他,是向天下显示大王与小人为伍。"

武安君从齐国归来,燕王不招待他住宿。苏秦对燕王说:"臣是东周的卑贱之人,初见足下之时,身无尺寸功劳,而足下到郊外迎接臣,在朝廷尊显臣。现在臣为足下出使,得到十座城的好处,建树保存危燕的功劳,而足下反不信用臣,其间必有说臣不信义,向王毁谤臣的。再说,臣的不讲信义,是足下的福分。如果使臣像尾生那样守信,像伯夷那样廉洁,像曾参那样孝顺,此三者是天下的高行,而来服事足下,可以吗?"燕王说:"可以。"苏秦说:"有这些高行,臣也就不来服事足下了。

"况且如曾参那样孝顺,一个晚上也不离开双亲在外面住宿,足下怎能使他到齐国去?如伯夷那样廉洁,不空食禄,以武王伐纣为不义而不做他的臣,辞掉孤竹的国君,饿死在首阳山下。这样廉洁的人,哪肯步行数千里来服事弱燕的危主呢?如尾生那样守信,相约不来,抱桥柱被水淹死。守信如此,怎肯在齐国宣扬燕、秦的威风,而获取大功呢?再说诚信,都是为身,而不是为人;都是保身之术,而不是进取之道。况且三王代兴,五霸迭盛,都不是洁身自保。君王以洁身自保为可取吗?那么齐地不会大于营丘,足下也不会越过国境,不能窥视边城之外。而且臣在周有老母,离开老母而服事足下,抛开保身之术,而谋进取之道,臣的兴趣本来就与足下不同。足下是保身之主,而仆是进取之臣,所谓因忠信而得罪于君的。"

燕王说:"忠信又有什么罪过呢?"

苏秦回答说:"足下不明这个道理。臣的邻家有在远方做小吏的,他的妻子与人私通。丈夫将要回来,私通的男人为此发愁。这个妻子说:'你不要发愁,我已准备好毒酒等待他哩。'过两天,丈夫到家,妻子让婢妾捧杯酒给他喝。婢妾知道那是毒酒,喝了就会杀死主父,说破就会赶走主母,于是假装仆倒打碎酒杯。主父大怒,把她用鞭子抽了一顿。因此,婢妾一失手打碎酒杯，上以救活主父，下以留住主母。这样忠心，然而免不掉受鞭打。这就是因忠信而得罪的事例。臣的事，恰恰不幸就与婢妾打碎酒杯差不多。况且臣服事足下，身行高义，有益燕国，今却得罪，臣恐怕后来服事足下的人，没有敢自保不得罪的。而且臣游说齐王，并不曾欺骗他。假使游说齐的不像臣这样讲说，虽有尧、舜的智慧，也是不足取的。"

# 张仪为秦破从连横谓燕王[1]

张仪为秦破从连横，谓燕王曰："大王之所亲，莫如赵。昔赵王以其姊为代王妻[2]，欲并代，约与代王遇于句注之塞[3]。乃令工人作为金斗，长其尾，令之可以击人。与代王饮，而阴告厨人曰：'即酒酣乐，进热歠[4]，即因反斗击之。'于是酒酣乐，进取热歠。厨人进斟羹，因反斗而击之，代王脑涂地。其姊闻之，摩笄以自刺也[5]。故至今有摩笄之山[6]，天下莫不闻。

"夫赵王之狼戾无亲，大王之所明见知也。且以赵王为可亲邪？赵兴兵而攻燕，再围燕都而劫大王[7]，大王割十城，乃却以谢[8]。今赵王已入朝渑池，效河间以事秦[9]。大王不事秦，秦下甲云中、九原，驱赵而攻燕，则易水、长城非王之有也。且今时赵之于秦，犹郡县也，不敢妄兴师以征伐。今大王事秦，秦王必喜，而赵不敢妄动矣。是西有强秦之援，而南无齐、赵之患，是故愿大王之熟计之也！"

燕王曰:"寡人蛮夷辟处,虽大男子,裁如婴儿[10],言不足以求正[11],谋不足以决事。今大客幸而教之,请奉社稷西面而事秦,献常山之尾五城[12]。"

### 【注释】

〔1〕此章又见《史记·张仪列传》。据古今学者考证,其言多乖戾不合史实,故为拟托之作。

〔2〕赵王:《史记》作"襄子"。按,时襄子并未称王,代更未称王,盖追溯之辞。

〔3〕句(gōu)注:山名。在今山西代县西。

〔4〕热歠(chuò):指羹汤之类。歠,饮也。

〔5〕摩笄(jī):磨快簪子。摩,同"磨"。

〔6〕摩笄山:在今河北涿鹿县西北。

〔7〕梁玉绳曰:"此事《策》、《史》皆不书。"

〔8〕金正炜谓当作"以谢乃却"。"以谢"属上读。

〔9〕梁玉绳曰:"朝渑池时,无割河间事,且渑池之会,仪死三十年矣。"

〔10〕裁:同"才",仅也。

〔11〕正:指正确道理。

〔12〕常山:指古北岳恒山,在今河北曲阳西北与山西接壤处。非今之恒山。常,同"恒",汉避讳而改。全谢山《经史问答》云:"秦所取六国之地,韩、魏最先,次之者楚,其后及赵,然所取必为秦之界上。今《策》言张仪一出,赵以河间为献,燕以常山之北五城为献,齐以鱼盐之地三百里为献,非不识地理之言乎?河间、常山,秦亦何从得而有之,况齐人海右鱼盐之地乎?"

### 【译文】

张仪为秦国破坏合纵、促成连横,对燕昭王说:"大王所亲近,没有超过赵国的。从前赵襄子把他的姐姐嫁给代王为妻,想吞并代国，与代王相约在句注的要塞聚会。遂使工人制作铜斗，加长它的柄，让它可以打人。与代王饮酒，暗中嘱告厨师说：'趁饮酒酣乐时机，献上热饮，就反斗击杀代王。'于是趁在酒兴正浓，索进热饮。厨人捧上汤汁，遂反斗击杀代王，代王脑浆流地。襄子姐姐听说此事，磨快头簪，自刺身亡。所以到今日有摩笄之山，天下没有不知道的。

"赵武灵王的贪暴无亲，是大王所明知眼见的。以为赵王是可亲的吗？赵兴兵攻燕，两次围攻燕都而劫持大王，大王割让十城来谢罪，才肯退兵。现在赵惠王已入朝渑池，进献河间的土地来服事秦。如今大王不服事秦，秦发兵云中、九原，驱使赵国来攻燕，那么易水、长城就不是大王所有了。而且今天的赵国犹如秦的郡县，不敢妄自兴兵征伐。如大王能够服事秦，秦昭王必定高兴，赵国就不敢轻举妄动了。这是西有强秦的靠山，而南无齐、赵的祸患，所以愿大王仔细考虑一下。"

燕王说："寡人僻处蛮夷之地，虽成年男子，智慧仅如婴儿，发言不足以求得正确，谋画不足以决定行事。现今贵客有幸前来教导，请拿燕国西向来服事秦，谨献恒山东北五城。"

## 宫他为燕使魏[1]

宫他为燕使魏[2]，魏不听，留之数月。客谓魏王曰："不听燕使，何也？"曰："以其乱也。"对曰："汤之伐桀，欲其乱也。故大乱者可得其地，小乱者可得其宝。今燕客之言曰：'事苟可听，虽尽宝、地，犹为之也。'王何为不见？"魏王说，因见燕客而遣之。

【注释】

〔1〕钟氏《勘研》云:"此因'以其乱也'一语度之,恐事在子之当国顷。"按,燕王哙让国在慎靓五年(前316),内乱在子之当国三年,即周赧王元年(前314)。

〔2〕宫他:曾仕西周,又仕魏,后往燕。

【译文】

宫他为燕国出使于魏,魏不听信他的话,因此逗留数月。客对魏王说:"为何不听从燕使的话呢?"说:"因为燕国内乱。"客说:"成汤征伐夏桀,希望它乱。所以,大乱的可以得到它的土地,小乱的可以得到它的财宝。如今燕使的话说:'魏如能听燕,虽尽其财宝、土地,也要去做。'王为何不见?"魏王高兴,因而会见燕使并遣他归国。

# 苏秦死其弟苏代欲继之〔1〕

苏秦死〔2〕,其弟苏代欲继之。乃北见燕王哙曰〔3〕:"臣,东周之鄙人也。窃闻王义甚高甚顺,鄙人不敏,窃释锄耨而干大王。至于邯郸,所闻于邯郸者又高于所闻东周。臣窃负其志,乃至燕廷,观王之群臣下吏,大王天下之明主也!"王曰:"子之所谓天下之明主者,何如者也?"对曰:"臣闻之,明主者,务闻其过,不欲闻其善。臣请谒王之过〔4〕。夫齐、赵者,王之仇雠也;楚、魏者,王之援国也。今王奉仇雠以伐援国,非所以利燕也。王自虑此,则计过;无以谏者,非忠臣也。"

王曰："寡人之于齐、赵也,非所敢欲伐也。"曰："夫无谋人之心而令人疑之,殆;有谋人之心而令人知之,拙;谋未发而闻于外,则危。今臣闻王居处不安,食饮不甘,思念报齐。身自削甲扎[5],曰有大数矣[6];妻自组甲絣[7],曰有大数矣。有之乎?"王曰："子闻之,寡人不敢隐也。我有深怨积怒于齐,而欲报之,二年矣。齐者,我仇国也,故寡人之所欲伐也。直患国弊力不足矣!子能以燕敌齐,则寡人奉国而委之于子矣。"对曰："凡天下之战国七,而燕处弱焉。独战则不能,有所附则无不重。南附楚,则楚重;西附秦,则秦重;中附韩、魏,则韩、魏重。且苟所附之国重,此必使王重矣。今夫齐王,长主也,而自用也。南攻楚五年[8],稸积散;西困秦三年[9],民憔悴,士罢弊;北与燕战[10],覆三军,获二将;而又以其馀兵南面,而举五千乘之劲宋[11],而包十二诸侯[12]。此其君之欲得也,其民力竭也,安犹取哉[13]?且臣闻之,数战则民劳,久师则兵弊。"

王曰："吾闻齐有清济、浊河[14],可以为固;有长城、巨防[15],足以为塞。诚有之乎?"对曰："天时不与,虽有清济、浊河,何足以为固?民力穷弊,虽有长城、巨防,何足以为塞?且异日也,济西不役[16],所以备赵也;河北不师[17],所以备燕也。今济西、河北尽以役矣,封内弊矣。夫骄主必不好计,而亡国之臣贪于财。王诚能毋爱宠子、母弟以为质,宝珠玉帛以事其左右,彼且德燕而轻亡宋,则齐可亡已!"王曰："吾终以子受命于天矣!"曰："内寇不与[18],外敌不可距。王自治其外,臣自报其内,此乃亡之之势也!"

【注释】

〔1〕此章又见《史记·苏秦列传》。马骕曰:"此《策》言燕欲报齐,齐已举宋,非王哙时语也,宜为说燕昭王。《史》亦承《策》而误。"说本吕祖谦《大事记》。按,此应是苏秦说燕昭王之辞。事在报王二十九年(前286)。

〔2〕据《史记》本传及《战国纵横家书》,苏秦死在齐闵王十七年,燕昭王二十八年(284)。

〔3〕燕王哙:应作"燕昭王"。哙,昭王父,在位时苏秦未死。

〔4〕谒:告。

〔5〕削甲扎:谓缝连甲衣之叶片。古时甲衣以革或铁片为之,故云。削,王引之曰:"缝也。"扎,同"札",薄木片。革或铁之片叶如之。

〔6〕大数:犹言天道法则。《礼记·月令》:"凡举大事,勿逆大数。"《吕览·八月纪》作"天数",高注:"天道。"

〔7〕组甲绷(bēng):编织穿甲片的绳。绷,穿甲片的绳。

〔8〕齐宣王末年,孟尝君相齐,因楚背纵而亲秦,遂联合韩、魏以攻楚。历时五载(前303—前299)。

〔9〕齐闵王二年(前299),孟尝君入相秦,逃归。后联韩、魏攻秦,历时三载(前298—前296)。

〔10〕齐闵王五年(前296),齐与燕战于权。齐覆燕三军,擒其二将。

〔11〕齐闵王伐宋共三次,此指闵王十六年最后一次伐宋。《燕策二》说:"齐兴师伐宋,三覆宋,宋遂举。"举,言灭之。

〔12〕包十二诸侯:即《史记》所说,泗上诸侯邹、鲁之君皆称臣之事。

〔13〕安犹取:谓民力不可再用。安,何。

〔14〕清济、浊河:即济水与黄河,前者清而后者浊,故称。二水皆在齐西北境。

〔15〕长城:指齐之长城。西起今山东平阴县,东至今青岛市黄岛区琅琊台入海口。巨防:即防门,黄河所经齐长城的闸口。

〔16〕济西：济水以西。张琦曰："今菏泽、郓城、寿张之地。"

〔17〕河北：黄河以北近燕之地。

〔18〕与：对付。

【译文】

苏秦死，其弟苏代想继承他的事业，便北见燕王哙说："臣是东周鄙野之人，私下听说大王道义十分高尚而且顺乎潮流，鄙人愚钝，私自丢下犁锄来求见大王。行至邯郸，在这里听说的比在东周听说的还要好。臣心怀厚望，便到了燕国朝廷，看到王的群臣下吏，就知道大王是天下的明主。"王说："你所说天下的明主，是什么样的呢？"回答说："臣听说，明主想听到自己的过错，而不想听到自己的好处。臣请告诉王的过错。齐和赵，是王的仇敌；楚和魏，是王的盟国。现在大王帮助仇敌来攻伐盟国，对燕是不利的。大王自出此策，是一种失误；没有人来劝谏，则是为臣不忠。"

王说："寡人对于齐、赵，是不敢攻伐的。"说："没有算计别人的心思，而被人怀疑，会不安；有算计别人的心思，而让人知道，是拙笨；谋未行而传到外面，则有危险。臣听说大王居处不安，饮食不甘，思考报齐国之仇，亲自编连铠甲的叶片，说该到报仇的时候了；妻纺制穿甲片的组绳，说该到报仇的时候了。有这件事吗？"王说："你既然听说，寡人也就不敢隐瞒了。我对齐国有深怨积怒，想报仇已有两年了。齐，是我的仇国，所以是我想攻伐的。只是忧愁国家破损，能力有所不足罢了。你能用燕来抗齐，那么寡人就把国家委托给你了。"回答说："天下能战之国共有七个，而燕国处于劣势。独自为战，则力有所不能，如有所依附，就都能够显重。南依附于楚，则楚国显重；西依附于秦，则秦国显重；中依附于韩、魏，则韩、魏显重。而且如果所依附之国显重，这也就必使大王显重了。齐闵王是年长的君主，而自恃其强。南攻楚五年，蓄积散亡；西困秦三年，民力憔悴，士卒疲弊；

北与燕战,覆敌三军,房获二将;接着又用其余兵,南面攻克五千乘的劲宋,而包取十二国诸侯。这虽使齐君的欲望得到满足,而其民力却衰竭了,哪里还能攻战取胜呢?且臣闻听,屡战则使民劳,久师则使兵弊。"

王说:"我听说,齐国有清的济水与浊的河水,可以为险固;有长城、钜防,足以为屏障。果真有这些吗?"回答说:"天时不顺,虽有清济、浊河,何足称为险固?民力穷竭,虽有长城、巨防,何足作为屏障?况且在从前,济西不出徭役,所以养兵防赵;河北不发师旅,所以实民备燕。如今济西、河北,都已征发力役了,境内财物凋敝了。君主骄慢必然轻于计划,而亡国之臣则多贪图财利。大王诚能不吝惜用爱子、诸弟去做人质,珠宝玉帛去贿赂齐王的左右,他们就将感戴燕而轻易消灭宋,那么齐国就可以被灭亡掉。"王说:"天命振兴我燕,终于要依靠你了。"苏代说:"内乱不平息,则不可以拒外。大王亲自攻齐之外,臣自去乱齐之内,这就是亡齐的大体情势。"

## 燕王哙既立[1]

燕王哙既立,苏秦死于齐[2]。苏秦之在燕也,与其相子之为婚[3],而苏代与子之交。及苏秦死,而齐宣王复用苏代。燕哙三年,与楚、三晋攻秦,不胜而还。

子之相燕,贵重主断。苏代为齐使于燕,燕王问之曰:"齐宣王何如?"对曰:"必不霸。"燕王曰:"何也?"对曰:"不信其臣。"苏代欲以激燕王以厚任子之也。于是燕王大信子之,子之因遗苏代百金,听其所使。鹿毛寿谓燕王曰[4]:"不如以国让子之。人谓尧贤者,以其让天下于许由[5],由必不受,有让天下之名,实不失天下。今王以国让相子之,子之必不敢受,是王与尧同行也。"燕王因举国属子之,子之大重。或曰:"禹授益[6],而以启为吏[7],及老,而以启为不足任天下,传之益也。启与支党攻益而夺之天下,是禹名传天下于益,其实令启自取之。今王言属国子之,而吏无非太子人者,是名属子之,而太子用事。"王因收印自三百石吏而效之子之[8]。子之南面行王事,而哙老不听政,顾为臣[9],国事皆决子之。

子之三年,燕国大乱,百姓恫怨[10]。将军市被、太子平谋,将攻子之。储子谓齐宣王[11]:"因而仆之[12],破燕必矣!"王因令人谓太子平曰:"寡人闻太子之义,将废私而立公,饬君臣之义,正父子之位。寡人之国小,不足先后。虽然,则唯太子所以令之。"太子因数党聚众,将军市被围公宫,攻子之,不克。将军市被及百姓乃反攻[13],太子平、将军市被死以殉。国构难数月,死者数万众,燕人恫怨,百姓离意。孟轲谓齐宣王曰[14]:"今伐燕,此文、武之时[15],不可失也。"王因令章子将五都之兵[16],以因北地之众,以伐燕。士卒不战,城门不闭,燕王哙死,齐大胜燕,子之亡。

二年,燕人立公子平[17],是为燕昭王。

【注释】

〔1〕又见《史记·燕召公世家》,《韩非子·外储说右上》亦载燕王哙

让国之事。其所言苏秦兄弟之事,不尽可信,参见前章注〔1〕。燕国内乱,齐乘乱伐燕事,诸家均从《史记·六国年表》系于赧王元年(前314)。

〔2〕此时苏秦未死。参见前章注〔2〕。

〔3〕子之:燕王哙之相,后一度为燕君。

〔4〕鹿毛寿:《史记集解》引徐广,谓一作"厝毛"。《索隐》引《春秋后语》,作"厝毛寿"。其人未详。

〔5〕许由:相传是尧时的隐士。

〔6〕益:即伯益。相传为舜臣。

〔7〕启:禹的儿子。

〔8〕自三百石吏:谓俸禄在三百石以上的官吏。

〔9〕顾:反而。

〔10〕恫怨:恐惧怨恨。

〔11〕储子:齐相。

〔12〕仆:《史记》作"赴"。谓以兵赴之。

〔13〕杨宽《战国史》谓"将军市被及"五字为衍文。

〔14〕孟轲:孟子名轲,字子舆,邹国人,时游说至齐。

〔15〕文、武之时:谓机会如周之文王、武王伐纣也。

〔16〕章子:齐宣王之将。或称田章、陈章、匡章。五都:犹言"五郡"。都,齐所设政区名。

〔17〕公子平:平,当为"职"。《史记·六国年表》云:"哙及太子、相子之皆死。"又《赵世家》云:"(赵武灵王)十一年,王召公子职于韩,立以为燕王,使乐池送之。"

## 【译文】

子哙即位为燕王,苏秦死于齐国。苏秦在燕国的时候,与燕相子之结成姻亲,而弟苏代又与子之交好。等到苏秦死后,齐宣王又任用苏代。燕王哙三年,与楚、韩、赵、魏攻秦,不胜而还。

子之做燕相,显贵专断。苏代为齐出使到燕国,燕王问他道:"齐宣王怎么样呢?"回答说:"肯定称不了霸。"燕王问:"为什么呢?"答说:"不信任他的臣下。"苏代的话是想要刺激燕王来厚任子之。于是燕王大信子之。子之因而赠送苏代百两黄金,听其使用。鹿毛寿对燕王说:"不如把燕国让给子之。人们称赞尧的贤德,是因为他将天下让给许由,许由坚决不接受,有禅让天下的名声,实际却没有失去天下。现在大王把国让给丞相子之,子之肯定不敢接受,这是大王与尧的行为媲美呀!"燕王因而把全国付与子之,子之更加显重。有人说:"禹把权柄授给益,而用亲子启的人做益的下吏。到晚年,觉得启不能担当天下重任,而传给了益。启跟他的党羽攻益,而夺回天下,这是禹名义上把天下传给益,实际上让启自己夺回来。如今大王命令把国交付给子之,而官吏没有不是太子的人,是名义上交给子之,而实际是太子掌政。"燕王因而收回俸禄三百石以上的官印,交给子之。子之南面执行国王的职责,而子哙以老自休,不理政事,反做了臣下,国事一概决于子之。

子之当政三年,燕国大乱,百姓恐惧。将军市被、太子平阴谋,将要攻伐子之。储子对齐宣王说:"乘势起兵,破燕是肯定的了。"王因而派人对燕太子平说:"寡人听说太子高义,将废私徇而树公意,整饬君臣的秩序,摆正父子的位置。寡人国小,不足以为太子奔走。虽然,却愿听从太子的指使。"太子于是合党聚众,将军市被包围王宫,攻击子之,不克。百官遂反攻,太子平、将军市被以此牺牲。国内动乱数月,死者几万人,燕人恐惧,百官离心。孟轲对齐宣王说:"乘此伐燕,正是周文、武伐纣之时,不可以错过。"宣王因派章子率领五城之兵,并借齐北地的民力来伐燕。燕国的士卒不战,城门不闭,燕王哙在乱中身亡,齐人大胜,子之亦死。

过了两年,燕人立公子职,就是燕昭王。

# 初苏秦弟厉因燕质子而求见齐王[1]

初,苏秦弟厉因燕质子而求见齐王[2]。齐王怨苏秦[3],欲囚厉。燕质子为谢,乃已,遂委质为臣[4]。

燕相子之与苏代婚,而欲得燕权,乃使苏代持质子于齐[5]。齐使代报燕,燕王哙问曰:"齐王其伯也乎?"曰:"不能。"曰:"何也?"曰:"不信其臣。"于是燕王专任子之,已而让位,燕大乱。齐伐燕,杀王哙、子之。燕立昭王。而苏代、厉遂不敢入燕,皆终归齐,齐善待之。

苏代过魏,魏为燕执代。齐使人谓魏王曰:"齐请以宋封泾阳君[6],秦不受。秦非不利有齐而得宋地也,不信齐王与苏子也。今齐、魏不和如此其甚,则齐不欺秦。秦信齐,齐、秦合,泾阳君有宋地,非魏之利也。故王不如东苏子[7],秦必疑而不信苏子矣。齐、秦不合,天下无变[8],伐齐之形成矣。"于是出苏代[9]。之宋,宋善待之。

【注释】

〔1〕此章姚本与《燕王哙既立》连篇,鲍另立一篇。而"苏代过魏"以下,姚则另分一篇。据文义,均从鲍本。此章又见《史记·苏秦列传》,"苏代过魏"以下又见《魏策一》。顾氏《编年》系此于赧王元年(前314)。

〔2〕苏秦弟厉:据今人考证,苏厉与苏代均为苏秦之兄。质子:燕王子在齐做人质的。

〔3〕齐王怨苏秦:据考证苏秦在齐为燕做间谍,发觉后被车裂,当齐湣王、燕昭王时。而《史记》《策》定为齐宣王、燕王哙时,故叙述多误。

〔4〕委质:又作"委贽"。送进见礼,表示愿意效忠。

〔5〕持:《史记》作"侍",是。

〔6〕泾阳君:名市,秦昭王同母弟。

〔7〕东苏子:使苏代归齐。齐在魏东,故云。

〔8〕天下无变:指魏、韩等五国无秦兵之患。

〔9〕苏伐:《史记》及鲍本作"代",是。

【译文】

起初,苏秦弟苏厉通过燕的质子,求见齐闵王。齐王怨恨苏秦为燕谋齐,想囚禁苏厉。燕质子替他谢罪,乃作罢,遂献上礼品,做齐国的下臣。

燕相子之与苏代结为姻亲,而想要篡取燕国大权,遂让苏代在齐国侍奉质子。齐国使苏代赴燕,燕王哙问道:"齐王能够称霸吗?"回答说:"不能。"王问:"为什么呢?"回答说:"不信任他的臣下。"于是燕王专信任子之,不久让位,燕国大乱。齐伐燕,杀燕王哙和子之。燕立昭王。而苏代、苏厉遂不敢入燕,都终归于齐,齐国善待他们。

苏代过魏,魏替燕逮捕了他。齐派人对魏襄王说:"齐请与秦伐宋,拿宋来封泾阳君,秦不接受。秦并非不愿亲齐而得到宋地,是不信任齐王和苏代。现今齐、魏不和到这种程度,说明齐国并不欺秦(秦原疑齐与魏亲近)。秦国相信齐,齐、秦联手,泾阳君得到宋地,并不是魏国之利。所以大王不如放苏代归齐,秦必怀疑齐、魏相合而不信苏子。如此,则齐、秦不合,五国无秦兵之患,伐齐的趋势必然形成了。"魏于是放出苏代。苏代至宋,宋国优待他。

## 燕昭王收破燕后即位[1]

燕昭王收破燕后即位[2],卑身厚币,以招贤者,欲将以报仇。故往见郭隗先生曰[3]:"齐因孤国之乱,而袭破燕。孤极知燕小力少,不足以报。然得贤士与共国,以雪先王之耻,孤之愿也。敢问以国报仇者奈何?"

郭隗先生对曰:"帝者与师处,王者与友处,霸者与臣处,亡国与役处。诎指而事之[4],北面而受学,则百己者至;先趋而后息,先问而后嘿,则什己者至;人趋己趋,则若己者至;冯几据杖[5],眄视指使[6],则厮役之人至;若恣睢奋击[7],呴藉叱咄[8],则徒隶之人至矣。此古服道致士之法也[9]。王诚博选国中之贤者而朝其门下,天下闻王朝其贤臣,天下之士必趋于燕矣。"

昭王曰:"寡人将谁朝而可?"郭隗先生曰:"臣闻古之君人有以千金求千里马者,三年不能得。涓人言于君曰[10]:'请求之。'君遣之。三月,得千里马,马已死,买其首五百金,反以报君。君大怒曰:'所求者生马,安事死马而捐五百金[11]?'涓人对曰:'死马且买之五百金,况生马乎?天下必以王为能市马,马今至矣!'于是不能期年,千里之马至者三。今王诚欲致士,先从隗始。

隗且见事,况贤于隗者乎?岂远千里哉!"

于是昭王为隗筑宫而师之。乐毅自魏往[12],邹衍自齐往[13],剧辛自赵往[14],士争凑燕。燕王吊死问生,与百姓同其甘苦。二十八年,燕国殷富,士卒乐佚轻战[15]。于是遂以乐毅为上将军,与秦、楚、三晋合谋以伐齐。齐兵败,闵王出走于外。燕兵独追北[16],入至临淄[17],尽取齐宝,烧其宫室宗庙。齐城之不下者,唯独莒、即墨[18]。

**【注释】**

〔1〕事又见《史记·燕世家》《说苑·君道》《新序·杂事三》,详略各不相同。燕昭王师事郭隗当在其初立之年,据《史记·六国年表》在周赧王四年(前311),但也有可能在稍后。

〔2〕燕昭王:哙王子公子职,立为昭王。说详徐中舒《论战国策的编写及有关苏秦诸问题》(《历史研究》1964年1期)。

〔3〕郭隗(wěi):燕昭王谋臣。

〔4〕诎指:委屈己意。指,意旨。

〔5〕冯几:倚案。冯,同"凭"。

〔6〕眄(miǎn)视:斜视。

〔7〕恣睢奋击:放纵粗暴的样子。

〔8〕呴(xǔ)藉:吴师道以为当作"跔藉",跳跃蹈藉也。

〔9〕服道:谓服事有道之人。

〔10〕涓人:君主内侍。黄式三《周季编略》谓为养兽之官。

〔11〕捐:耗费。

〔12〕乐毅:魏名将乐羊之后。至燕,为燕昭王上将军,以破齐功封为昌国君。

〔13〕邹衍:亦作"驺衍",齐国人,是当时阴阳家的代表人物。

〔14〕剧辛:赵人,曾为燕将,率兵伐赵,为赵将庞煖所杀。

〔15〕乐佚轻战:安乐悠闲而不畏惧作战。
〔16〕追北:追击败兵。
〔17〕临淄:齐国都城。在今山东淄博市东北。
〔18〕莒:在今山东莒县。即墨:在今山东平度市以东。

【译文】

燕昭王收拾残破之燕后即位,谦卑其身,厚重其礼,来招纳贤人,想要将来报仇。因此,往见郭隗先生说:"齐趁孤国家动乱,而袭破燕。孤深知燕小力薄,不能够报仇雪恨。然而能求得贤士,与他共理国政,来雪洗先王的耻辱,这是孤的心愿。敢问拿国家来报仇,该怎么办呢?"

郭隗先生回答说:"称帝之君,把贤人当作老师相处;称王之君,把贤人当作相处;称霸之君,把贤人当作臣子相处;亡国之君,把贤人当作仆役相处。折节来服事人,北面来求教,则胜己百倍的人会到来;先人而行,后人而息,先发问而后沉思,则胜己十倍的人会到来;人行己行,则与己差不多的人会到来;靠着桌子,扶着拐杖,用眼光来指使人,则仆役之徒会到来;如果暴戾抨击,跳跃呵斥,则奴隶之辈就会到来了。这是古人服事有道、招致贤士的方法。大王真的能够广选国中贤者,而谒见在他的门下,天下听说大王谒见他的贤臣,各国贤士必定疾行到燕了。"

昭王说:"寡人将要谒见谁才可以呢?"郭隗先生说:"臣听说,古时人君有用千金来购求千里马的,三年也没有得到。涓人对君说:'臣请前去购求。'国君派他出去。三个月寻到一匹千里马,马已经死掉,遂用五百金购买马头回来报告国君。国君大怒,说:'所要买的是活马,为何费五百金买来死马?'涓人回禀说:'死马还用五百金来买,何况生马呢?天下必定以为大王真心买马,好马如今就要到了。'于是不到一年,千里马来了三匹。

大王真的想招纳贤士,请先从郭隗开始。隗尚且被尊奉,何况比隗更贤能的呢？岂能以千里为远而不至呢？"

于是昭王为郭隗修筑宫室,做自己的老师。乐毅从魏国前往,邹衍从齐国前往,剧辛从赵国前往,士人争着集合到燕。燕王哀悼死者,存问生者,与百姓同甘共苦。经过二十八年,燕国富足,士卒安乐轻战。于是遂任命乐毅为上将军,与秦、楚、韩、赵、魏五国合谋伐齐。齐兵战败,闵王出走在外。燕军单独追赶败兵,进入都城临淄,尽掠齐国宝器,焚烧宫室宗庙。齐城没有被攻破的,只有莒和即墨。

# 齐伐宋,宋急[1]

齐伐宋,宋急。苏代乃遗燕昭王书曰:"夫列在万乘,而寄质于齐[2],名卑而权轻。秦齐助之伐宋[3],民劳而实费。破宋,残楚淮北[4],肥大齐,仇强而国弱也。此三者,皆国之大败也。而足下行之,将欲以除害取信于齐也,而齐未加信于足下,而忌燕也愈甚矣。然则足下之事齐也,失所为矣！夫民劳而实费,又无尺寸之功,破宋肥仇而世负其祸矣。足下以宋加淮北[5],强万乘之国也,而齐并之,是益一齐也；北夷方七百里[6],加之以鲁、卫,此所谓强万乘之国也,而齐并之,是益二齐也。夫一齐之强而燕犹不能支也,今乃以三齐临燕,其祸必大矣！

"虽然,臣闻知者之举事也,转祸而为福,因败而成功者也。齐人紫败素也[7]，而贾十倍；越王勾践栖于会稽[8]，而后残吴，霸天下。此皆转祸而为福，因败而为功者也。今王若欲转祸而为福，因败而为功乎？则莫如遥伯齐而厚尊之，使使盟于周室[9]，尽焚天下之秦符，约曰：'夫上计破秦，其次长宾之[10]。'秦挟宾客以待破[11]，秦王必患之。秦五世以结诸侯，今为齐下，秦王之志，苟得穷齐，不惮以一国都为功[12]。然而王何不使布衣之人，以穷齐之说说秦，谓秦王曰：'燕、赵破宋肥齐，尊齐而为之下者，燕、赵非利之也。弗利而势为之者，何也？以不信秦王也。今王何不使可以信者接收燕、赵？今泾阳君若高陵君先于燕、赵[13]，秦有变，因以为质，则燕、赵信秦矣。秦为西帝，赵为中帝，燕为北帝，立为三帝而以令诸侯。韩、魏不听，则秦伐之；齐不听，则燕、赵伐之。天下孰敢不听？天下服听，因驱韩、魏以攻齐，曰：必反宋地而归楚之淮北。夫反宋地，归楚之淮北，燕、赵之所同利也；并立三帝，燕、赵之所同愿也。夫实得所利，名得所愿，则燕、赵之弃齐也犹释弊蹻[14]。今王之不收燕、赵，则齐伯必成矣！诸侯戴齐而王独弗从也，是国伐也[15]；诸侯戴齐而王从之，是名卑也。王不收燕、赵，名卑而国危；王收燕、赵，名尊而国宁。夫去尊宁而就卑危，知者不为也！'秦王闻若说也，必如刺心。然则王何不务使知士以若此言说秦？秦伐齐必矣。夫取秦，上交也；伐齐，正利也。尊上交，务正利，圣王之事也。"

燕昭王善其书，曰："先人尝有德苏氏[16]，子之之乱,而苏氏去燕。燕欲报仇于齐,非苏氏莫可。"乃召苏氏,复善待之。与谋伐齐,竟破齐,闵王出走。

## 【注释】

〔1〕又见《史记·苏秦列传》,亦见帛书《战国纵横家书》第二十章。关于本章系年,马雍云:"本篇提到燕、赵助齐伐宋,应当是第一次伐宋之役,时在公元前288年下半年。"当赧王二十七年。诸祖耿据《史记·苏秦列传》,谓"事在魏出苏代,代之宋,宋善待之之后",并依顾观光说定在赧王二十九年(286)。今按,《策》文有燕召苏氏与谋伐齐之语,并在四年之后实现伐齐。马、顾之说近是。

〔2〕《史记》张守节《正义》云:"燕前有一子质于齐。"

〔3〕秦:鲍本、《史记》均作"奉"。金正炜引《淮南子·说林训》注:"奉,助也。"

〔4〕淮北:楚地,与宋邻。

〔5〕金正炜曰:"按上文'矣'字,即此句首'夫'字之误;'足下'二字,又涉上文而衍。《史记》正作'夫以宋加之淮北'。"

〔6〕北夷:王念孙《读书杂志·史记第四》谓当作"九夷"。金正炜曰:"九夷地接泗上,而鲁为十二诸侯之一,故此言齐并九夷与鲁、卫也。"

〔7〕紫败素:把劣质的素帛染成紫色。紫,作动词;败,恶、劣。张守节《史记正义》曰:"齐君好紫,故齐俗尚之。"

〔8〕勾践栖于会稽:已见《秦策五·谓秦王曰》注。

〔9〕使使:后"使"字,鲍本作"之"。

〔10〕宾:通"摈",排斥。

〔11〕挟宾客:《帛书》及《史记》无"客"字,是。挟宾,谓受到排斥的要挟。

〔12〕"不惮"句:谓不惜倾国而求功也。或无"一都"二字。

〔13〕今:当从鲍本作"令"。高陵君名显,泾阳君名市,皆秦王同母弟。

〔14〕弊蹝(xǐ):破草鞋。蹝,草鞋。

〔15〕国伐:国家受到攻伐。

〔16〕有德苏氏:谓助苏秦以成其合纵。

## 【译文】

齐进攻宋,宋告急。苏代于是赠燕昭王书信,写道:"名列万乘之国,而让它的王子在齐做人质,名卑如隶而权轻如毛。拿万乘之国来助齐伐宋,民劳而财费。攻破宋,践踏楚的淮北,来壮大齐,使仇强而己弱。这三件事,都是国家的重大失算。而足下去做它,想要用除掉齐害的办法来取信于齐;然而齐未必加信于足下,而对燕猜忌更甚了。如此则足下的服事齐,所为甚是失策。民力疲劳而财用糜费,又没有尺寸之功,破宋来壮大仇敌而使燕就世代受其祸害。宋加上淮北,其势已逾万乘之强,齐兼并之,这是又加上一个齐。北夷山戎方七百里,再加上鲁、卫,这也是所谓强逾万乘之国,齐兼并之,这是又加上两个齐。一个齐国的力量燕尚且不能抵御,如今以三齐临燕,祸患必定要大得多了。

"虽然如此,臣听说智者办事,是能够转祸而为福,因败而成功的。齐人将劣质白绸染成紫色,价值陡增十倍;越王勾践被吴围困于会稽,后来灭吴而称霸天下。这都是转祸而为福,因败而成功的例子。现在大王想要转祸而为福,因败而成功吗?便莫如远以齐为霸主而十分尊重它,使它主诸侯之盟于周天子,把天下各国所有秦的符契都焚烧掉,与之断绝往来,约定:'最上的计策是破秦,其次是长久排斥秦。'秦处在被排斥地位,来等待被人攻破,昭王必然忧虑。秦五世来交结诸侯,现一旦居齐国之下,则秦王的心愿是,但能困齐,不惜付出全国的代价也要奋力去做。如此,则大王何不差遣一布衣之人,以困齐之策去游说秦,对秦王说:'燕、赵破宋来壮大齐,尊齐而屈居其下,并不以为对自己有什么好处。不利而定要去做,这是为什么呢?因为是不相信秦王。大王何不使用能够令人相信的办法，把燕、赵从齐方拉拢过来。让泾阳君或者高陵君先居燕、赵，秦如背叛二国，就用他们做人质，那么燕、赵就相信秦了。秦为西帝，赵为中帝，燕为北帝，立为三帝而来号令诸侯。韩、魏不服从，则秦国去攻打它；齐国不服从，则燕、赵去攻打它。天下谁敢不服？天下服从，因使韩、魏来攻齐，声称必须返回宋地，而归还楚的淮北。返回宋地，归还楚的淮北，是对燕、赵都有利的；并立三帝，是燕、赵都愿意的。在实际上得到好处，在名声上得遂所愿，那么燕、赵抛弃齐，就像甩掉一只破鞋一样。如今大王不收拢燕、赵，那么齐的霸业就必定形成了。诸侯拥戴齐，而大王独不听从，是使秦国受伐；诸侯拥戴齐，而大王跟随，是使声名降低。大王不接收燕、赵，名卑而国危；大王接收燕、赵，名尊而国安。去掉尊、安而移就卑、危，聪明人是不去干的。'秦王闻听此说，必像尖刀刺心一样，那么大王为何不务使智士用此言说秦？这样，秦伐齐是必然的了。争取秦，是上交；攻伐齐，是正利。重视上交，奋求正利，这是圣王的事业。"

燕昭王很赞赏这封书信，说："先人曾有恩于苏氏，子之乱国，苏氏离燕而去。燕想要对齐复仇，除苏氏外没有能行的。"于是召回苏氏，复对他加以优待。与他谋画伐齐，终于破齐，使闵王出走。

## 苏代谓燕昭王[1]

苏代谓燕昭王曰："今有人于此，孝如曾参、孝己[2]，信如尾生高[3]，廉如鲍焦、史䲡[4]，兼此三行以事王，奚如？"王曰："如是足矣！"对曰："足下以为足，则臣不事足下矣。臣且处无为之事，归耕乎周之上地，耕而食之，织而衣之。"王曰："何故也？"对曰："孝如曾参、孝己，则不过养其亲其[5]。信如尾生高，则不过不欺人耳。廉如鲍焦、史䲡，则不过不窃人之财耳。今臣为进取者也。臣以为，廉不与身俱达，义不与生俱立；仁义者，自完之道也，非进取之术也！"

王曰："自忧不足乎？"对曰："以自忧为足，则秦不出殽塞[6]，齐不出营丘[7]，楚不出疏、章[8]。三王代位，五伯改政，皆以不自忧故也。若自忧而足，则臣亦之周负笼耳，何为烦大王之廷耶？昔者楚取章武[9]，诸侯北面而朝；秦取西山[10]，诸侯西面而朝。曩者使燕毋去周室之上[11]，则诸侯不为别马而朝矣[12]。臣闻之，善为事者，先量其国之大小，而揆其兵之强弱，故功可成而名可立也。不能为事者，不先量其国之大小，不揆其兵之强弱，故功不可成而名不可立也。今王有东向伐齐之心，而愚臣知之。"

王曰："子何以知之？"对曰："矜戟砥剑[13]，登丘东向而叹，是以愚臣知之。今夫乌获举千钧之重[14]，行年八十而求扶持。故齐虽强国也，西劳于宋，南罢于楚，则齐军可败而河间可取。"燕王曰："善！吾请拜子为上卿，奉子车百乘，子以此为寡人东游于齐，何如？"对曰："足下以爱之故与，则何不与爱子与诸舅、叔父、负床之孙[15]？不得，而乃以与无能之臣，何也？王之论臣，何如人哉？今臣之所以事足下者，忠信也。恐以忠信之故,见罪于左右。"

王曰:"安有为人臣尽其力、竭其能而得罪者乎?"对曰:"臣请为王譬。昔周之上地尝有之。其丈夫官三年不归,其妻爱人。其所爱者曰:'子之丈夫来,则且奈何乎?'其妻曰:'勿忧也,吾已为药酒而待其来矣。'已而其丈夫果来,于是因令其妾酌药酒而进之。其妾知之,半道而立,虑曰:'吾以此饮吾主父,则杀吾主父;以此事告吾主父,则逐吾主母。与杀吾父[16]、逐吾主母者,宁佯踬而覆之。'于是因佯僵而仆之。其妻曰:'为子之远行来之,故为美酒,今妾奉而仆之。'其丈夫不知,缚其妾而笞之。故妾所以笞者,忠信也。今臣为足下使于齐,恐忠信不谕于左右也[17]!臣闻之曰:'万乘之主,不制于人臣;十乘之家,不制于众人;匹夫徒步之士,不制于妻妾。'而又况于当世之贤主乎?臣请行矣,愿足下之无制于群臣也!"

## 【注释】

〔1〕此章与前《人有恶苏秦于燕王者》(以下简称《人有》章)大同小异,说燕王者为苏秦而非苏代,盖传闻而异辞也。说详彼章。

〔2〕曾参:见前《人有》章注。孝己:见《秦策一·张仪又恶陈轸于秦王》注〔2〕。

〔3〕尾生高:见前《人有》章注。

〔4〕鲍焦:见《赵策三·秦围赵之邯郸》注。史鳅(qiū):字子鱼,春秋时卫国大夫,曾以尸谏卫君。

〔5〕其亲其:后"其"字鲍本作"耳",是。

〔6〕殽塞:谓殽山,"殽"又作"崤"。秦之东界。在今三门峡市之

东南。

〔7〕营丘:见前《人有》章注。

〔8〕疏、章:帛书作"睢、漳"。注云:"即沮、漳。"二水名。今湖北汉水西有沮水和漳水,合为沮漳河,在江陵西入长江。

〔9〕章武:张琦曰:"按《楚策》:'且王尝用召滑于越而纳句章。'《十三州志》:'句践并吴大城句无,以章武功,故名句章。'此云章武,疑即其地。"下句,"北"或为"南"之讹。

〔10〕西山:《史记·韩世家》:"昭侯元年,秦败我西山。"在今河南省宜阳以东。

〔11〕金正炜谓,此句连下句意为燕如不失昔日周室二伯之地位(燕先人召公奭曾与周公分陕而治),诸侯就会都来朝燕了。此句之"上"与下句之"则"连文,为"二伯"之讹。

〔12〕别马:或作"别驾"。谓驾车往别处去。

〔13〕矜:抖动。砥:磨砺。

〔14〕乌获:古代有名大力士。

〔15〕负床之孙:还不会走路,须倚床而立的孙子。负,依倚。

〔16〕吾父:鲍本作"吾主父"。是。

〔17〕不谕于左右:不被昭王左右近臣所理解。谕,理解。

**【译文】**

苏代对燕昭王说:"现在这里有一个人,像曾参、孝己那样孝顺,像尾生高那样守信,像鲍焦、史䲡那样廉洁,兼有这三种品德来服事大王,怎么样呢?"王说:"像这样,我就满足了。"苏代说:"足下以为满足,那么臣就不服事足下了。臣将辞掉职务,回去在周的上地种田,耕而后去食,织而后去穿。"王问:"这是什么缘故呢?"回答说:"像曾参、孝己那样孝顺,不过奉养他的双亲罢了。像尾生高那样守信,不过不欺人罢了。像鲍焦、史䲡那样廉洁,不过不偷窃人财物罢了。臣是主张进取的。臣以为,廉洁不能使自身显达,仗义不能使自身生存;仁义,是自我完善的方法,并不是进取的手段。"

王问:"自我完善,还不够吗?"回答说:"以自我完善为满足,那么秦不会越过殽塞,齐不会越过营丘,楚不会越过沮、漳。三王更代立国,五伯改革时政,都是不满足于自我完善的缘故。假如满足于自我完善,那么臣也就回周地去背筐笼去了,为啥来玷污大王的朝廷呢?从前楚攻取章武,诸侯南面来朝见;秦攻取西山,诸侯西面来朝见。当初,燕如果不失周室二伯的地位,那么诸侯就不会往别处去朝见了。臣听说,善于办事的,先衡量自己国家的大小,忖度兵力的强弱,所以功可以成,而名可以就。不善于办事的,不先衡量他的国家的大小,不忖度兵力的强弱,所以功不成而名不就。现在,大王有东向伐齐的心愿,而愚臣是知道的。"

王问:"你从哪里知道的呢?"回答说:"大王修矛磨剑,登高面东而叹嗟,因此愚臣知道。大力士乌获能举千斤之重,年到八十岁,也要人来扶持。所以,齐虽然是强国,西劳于伐宋,南疲于攻楚,那么齐军就可以击败,而河间之地可以攻取。"燕王说:"好。我请拜你为上卿,给你车一百辆,你用它为寡人到东方齐国走一趟,怎么样?"回答说:"足下是出于亲爱的缘故吗?那么何不把车给予爱子和诸位舅父、叔父、倚床小孙?不能给予他们,才给予我这个无能之臣,这是为啥呢?依大王看臣,是什么样的人呢?如今臣所拿来服事足下的,是忠信。臣恐怕因为忠信的缘故,而得罪于大王的左右近臣。"

王说:"哪有做人臣竭能尽力,而得罪的道理呢?"回答说:"臣请给大王打个比方。从前周的上地曾经发生过这样的事。丈夫在外做官三年不归,他的妻子爱上了别人。那个男人说:'你的丈夫回来,将怎么办呢?'这位妻子说:'不用忧愁,我已准备好药酒,等待他回来呢!'不久,她的丈夫果然回来,于是让婢妾斟药酒给他喝。婢妾知道酒有毒,半路站住,思忖道:'我用这酒给我主人喝,就会毒死主人;如把此事告诉主人,就会赶走我的主母。与其毒死主人,赶走主母,宁肯假作跌倒而把酒弄洒。'于是假装头晕而倒在地上。妻子说:'为你远行归来,因此备了好酒,现在婢妾献酒却倒在地上。'丈夫不问情由,把婢妾捆起鞭打。因此,婢妾所以被鞭打,是出于对主人的忠信。现在,臣为足下差遣于齐,恐怕忠信不被王的左右所理解。臣听说,万乘的君主,不被人臣所挟制;十乘的大夫,不被家人所挟制;匹夫、步行之士,不被妻妾所挟制。而何况当世的贤君呢?臣就要出发啦,愿足下不要被群臣所挟制。"

# 燕王谓苏代[1]

燕王谓苏代曰:"寡人甚不喜訑者言也[2]!"苏代对曰:"周地贱媒,为其两誉也:之男家曰女美,之女家曰男富。然而周之俗不自为取妻。且夫处女无媒,老且不嫁;舍媒而自衒,弊而不售[3]。顺而无败[4],售而不弊者,唯媒而已矣。且事非权不立,非势不成。夫使人坐受成事者,唯訑者耳!"王曰:"善矣!"

【注释】

〔1〕此章系年不可考。

〔2〕訑(tuó):欺也。又与"诞"同。

〔3〕弊:破旧。此喻女子色衰。

〔4〕顺:无阻碍。

【译文】

　　燕王对苏代说:"寡人十分讨厌欺诈之人的言语。"苏代回答说:"周地很看不起媒人,因为他两边说好话:到男家说女美,到女家说男富。然而,周地的风俗,却不自己去讨老婆。况且,处女无媒,老了也嫁不出;舍掉媒人而自炫姿色,直到色衰也没有人要。顺利而不失败,嫁出而色不衰,只有靠媒人罢了。再说,做事不靠权宜就站不住脚,不靠势力就不能成功。那使人能够坐享其成的,偏偏只有欺诈的人啊。"王说:"是啊!"

# 卷三十 燕二

## 秦召燕王[1]

秦召燕王,燕王欲往。苏代约燕王曰[2]:"楚得枳而国亡[3],齐得宋而国亡[4],齐、楚不得以有枳、宋事秦者,何也?是则有功者,秦之深仇也。秦取天下,非行义也,暴也。

"秦之行暴于天下,正告楚曰:'蜀地之甲,轻舟浮于汶[5],乘夏水而下江,五日而至郢;汉中之甲,乘舟出于巴[6],乘夏水而下汉,四日而至五渚[7]。寡人积甲宛[8],东下随[9],知者不及谋,勇者不及怒,寡人如射隼矣!王乃待天下之攻函谷,不亦远乎?'楚王为是之故,十七年事秦。

秦正告韩曰:'我起乎少曲[10],一日而断太行;我起乎宜阳而触平阳[11],二日而莫不尽繇[12];我离两周而触郑,五日而国举。'韩氏以为然,故事秦。

秦正告魏曰:'我举安邑[13],塞女戟[14],韩氏太原卷[15];我下枳[16],道南阳、封、冀[17],包两周,乘夏水，浮轻舟，强弩在前，铦戈在后[18]，决荥口[19]，魏无大梁；决白马之口[20]，魏无济阳[21]；决宿胥之口[22]，魏无虚、顿丘[23]。陆攻则击河内，水攻则灭大梁。'魏氏以为然，故事秦。

"秦欲攻安邑，恐齐救之，则以宋委于齐，曰：'宋王无道[24]，为木人以写寡人[25]，射其面。寡人地绝兵远，不能攻也。王苟能破宋有之，寡人如自得之。'已得安邑，塞女戟，因以破宋为齐罪。

"秦欲攻齐，恐天下救之，则以齐委于天下，曰：'齐王四与寡人约，四欺寡人，必率天下以攻寡人者三。有齐无秦，无齐有秦。必伐之，必亡之。'已得宜阳、少曲，致蔺、石[26]，因以破齐为天下罪。

"秦欲攻魏，重楚，则以南阳委于楚，曰：'寡人固与韩且绝矣！残均陵[27]，塞鄳隘[28]，苟利于楚，寡人如自有之。'魏弃与国而合于秦，因以塞鄳隘为楚罪。

"兵困于林中[29]，重燕、赵，以胶东委于燕，以济西委于赵。赵得讲于魏[30]，至公子延[31]，因犀首属行而攻赵[32]。兵伤于离石，遇败于马陵[33]，而重魏，则以叶、蔡委于魏。已得讲于赵，则劫魏，魏不为割。困则使太后、穰侯为和[34]，嬴则兼欺舅与母[35]。適燕者曰以胶东[36]，適赵者曰以济西，適魏者曰以叶、蔡，適楚者曰以塞鄳隘，適齐者曰以宋。此必令其言如循环，用兵如刺蜚绣[37]。母不能制，舅不能约。龙贾之战[38]，岸门之战[39]，封陵之战[40]，高商之战[41]，赵庄之战[42]，秦之所杀三晋之民数百万，今其生者，皆死秦之孤也。西河之外,上洛之地,三川[43],晋国之祸[44],三晋之半。秦祸如此其大,而燕、赵之秦者[45],皆以争事秦说其主。此臣之所大患!"

燕昭王不行,苏代复重于燕。燕反约诸侯从亲,如苏秦时,或从或不,而天下由此宗苏氏之从约。代、厉皆以寿死,名显诸侯。

## 【注释】

〔1〕又见《史记·苏秦列传》。黄氏《编略》、于《表》系于赧三十六年(279),即燕昭王死之年。缪氏《考辨》谓文中说燕昭王有"楚亡"之语,而白起破楚鄢郢在赧王三十七年,是昭王不及见楚亡也,因以"此章断为依托无疑"。

〔2〕约:制约。鲍云:"犹'止'。"

〔3〕枳:在今四川涪陵。古属巴郡。国亡:谓郢都被秦将白起所攻陷。

〔4〕齐得宋而国亡:公元前286年,齐闵王灭宋。公元前284年,燕、秦、赵、魏、韩五国攻齐,入临淄,闵王逃至莒。

〔5〕汶:谓岷江。汶,一作"岐",与"岷"通。

〔6〕巴:巴江。与汉水近。

〔7〕五渚:在洞庭。裴骃《集解》云:"沅、澧、资、湘四水自南而入,荆江自北而过,洞庭潴其间,谓之五渚。"

〔8〕宛(yuān):楚邑。后被秦所夺。

〔9〕随:春秋随国,被楚所灭。在今湖北随县。

〔10〕少曲:韩地。因地处少水(即沁水)弯曲处,故称。在今河南济源东北。

〔11〕宜阳、平阳:皆韩大邑。宜阳,在今河南宜阳西;平阳,在今山西临汾西南。

〔12〕司马贞《索隐》云:"繇,音摇,摇动也。"

〔13〕安邑:魏地。在今山西安邑县西。

〔14〕女戟:魏地。在太行之西。

〔15〕据《赵策》:"秦举安邑而塞女戟,韩之太原绝。"则"氏"当作"之","卷"作"绝"。张守节《正义》谓"太原"当作"太行"。

〔16〕枳:即"轵"或称"轵道",在今河南济源东南。

〔17〕道南阳、封、冀:谓经由南阳、封与冀等地。张琦谓南阳应次封、冀之后。南阳,今河南修武;封,封凌,即今山西风陵渡;冀,今山西皮氏县有冀亭。皆魏地。

〔18〕銛(xiān):锋利。

〔19〕荥口:鲍本作"荥口",《史记》同。荥泽之口,在今河南荥阳市。

〔20〕白马之口:白马津,黄河渡口。在今河南滑县东北。

〔21〕济阳:故城在今河南兰考县东北。因在济水之北,故称。

〔22〕宿胥之口:黄河渡口,地处白马津之上游。在今河南滑县西南。

〔23〕虚:殷虚。在今河南安阳。顿丘:在今河南清丰县西。

〔24〕宋王:宋王偃。

〔25〕写:鲍本作"象"。按,二字义同。

〔26〕致蔺、石:鲍本"石"上补"离"字。谓求蔺与离石也。二者均赵地。致,求取。

〔27〕均陵:地区名。在今河南卢氏县以南,西峡县以北一带。

〔28〕鄳隘:即黾塞。即今河南信阳市西南平靖关。

〔29〕林中:又称林、林乡。魏地。在今河南新郑东。

〔30〕赵:鲍本及《史记》均作"已"。是。

〔31〕司马贞《索隐》曰:"'至'当为'质',谓以公子延为质也。"延,秦公子。金正炜云:"'至'与'致'通。致者,送至也。"

〔32〕犀首属行而攻赵:谓以犀首为将而连军攻赵。犀首,公孙衍官名,本魏臣。属行,谓连兵相属。

〔33〕离石、马陵:《史记》作谯石、阳马,均赵地。程恩泽谓马陵有五,此指山西榆社县西北九十里之马陵,系赵地。

〔34〕太后、穰侯:秦昭王母宣太后与舅父魏冉。

〔35〕赢:鲍本作"嬴"。胜也。

〔36〕適:鲍谓与"谪"同。司马贞曰:"適者,责也。"

〔37〕吴补曰:"一本作'刺绣'。黄丕烈曰:'《史记》作'刺蛓'。此必《策》文作'绣',《史记》作'蛓',遂两存也。'"按,此谓交错用兵。

〔38〕龙贾之战:魏惠王后元五年(前330),秦攻魏于雕阴,擒龙贾,斩首八万。龙贾,魏将。

〔39〕岸门之战:韩宣惠王十九年(前314),秦败韩于岸门,斩首万人。古岸门在今山西省河津南之岸头亭。韩地。

〔40〕封陆:《史记》作"封陵"。魏哀王十六年(前303),秦攻魏取封陵。封陵,已见本章前注。

〔41〕高商之战:鲍注及《史记集解》均无考。

〔42〕赵庄之战:赵肃侯二十二年(前328),秦败赵,杀赵庄于河西。赵庄,赵将。

〔43〕西河、上洛:魏地。三川:韩地。

〔44〕晋国之祸:按,"晋"字疑为"秦"之讹。

〔45〕燕、赵之秦者:谓燕、赵之善秦者。方望溪云:"之秦,谓奉使于秦者。"

**【译文】**

秦召请燕王,燕王想要前往。苏代阻止燕王说:"楚国得到枳而几乎亡国,齐国得到宋而几乎亡国,齐、楚不能因得到枳与宋来与秦和好,是什么原因呢?这是因为它们有功,恰是秦所深恶痛绝的。秦夺取天下,不是用行义,而是用暴力。

"秦国在天下推行暴力政策,正告楚说:'蜀地的军队,轻舟浮于岷水之上,趁夏季水涨循江而下,五天就能到达郢都;汉中的军队,乘船出于巴江,趁夏季水涨循汉而下,四日就能到达五渚。寡人屯兵于宛,东下随,智者来不及谋划,勇者来不及忿怒,寡人就像射雕,箭到鸟就落了。王却等待天下诸侯来攻打函谷关,这不是太遥远了吗?'楚王因此,有十七年服事秦国。

"秦正告韩说：'我从韩的少曲起兵，一日就能遮断韩北太行；我从宜阳起兵而直捣平阳，二日而韩莫不全部动摇；我兵临东、西周而触新郑，五日而韩国可举。'韩氏以为果能如此，所以拱手事秦。

"秦正告魏说：'我攻克魏的安邑，阻塞女戟，则韩氏的太行就断绝了；我下轵地，经由南阳、封、冀，包围两周，乘夏季水涨，浮轻舟，强弩在前，利戈在后，决荥水之口，灌魏大梁；决白马之口，灌魏济阳；决宿胥之口，灌魏虚、顿丘。陆路进攻打击河内，水路进攻克服大梁。'魏氏以为果能如此，所以拱手事秦。

"秦想攻魏安邑，恐齐来救它，就拿宋送给齐，说：'宋王无道，做一木人来肖寡人，射它的面。寡人地隔兵远，不能来伐。王如果能够破宋并据有它，就像寡人自己得到一样。'等到秦已攻下安邑，阻塞了女戟，反过来以破宋作为齐国的一条罪状。

"秦想要攻齐，恐怕天下救它，就把齐送给天下，说：'齐王四次与寡人订约，四次欺骗寡人，三次决心率领天下诸侯攻打寡人。现在是有齐就没有秦，没有齐才能有秦，必定要攻打它，必定要灭亡它。'当秦已攻得宜阳、少曲，拿到蔺、离石，反过来以破齐作为天下诸侯的一条罪状。

"秦国想要攻打魏国，甚忧楚袭其后，就拿南阳送给楚，说：'寡人将要坚决与韩绝交了。攻破均陵，阻绝鼌隘，只要有利于楚，就像寡人自己占有一样。'等到魏抛弃盟国而与秦联合，秦反过来以阻塞鼌隘作为楚国的一条罪状。

"秦兵被魏困于林中，秦推重燕、赵，许燕攻齐胶东，许赵攻齐济西。待已与魏讲和，以公子延为质，因与魏将公孙衍连兵相属来攻赵。损兵于赵邑离石，并在马陵吃了败仗，因而又推重魏，许魏攻楚的叶、蔡。待已与赵讲和，则又劫持魏，魏不答应割地。秦受窘则使太后、穰侯魏冉出面求和；赢了则撕毁和约，兼欺舅（穰侯）与母（太后）。谴责燕的理由，说是因为伐胶东；谴责赵的理由，说是因为伐济西；谴责魏的理由，说是因为伐叶、蔡；谴责楚的理由，说是因为阻绝黾隘；谴责齐的理由，说是因为伐宋。……必令其言出尔反尔，有如循环；交错用兵，有如刺绣。母亲不能限制他，舅父不能约束他。秦与魏龙贾之战，秦、韩岸门之战，秦、魏封陵之战，高商之战，秦与赵赵庄之战，秦所杀三晋民众数百万。今天活着的人，都有亲人被秦杀害。西河之外、上洛之地、三川，三地受祸，居晋国之半。秦祸既如此之大，而燕、赵的亲秦者，都拿争着服事秦来劝说他的君主。这是臣所深忧的。"

燕昭王遂不去秦，苏代复又显重于燕。燕反而约结诸侯合纵，像苏秦在时一样，虽然间或有的国家不从，而天下诸侯从此归向苏氏的约纵。代与厉都以寿终，声名显扬于诸侯。

# 苏代为奉阳君说燕于赵以伐齐[1]

苏代为奉阳君说燕于赵以伐齐[2]，奉阳君不听。乃入齐恶赵，令齐绝于赵。齐已绝于赵，因之燕[3]，谓昭王曰："韩为谓臣曰[4]：'人告奉阳君曰：使齐不信赵者，苏子也；今齐王召蜀子使不伐宋[5]，苏子也；与齐王谋道取秦以谋赵者[6]，苏子也；令齐守赵之质子以甲者[7]，又苏子也。请告子以请[8]，齐果以守赵之质子以甲，吾必守子以甲[9]。'其言恶矣。虽然，王勿患也。臣故知入齐之有赵累也[10]，出为之以成所欲[11]。臣死而齐大恶于赵,臣犹生也!令齐、赵绝[12],可大纷已[13]。持臣非张孟谈也[14],使臣也如张孟谈也,齐、赵必有为智伯者矣[15]!

"奉阳君告朱谨与赵足曰[16]:'齐王使公王曰命说曰[17]:"必不反韩珉[18]",今召之矣。"必不任苏子以事",今封而相之。"令不合燕[19]",今以燕为上交。吾所恃者顺也[20],今其言变有甚于其父。顺始与苏子为仇,见之知无厉[21],今贤之两之[22]。已矣,吾无齐矣!'"

"奉阳君之怒甚矣!如齐王王之不信赵[23],而小人奉阳君也[24],因是而倍之,不以今时大纷之[25],解而复合[26],则后不可奈何也。故齐、赵之合苟可循也[27],死不足以为臣患;逃不足以为臣耻;为诸侯,不足以为臣荣;被发自漆为厉[28],不足以为臣辱。然而臣有患也,臣死而齐、赵不循,恶交分于臣也[29],而后相效[30],是臣之患也。若臣死而必相攻也,臣必勉之而求死焉!尧舜之贤而死,禹、汤之知而死,孟贲之勇而死,乌获之力而死。生之物固有不死者乎?在必然之物[31],以成所欲,王何疑焉?

"臣以为不若逃而去之[32]。臣以韩、魏循[33],自齐而为之取秦[34],深结赵以劲之[35]。如是,则近于相攻。臣虽为之,累燕[36]。奉阳君告朱谨曰:'苏子怒于燕王之不以吾故,弗予相,又不予卿也,殆无燕矣。'其疑至于此!故臣虽为之,不累燕,又不欲王[37]。伊尹再逃汤而之桀[38],再逃桀而之汤,果与鸣条之战,而以汤为天子。伍子胥逃楚而之吴[39],果与伯举之战,而报其父之仇。今臣逃而纷齐、赵,始可著于《春秋》。且举大事者孰不逃?桓公之难[40],管仲逃于鲁;阳虎之难[41],孔子逃于卫[42];张仪逃于楚[43];白珪逃于秦[44];望诸相中山也[45],使赵,赵劫之求地,望诸攻关而出逃;外孙之难[46],薛公释戴逃出于关[47],三晋称以为士。故举大事,逃不足以为辱矣!"

卒绝齐于赵,赵合于燕以攻齐,败之。

**【注释】**

〔1〕此章"奉阳君告朱谨与赵足"以下,姚本另分一篇。据文义,从鲍本合为一篇。据帛书《战国纵横家书》,此章为燕昭王伐齐之前,苏秦返燕向昭王汇报离间齐、赵关系的经过,并策划下一步的行动。《策》作"苏代",非。时约当周赧王二十三年(前285)。

〔2〕"苏代"句:林春溥《战国纪年》以为当作"苏代(按,应为"苏秦"。下同)为燕说奉阳君于赵以伐齐"。奉阳君,即李兑。

〔3〕因之燕:谓由齐、赵返回燕国。之,往也。

〔4〕韩为:帛书作"韩徐为"。赵臣,亲魏而反齐。或称徐为,或称韩徐。

〔5〕今:鲍本作"令"。是。蜀子:鲍谓齐将。金正炜曰:"即触子。"《吕氏春秋·权勋》:"齐使触子将以迎天下之兵于济上。"

〔6〕道:鲍本作"遁",疑为"循"之讹。遵循。取:联合、争取。

〔7〕甲:士兵。

〔8〕请告子以请:请告诉你实情。按,这是苏子在赵时韩为对他说的话。后"请"字,金正炜据《史记·礼书》《列子·说符》谓当作"情"。是也。

〔9〕吾必守子以甲:我一定派兵把你也看起来。此亦韩为对苏子所说。

979

〔10〕赵累:来自赵的忧患。累,忧累。

〔11〕出:金正炜谓当作"由",与"犹"通。欲:指燕王之心愿。

〔12〕令:鲍本作"今"。是。

〔13〕大纷已:大乱矣。纷,乱;已,矣。

〔14〕持:吴师道疑作"特"。张孟谈:赵臣。昔智伯联合韩康子、魏桓子以攻赵襄子,孟谈暗中说服韩、魏叛智氏,遂擒杀智伯。

〔15〕"齐、赵"句:谓齐或赵必有如智伯而灭亡者。

〔16〕朱讙、赵足:均赵臣。

〔17〕公王曰:帛书作"公玉丹",《新序》亦有"公玉丹"。金正炜谓"丹"字古文与"曰"字形相似,故讹。按,王、玉古文形亦相近。鲍彪曰:"齐人姓名。"说:当作"兑",即奉阳君李兑。

〔18〕韩珉:一作"韩䪫",齐臣,曾为相。

〔19〕令:鲍本作"必"。是。

〔20〕顺:即顺子。齐公子,曾在赵做人质。

〔21〕无厉:无害。

〔22〕贤之两之:谓以苏代为贤而与之并处也。两,偶。

〔23〕此衍一"王"字。

〔24〕小人奉阳君:以奉阳君为小人。

〔25〕"不以"句:谓不趁此时搞乱齐、赵两国的关系。

〔26〕解而复合:言分离后再次结合。

〔27〕吴师道曰:"言二国之合,必害于燕。苟顺而无害,国之利也。"循,顺也。

〔28〕自漆为厉:谓以漆涂身为癞也。厉,读为"癞"。

〔29〕交分于臣:谓齐、赵之交由臣而分离之。金正炜谓"分"同"纷",乱义,亦通。

〔30〕后相效:谓日后齐、赵两国互相扶助。金正炜谓"后"当作"复"。

〔31〕在:居、处。物:事。这里指死亡。

〔32〕鲍彪曰:"诈以罪逃去。"金正炜曰:"按'臣以为不若逃而去之'

句,乃代(苏代)策之主旨,下乃反复以申明之。篇末云:'故举大事,逃不足以为辱',正与此文相应。"

〔33〕韩魏循:谓韩、魏两国相善。循,善。

〔34〕"以齐"句:这是说在齐国去做为韩、魏联秦的事。

〔35〕"深结"句:谓与赵结成巩固联盟而加强赵的力量。

〔36〕累燕:谓把燕国也卷了进去。

〔37〕鲍彪曰:"疑代(苏代)怒燕,故代虽为燕纷二国(齐、赵),二国不怨燕也。欲,犹'须'也。言其自相攻,不须燕。"

〔38〕伊尹:名挚,曾屡次更事桀与汤,终助汤败桀于鸣条而为成汤之相。《孟子·告子》云:"五就汤五就桀者,伊尹也。"

〔39〕伍子胥:春秋楚国人,其父被楚平王所杀,子胥逃至吴。后率吴军败楚于柏举,攻入郢都,鞭平王之尸,为父报仇。

〔40〕桓公之难:公元前686年,齐发生内乱,襄公被杀。管仲奉公子纠奔鲁,鲍叔牙奉公子小白奔莒。乱平后返国,小白先入,立为桓公,命鲁杀公子纠而囚管仲。后桓公接受鲍叔牙建议,以管仲为相。

〔41〕阳虎之难:阳虎即阳货,鲁定公时执政大夫季孙氏家臣。后欲诛除鲁三家贵族(孟孙、叔孙、季孙,又称"三桓"),谋败,逃至齐。

〔42〕孔子逃于卫:孔子因"堕三都"为"三桓"所不容,去鲁赴卫,在阳虎事后五年,两者无涉。

〔43〕张仪逃于楚:张仪因欺骗楚怀王,怀王准备杀他,后通过怀王宠臣靳向和宠姬郑袖求情而脱身。

〔44〕白珪逃于秦:未详。

〔45〕吴师道曰:"《索隐》云:《战国策》'望诸'作'蓝诸'。"《中山策·中山与燕、赵为王》有"蓝诸君",鲍注:"中山相也。"盖即此人。

〔46〕外孙之难:未详。

〔47〕"薛公"句:齐湣王二年(前299),薛公田文入相秦。秦因而欲杀之,文依鸡鸣狗盗之客,变姓名,逃出函谷关。

【译文】

苏代劝说赵奉阳君李兑,合燕于赵,以攻打齐,奉阳君不听。

苏代遂入齐,说赵的坏话,使齐与赵绝交。齐既已与赵绝交,代于是至燕,对昭王道:"韩为对臣说:'某人告诉奉阳君道:使齐国不相信赵的,是苏子;使齐闵王召回蜀子,不让他伐宋的,是苏子;与齐王谋画,暗地里与秦联合来图赵的,是苏子;让齐国用兵甲来看守赵国人质的,还是苏子。'我告诉你实情,齐如果用甲兵把赵的质子看守起来,赵必定把你也用甲兵看守起来。某人的话够恶毒的了。虽如此,大王不要忧愁。臣本来知道,臣入齐会有赵来阻挠。臣一定奋力去做来成全足下的愿望,只要齐十分痛恨赵,臣虽死犹生。现在齐、赵绝交,他们就会大乱了。只是臣并非张孟谈,如使臣像张孟谈,齐、赵必定有做智伯的了。

"奉阳君告诉朱谨与赵足说:'齐湣王使公玉丹对我说"一定不让韩珉返齐",如今却召他回齐;"一定不任苏代职事",如今却封赏并任他为相;"一定不与燕合好",如今却以燕为上交。我所依靠的是顺子,现在顺子的话反复无常,比他父亲湣王还厉害。开始跟苏代为仇,见了面觉得无害,又以苏代为贤而与他相交。完了,我失掉齐国了!'

"奉阳君非常恼怒。如果齐王不信任赵,而把奉阳君看成小人,因此而背叛赵,燕如不趁此时大大搅扰它,待其分而复合,那么往后就无可奈何了。所以齐、赵合作如果能够对燕有利,死了不算臣的灾患;逃亡不算臣的耻辱;做诸侯不算臣的荣耀;披发漆身做癞人不算臣的污玷。然而臣有所忧患,患死而齐、赵不来亲燕,反来怨恨他们的交好被臣所分裂,而后互相尽力扶助,这是臣的最大忧患。假如臣死而齐、赵必定相攻,臣一定勉力去求得一死。尧、舜贤能而死,禹、汤智慧而死,孟贲勇敢而死,乌获有力而死。活着的人竟有不死的吗?在必死之中求得欲望的成功,王对此又有何疑虑呢?

"臣以为不如诈以罪逃离燕国。臣以为韩、魏相善,此前如果从齐国来约合韩、魏连秦,使之与赵结成巩固联盟,来加强赵的力量。如此就促成齐、赵相攻的状态。臣虽可以这样做,但于燕有累。奉阳君告诉朱谨说:'苏子恼恨燕王因我没听他劝告的缘故,而没有给他相位,又没给他卿位,他恐怕要失掉燕王的信任了。'他的怀疑到这种地步。所以说臣虽然逃亡,但可以不拖累燕,又不需大王来插手。伊尹一再逃离成汤,到夏桀那里去,又一再逃离桀而到汤那里去,最终参与了鸣条的战争,辅佐汤做了天子。伍子胥逃离楚而来到吴,终于参加柏举之战,报了父亲的仇。现在臣逃离燕,而来唆使齐、赵纷争,也可以名垂青史。况且,举大事的人,哪有不逃的?齐桓公之难,管仲逃到鲁国;阳虎之乱,孔子逃到卫国;张仪逃到楚;白珪逃到秦;望诸做中山国的相,出使赵,赵劫持他而要求割地,望诸攻关而出逃;外孙之难,薛公田文丢掉辎重,逃出函谷关,三晋(韩、赵、魏)称誉他好士。所以,举大事,逃亡并不算羞辱啊!"

后来终于使赵与齐绝交,赵国与燕联合来攻齐,把齐国打得大败。

## 苏代为燕说齐[1]

苏代为燕说齐,未见齐王[2],先说淳于髡曰[3]:"人有卖骏马者,比三旦立市[4],人莫之知。往见伯乐[5],曰:'臣有骏马,欲卖之,比三旦立于市,人莫与言。愿子还而视之,去而顾之。臣请献一朝之贾[6]。'伯乐乃还而视之,去而顾之,一旦而马价十倍。今臣欲以骏马见于王,莫为臣先后者[7]。足下有意为臣伯乐乎？臣请献白璧一双，黄金千镒[8]，以为马食。"

淳于髡曰："谨闻命矣。"入言之王而见之，齐王大说苏子。

【注释】

〔1〕此章，前人多系于慎靓王时，今人则以为燕说齐者乃苏秦而非苏代。

〔2〕齐王：湣王。

〔3〕淳于髡：齐稷下学士，以滑稽善辩著称。主要活动于齐威、宣之时。

〔4〕比：连。

〔5〕伯乐：姓孙，名阳。春秋秦穆公时人，以善相马著名。

〔6〕贾：鲍本作"费"，亦作"价"。

〔7〕先后：相导前后。

〔8〕千镒：《太平御览·兽部》引作"十镒"。是。镒，二十四两。

【译文】

苏代为燕国来游说齐，未见齐湣王，先游说淳于髡道："有一个人卖骏马，一连三个早晨站在集市，也没人搭理。这人去见伯乐，说：'臣有一匹好马，想卖掉它，一连三个早晨站在集市，无人光顾。愿您围马看一圈，走时再回头瞧几眼。臣请献上一个早晨的费用。'伯乐于是围马看一圈，去时又回头瞧几眼，一个早晨马价提高十倍。现在臣愿做一匹骏马去见齐王，没有给臣帮忙的，足下愿意做臣的伯乐吗？臣请献上白璧一对、黄金二百四十两来做您的马食。"淳于髡说："谨遵教命。"于是入朝说给湣王，立即召见，湣王非常喜欢苏代。

# 苏代自齐使人谓燕昭王[1]

苏代自齐使人谓燕昭王曰："臣闻离齐、赵[2]，齐、赵已孤矣。王何不出兵以攻齐？臣请为王弱之。"燕乃伐齐，攻晋[3]。

令人谓闵王曰："燕之攻齐也，欲以复振古地也[4]。燕兵在晋而不进，则是兵弱而计疑也。王何不令苏子将而应燕乎？夫以苏子之贤，将而应弱燕，燕破必矣。燕破，则赵不敢不听，是王破燕而服赵也！"闵王曰："善。"乃谓苏子曰："燕兵在晋，今寡人发兵应之，愿子为寡人为之将。"对曰："臣之于兵，何足以当之？王其改举！王使臣也，是败王之兵，而以臣遗燕也。战不胜，不可振也！"王曰："行！寡人知子矣。"

苏子遂将，而与燕人战于晋下。齐军败，燕得甲首二万人。苏子收其馀兵以守阳城，而报于闵王曰："王过举，令臣应燕，今军败，亡二万人。臣有斧质之罪[5]，请自归于吏以戮。"闵王曰："此寡人之过也。子无以为罪！"

明日，又使燕攻阳城及狸[6]，又使人谓闵王曰："日者齐不胜于晋下，此非兵之过，齐不幸而燕有天幸也。今燕又攻阳城及狸，是以天幸自为功也！王复使苏子应之，苏子先败王之兵，其后必务以胜报王矣！"王曰：

"善。"乃复使苏子,苏子固辞,王不听,遂将以与燕战于阳城。燕人大胜,得首三万。齐君臣不亲,百姓离心,燕因使乐毅大起兵伐齐,破之。

【注释】

〔1〕据帛书,此当为苏秦离间齐、赵成功之后,赵合于燕,劝说燕昭王乘机伐齐之事。《策》作"苏代",非是。其时当在燕昭王二十八年(赧王三十一年)乐毅帅五国之师攻齐以前,林氏《纪年》、黄氏《编略》系于赧王三十年(前285),近是。

〔2〕闻:鲍本作"间"。间离,即离间。

〔3〕攻晋:吴师道曰:"晋,地名。"或以为是齐国地名。金正炜曰:"'攻'字当是'次'字之讹。"次,是"止"的意思。

〔4〕鲍曰:"盖欲复王唸所失。"振,收;古,故也。

〔5〕质:同"锧"。古时腰斩的垫座。

〔6〕阳城、狸:并燕故地,失于齐者。阳城,在今河北保定西南;狸,在今河北任丘东北。

【译文】

苏代自齐派人对燕昭王说:"臣已离间齐、赵,齐、赵已经孤立无援了。王何不出兵来攻齐?臣请为王来削弱它。"燕于是伐齐兵临齐之晋邑。

苏代派人对闵王说:"燕国攻齐,是想要收复旧地。燕兵在晋而不能推进,则是兵力弱而计策不决。大王何不使苏代领兵而袭燕呢?就拿苏子的贤能领兵而袭击弱燕,燕军必破。燕破,那么赵就不敢不听命于王,这是大王破燕来降服赵啊。"闵王说:"很好。"便对苏代说:"燕兵在晋,现在寡人发兵来袭击它,愿你给寡人做将领。"苏子回答说:"臣不善用兵,怎能胜任将领,请大王改派。大王使臣领兵,是败坏您的军队,而把臣当礼物送给燕。如打不赢,就不可挽救了。"王说:"去吧,寡人了解你呀!"

苏代遂领兵为将,而与燕军战于晋下。齐军战败,燕获得俘虏和首级二万人。苏代收拾残兵保守阳城,报告闵王说:"蒙大王过分抬举,派臣袭燕,如今军队败亡,损失两万人。臣犯有杀头之罪,请自赴执法之吏来受刑。"闵王说:"这是寡人的失误,不能算作你的罪过。"

过几日苏代又使燕攻打阳城和狸二地,又让人对闵王说:"前些日子,齐国战败在晋地,这不是用兵的过错,是因为齐不走运而燕有上天的保佑。现在燕又攻阳城和狸,是把上天保佑当作自己的功劳。大王再使苏代应战,苏代先前使王的军队吃败仗,其后必定勉力用打胜仗来报答大王。"王说:"好的。"于是又派苏代应战,苏代佯作固辞,齐王不答应,苏代遂指挥齐兵与燕军战于阳城。燕人大胜,得首级三万。齐国君臣不亲,百姓离心,燕国趁机使乐毅发大兵攻齐,遂破齐。

## 苏代自齐献书于燕王[1]

苏代自齐献书于燕王曰:"臣之行也,固知将有口事[2],故献御书而行[3],曰:'臣贵于齐,燕大夫将不信臣;臣贱,将轻臣;臣用,将多望于臣[4];齐有不善,将归罪于臣;天下不攻齐,将曰善为齐谋;天下攻齐,将与齐兼鄸臣[5]。臣之所重处重卯也[6]!'王谓臣曰:'吾必不听众口与谗言,吾信汝也,犹划刭者也[7]!上可以得用于齐,次可以得信于下,苟无死,女无不为也。以女自信可也。与之言曰:去燕之齐可也,期于成事而已!'

"臣受令以任齐,及五年,齐数出兵,未尝谋燕。齐、赵之交,一合一离。燕王不与齐谋赵[8],则与赵谋齐。齐之信燕也,至于虚北地行其兵[9]。今王信田伐与参、去疾之言[10],且攻齐,使齐犬马骇而不言燕[11]。今王又使庆令臣曰[12]:'吾欲用所善。'王苟欲用之,则臣请为王事之。王欲醳臣[13],刬任所善[14],则臣请归醳事。臣苟得见,则盈愿。"

## 【注释】

〔1〕又见帛书《战国纵横家书》第四章。此章苏代当依帛书作"苏秦"。苏秦在齐为燕作间谍,数年,离间了齐、赵的关系,并使齐国相信燕。燕昭王二十六年(赧二十九年,前286),昭王准备联络各国攻齐,"就在此时,燕王忽派盛庆传令苏秦,说他要另外委派人来代替苏秦的职务。苏秦感到自己很受委屈,便写了一封很长的书信给燕王,这就是帛书第四章"(马雍说)。

〔2〕口事:鲍彪曰:"言人谮之。"

〔3〕御书:奏书。金正炜曰:"御,犹奏也。"

〔4〕鲍彪曰:"望,犹责。"

〔5〕鄮:鲍本作"贸"。金正炜谓"贸"乃"贾"之形讹,训为"卖"。帛书作"弃"。

〔6〕上"重"字疑衍;卯,一本作"卵"。重卵,犹累卵,言其危也。

〔7〕刬刐:吴师道谓即"划刐",斩断果决之意。按,"划刐者"三字,鲍本作"列眉"二字。金正炜曰:"言吾信汝,朗若列眉之易察也。"

〔8〕据文意,"王"当为衍字。

〔9〕鲍彪曰:"虚,言不设备。齐北近燕。行其兵,以北兵伐他国。"

〔10〕田伐与参、去疾:鲍彪曰:"三人谗代者。"或云,田伐、参去疾,二人。

〔11〕鲍本无"骇"字。此句,帛书作"使齐大戒而不信燕"。当据以

988

订正《策》文之误。

〔12〕庆:据帛书二、三章知为盛庆,燕臣。

〔13〕醳:古"释"字。

〔14〕剬:同"专"。

## 【译文】

苏代从齐国上书给燕昭王,说:"臣从燕到齐,预料将有人会进谗言,故献奏书于王而行。书云:'臣在齐贵显,燕的大夫会不相信臣;臣贱,会轻视臣;臣在齐用事,会过分责求臣;齐有对燕不善,会把罪过归于臣;天下诸侯不来攻齐,会说臣尽心为齐谋画;天下诸侯来攻齐,会把齐与臣一齐卖掉。臣所处的地位危如累卵。'王对臣说:'我一定不听众口之说与谗毁之言,我相信你,就像除恶那样坚决。往上说可以得到齐王的重用,其次可以得到下面的信任,只要不死,你什么都可以做。由你意就是了。'王嘱咐我说:'离开燕国到齐去吧,目的是把事办成。'

臣受命到齐国任职五年,齐国几次出兵,都未曾攻燕。齐、赵两国之交,时合时离。燕国不是与齐图谋赵,就是与赵国图谋齐。齐国相信燕,达到北部不设防,用北兵征伐别国。现在大王听信田伐、参与去疾三人的话,将要攻齐,使齐举国上下严加戒备而不相信燕国。现在大王又使盛庆命令臣说:'我想另用我认为好的人选。'大王如果想另用这种人选,那么臣请为大王去服事他。王想丢掉臣而独自任用所谓好的人选,则臣请归燕辞掉职事。臣诚能得见王面,那么臣的心愿就算满足了。"

## 陈翠合齐、燕[1]

陈翠合齐、燕[2],将令燕王之弟为质于齐,燕王许诺。太后闻之,大怒,曰:"陈公不能为人之国,亦则已矣!焉有离人子母者?老妇欲得志焉[3]!"

陈翠欲见太后,王曰:"太后方怒子,子其待之。"陈翠曰:"无害也。"遂入见太后,曰:"何臞也[4]?"太后曰:"赖得先王雁鹜之馀食[5],不宜臞。臞者,忧公子之且为质于齐也。"

陈翠曰:"人主之爱子也,不如布衣之甚也。非徒不爱子也,又不爱丈夫子独甚[6]!"太后曰:"何也?"对曰:"太后嫁女诸侯,奉以千金,赍地百里[7],以为人之终也。今王愿封公子,百官持职,群臣效忠,曰:'公子无功不当封。'今王之以公子为质也,且以为公子功而封之也。太后弗听,臣是以知人主之不爱丈夫子独甚也。且太后与王幸而在,故公子贵。太后千秋之后,王弃国家,而太子即位,公子贱于布衣。故非及太后与王封公子,则公子终身不封矣!"

太后曰:"老妇不知长者之计。"乃命公子束车制衣为行具。

【注释】

〔1〕此章说辞与《赵策四·赵太后新用事》极相似,盖学者之传闻而异辞也。缪氏《考辨》引徐中舒云:"权之战,燕再濒于灭亡。燕在此战役后,不得不卑辞厚币,屈节事齐。《燕策二》载陈翠为燕画合齐、燕之策,令燕王之弟为质于齐,即为昭王屈节事齐的重要措施。《燕策一》苏代(秦)遗燕王书说'夫列在万乘而寄质于齐',更证明了这一事实。"按,权之战发生在周赧王十九年(前296)。郭人民《战国策校注系年》以此为燕昭王使安襄君为质于齐,乃昭王二十四年,周赧王二十七年时事。

〔2〕陈翠:燕臣。

〔3〕欲得志:谓责辱之以快其意。

〔4〕臞(qú):瘦。

〔5〕雁鹜之馀食:谓鹅鸭吃剩下的食物。此太后谦词。雁,鹅;鹜(wù),鸭。

〔6〕丈夫子:男孩子,儿子。前"子",兼指儿女。

〔7〕赍(jī):赠送、馈赠。

## 【译文】

陈翠说合齐、燕,将用昭王的弟弟到齐国去做人质,燕王允诺。太后闻知大怒,说:"陈公不能替别人国家着想,也就算了,哪有分离人家母子的,老妇非整治整治他不可。"

陈翠想面见太后,昭王说:"太后正生你的气,你稍候一候。"陈翠说:"不要紧。"遂入宫面见太后,说:"为何消瘦呢?"太后说:"靠着先王雁鸭剩馀的吃食,不应该瘦。要说瘦,是因为忧愁公子将要到齐国去做人质。"

陈翠说:"人主爱他的子女,赶不上普通百姓爱得厉害。不仅不爱子女,不爱男孩更厉害。"太后问:"这话怎么讲?"回答说:"太后把女儿嫁给诸侯,拿千金赠给她,用百里土地做陪嫁,以为这是一个人一辈子的事。如今大王想封赠公子,百官守职,群臣尽忠,都说:'公子没有功劳,不当封。'现在大王用公子做人质,将要替公子创造立功机会,来加封他。太后反而不同意,臣由此知道人主不爱男孩特甚。况且太后与大王幸而在世,所以公子显贵。如果太后千秋之后,大王驾崩,那时太子即位,公子微贱等于布衣。所以不趁太后与大王在世来加封公子,那么公子终身也就得不到封赠了。"

太后说:"老妇人不晓得长者的谋虑。"于是命令公子驾车制衣,准备行具。

## 燕昭王且与天下伐齐[1]

燕昭王且与天下伐齐,而有齐人仕于燕者,昭王召而谓之曰:"寡人且与天下伐齐,旦暮出令矣。子必争之,争之而不听,子因去而之齐。寡人有时复合和也[2],且以因子而事齐。"当此之时也,燕、齐不两立,然而常独欲有复收之之志若此也[3]。

**【注释】**

〔1〕此章,林氏《纪年》系于赧王三十年(前285)。云:"《赵世家》,是年相国乐毅将赵、秦、韩、魏、燕攻齐,取灵丘。明年,昭王来见,赵与韩、魏、秦共击齐,齐王败走。然则出师在是年。"

〔2〕复合和也:鲍本无"和也"二字。注云:"预言不胜与齐合。"

〔3〕复收之:复与齐合。收,犹合。

**【译文】**

燕昭王将要与天下诸侯来伐齐,而有齐国人在燕供职的,昭王召见对他说:"寡人将要与天下诸侯伐齐,早晚就要下令了。你一定要来廷争,你争而我不听,你因此而归齐。然而寡人有时还要与齐合好,将要靠你做媒介来服事齐。"当这个时候,燕与齐势不两立,但是燕王常常独自有像这样要合齐的想法。

## 燕饥,赵将伐之[1]

燕饥,赵将伐之。楚使将军之燕[2],过魏,见赵恢<sup>[3]</sup>。赵恢曰："使除患无至,易于救患。伍子胥、宫之奇不用<sup>[4]</sup>,烛之武、张孟谈受大赏<sup>[5]</sup>。是故谋者皆从事于除患之道,而先使除患无至者<sup>[6]</sup>。今予以百金送公也,不如以言。公听吾言而说赵王曰<sup>[7]</sup>:'昔者,吴伐齐,为其饥也。伐齐,未必胜也,而弱越乘其弊以霸。今王之伐燕也,亦为其饥也。伐之未必胜,而强秦将以兵承王之西<sup>[8]</sup>。是使弱赵居强吴之处,而使强秦处弱越之所,以霸也。愿王之熟计之也!'"

使者乃以说赵王,赵王大悦,乃止。燕昭王闻之,乃封之以地。

【注释】

〔1〕此章系年无考。或以为系燕昭王晚年之事,姑备一说。

〔2〕金正炜谓此句应作"楚使者将之赵"。"军"字为"者"字的倒误;"燕"字为"赵"字之讹误。

〔3〕赵恢:赵人之仕魏者。

〔4〕"伍之胥"句:春秋,吴相伍子胥谏吴王停止伐齐而防备越国袭击,虞臣宫之奇谏虞君不要假道给晋军以免其吞并,均未被接纳。二国以亡。

〔5〕烛之武、张孟谈:《左传》僖公三十年,晋、秦围郑,郑臣烛之武说退秦军,以解郑围。晋智伯瑶与韩、魏共攻赵襄子,襄子臣张孟谈说韩、魏以叛,杀智伯瑶,以解赵难。

〔6〕先:鲍改为"无"。金正炜曰:"按'先'即'无'字之讹也。"

〔7〕赵王:惠文王。

〔8〕承:同"乘"。

【译文】

燕国岁饥,赵将要攻打它。楚派一使者至赵,过魏时见到赵恢。赵恢说:"防患于未然,要比救患容易。但是前者如伍子胥、宫之奇却不见用,而后者如烛之武、张孟谈则受重赏。所以谋士都致力于救患,而不去理会防患于未然。现在我拿百金来送给您,不如用言语更可贵。您听我的话,而去对赵王说:'从前吴国夫差伐齐,因为齐国饥馑。伐齐未必取胜,而弱小的越却乘其疲弊灭亡它,遂称霸。今天大王伐燕,也是因为它饥馑。伐燕未必取胜,而强秦将要发兵,乘王之弊,来攻其西。这是使弱赵处在强吴的地位,而使强秦处在弱越的位置,来成就霸业。愿大王要三思而行。'"

楚使者遂用以劝说赵王,赵王大喜,遂停止伐燕。燕昭王闻听此事,乃用土地封赠楚使。

## 昌国君乐毅为燕昭王合五国之兵而攻齐[1]

昌国君乐毅为燕昭王合五国之兵而攻齐[2],下七十馀城,尽郡县之以属燕。三城未下而燕昭王死[3]。惠王即位,用齐人反间,疑乐毅,而使骑劫代之将[4]。乐毅奔赵,赵封以为望诸君。齐田单欺诈骑劫[5],卒败燕军,复收七十城以复齐。燕王悔,惧赵用乐毅承燕之弊以伐燕。

燕王乃使人让乐毅,且谢之,曰:"先王举国而委将军,将军为燕破齐,报先王之仇,天下莫不振动,寡人岂敢一日而忘将军之功哉?会先王弃群臣,寡人新即位,左右误寡人。寡人之使骑劫代将军者,为将军久暴露于外,故召将军且休计事。将军过听,以与寡人有郤[6],遂捐燕而归赵。将军自为计则可矣,而亦何以报先王之所以遇将军之意乎?"

望诸君乃使人献书报燕王曰:"臣不佞[7],不能奉承先王之教以顺左右之心,恐抵斧质之罪以伤先王之明,而又害于足下之义,故遁逃奔赵。自负以不肖之罪,故不敢为辞说。今王使使者数之罪[8],臣恐侍御者之不察先王之所以畜幸臣之理,而又不白于臣之所以事先王之心,故敢以书对。

"臣闻贤圣之君,不以禄私其亲,功多者授之;不以官随其爱,能当之者处之。故察能而授官者,成功之君也;论行而结交者,立名之士也。臣以所学者观之,先王之举错有高世之心,故假节于魏王[9],而以身得察于燕。先王过举,擢之乎宾客之中,而立之乎群臣之上。不谋于父兄,而使臣为亚卿[10]。臣自以为奉令承教,可以幸无罪矣,故受命而不辞。

"先王命之曰:'我有积怨深怒于齐,不量轻弱而欲以齐为事。'臣对曰:'夫齐,霸国之馀教也[11],而骤胜之遗事也[12],闲于兵甲,习于战攻。王若欲攻之,则必举天下而图之。举天下而图之,莫径于结赵矣;且又淮北、宋地,楚、魏之所同愿也。赵若许约,楚、魏、宋尽力[13],四国攻之,齐可大破也。'先王曰:'善。'臣乃口受令,具符节[14],南使臣于赵。顾反命,起兵随而攻齐。以天之道,先王之灵,河北之地[15],随先王举而有之于济上[16]。济上之军,奉令击齐,大胜之。轻卒锐兵,长驱至国。齐

995

王逃遁走莒[17],仅以身免。珠玉财宝、车甲珍器,尽收入燕。大吕陈于元英[18],故鼎反于历室[19],齐器设于宁台[20],蓟丘之植植于汶皇[21]。自五伯以来,功未有及先王者也!先王以为慊其志,以臣为不顿命[22],故裂地而封之,使之得比乎小国诸侯。臣不佞,自以为奉令承教,可以幸无罪矣,故受命而弗辞。

"臣闻贤明之君,功立而不废,故著于《春秋》;蚤知之士,名成而不毁,故称于后世。若先王之报怨雪耻,夷万乘之强国[23],收八百岁之蓄积[24],及至弃群臣之日[25],馀令诏后嗣之遗义,执政任事之臣所以能循法令、顺庶孽者[26],施及萌隶[27],皆可以教于后世。

"臣闻善作者不必善成,善始者不必善终。昔者,伍子胥说听乎阖闾[28],故吴王远迹至于郢[29]。夫差弗是也,赐之鸱夷而浮之江[30]。故吴王夫差不悟先论之可以立功,故沉子胥而不悔。子胥不蚤见主之不同量,故入江而不改。夫免身全功以明先王之迹者,臣之上计也!离毁辱之非[31],堕先王之名者,臣之所大恐也!临不测之罪,以幸为利者,义之所不敢出也!

"臣闻古之君子,交绝不出恶声;忠臣之去也,不洁其名。臣虽不佞,数奉教于君子矣。恐侍御者之亲左右之说,而不察疏远之行也。故敢以书报,唯君之留意焉!"

【注释】

〔1〕又见《史记·乐毅列传》《新序·杂事三》。齐将田单败骑劫、破

燕军而复齐故地,在赧王三十六年(前279)。林氏纪年、顾氏《编年》、于《表》均系此章于是年。

〔2〕五国:谓赵、秦、韩、魏、燕。

〔3〕三城:当为"二城",谓莒、即墨。

〔4〕骑劫:燕将。齐国听说燕惠王与乐毅不和,遂散布流言说乐毅想占领齐国称王。惠王即遣骑劫代乐毅为将,并召乐毅回国。

〔5〕田单:齐将。他守即墨,用计使燕尽劓齐降卒,又掘齐城外坟墓,以激怒齐守军;又扬言即墨将欲降,以松懈燕军士气。遂用火牛袭破燕军。

〔6〕有郄:郄,同"隙"。谓有隔阂。

〔7〕不佞:不才、无能。

〔8〕数(shǔ):责备。

〔9〕假节于魏王:借用魏王的符节。乐毅原为魏昭王使于燕,遂委质为燕臣,故云。

〔10〕亚卿:周制,卿分上、中、下。亚卿即中卿。

〔11〕馀教:遗教也。教,《新序》作"业"。谓齐继承桓公之余业。

〔12〕骤胜:数胜。骤,屡次。

〔13〕《新序》无"宋"字。下文"四国",谓楚、魏、赵、燕也。

〔14〕符节:使者所持之信物。

〔15〕河北之地:谓黄河以北,燕旧失于齐者。

〔16〕济上:济水之上。

〔17〕齐王:闵王。事见《齐策》。

〔18〕《索隐》云:"大吕,齐钟名;元英,燕宫殿名。"

〔19〕"故鼎"句:谓燕旧为齐所掠之鼎,今复归于历室之宫矣。历室,亦燕之宫名。

〔20〕齐器:燕所得齐国的祭器。宁台:《通典》云:"燕国都之碣石宫。"《地理通释》云:"在蓟县东二十里,今为大兴县,东有碣石馆,燕昭王师邹衍处也。"

〔21〕"蓟丘"句:此言燕蓟丘之所植,移植于齐汶水之上的竹田。蓟

丘,燕都,在今北京市。皇,鲍本及《史记》《新序》并作"篁",竹田也。

〔22〕顿命:败坏上级命令。顿,败坏,滞留。

〔23〕夷:灭。

〔24〕八百岁之蓄积:指由姜太公立国到乐毅破齐计八百年的珍宝重器。

〔25〕弃群臣之日:谓昭王死日。

〔26〕顺庶孽:谓不乱嫡庶之分。顺,《史记》作"慎";庶孽,妾生之子。

〔27〕萌隶:民众。萌,同"氓"。

〔28〕阖闾:春秋吴国君,吴王夫差之父。他听从伍子胥的劝告伐楚,在柏举之地将楚军打得大败。

〔29〕"故吴王"句:谓阖闾伐楚,兵至于郢都。

〔30〕"赐之"句:吴王夫差赐伍子胥剑使自裁,然后把尸体盛到马皮做的袋子里而投入江中。鸱夷,革囊。

〔31〕离:遭。

【译文】

　　昌国君乐毅为燕昭王率领五国的军队攻齐,攻克七十多座城,全都归属为燕的郡县。只有二座城未被攻下,而燕昭王死去。燕惠王即位,由于齐人用反间之计,怀疑乐毅,而用骑劫代替乐毅为将。乐毅投奔赵国,赵封于观津,号望诸君。齐国田单以兵诈骑劫,终于打败燕军,收复七十多座城池,光复齐国。燕王后悔,恐怕赵用乐毅,乘燕之弊来伐燕。

　　燕王遂使人谴责乐毅,兼致歉意,说:"先王把全国委托给将军,将军为燕攻破齐国,洗雪先王的仇恨,天下各国无不震动,寡人哪敢一日忘掉将军的功绩呢!值先王遗弃群臣而死,寡人刚刚即位,左右之臣遗误寡人。寡人使骑劫代替将军,是因为将军长久暴露在外,所以召回将军暂时休整计事。将军过听,因与寡人产生隔阂,遂弃燕而归赵。将军为个人打算当然可以,但是拿什么来报答先王对待将军的一番心意呢？"

望诸君于是使人献书，回答燕王说："臣不才，不能够受先王遗教，来顺从大王左右的用心，恐遭杀戮之罪，来损伤先王的明察，而又妨害足下的大义，因此遁逃投奔赵国。不肖之罪，自负于心，所以不敢有所诉说。如今大王遣使者责臣之罪，臣恐怕王左右之人，不察先王所以畜养幸爱臣的道理，而又不明臣所以服事先王的苦心，因此胆敢用书来作答。

"臣闻圣贤的君主，不用俸禄私幸自己的亲信，功多的就授予他；不用官爵赏赐一己的嬖爱，能胜任的就居其位。所以考察才能而授予官爵的，是成功的君主；选择品行而结交朋友的，是立名的君子。臣用所学来观察，先王对人才的举废有高出世俗之心，因此，臣自魏适燕，而见知于燕。先王错爱，提拔于宾客之中，而树立于群臣之上。不与父兄商议，即命臣官居亚卿。臣自认为承受教令，可以幸而无罪罢了，因此受命而没有推辞。

"先王命臣说：'我对于齐有深仇大恨，不顾国轻力弱，而打算以攻齐为事。'臣回答说：'齐继承霸国的遗教，而保持屡胜的纪录，熟于兵戈，习于攻战。王若想攻齐，就必须联络天下诸侯来谋取它。联络天下图齐，没有比结交赵更直截的了；而且又有被齐所占领的淮北、宋地，是楚、魏所同愿得到的（楚得淮北，魏得宋）。赵国如能应允结约，更加楚、魏尽力，四国攻打，齐国可以大破。'先王说：'好。'臣于是面受口令，备办符节，派臣南出使赵国。刚刚回燕返命，随即起兵攻齐。凭着上天的道理、先王的威灵，原先河北的土地，随即全部归先王所有，直至济上。济上的军队，奉令击齐，大胜齐军。燕轻卒锐旅，长驱直入，径至齐都临淄。闵王逃奔到莒，仅以身免。珠玉财宝，车服珍器，全部收归燕国。大吕钟陈列在元英之宫，燕故鼎（旧为齐所夺）归返于历室之殿，齐国宝器摆设在宁台之上，燕国蓟丘所植竹木移植于齐国汶上竹田。自从五霸以来，功绩没有赶得上先王的。先王以为称心惬志，认为臣不辱君命，因此裂土而封臣，使臣得比于小国诸侯。臣不才，自认为承受教令，可以幸而无罪过了，因此受命而没有推辞。

"臣闻贤明的君主，功立而不使废弃，故能垂于青史；先知的士人，名成而不使毁坏，故能称于后世。像先王的报怨雪耻，削平万乘的强齐，收缴齐国八百年的蓄积，及至弃群臣而驾崩之日，遗令诏告子孙以义理；执政任事的臣下，所以能够依循法令，使庶子顺而不争；恩泽施及民氓役徒……皆可以作为后世的教训。

"臣闻知善于开创的，不一定善于成功；善于始初的，不一定善于终了。从前伍子胥，吴王阖闾对他言听计从，因此吴王武功远达楚郢。夫差不以为然，赐给子胥马革之囊，把他的尸体浮于江中。吴王夫差不晓得子胥的话可以立功，因此把子胥丢到海里而不翻悔。子胥没有预见二主度量不同，所以入江而怨忿不已（相传子胥死后作涛神）。免祸而全功，来明扬先王的善迹，是臣的上策。招惹毁辱的是非，败坏先王的声名，是臣最害怕的。身临不测之罪，以侥幸作为一己之利，臣守义而不敢出此愚计。

"臣闻古时的君子，交绝而不出恶言；忠臣被黜离去，不表明自己的清白。臣虽不才，曾多次受教于君子。恐怕王的侍御之臣听信左右亲近之说，而不详察疏远者的行为。所以，胆敢用书信回报，但愿君王留意！"

## 或献书燕王[1]

或献书燕王："王而不能自恃[2]，不恶卑名以事强。

事强可以令国安长久,万世之善计[3];以事强而不可以为万世,则不如合弱。将奈何合弱而不能如一?此臣之所为山东苦也!

"比目之鱼,不相得则不能行,故古之人称之,以其合两而如一也。今山东合弱而不能如一,是山东之知不如鱼也。又譬如车士之引车也,三人不能行,索二人[4],五人而车因行矣。今山东三国弱而不能敌秦[5],索二国,因能胜秦矣。然而山东不知相索,智固不如车士矣。胡与越人,言语不相知,志意不相通,同舟而凌波至[6],其相救助如一也。今山东之相与也,如同舟而济,秦之兵至,不能相救助如一,智又不如胡、越之人矣。三物者,人之所能为也,山东之主遂不悟,此臣之所为山东苦也!愿大王之熟虑之也!

"山东相合,之主者不卑名[7],之国者可长存,之卒者出士以戍韩、梁之西边[8],此燕之上计也。不急为此,国必危矣,主必大忧。今韩、梁、赵三国以合矣,秦见三晋之坚也,必南伐楚。赵见秦之伐楚也,必北攻燕。物固有势异而患同者。秦久伐韩,故中山亡[9];今久伐楚,燕必亡。臣窃为王计,不如以兵南合三晋,约戍韩、梁之西边。山东不能坚为此,此必皆亡。"

燕果以兵南合三晋也。

【注释】

〔1〕顾氏《编年》以此策与《齐策一·秦伐魏》为一时事,当周赧王十六年(前299)。吴师道以为献书者为陈轸。

〔2〕自恃:谓自立。恃,倚靠、凭借。
〔3〕鲍本"计"下有"也"字。
〔4〕索二人:谓更求二人。索,寻求。
〔5〕山东三国:指韩、魏、赵。
〔6〕凌波:急波、大波。郭璞《江赋》:"抚凌波而凫跃。"
〔7〕之:其,此。指上文"山东"。下同。
〔8〕按,"士"应在"卒"字之前。
〔9〕《齐策五·苏秦说齐闵王》云:"齐、燕战而赵氏兼中山。"此章则谓:"秦久伐韩,故中山亡。"盖从不同角度言之。

【译文】

　　某人献书给燕王说:"称王而不能自己独立,不嫌卑贱的名声来服事强国。事强可以使国家长久平安,这当然是万世的妙计;服事强国而不能够长久,则不如联合弱国。合弱而又不能团结一致怎么办? 这是臣为崤山以东诸国苦恼的一件事。

　　"比目鱼,不相依就不能行走,所以古人称赞它,因为它能够合二体而如一体。如今崤山以东诸国合弱而不能如一体,是崤山以东诸国的智慧不如鱼啊! 又比如车夫的拉车,三个人拉不走,加上两个人,五个人车就拉走了。如今崤山以东三国(韩、赵、魏)弱而不能对抗秦国,再加上两国,就能胜秦了。然而崤山以东诸国不知相求,智慧当然就不如车夫了。胡人与越人,言语不相通,意志不相向,同舟而泛于江河,大波至,便互相救助犹如一体。如今崤山以东诸国相处,有如同舟而济,秦军来袭,不能相助如一,智慧反不如胡、越之人了。这三件事,都是人们所能办得到的,崤山以东各国君主竟不懂得,这就是臣替崤山以东各国所苦恼的呀! 愿大王深思熟虑!

　　"崤山以东诸国联合,它们的君主不损害名誉,它们的国家可以长期存在,它们的士卒来戍守韩、魏的西部边界,这是燕国的上策。不赶紧这样做,国家必然危殆,君主必遭大患。如今韩、魏、赵三国已经合作,秦见三晋牢不可破,肯定南去伐楚。赵见秦去伐楚,必定北来攻燕。事物本有形势不同而灾祸相同的。秦长期伐韩,韩不能救中山,故中山亡于赵;今秦长期伐楚,燕必亡于赵。臣私下为王计划,不如用军队南合三晋,约定戍守韩、魏的西界。崤山以东诸国不能坚决实行此策,必定全都灭亡。"

燕果然以军队南合三晋。

## 客 谓 燕 王 [1]

客谓燕王曰[2]:"齐南破楚,西屈秦,用韩、魏之兵,燕、赵之众,犹鞭策也。使齐北面伐燕,即虽五燕不能当。王何不阴出使,散游士,顿齐兵[3],弊其众,使世世无患?"燕王曰:"假寡人五年,寡人得其志矣。"苏子曰:"请假王十年。"燕王说,奉苏子车五十乘,南使于齐。

谓齐王曰:"齐国破楚,西屈秦,用韩、魏之兵,燕、赵之众,犹鞭策也。臣闻当世之举王,必诛暴正乱,举无道,攻不义。今宋王射天笞地[4],铸诸侯之象,使侍屏匽[5],展其臂,弹其鼻[6]。此天下之无道不义,而王不伐,王名终不成!且夫宋,中国膏腴之地,邻民之所处也。与其得百里于燕,不如得十里于宋。伐之,名则义,实则利,王何为弗为?"齐王曰:"善。"遂兴兵伐宋,三覆宋,宋遂举。

燕王闻之,绝交于齐,率天下之兵以伐齐,大战一,小战再,顿齐国,成其名。故曰:"因其强而强之,乃可折也;因其广而广之,乃可缺也。"

## 【注释】

〔1〕此章所叙经历由苏子入齐,到燕国打败齐国的数年时间。策中言齐"三覆宋,宋遂举"。据《史记·六国年表》,齐灭宋在赧王二十九年(286),则苏子说燕王当更在此前。或据帛书,谓苏秦说齐湣王伐宋,在周赧王二十一年(前294)。

〔2〕客:观下文知为苏子。今人考证为苏秦。

〔3〕顿:败坏。

〔4〕宋王:指宋王偃。射天:以革囊盛血悬而射之,谓之射天。参见《宋策·宋康王时》注。

〔5〕屏匽(píng yàn):路旁厕所。

〔6〕《燕策二·秦召燕王》载秦昭王曰:"宋王无道,为木人以写寡人,射其面。"

## 【译文】

客对燕王说:"齐国南向破楚,西屈服于秦,驱使韩、魏之兵与燕、赵之众,犹如鞭策驷马。假如齐来北面伐燕,就是有五燕也抵挡不住。大王为何不暗派使者,分遣游说之士,使齐兵困顿,民众疲弊,则可使燕国永世无患。"燕王说:"宽假寡人五年,寡人就能如愿了。"苏秦说:"请宽假十年。"燕王很高兴,供给苏秦车五十辆,南出使于齐。

苏秦对齐闵王说:"齐南面破楚,西屈服秦,驱遣韩、魏之兵与燕、赵之众,犹如鞭策驷马。臣闻当世有为之主,必除暴治乱,克服无道,讨伐不义。如今宋王偃射天笞地,铸诸侯铜像,使它们在路边厕所侍立,展开臂膀,用弹弓射它们的鼻子。这是天下无道不义之人,而大王不伐,王终究不会成名。况且宋,是中原膏腴之地,是与齐相邻民众所居之处。与其得燕的百里之地,不如得宋十里之地。攻伐它,有仁义的名声,有财利的实惠,大王为何不去做呢?"齐王说:"好。"于是兴兵伐宋,三败宋军,宋遂被攻破。

燕王闻知,与齐国绝交,率领各国诸侯之兵前来伐齐,经过一次大战,两次小战,挫败齐国,成就功名。因此说:"利用敌的强盛而使它贪图更强,就可以削弱它;利用敌的广大而使它贪图更广,就可以缺损它。"

# 赵且伐燕[1]

赵且伐燕,苏代为燕谓惠王曰:"今者臣来,过易水[2],蚌方出曝[3],而鹬啄其肉[4],蚌合而拑其喙。鹬曰:'今日不雨,明日不雨,即有死蚌。'蚌亦谓鹬曰:'今日不出,明日不出,即有死鹬。'两者不肯相舍,渔者得而并禽之。今赵且伐燕,燕、赵久相支,以弊大众,臣恐强秦之为渔父也!故愿王之熟计之也。"惠王曰:"善。"乃止。

【注释】
　〔1〕吴师道曰:"燕惠、武成皆与赵惠王相及,以《策》时不可考。"
　〔2〕易水:燕水名。源出今河北易县西北。
　〔3〕蚌(bàng):蛤类。
　〔4〕鹬(yù):水鸟名。

【译文】
　赵将要伐燕,苏代为燕对赵惠王说:"今天臣来,经过易水,蚌蛤正出来晒太阳,而鹬鸟前来啄食它的肉,蚌合拢甲壳箝住鹬的嘴。鹬说:"今天不下雨,明天不下雨,就有死蚌。"蚌也对鹬说:"今天不放你,明天不放你,就有死鹬。"它们俩谁也不肯放谁,渔人因而一并捉到。如今赵国将要攻燕,燕、赵长期相持,使民众疲弊,臣恐怕强秦就是渔父啊!因此,愿大王深思熟虑。"赵惠王说:"好。"遂停止伐燕。

# 齐、魏争燕[1]

齐、魏争燕。齐谓燕王曰:"吾得赵矣。"魏亦谓燕王曰:"吾得赵矣。"燕无以决之,而未有适予也[2]。苏子谓燕相曰[3]:"臣闻辞卑而币重者,失天下者也;辞倨而币薄者,得天下者也。今魏之辞倨而币薄。"燕因合于魏,得赵,齐遂北矣。

【注释】

〔1〕林氏《纪年》系此章于周赧王三十年(前285),乐毅伐齐之前。今从之。

〔2〕適(dí)予:归向。適,专主。

〔3〕苏子:苏秦。

【译文】

齐与魏争相拉拢燕。齐对燕王说:"我已得到赵的合作了。"魏也对燕王说:"我已得到赵的合作了。"燕疑而不决,无法选择归向。苏秦对燕相说:"臣闻知,辞气谦卑而财礼厚重的,说明它没有得到天下诸侯;辞气倨傲,财礼菲薄,说明它已得到天下诸侯。如今魏国辞傲而礼薄。"燕于是合于魏,又得赵,齐遂败北。

# 卷三十一　燕三

## 齐、韩、魏共攻燕[1]

齐、韩、魏共攻燕,燕使太子请救于楚,楚王使景阳将而救之[2]。暮舍,使左右司马各营壁地[3]。已稙表[4]。景阳怒,曰:"女所营者,水皆至,灭表。此焉可以舍!"乃令徙。明日,大雨,山水大出,所营者水皆灭表,军吏乃服。

于是遂不救燕,而攻魏雝丘[5],取之,以与宋[6]。三国惧,乃罢兵。魏军其西,齐军其东,楚军欲还,不可得也。景阳乃开西和门[7],昼以车骑,暮以烛见,通使于魏。齐师怪之,以为燕、楚与魏谋之,乃引兵而去。齐兵已去,魏失其与国,无与共击楚,乃夜遁。楚师乃还。

【注释】

〔1〕此章系年不可确考。

〔2〕景阳:楚将。《淮南子·氾论训》:"……景阳淫酒,被发而御于妇人,威服诸侯。此四人者,皆有所短,然而功名不灭者,其略得也。"

〔3〕左右司马:楚军中官员。壁:军垒。

〔4〕稙表:树立标杆。稙,鲍本作"植"。

〔5〕雝丘:即雍丘。在今河南杞县。

〔6〕以与宋:谓以争宋地。与,争、战。《老子》第六十八章:"善胜战者不与。"陶鸿庆《札记》:"与,即争。"《国语·越语下》:"彼来从我,固守勿与。"韦昭注:"勿与之战也。"按,此时宋已灭于齐,故争之以恫齐。

〔7〕西和门:军垒西门。《周礼》郑玄注:"军门曰和,今谓之垒门,立两旌以为之。"

# 【译文】

齐、韩、魏三国共同伐燕,燕派太子到楚求救,楚王使景阳为将,前去救燕。晚间止宿,命左右行军司马各自选择营地,完了,树立表志。景阳恼怒说:"你们所选择之地,水来都得淹没。这怎可以止宿!"遂命令迁徙。明日大雨,山水猛至,原所选择之地,水果然都淹没表志。军吏都很服气。

于是竟不去救燕,而去进攻魏的雍丘,并进而攻取宋。三国恐惧,遂罢伐燕之兵。魏军驻扎在楚军的西侧,齐军在它的东侧,楚军欲撤不能。景阳便开西和门,白日用车骑,夜晚用火炬,通使于魏。齐军感到蹊跷,以为燕、楚与魏在图谋自己,遂引兵而去。齐兵已撤,魏失去与国,没有人跟它共同击楚,乃夜间遁去。楚军遂得归还。

# 张丑为质于燕〔1〕

张丑为质于燕〔2〕,燕王欲杀之。走,且出境,境吏得丑。丑曰:"燕王所为将杀我者,人有言我有宝珠也,王欲得之。今我已亡之矣,而燕王不我信。今子且致我,我且言子之夺我珠而吞之,燕王必当杀子,刳子腹及子之肠矣[3]！夫欲得之君不可说以利，吾要且死，子肠亦且寸绝[4]！"境吏恐而赦之。

**【注释】**

〔1〕此章亦略见《韩非子·说林上》，然以为伍子胥之事。盖一事之传闻异辞。确年不可考。

〔2〕张丑：齐臣。鲍系于燕惠王时。吴师道曰："丑，见齐、韩、魏、中山等《策》，与楚威王、田婴、公仲、张仪相涉，恐非惠王之世。"

〔3〕刳（kū）：剖挖。

〔4〕绝：断。

**【译文】**

齐臣张丑在燕国做人质，燕王想把他杀掉。丑逃走将要出境，境吏将他擒获。张丑说："燕王所以将要杀死我，是因为有人说我有珠宝，燕王想要得到它。现在我已经把珠宝弄掉了，而燕王不相信。如今你要把我送回朝廷，我就说你夺走我的珠宝而把它吞掉，燕王必定杀了你，剖开你的肚腹和肠子。贪婪的君主是不能用利害说动的，我是要死的，你的肠子也将要寸断。"境吏恐惧遂把他放掉。

# 燕王喜使栗腹以百金为赵孝成王寿[1]

燕王喜使栗腹以百金为赵孝成王寿[2]，酒三日，反报曰："赵民其壮者皆死于长平[3]，其孤未壮，可伐也。"王乃召昌国君乐间而问曰[4]："何如？"对曰："赵，四达之国也，其民皆习于兵，不可与战。"王曰："吾以倍攻之,可乎?"曰:"不可。"曰:"以三,可乎?"曰:"不可。"王大怒。左右皆以为赵可伐,遽起六十万以攻赵:令栗腹以四十万攻鄗[5],使庆秦以二十万攻代[6]。赵使廉颇以八万遇栗腹于鄗[7],使乐乘以五万遇庆秦于代[8]。燕人大败,乐间入赵。

　　燕王以书且谢焉,曰:"寡人不佞,不能奉顺君意,故君捐国而去,则寡人之不肖明矣!敢端其愿[9],而君不肯听,故使使者陈愚意,君试论之。语曰:'仁不轻绝,智不轻怨。'君之于先王也,世之所明知也。寡人望有非则君掩盖之,不虞君之明罪之也[10];望有过则君教诲之,不虞君之明罪之也!且寡人之罪,国人莫不知,天下莫不闻。君微出明怨以弃寡人[11],寡人必有罪矣。虽然,恐君之未尽厚也!谚曰:'厚者不毁人以自益也,仁者不危人以要名。'以故掩人之邪者,厚人之行也;救人之过者,仁者之道也。世有掩寡人之邪,救寡人之过,非君心所望之?今君厚受位于先王以成尊,轻弃寡人以快心,则掩邪救过,难得于君矣!且世有薄于故厚施[12],行有失而故惠用。今使寡人任不肖之罪,而君有失厚之累,于为君择之也,无所取之。国之有封疆,犹家之有垣墙,所以合好掩恶也。室不能相和,出语邻家,未为通计也。怨恶未见而明弃之,未尽厚也。寡人虽不肖乎,未如殷纣之乱也;君虽不得意乎,未如商容、箕子之累也[13]。然则不内盖寡人而明怨于外,恐其适足以伤于高而薄于行也!非然也?苟可以明君之义,成君之高,虽任恶名,不难受也。本欲以为明寡人之薄,而君不得厚；扬寡人之辱，而君不得荣。此一举而两失也！义者不亏人以自益，况伤人以自损乎？愿君无以寡人不肖，累往事之美[14]。昔者，柳下惠吏于鲁[15]，三黜而不去[16]。或谓之曰：'可以去。'柳下惠曰：'苟与人之异[17]，恶往而不黜乎？犹且黜乎，宁于故国尔！'柳下惠不以三黜自累，故前业不忘；不以去为心，故远近无议。今寡人之罪，国人未知，而议寡人者遍天下。语曰：'论不修心[18]，议不累物，仁不轻绝，智不简功。'弃大功者辍也，轻绝厚利者怨也。辍而弃之，怨而累之，宜在远者，不望之乎君也！今以寡人无罪，君岂怨之乎？愿君捐怨，追惟先王，复以教寡人。意君曰[19]'余且慝心以成而过[20]，不顾先王以明而恶'，使寡人进不得修功，退不得改过。君之所揣也[21]，唯君图之！此寡人之愚意也。敬以书谒之。"

乐间、乐乘怨不用其计，二人卒留赵不报[22]。

【注释】

〔1〕《史记·六国年表》和燕、赵《世家》及《乐毅列传》载，赵破燕军，杀栗腹，在秦昭五十六年，当赧王三十七年（前278）。故诸家均系此年。此章燕王遗乐间书又见《新序·杂事三》，作惠王遗乐毅书。故吴师道以此章之书应续《燕策二·昌国君乐毅为燕昭王合五国之兵而攻齐》"燕王乃使人让乐毅，且谢之，曰云云"之下，为惠王遗乐毅书之后半部分。细按文意，吴说是也。

〔2〕燕王喜：燕孝王之子，公元前254—公元前222年在位。使栗腹为赵王寿，在其即位之四年。栗腹：燕臣。

〔3〕"赵民"句：指公元前260年长平之役，秦将白起坑杀赵降卒四

1011

十万人之事。长平,在今山西高平市西。

〔4〕乐间:燕将乐毅之子。乐毅逃归赵,乐间袭父封为昌国君。

〔5〕鄗(hào):赵邑。在今河北柏乡县北。

〔6〕庆秦:《史记》作"卿秦"。燕将。代:赵郡。治在今河北蔚县。

〔7〕廉颇:赵名将,详《赵策》。遇:迎。

〔8〕乐乘:赵将。乐毅同族。

〔9〕端:轻声说话。《荀子·劝学》杨倞注:"端,读作喘。喘,微言也。"或作"审"解,亦通。

〔10〕虞:料想。《尔雅·释言》:"虞,度也。"

〔11〕微出:暗中出奔。

〔12〕鲍本"于"作"而"。释句曰:"世虽薄我,我反厚施之。"

〔13〕商容、箕子:均殷纣王时贤臣,因直谏受到纣的迫害。

〔14〕累:伤害。

〔15〕柳下惠:春秋时鲁人,姓展名禽,谥惠。居柳下,故称。

〔16〕三黜而不去:谓多次被免官也不离开鲁国。黜,罢免。《论语·微子》:"柳下惠为士师,三黜。人曰:'子未可以去乎?'曰:'直道而事人,焉往而不三黜?枉道而事人,何必去父母之邦!'"

〔17〕异:指行为与常人不同。

〔18〕修心:掩饰真心。修,饰也。或谓"修"为"循"字之误。循心,谓随心所欲。亦通。

〔19〕意:王念孙谓读与"抑"同。

〔20〕愿:《新序》作"快"。金正炜曰:"当作'愿',形似而讹。"愿,即"惬",快意。

〔21〕揣:《新序》作"制"。是。

〔22〕报:回答。

【译文】

燕王喜使栗腹赍百金为赵孝王祝寿,留饮酒三日,栗腹回报说:"赵民年壮的都死在长平,他们的遗孤还没有成年,可以乘机攻伐。"王遂召昌国君乐间来,问道:"你看如何?"乐间回答说:

"赵,是四面交通畅达的国家,老百姓都熟悉兵战之事,不可与他们作战。"王说:"我用加倍的兵力攻打它,可以吗?"乐答:"不可以。"王说:"用三倍,可以吗?"乐答:"不可以。"燕王大怒。左右的人都以为赵可以伐,遂急起六十万大军来攻赵:命栗腹用四十万人攻鄗,命庆秦用二十万人攻代。赵命廉颇率八万人在鄗抵抗栗腹,命乐乘率五万人在代抵抗庆秦。燕人大败,乐间入赵。

燕王写信给乐间道歉说:"寡人不才,不能遵奉您的意见,所以您弃燕而去,寡人的不肖是很明显的了。寡人胆敢微言心愿而复用君,而您又不肯听从,所以派使者述明愚意,请您予以评论。俗话说:'仁者不轻易绝人,智者不轻易怨人。'您同先王的关系,是世所明知的。寡人希望有不是而您能加以掩盖,不料您却公开怪罪我;希望有过错您能加以教诲,不料您却公开抛弃我。况且寡人的罪过,国人没有不知,天下没有不闻。君微行而出以明有怨于寡人,寡人必定有罪了。即使这样,恐怕您的行为未必尽属宽厚。谚云:'厚道人不败毁他人以自重,仁义人不损害他人以邀名。'因此,掩盖他人缺点的,是厚道人的行为;裨救他人过错的,是仁义人的道理。世上有掩寡人之非,救寡人之过,除去您我还指望谁呢? 如今您接受先王高位而享有尊荣,轻易抛弃寡人以慊私意,那么掩邪救过的恩泽,就难于从您那里得到了。再说,世人虽薄待我,我反而厚报他;行为虽有失误,我反而爱用他。现在使寡人负不肖的罪过,而您也有失厚的缺陷,如为您选择的话,甚无可取。国家有疆界,就像家庭有墙垣,是用来合拢好处,遮掩坏处的。家室不相和睦,出去告诉邻居,并非良计。未见怨恶嫌隙而公开离弃,不算宽厚。寡人虽然不肖,还没有像殷纣的昏乱;您虽然不得意,也没有像商容、箕子的受害。然则您不在国内遮掩寡人的过错,而明著怨恨于国外,恐怕这适足以损伤您的崇高,而招来薄行的非议。不是这样吗? 如果可以明扬您的道义,成就您的崇高,虽蒙恶名,寡人也乐于接受。本想拿来明扬寡人的轻薄,而您也得不到厚道;明扬寡人的耻辱,而您也得不到荣耀。这是一举而两失。仗义的人不亏人以自厚,更何况伤人以自损呢?愿您不要因为寡人不肖,有害于对往事的美好回忆。从前,柳下惠在鲁国做吏,三次被罢免而不离去。有人对他说:'可以离去。'柳下惠:'如果行为与人不同,到哪里能不被罢黜呢?一样是被废黜,宁肯在故国呢。'柳下惠不因三黜成为自己负担,所以不忘旧职;不以去就萦心,所以远近无非议。如今寡人的罪过,国人尚未知之时,而议论寡人的就遍布天下了。俗语说:'论者不掩饰己心,议者不损害外物,仁者不轻易绝人,智者不简慢前功。'捐弃大功的,就会停顿不前;轻绝而贪利的,就会招来怨恨。袖手而弃置不顾,怨恨而不惜损害,应该是疏远的人所为,不愿意看到您也如此。现在权当寡人无罪,您难道怨恨寡人吗?愿您捐弃前嫌,追思先王旧恩,再来教导寡人!或者您的意思是:'我且暂快己心,来促成你的过错;不顾先王的恩德,来张扬你的罪恶。'使寡人进不得立功,退不能补过。这由您来决定,希望您考虑它。以上就是寡人的愚意。谨以书信奉上。"

乐间、乐乘怨恨燕王不用其计,二人终于留赵,未予回报。

## 秦并赵北向迎燕[1]

秦并赵[2],北向迎燕[3]。燕王闻之,使人贺秦王。使者过赵,赵王系之。使者曰:"秦、赵为一,而天下服矣。兹之所以受命于赵者[4],为秦也。今臣使秦而赵系之,是秦、赵有郄。秦、赵有郄,天下必不服,而燕不受命矣。且臣之使秦,无妨于赵之伐燕也。"赵王以为然而遣之。

使者见秦王,曰:"燕王窃闻秦并赵,燕王使使者贺千金。"秦王曰:"夫燕无道,吾使赵有之,子何贺?"使者曰:"臣闻全赵之时,南邻为秦,北下曲阳为燕[5],赵广三百里,而与秦相距五十馀年矣。所以不能反胜秦者,国小而地无所取。今王使赵北并燕,燕、赵同力,必不复受于秦矣[6]!臣切为王患之[7]。"秦王以为然,起兵而救燕。

【注释】

〔1〕此章,《史记·赵世家》载,悼襄王"九年,赵攻燕,取狸、阳城。兵未罢,秦攻邺,拔之。"《燕召公世家》、《秦始皇本纪》皆载秦攻邺之事,在燕王喜十九年,秦始皇十一年。诸家并系始皇十一年(前236)。

〔2〕并:联合。

〔3〕北向迎燕:赵北攻燕。

〔4〕"兹之"句:鲍彪曰:"言燕先时服赵者,以秦与赵合。"兹,鲍本作"燕"。

〔5〕下曲阳:赵邑,在今河北晋州市西。程恩泽引《十三州志》曰:"中山有上曲阳,故此加'下'。"张琦曰:"下曲阳城……地不入燕界。盖饰辞也。"

〔6〕"受"下鲍补"命"字。是。

〔7〕切:鲍本作"窃"。

【译文】

秦国与赵联合,赵北向伐燕。燕王闻知,使人去向秦王道贺。使者路过赵,赵王囚系了他。使者说:"秦、赵合一,天下就都服从了。燕此时之所以听命于赵，是因为赵与秦合。如今臣下出使于秦，而赵囚系臣，这说明秦与赵有仇隙。秦、赵有隙，天下必定不服，而燕也就不听命于赵了。再说臣使秦，并不妨碍赵国伐燕。"赵王以为有道理就释放了他。

使者面见秦王说："燕王私下闻知秦与赵合，燕王派使者用千金来称贺。"秦王说："燕国无道，我使赵国吞并它，你道贺什么？"使者说："臣听说，赵国全盛之时，南邻是秦，北界的下曲阳是燕，赵广袤三百里，与秦相持五十多年了。赵所以不能反过来胜秦，是因国小而地盘又不能扩展。如今大王使赵国北向吞燕，燕、赵协力，必定不再听命于秦了。臣私下替大王担忧。"秦王以为使者的话有道理，遂起兵来救燕。

# 燕太子丹质于秦亡归[1]

燕太子丹质于秦[2]，亡归。见秦且灭六国，兵以临易水[3]，恐其祸至，太子丹患之，谓其太傅鞫武曰[4]："燕、秦不两立，愿太傅幸而图之！"武对曰："秦地遍天下，威胁韩、魏、赵氏，则易水以北，未有所定也。奈何以见陵之怨，欲批其逆鳞哉[5]？"太子曰："然则何由？"太傅曰："请入，图之。"

居之有间，樊将军亡秦之燕[6]，太子容之。太傅鞫武谏曰："不可！夫秦王之暴而积怨于燕，足为寒心，又况闻樊将军之在乎？是以委肉当饿虎之蹊[7]，祸必不振矣[8]！虽有管、晏[9]，不能为谋。愿太子急遣樊将军入匈奴以灭口[10]。请西约三晋,南连齐、楚,北讲于单于[11],然后乃可图也。"太子丹曰:"太傅之计,旷日弥久,心惛然恐不能须臾[12]。且非独于此也,夫樊将军困穷于天下,归身于丹,丹终不迫于强秦,而弃所哀怜之交置之匈奴,是丹命固卒之时也。愿太傅更虑之。"鞠武曰:"燕有田光先生者,其智深,其勇沉,可与之谋也。"太子曰:"愿因太傅交于田先生,可乎?"鞠武曰:"敬诺。"出见田光,道太子曰:"愿图国事于先生。"田光曰:"敬奉教。"乃造焉。

太子跪而逢迎,却行为道[13],跪而拂席。田先生坐定,左右无人,太子避席而请曰:"燕、秦不两立,愿先生留意也!"田光曰:"臣闻骐骥盛壮之时,一日而驰千里,至其衰也,驽马先之。今太子闻光壮盛之时,不知吾精已消亡矣。虽然,光不敢以乏国事也[14]。所善荆轲[15],可使也!"太子曰:"愿因先生得交于荆轲,可乎?"田光曰:"敬诺。"即起,趋出。太子送之至门,曰:"丹所报,先生所言者,国大事也,愿先生勿泄也!"田光俯而笑,曰:"诺。"

偻行见荆轲,曰:"光与子相善,燕国莫不知。今太子闻光壮盛之时,不知吾形已不逮也,幸而教之曰:'燕、秦不两立,愿先生留意也。'光窃不自外,言足下于太子,愿足下过太子于宫。"荆轲曰:"谨奉教。"田光曰:"光闻长者之行,不使人疑之。今太子约光曰:'所言者国之大事也,愿先生勿泄也。'是太子疑光也!夫为行使人疑之,非节侠士也[16]。"欲自杀以激荆轲,曰:"愿足下急过太子,言光已死,明不言也。"遂自刭而死。

轲见太子,言田光已死,明不言也。太子再拜而跪,膝下行流涕[17],有顷而后言曰:"丹所请田先生无言者,欲以成大事之谋。今田先生以死明不泄言,岂丹之心哉!"荆轲坐定,太子避席顿首曰:"田先生不知丹不肖,使得至前,愿有所道,此天所以哀燕不弃其孤也!今秦有贪饕之心[18],而欲不可足也,非尽天下之地、臣海内之王者,其意不餍!今秦已虏韩王,尽纳其地,又举兵南伐楚,北临赵。王翦将数十万之众临漳、邺[19],而李信出太原、云中[20]。赵不能支秦,必入臣,入臣则祸至燕。燕小弱,数困于兵,今计举国不足以当秦。诸侯服秦,莫敢合从。丹之私计,愚以为诚得天下之勇士,使于秦,窥以重利[21],秦王贪其贽[22],必得所愿矣。诚得劫秦王,使悉反诸侯之侵地,若曹沫之与齐桓公[23],则大善矣!则不可,因而刺杀之。彼大将擅兵于外,而内有大乱,则君臣相疑。以其间诸侯,诸侯得合从,其偿破秦必矣[24]!此丹之上愿,而不知所以委命[25]。唯荆卿留意焉。"久之,荆轲曰:"此国之大事,臣驽下,恐不足任使。"太子前顿首,固请无让,然后许诺。于是尊荆轲为上卿,舍上舍,太子日日造问,供太牢异物[26],间进车骑美女,恣荆轲所欲,以顺适其意。

久之,荆卿未有行意。秦将王翦破赵,虏赵王,尽收其地,进兵北略地[27],至燕南界。太子丹恐惧,乃请荆卿曰:"秦兵旦暮渡易水,则虽欲长侍足下,岂可得哉?"荆卿曰:"微太子言,臣愿得谒之。今行而无信,则秦未可亲也。夫今樊将军[28],秦王购之金千斤,邑万家。诚能得樊将军首,与燕督亢之地图[29],献秦王,秦王必说见臣,臣乃得有以报太子。"太子曰:"樊将军以穷困来归丹,丹不忍以己之私而伤长者之意,愿足下更虑之。"

　　荆轲知太子不忍,乃遂私见樊於期,曰:"秦之遇将军可谓深矣[30],父母宗族皆为戮没!今闻购将军之首金千斤、邑万家,将奈何?"樊将军仰天太息流涕,曰:"吾每念,常痛于骨髓,顾计不知所出耳!"轲曰:"今有一言,可以解燕国之患,而报将军之仇者,何如?"樊於期乃前曰:"为之奈何?"荆轲曰:"愿得将军之首以献秦,秦王必喜而善见臣。臣左手把其袖,而右手揕抗其胸[31],然则将军之仇报,而燕国见陵之耻除矣!将军岂有意乎?"樊於期偏袒扼腕而进曰[32]:"此臣日夜切齿拊心也[33],乃今得闻教!"遂自刎。太子闻之,驰往,伏尸而哭,极哀。既已,无可奈何,乃遂收盛樊於期之首,函封之。

　　于是太子预求天下之利匕首,得赵人徐夫人之匕首[34],取之百金,使工以药淬之[35]。以试人,血濡缕[36],人无不立死者。乃为装遣荆轲。燕国有勇士秦武阳,年十二[37],杀人,人不敢与忤视[38]。乃令秦武阳为副。荆轲有所待,欲与俱,其人居远未来,而为留待。顷之,未发。太子迟之,疑其有改悔,乃复请之,曰:"日以尽矣[39],荆卿岂无意哉?丹请先遣秦武阳。"荆轲怒,叱太子曰:"今日往而不反者,竖子也[40]!今提一匕首，入不测之强秦，仆所以留者，待吾客与俱。今太子迟之，请辞决矣！"遂发。

太子及宾客知其事者，皆白衣冠以送之。至易水上，既祖[41]，取道。高渐离击筑[42]，荆轲和而歌，为变徵之声[43]，士皆垂泪涕泣。又前而为歌曰："风萧萧兮易水寒，壮士一去兮不复还！"复为慷慨羽声[44]，士皆瞋目，发尽上指冠。于是荆轲遂就车而去，终已不顾。

既至秦，持千金之资币物，厚遗秦王宠臣中庶子蒙嘉[45]，嘉为先言于秦王，曰："燕王诚振畏慕大王之威[46]，不敢兴兵以拒大王，愿举国为内臣，比诸侯之列，给贡职如郡县，而得奉守先王之宗庙。恐惧不敢自陈，谨斩樊於期头，及献燕之督亢之地图，函封，燕王拜送于庭，使使以闻大王。唯大王命之。"

秦王闻之，大喜。乃朝服，设九宾[47]，见燕使者咸阳宫[48]。荆轲奉樊於期头函，而秦武阳奉地图匣，以次进至陛下。秦武阳色变振恐，群臣怪之。荆轲顾笑武阳，前为谢曰："北蛮夷之鄙人，未尝见天子，故振慑。愿大王少假借之，使毕使于前。"秦王谓轲曰："起，取武阳所持图！"轲既取图奉之，发图，图穷而匕首见。因左手把秦王之袖，而右手持匕首揕抗之。未至身，秦王惊，自引而起，绝袖。拔剑，剑长掺其室[49]。时怨急[50]，剑坚，故不可立拔。荆轲逐秦王，秦王还柱而走，群臣惊愕，卒起不意，尽失其度。而秦法，群臣侍殿上者，不得持尺兵。诸郎中执兵，皆陈殿下，非有诏，不得上。方急时，不及召下兵，以故荆轲逐秦王，而卒惶急无以击轲，而乃以手共搏之。

是时,侍医夏无且以其所奉药囊提轲[51]。秦王之方还柱走,卒惶急不知所为。左右乃曰:"王负剑!王负剑!"遂拔以击荆轲,断其左股。荆轲废,乃引其匕首提秦王,不中,中柱。秦王复击轲,被八创。轲自知事不就,倚柱而笑,箕踞以骂曰:"事所以不成者,乃欲以生劫之,必得约契以报太子也。"左右既前斩荆轲,秦王目眩良久。而论功赏群臣及当坐者[52],各有差。而赐夏无且黄金二百镒,曰:"无且爱我,乃以药囊提轲也!"

于是秦大怒燕,益发兵诣赵,诏王翦军以伐燕。十月而拔燕蓟城[53]。燕王喜、太子丹等皆率其精兵东保于辽东。秦将李信追击燕王,王急,用代王嘉计[54],杀太子丹,欲献之秦。秦复进兵攻之,五岁而卒灭燕国[55],而虏燕王喜。秦兼天下。

其后,荆轲客高渐离,以击筑见秦皇帝,而以筑击秦皇帝,为燕报仇,不中而死。

【注释】

〔1〕本章又见《史记·刺客列传》。据《史记》,燕太子丹质秦逃归,在秦王政十五年(前232);使荆轲刺秦王,在二十年(前227)。而秦虏燕王喜,灭燕,在二十六年(221)。本章虽历时较长,然主要是叙述荆轲刺秦王之事,故以系于二十年为宜。方苞《望溪集·书刺客列传后》以为此《策》乃是采司马迁之作而去其首尾。

〔2〕太子丹:燕王喜之子。

〔3〕以:鲍作"已"。按,二字通。

〔4〕鞫:鲍本及《史记》均作"鞠"。

〔5〕逆鳞:据说龙颔下生有逆鳞径尺,触之则怒不可遏,必杀人。

1021

〔6〕樊将军:秦将,名於期(wū jī),因得罪秦王而逃至燕。

〔7〕委:弃。蹊:山径。

〔8〕振:救。

〔9〕管、晏:管仲与晏婴。春秋时齐国二位名相。

〔10〕匈奴:古族名。战国时建国于燕、赵之北,以游牧为生。

〔11〕单于:匈奴对国王的称呼。

〔12〕惛(hūn):思想不清。

〔13〕却行为道:退着走作引导。道,同"导"。

〔14〕吴曾祺曰:"无人可谋国事谓之乏。《左传》'摄官承乏',即其义。"按,"乏",《史记》作"图"。

〔15〕荆轲:本齐人,姓庆,迁卫,称庆卿。后至燕,燕人谓之荆卿。

〔16〕节侠士:守节义的侠士。

〔17〕膝下行:王念孙谓"下"字衍。

〔18〕饕(tāo):贪。鲍本及《史记》均作"利"。

〔19〕王翦:秦将军,频阳东乡人。曾先后攻破赵、燕、楚等国,以功封武成侯。漳、邺:均魏地。邺北近赵都邯郸,漳水流经赵、魏边界。

〔20〕李信:秦将军,陇西成纪人。太原、云中:均赵郡。详前注。

〔21〕窥:视。与"示"同义。

〔22〕贽:古时初次谒见尊者所持的礼物。

〔23〕曹沫:鲁将,或云即曹刿,与齐三战皆败北,失地。齐桓公与鲁庄公会于柯,沫执匕首劫桓公于坛上,遂尽返鲁之失地。

〔24〕鲍本无"破"字,《史记》无"偿"字。作"偿破"者,衍一字。

〔25〕不知所以委命:谓不知将使命委托于何人也。

〔26〕太牢:指猪、牛、羊三牲。

〔27〕略:经略。

〔28〕今:鲍本无。

〔29〕督亢:燕膏腴之地区。在今河北涿州市东。

〔30〕深:犹言厉害、狠毒。

〔31〕揕(zhèn)抗:揕,刺;抗,王念孙谓当是"扰"字之讹。扰,亦"刺"

义。《史记》及鲍本均只作一"揕"字。下同。

〔32〕偏袒扼腕:表示激愤或振奋的样子。偏袒,露一臂;扼腕,一手握另手之腕。

〔33〕拊(fǔ):捶击。

〔34〕徐夫人:赵国男子名。

〔35〕淬(cuì):淬火。此谓烧剑入药水中以浸之。

〔36〕血濡缕:血流如丝缕。濡,沾湿。

〔37〕十二:鲍本及《史记》均作"十三"。

〔38〕忤视:谓迎面而视。忤,逆也。

〔39〕以:同"已"。鲍本、《史记》均作"已"。

〔40〕竖子:小子,鄙贱之称。旧解谓指太子,金正炜谓荆轲自责,均未切。按,此"竖"子似指秦武阳方妥。盖荆轲本不愿偕武阳,惧其败事,故言"待吾客以俱"。今太子急欲先遣秦武阳,荆轲因斥言如此。

〔41〕祖:古时出行祭祀路神。

〔42〕高渐离:荆轲友人,以屠狗为业,善击筑。筑,似琴,以竹击之。

〔43〕变徵(zhǐ)之声:古音乐中一种凄厉悲凉的声调。变徵,古七种音调之一。

〔44〕羽声:古七种音调之一。其调高亢愤激。

〔45〕中庶子:国君、太子侍从之官。蒙嘉:秦臣。《后语》谓蒙恬之弟。

〔46〕振畏慕:鲍本、《史记》作"振怖"。振,同"震"。

〔47〕设九宾:用九位傧相接待。是古时朝廷接待外宾的重礼。

〔48〕咸阳宫:秦宫殿名。孝公时所建。

〔49〕掺(chān)其室:揽持剑鞘。掺,同"操";室,指剑鞘。

〔50〕怨:鲍本、《史记》作"惶"。是。

〔51〕提:投掷。

〔52〕坐:谓坐罪。

〔53〕蓟城:燕都,在今北京市区。秦始皇二十一年(前226),王翦破燕军,取蓟城。

〔54〕代王嘉：秦始皇十九年（前228）灭赵，赵公子嘉率宗族数百人逃至代，自立为代王，东与燕合兵。

〔55〕灭燕国：始皇二十五年（前222），秦将王贲攻燕辽东，虏燕王喜，遂灭燕。

## 【译文】

燕国太子丹在秦做人质，逃归燕。眼见秦就要吞灭六国，大兵已临易水，恐怕灾祸将至，太子丹很忧愁，对他的师傅鞫武说："燕与秦势不两立，望太傅能够图谋良策。"鞫武回答说："秦国地盘遍布天下，威胁着韩、魏、赵三国，然而易水以北，局势还不一定。为何因在秦受凌辱的怨恨，就想去招惹它发怒呢？"太子说："那么，怎样才好呢？"太傅说："请太子入息，容我好好地想一想。"

过了一段时间，樊将军从秦逃到燕，太子收留他。太傅鞫武劝谏说："不可以。秦王的残暴，对燕有积怨，就足以使人寒心，又何况听说樊将军在此呢？这叫作丢肉在饿虎经过的道路上，灾祸必定是不可挽救了！即使有管仲、晏婴，也不能想出好办法。愿太子赶紧让樊将军往匈奴，来消除秦国的借口。请西边约结三晋，南面联合齐、楚，北面联络匈奴王单于，然后才可以举事。"太子丹说："太傅的主意，旷日持久，我的心乱了，恐怕一刻也等不得。而且不仅如此，樊将军逃秦，各国不容，托身于丹，丹不能迫于强秦而把可怜的朋友弃置在匈奴，现今本来就是丹的性命快要完结的时候。愿太傅重新想一想。"鞫武说："燕有一位田光先生，他的智谋深邃，勇敢沉着，可以跟他商议。"太子说："愿意通过太傅来结交田先生，可以吗？"鞫武说："可以。"太傅出见田光，称说太子："有国事愿与先生相商。"田光说："谨奉教命。"遂来到太子的住所。

太子跪着迎接，倒着行走做前导，跪着抹拭坐席。田先生坐定,左右无人,太子跪起身请教说:"燕、秦势不两立,愿先生能够留心。"田光说:"臣闻骏马盛壮之时,一日而行千里,到它衰老,劣马超过它。太子听说光壮盛的年头,不知现在我的精力已经消失了。虽然,光不敢怠慢国事。有一位要好的朋友荆轲,可以使他来办。"太子说:"愿托赖先生来结交荆轲,可以吗?"田光说:"可以。"立即起身,快步而出。太子送他到门前,嘱咐说:"丹对先生所说的那些话,是国家大事,请先生不要泄漏。"田光低头笑说:"好的。"

田光弯腰行见荆轲,说:"光与你相交好,燕国无人不知。现在太子听说光壮盛的年头,不知道我的身体已经跟不上了,有幸教导光说:'燕、秦势不两立,愿先生能够留意。'光私下不自外,向太子推荐足下,愿足下到宫中去见一见太子。"荆轲说:"谨遵教命。"田光说:"长者的言行,不让人怀疑。如今太子叮嘱光说:'所说的是国家大事,愿先生不要泄漏。'这是太子怀疑光。立身行事使人怀疑,不是节烈的侠士。"想用自杀来激励荆轲,说:"愿足下赶紧到太子那里,就说光已死,以表明保守机密。"遂自刎而死。

荆轲去见太子,说田光已死,用来表明守密不言。太子再拜而跪,膝行流涕,过了半晌然后说:"丹所以请田先生不要说出去,是想成就大事的谋画。如今田先生用死来表明言语不泄,哪里是丹的本心呢?"荆轲坐定,太子跪起叩头至地,说:"田先生不知道丹的不肖,使您前来,愿有所教,这是上天哀怜燕而不遗弃它的孤子。秦国有贪利之心,而欲望不能满足,除非尽得天下的土地,臣伏海内的君王,它的心就不会满足。如今秦已俘虏韩王,尽收它的土地,又举兵南伐楚,北临赵。王翦率领几十万大军,兵临赵南部边境的漳水、邺城,而李信率军深入赵西部的太原、云中。赵不能抵秦,必入秦称臣。赵入臣,那么燕就大祸临头了。燕国小而弱,屡屡困于兵灾,估计全国奋起也不能够抵御秦军。诸侯都臣服于秦,没有敢从事合纵抗秦的。丹私自核计,愚见以为真能得到天下的勇士,出使于秦,诱以重利,秦王贪图礼物,就定能遂我所愿了。果能劫持秦王,使他全部归还诸侯的失地,就像曹沫对于齐桓公那样,就太好了;即或不成,因而刺杀秦王。它的大将领兵在外,而国内大乱,则上下互相猜疑。由此给诸侯以喘息时机,诸侯得以重新合纵,就必定能够抵抗秦国了。这是丹最大的愿望,而不知道把这个使命委托给谁,请荆卿留意此事。"过了好久,荆轲说:"这是国家的大事,臣为人粗鄙,恐怕难当重任。"太子向前叩头,坚请不要推让,荆轲然后才答应。于是尊荆轲为国家的上卿,住最好的房舍,太子每日都前来问安,供奉三牲肉食,珍玩异物,有时进献车马美女,听任荆轲所欲,来顺适他的心意。

过了许久,荆卿没有赴秦的意思。秦将王翦攻破赵国,俘虏赵王,尽收赵国土地,进兵向北掠夺地盘,到达燕的南界。太子丹恐慌,遂恳请荆卿说:"秦兵早晚渡过易水,那么虽想要长久服侍足下,怎么能够呢?"荆卿说:"太子就是不说,臣也想去见您。现在启程没有信物,那就恐怕不能接近秦王。樊将军是秦王用千斤黄金和万家城邑的悬赏来追捕的人。如果能得到樊将军的头颅,与燕国督亢膏腴之地的地图,献给秦王,秦王必定高兴见臣,臣才能有所报答太子。"太子说:"樊将军因走投无路来投奔丹,丹不忍拿自家的私事,来伤害长者的心意,还请足下另作打算。"

荆轲知道太子于心不忍,乃去私见樊於期说:"秦国对待将军,可以说是忒狠毒了,父母宗族都被杀绝。现在听说购求将军的头颅,出千斤金、万室城邑的封赏,您准备怎么办呢?"樊将军仰天叹气,流泪说:"我每次想起,都痛彻肺腑,只是不知如何是好罢了。"轲说:"有一句话,可以解除燕国的灾难,并雪报将军的仇恨,你看怎样?"樊於期凑前说:"怎么办呢?"荆轲说:"愿得到将军的头颅来献给秦,秦王必定高兴而好好接待臣。臣左手揪住他的衣袖,右手刺他的前胸,这样,将军的仇可报,而燕国被欺凌的耻辱也就洗雪了。将军难道有意吗?"樊於期袒臂握腕激忿向前道:"这是臣所日夜切齿痛恨的,今天才听到您的开导。"遂自刎而死。太子听说,驰车而往,伏尸痛哭,极其悲哀。事既过去,也就无可奈何,于是遂收樊於期的头颅,用匣子装上封起来。

随后,太子寻求天下最锋利的匕首,求得赵国徐夫人的匕首,用百金购取,使工匠用毒药淬火。拿来试人,流血虽仅如丝缕,没有不立即死亡的。于是准备行装,遣送荆轲。燕国有一勇士名秦武阳,年十三,杀人,人不敢逆视。遂令秦武阳为副手。荆轲等候一个人,想跟他共同赴秦,那人住在远地,未到,为此留待。许久未能启程。太子嫌迟,怀疑荆轲有所翻悔,遂又敦促说:"时间已经刻不容缓了,荆卿难道不想启程了吗?丹请让秦武阳先行。"荆轲恼怒,喝斥太子说:"今日有去无回的,就坏在小子秦武阳身上!现今提一只小小匕首,入不测的强秦,仆所以留待不发,是等候与我的客人一同起程。如今太子嫌迟,请辞别,决不停留了。"遂即出发。

太子和宾客知道这件事的,都穿戴白色衣冠来送他。到易水之上,祖饯已毕,取道而行。高渐离打击乐器筑,荆轲和乐而歌,作变徵调凄厉的声音,士人都流泪哭泣。荆轲又向前作歌道:"风萧萧啊易水寒,壮士一去啊不复还!"后又作悲壮的羽声,士皆怒目,头发尽都冲着帽子竖立起来。于是荆轲登车而去,始终没有回顾。

既已到达秦庭,拿价值千金的币帛物品,厚赂秦王的宠臣中庶子蒙嘉。蒙嘉为荆轲一行先对秦王说："燕王真心畏怖大王的威风,不敢兴兵来对抗大王,愿举国做为臣下,比于诸侯的行列,献纳贡品,职责如同郡县,但愿得以奉守先王的宗庙。恐惧的心情不敢自陈,谨斩樊於期的头颅,以及燕国督亢地图,用匣封妥,燕王亲自恭拜送出庭院,遣使来报大王。请大王裁处。"

秦王听说,大喜。于是穿上朝服,用九位傧相的礼仪,在咸阳宫接见燕的使者。荆轲捧着装樊於期头颅的匣子,而秦武阳捧着盛地图的盒子,依次走到陛阶的下面。秦武阳恐惧变色,浑身战栗,群臣觉得奇怪。荆轲回头看武阳而笑,向前谢罪说:"北方蛮夷野人,没有见过天子,所以吓得发抖,愿大王少加宽容,使他在您的面前完成使命。"秦王对荆轲说:"站起来,拿武阳所持地图上来。"荆轲把图呈上,打开地图,地图的后面露出匕首。于是荆轲左手揪住秦王衣袖,而用右手持匕首来刺他。未及至身,秦王大惊,自己牵挽而起,衣袖被扯断。去拔剑,剑身过长,夹着剑鞘。当时极度慌张,剑在鞘甚牢,所以不能立即拔出来。荆轲追赶秦王,秦王绕柱盘旋。群臣惊慌,事发仓促,出乎意料,尽皆失态。秦法令规定,群臣在殿上侍从的,不许携带尺寸武器。众持兵器的郎中,都陈列在殿下,除非召唤,不能上殿。正在紧急关头,顾不得召唤下兵,因此荆轲追赶秦王,秦王仓卒惶急,没有东西拿来回击荆轲,只得用手来自卫搏击。这时,侍医夏无且用他所持药囊来投掷荆轲。秦王正绕柱而行,慌张急迫,不知如何是好。左右便说:"王把剑放背后!王把剑放背后!"遂拔出来回击荆轲,把他的左腿股砍断。荆轲残废,便用匕首投掷秦王,没有击中,击在柱上。秦王又斫刺荆轲,轲被伤八处。荆轲自知事情不成,倚柱大笑,箕踞咒骂道:"事情所以不成,只是想活着劫持你,得到归还土地的凭证来回报燕太子。"左右遂上前把荆轲杀死,秦王目眩好久才安定下来。过后,论功赏赐群臣和处罚该处罚的人,各有轻重区别。赐给夏无且黄金四千两,说:"无且爱护我,竟用药囊投掷荆轲。"

于是秦对燕十分怒恨,增发兵至赵,命令王翦的军队去伐燕。十个月攻克燕的蓟城。燕王喜、太子丹等人率领全部精兵自保于辽东。秦将李信追击燕王,燕王紧急,用代王赵嘉的计谋,杀死太子丹,想要献给秦国。秦仍进兵攻伐燕王。经过五年,终于消灭燕国,而俘获燕王喜。秦国统一了天下。

此后,荆轲的友人高渐离,因善于击筑得见秦始皇帝,遂用筑袭击秦皇帝,来为燕国报仇,但没有击中,被杀身死。

# 卷三十二　宋卫

**【题解】**

宋，子姓，殷商之后。周武王灭殷，封商纣王庶兄微子启于宋，都睢阳（在今河南商丘西南）。春秋时，宋襄公成为五霸之一。宋虽不属大国，但靠其实力一直支撑下来。宋景公时进入战国，历昭公、悼公、休公、辟公（《索隐》《汲冢纪年》作"桓公辟兵"）、剔成，至宋君偃（前328—前282年在位）逐兄自立。君偃初立，曾打败过齐、楚、魏等大国，即位十一年（前318）自称宋王，即《策》中的宋康王。

宋在战国时属中等国家（《墨子》《战国策》均称"宋地方五百里"），地处今山东、河南、安徽三省交界，在齐、魏、楚三个大国包围之中。在那各国急剧吞并的时代，宋立足维艰，再加上君偃晚年倒行逆施，多为荒唐、残忍之事，终于被齐所灭（或谓被齐、楚、魏所灭，三分其地）。《宋康王时有雀生鹯》生动地记载了其灭亡的内因。

卫，原为殷商后裔武庚封地。周公在镇压了武庚的叛乱以后，移封武王少弟康叔于故殷墟之地，都朝歌（今河南淇县），是为卫。传十六世，到春秋末年，卫懿公荒淫，为狄所灭。戴公乃渡过黄河，庐于漕，文公又徙都楚丘（并在今河南滑县），勤政任贤，曾一度获得中兴。至成公乃定都帝丘（战国时谓之濮阳，即今河南濮阳）。进入战国，历悼公、敬公、昭公、怀公、慎公、声公，至成侯乃贬号为"侯"；又历平侯，至嗣君，更贬号为"君"。

此时卫独有濮阳。更历怀君、元君、君角。元君十四年,秦并濮阳,置东郡,遂徙卫于野王县。君角二十一年,被秦二世废为庶人,卫卒以亡。

《宋、卫策》姚本合为一卷,凡十四章。鲍本宋、卫、中山合一卷:宋六章、卫九章。今参校二本,定为十五章(《宋》八章、《卫》七章)。

# 齐攻宋，宋使臧子索救于荆[1]

齐攻宋，宋使臧子索救于荆[2]。荆王大说，许救甚劝[3]。臧子忧而反。其御曰："索救而得，有忧色，何也？"臧子曰："宋小而齐大。夫救于小宋而恶于大齐，此王之所忧也[4]。而荆王说甚，必以坚我。我坚而齐弊，荆之利也。"臧子乃归。齐王果攻[5]，拔宋五城，而荆王不至。

【注释】

〔1〕又见《韩非子·说林上》。此章系年最歧。鲍彪谓在宋公剔成之时，吴师道则谓宋君偃时。偃在位四十三年（前328—前286），则又有初、中、晚之别。林春溥《纪年》主偃十一年称王时之说，缪氏《考辨》从之。然据《史记》，偃初称王曾屡败齐、楚、魏，其势正盛，与《策》文所言未合。而晚年因多行不道，其势顿衰，故招致齐湣王多次攻伐。《燕策二》云："齐兴师伐宋，三覆宋，宋遂举。"是其证。于《表》赧王二十七年云："齐伐宋。"姑系于此年（前288）。

〔2〕臧子：宋臣。《韩非子》作"臧孙子"。

〔3〕劝：力。《韩非子》作"欢"。

〔4〕王念孙云："王，当作'人'。今作'王'者，《战国策》人字或作'王'，因讹而为'王'。《韩非子·说林上》作'人'，是其证。"

〔5〕黄丕烈曰："'果'下，鲍本无'攻'字。"

【译文】

齐攻打宋，宋使臧子向楚国求救。楚王大喜，满口答应救援。臧子忧愁而归。他的驾车人问："求救而得到允许，为何有忧色呢？"臧子说："宋国小而齐国大。援救小国宋而得罪大国齐，这是常人所担忧的。而楚王却表现得十分高兴，必然是坚定我抗齐的决心。我坚决抵抗，而使齐军疲困，对楚人是有利的。"臧子归国之后，齐王果然攻克宋五座城池，而楚国救兵终于未至。

## 公输般为楚设机[1]

公输般为楚设机[2]，将以攻宋。墨子闻之[3]，百舍重茧[4]，往见公输般，谓之曰："吾自宋闻子。吾欲借子杀王[5]！"公输般曰："吾义固不杀王！"墨子曰："闻公为云梯，将以攻齐。宋何罪之有？义不杀王而攻国，是不杀少而杀众！敢问攻宋何义也？"公输般服焉，请见之王。

墨子见楚王，曰："今有人于此，舍其文轩，邻有弊舆而欲窃之；舍其锦绣，邻有短褐而欲窃之；舍其粱肉，邻有糟糠而欲窃之。此为何若人也？"王曰："必为有窃疾矣。"墨子曰："荆之地方五千里，宋方五百里，此犹文轩之与弊舆也。荆有云梦[6]，犀兕麋鹿盈之[7]，江、汉鱼鳖鼋鼍为天下饶；宋所谓无雉兔鲋鱼者也[8]，此犹粱肉之与糟糠也。荆有长松、文梓、楩、柟、豫樟[9]，宋无长木，此犹锦绣之与短褐也。恶以王吏之攻宋[10]，为与此同类也！"

王曰："善哉！请无攻宋。"

【注释】

〔1〕又见《墨子·公输》《吕氏春秋·爱类》。孙诒让《墨子闲诂》云:"以墨翟、公输般二子年代参合校之,墨子止攻宋,约当在宋昭公、楚惠王时。"今人或谓在楚惠王四十五年,当周贞定王二十五年(前444)。姑录以备考。

〔2〕公输般:战国初鲁国巧匠。名般(或作"班"、"盘"),号公输,俗称鲁班。王念孙曰:"'机'下当有'械'字。"

〔3〕墨子:墨翟,宋人。墨家学派的创始者。

〔4〕百舍:极言其远。舍,古称一宿为舍。重茧:指脚上磨起一层层茧子。

〔5〕王:一本作"歪"。歪,即"人"字。《墨子》正作"人"。下二"王"同。

〔6〕云梦:泽薮名。

〔7〕犀兕(sì):犀牛。兕,雌犀。

〔8〕鲋(fú):鲫鱼。

〔9〕文梓(zǐ)、楩(pián)、柟(同"楠")、豫樟:皆良木名。

〔10〕恶:《墨子》及鲍本作"臣"。是。

【译文】

公输般替楚设计云梯,将用来攻宋。宋国人墨翟听说,百里一舍,足结厚茧,去见公输般,对他说:"我在宋闻你大名,我想借你来杀人。"公输般说:"我信守道义,根本不杀人。"墨子说:"听说您制造云梯,将用来攻宋。宋有什么罪过呢?信守道义不去杀人,而去攻打别人的国家,不是少杀人而是多杀人。敢问攻宋有什么道义?"公输般理屈,请墨翟进见楚王。

墨子见楚王说:"现在这里有一个人,扔掉自己彩雕的车,邻居有一辆破车却想去偷;扔掉自己的锦绣,邻居有一件粗布衣却想去偷;扔掉自己的米肉,邻居有糟糠却想去偷。这是一个什么样的人呢?"王说:"必定是有偷窃的癖好啊!"墨子说:"楚国土地方圆五千里,宋方圆五百里,这就像彩车与破车一样。楚有云梦泽,犀牛麋鹿充斥其中,江、汉的鱼鳖鼋鼍,为天下最多;宋所谓连雉、兔、鲫鱼都没有,这就像米肉与糟糠一样。楚有长松、文梓、楩、柟、豫樟,宋国连高大树木都没有,这就像锦绣与粗布衣一样。臣以为大王官员去攻打宋国,与有盗窃癖差不多。"

王说:"说的好呀!请不要去攻宋就是了。"

## 犀首伐黄[1]

犀首伐黄[2],过卫,使人谓卫君曰:"弊邑之师过大国之郊,曾无一介之使以存之乎[3]?敢请其罪!今黄城将下矣,已,将移兵而造大国之城下。"卫君惧,束组三百绲[4],黄金三百镒,以随使者。南文子止之曰[5]:"是胜黄城[6],必不敢来;不胜,亦不敢来。是胜黄城,则功大名美,内临其伦[7]。夫在中者恶临,议其事。蒙大名,挟成功,坐御以待中之议[8],犀首虽愚,必不为也。是不胜黄城,破心而走[9],归,恐不免于罪矣,彼安敢攻卫以重其不胜之罪哉?"

果胜黄城,帅师而归,遂不敢过卫。

【注释】

〔1〕此章系年,说亦颇歧。鲍谓:"此《策》以南文子与智伯同时,知为悼公。"按,据《左传》南文子相卫悼公,在鲁哀公二十五六年,当周贞定王之时。钟氏《勘研》则据《魏世家》,惠王十六年有"侵宋黄池,宋复取

之"之语,与此章"果胜黄城,帅师而归"之语略合,疑彼即此章事。因而以此为周显王十四年,与前说相距近百年。今按,钟说所据缥缈,不如鲍说之确而可信。然其事究在贞定何年,亦难遽定。

〔2〕犀首:魏官名。非后来被称为犀首的公孙衍。或以为是人姓名。伐黄事未详。

〔3〕存:慰问。

〔4〕金正炜疑"绲"当为"纯",形近而讹。纯,古丝绵布帛之单位名。

〔5〕南文子:卫大夫。

〔6〕是:此。代词,指人或事。

〔7〕鲍彪曰:"临,言以功处其上;伦,其辈类。"

〔8〕坐御:留止于卫国。坐、止、留;御,当为"卫"之讹。

〔9〕破心:鲍彪曰:"惧罪也。"

【译文】

犀首去攻打黄城,经过卫,派人对卫悼公说:"敝国的军队路过大国的郊外,竟没有一介使者来慰问吗?胆敢前来请罪。如今黄城将要被攻破了,事后,将移兵而临大国的城下。"卫君惊恐,用成束的组绥三百捆,黄金六千两,让使者带走。卫大夫南文子阻止说:"犀首攻下黄城,必定不肯来卫;攻不下,更不敢来。犀首攻下黄城,则立大功得美名,在国内功居同寅之上。朝中之臣不愿犀首比自己高出,就要谗毁他攻黄的事。顶着大名,挟着成功,呆在卫国那里,来等待朝中的谤议,犀首即或愚蠢,肯定不这样做。犀首攻不下黄城,惊惶而逃,回国恐怕免不掉要受处分了,他哪里还敢攻卫来加重他战败的罪过呢?"

犀首结果拿下黄城,径直帅师回国,竟未敢临卫。

# 梁王伐邯郸[1]

梁王伐邯郸,而征师于宋。宋君使使者请于赵王曰:"夫梁兵劲而权重,今征师于弊邑,弊邑不从,则恐危社稷;若扶梁伐赵,以害赵国,则寡人不忍也。愿王之有以命弊邑!"

赵王曰:"然。夫宋之不足如梁也[2],寡人知之矣。弱赵以强梁,宋必不利也。则吾何以告子而可乎?"使者曰:"臣请受边城,徐其攻而留其日,以待下吏之有城而已[3]。"赵王曰:"善。"

宋人因遂举兵入赵境,而围一城焉。梁王甚说,曰:"宋人助我攻矣!"赵王亦说,曰:"宋人止于此矣!"故兵退难解[4],德施于梁,而无怨于赵。故名有所加,而实有所归[5]。

【注释】

〔1〕周显王十五年,《史记·六国年表》赵国栏云:"魏围我邯郸。"赵、魏《世家》同。林氏《纪年》、黄氏《编略》俱系此于显王十年(前354),是也。

〔2〕如:当。谓抵住、敌挡。

〔3〕侍下吏之有城:谓使赵之守城者不失其城也。下吏,指赵王的下属官吏。

〔4〕兵退难解:谓魏兵退而赵难解。

〔5〕"故名"二句:谓宋有助魏攻赵之名,而收不得罪二国之实。

【译文】

魏王攻伐邯郸,向宋国征兵。宋君派使者请示赵王说:"魏兵强而且权势大,眼下向敝国征兵,敝国不从,则恐怕危及社稷;如果助魏伐赵,来加害赵国,则寡人又不忍。愿大王替敝国出个主意。"

赵王说："是这样的。宋国的不足以抵挡魏，寡人知道了。削弱赵来加强魏，对宋也肯定是不利的。那么我告诉你什么才好呢？"使者说："臣请攻打赵国的一座边城，慢慢地攻打来拖延时日，以等待您部下守城罢了。"赵王说："很好。"

宋人趁此遂起兵进入赵境，包围了一座城市。魏王十分高兴，说："宋人帮助我攻赵了。"赵王也高兴，说："宋人止于此了。"因此，在兵退战后，恩德加于魏而且不受赵的怨恨。所以，既增加了名声又得到了实惠。

# 谓 大 尹[1]

谓大尹曰[2]："君日长矣，自知政，则公无事。公不如令楚贺君之孝，则君不夺太后之事矣[3]，则公常用宋矣！"

【注释】

〔1〕此又见《韩非子·说林下》，首句作"白圭谓宋令尹曰"。据《孟子·告子下》《韩非子·内储说下》《吕氏春秋·不屈》，知白圭名丹，曾相魏，与孟轲、惠施同时。则《策》文所言之君当为宋王偃，时初立，年尚幼。确年不可考。

〔2〕大尹：宋卿官名。

〔3〕太后：宋君母，时听政倚信大尹。

【译文】

有人对宋卿大尹说："宋君一天天长大了，亲理国政，那么您将无事可做。您不如让楚国来人，道贺宋君的孝顺，那么宋君就不会收回太后听政的权柄，那么您就在宋长久用事了。"

# 宋与楚为兄弟[1]

宋与楚为兄弟。齐攻宋,楚王言救宋。宋因卖楚重以求讲于齐[2],齐不听。苏秦为宋谓齐相曰:"不如与之,以明宋之卖楚重于齐也。楚怒,必绝宋而事齐。齐、楚合,则攻宋易矣。"

【注释】

〔1〕此章缪文远《考辨》系于赧王二十九年(前286),云:"齐灭宋,时苏秦正在齐,故今系于此年。"近是。然齐湣王曾多次伐宋,哪一次未可确知。

〔2〕卖楚重:卖弄有楚国的支持。重,重视、支持。

【译文】

宋与楚结为兄弟之国。齐攻打宋,楚王声言救宋。宋国因而卖弄有楚的支持来请求与齐讲和,齐国不答应。苏秦为宋国对齐相说:"不如应允宋讲和,来表明宋国曾向齐卖弄楚国的支持。楚国恼怒,必与宋绝交而来亲近齐。齐、楚和好,那么攻宋就轻而易举了。"

# 魏太子自将过宋外黄[1]

魏太子自将[2],过宋外黄[3]。外黄徐子曰[4]:"臣有百战百胜之术,太子能听臣乎?"太子曰:"愿闻之。"客曰:"固愿效之。今太子自将攻齐,大胜并莒,则富不过有魏,而贵不益为王[5]。若战不胜,则万世无魏。此臣之百战百胜之术也!"太子曰:"诺。请必从公之言而还。"客曰:"太子虽欲还,不得矣!彼利太子之战攻,而欲满其意者众,太子虽欲还,恐不得矣!"太子上车请还,其御曰:"将出而还,与北同[6],不如遂行。"遂行。与齐人战而死,卒不得魏。

**【注释】**

〔1〕此章姚本与前章连篇,鲍另立一章置于《魏策》,今仍置此《策》。又见《史记·魏世家》。魏太子与齐战而死,诸家均主魏惠王三十年马陵之役。当周显王二十八年(前341)。

〔2〕魏太子:名申,惠王子。

〔3〕外黄:宋邑。在今河南兰考东南。

〔4〕刘向《别录》:"徐子,外黄人。"

〔5〕益:超过。

〔6〕北:谓战败。

**【译文】**

魏国太子申亲自帅兵,路过宋的外黄,去攻齐。外黄的徐子说:"臣有百战百胜的方法,太子能听臣说吗?"太子说:"愿意听一听。"徐子说:"非常愿意效劳。现在太子亲自率兵攻齐,大胜,吞并莒城,则富也不过拥有魏,而贵也超不过为王。如果打不赢,就可能会永远失去魏。这就是臣的百战百胜的方法。"太子说:"是的。请一定遵照您的话,班师而还。"徐子说:"太子虽然返回,已经不能够了。那高兴太子攻战来满足自己欲望的人很多,太子虽想班师,恐怕不能够了。"太子上车要回师,驾车人说:"刚刚出师就回还,与战败一样,不如前进。"于是遂行。太子与齐人交战而死,终于连魏也没有得到。

# 宋康王之时有雀生䳟[1]

宋康王之时[2],有雀生䳟于城之陬[3]。使史占之,曰:"小而生巨,必霸天下。"康王大喜。于是灭滕伐薛,取淮北之地。乃愈自信,欲霸之亟成,故射天笞地[4],斩社稷而焚灭之[5],曰:"威服天下鬼神。"骂国老谏曰[6],为无颜之冠[7],以示勇。剖伛之背[8],锲朝涉之胫[9],而国人大骇。

齐闻而伐之,民散,城不守。王乃逃倪侯之馆[10],遂得而死。见祥而不为祥,反为祸。

【注释】

〔1〕此章又见《新书·春秋》《新序·杂事四》。事当在君偃晚年,雀生䳟系传说,确年不可考。

〔2〕宋康王:即宋王偃,"康"乃其谥号。

〔3〕䳟:黄丕烈曰:"此必本作'䳟','䳟'、'鹯'同字也。作'䳟'者,形近之讹。"按,《新序》作"鹯",鹰属。陬(zōu):隅。

〔4〕射天笞地:吴师道曰:"《史》,王偃盛血于韦囊,县而射之,命曰'射天';淫于酒、妇人。群臣谏者辄射之。"

〔5〕社稷:土谷之神。这里指它的牌位。

〔6〕曰:《新书》《新序》并作"者"。黄丕烈、王念孙均以为"曰"是"者"的坏字。

〔7〕无颜之冠:《御览》卷四六六、四九二,《初学记》卷二六,并引作"无头之冠"。

〔8〕伛(yǔ):驼背。

〔9〕锲(qiè):截断。胫:小腿。
〔10〕倪:同"郳",附庸小国名。又称小邾。在今山东滕州东南。

**【译文】**

宋康王的时候,有一只麻雀在城角生一只雀鹰。让巫史来卜它的吉凶,说:"小的生出大的,一定称霸天下。"康王大喜。于是灭掉滕国,攻伐薛国,夺取淮北的地盘。于是愈发自信,想要使霸业尽快成功,所以用箭来射天,用鞭来笞地,斩截社稷神的牌位而焚毁它,说:"威服天下的鬼神。"咒骂国家进谏的老臣;做没有头顶的头盔,来显示勇敢。劈开伛偻的后背,斫断早晨过河人的小腿骨……国人大惊。

齐国听说而来攻打,民众逃散,城池无人守卫。康王遂逃往倪侯的馆舍,被杀而死。发现祥瑞而去做不祥的事,反而成为祸害。

# 智伯欲伐卫[1]

智伯欲伐卫[2],遗卫君野马四百[3],白璧一。卫君大悦,群臣皆贺,南文子有忧色[4]。卫君曰:"大国大欢[5],而子有忧色何?"文子曰:"无功之赏,无力之礼,不可不察也!野马四,百璧一[6],此小国之礼也,而大国致之。君其图之!"卫君以其言告边境。智伯果起兵而袭卫,至境而反,曰:"卫有贤人,先知吾谋也。"

**【注释】**

〔1〕此章又见《说苑·权谋》篇。又《复恩》篇言吴人赤市使于智氏,过卫,卫厚礼之。及归,智氏造舟为梁以送之。赤市以为越礼,使人视之,

则袭卫之兵随其后。乃告于卫,卫有戒备,智伯闻之而止。与此章故事极相类。似均属拟托之作。

〔2〕智伯:晋大夫。姓荀,名瑶,封于智(今山西永济市北),故称。

〔3〕野马:高诱注:"駒骏也。"按,駒骏(táo tú),良马。四百:"百"字乃下文"白"字的误衍。

〔4〕南文子:已见本《策》前注。

〔5〕大国:此指智伯。横田惟孝曰:"一本作'一国'。"则指卫矣。

〔6〕百:乃"白"字之误。

【译文】

智伯想要伐卫,赠给卫君良马四匹,白璧一只。卫君大喜,群臣都来道贺,南文子却有满面忧愁。卫君说:"大国对我很有好感,而你却有忧色,这是何故呢?"文子说:"无功劳的奖赏,不出力的馈赠,不可以不详察。良马四匹,白璧一只,这是小国送大国的礼物,而大国却送给我们。您想一想,早做准备。"卫君把文子的话告知边境。智伯果然起兵袭卫,到达边境而归,说:"卫有贤人,预先知道我的计谋了。"

# 智伯欲袭卫[1]

智伯欲袭卫,乃佯亡其太子,使奔卫。南文子曰:"太子颜为君子也[2],甚爱而有宠,非有大罪而亡,必有故。"使人迎之于境,曰:"车过五乘,慎勿纳也!"智伯闻之,乃止。

【注释】

〔1〕此章姚本与前章连篇,鲍分为两篇,今从鲍本。又见《说苑·权

谋》。吕祖谦《大事记》于贞定十二年书:"晋荀瑶袭卫。"下引此《策》。然又曰:"未必果此年也。"

〔2〕鲍彪曰:"颜,太子名;君,谓智伯。"

**【译文】**

智伯想要偷袭卫国,遂假意让他的太子逃亡,使投奔卫国。南文子说:"太子颜作为智伯的儿子,很受喜爱而且得宠,不是有大罪而逃亡,一定有什么缘故。"派人到边境去迎接,嘱咐说:"来车超过五辆,千万不要让他入境。"智伯听说卫国有备,遂停止偷袭的计划。

# 秦攻卫之蒲〔1〕

秦攻卫之蒲〔2〕。胡衍谓樗里疾曰〔3〕:"公之伐蒲,以为秦乎?以为魏乎?为魏则善,为秦则不赖矣〔4〕。卫所以为卫者,以有蒲也。今蒲入于魏,卫必折于魏。魏亡西河之外而弗能复取者〔5〕,弱也。今并卫于魏,魏必强。魏强之日,西河之外必危。且秦王亦将观公之事,害秦以善魏,秦王必怨公。"樗里疾曰:"奈何?"胡衍曰:"公释蒲勿攻,臣请为公入戒蒲守,以德卫君。"樗里疾曰:"善。"

胡衍因入蒲,谓其守曰:"樗里子知蒲之病也,其言曰:'吾必取蒲。'今臣能使释蒲勿攻。"蒲守再拜,因效金三百镒焉〔6〕,曰:"秦兵诚去,请厚子于卫君。"

胡衍取金于蒲,以自重于卫。樗里子亦得三百金而归[7]，又以德卫君也。

## 【注释】

〔1〕又见《史记·樗里子甘茂列传》。《传》云："昭王元年，樗里子将伐蒲。"秦昭元年，当周赧九年（前306）。诸家多系此年，是。

〔2〕蒲：蒲阪，卫邑。在今河南长垣市。韩亦有蒲阪，在今山西永济西。

〔3〕胡衍：卫人。樗里子：已见《西周策》注。

〔4〕不赖：姚宏云："赖，利也。"按，卫之蒲在魏东，与秦国中间有韩、魏之隔，秦虽攻有亦不能守之，必归于魏。故云。

〔5〕吴师道曰："秦惠王八年，魏纳河西地。后二年，魏入上郡于秦，而河西滨洛之地尽。"

〔6〕镒：二十两。

〔7〕三百金：即三百镒。秦以一镒为一金。

## 【译文】

秦攻打卫的蒲邑。胡衍对秦相樗里疾说："您去伐蒲，是为秦呢？还是为魏呢？对魏有利，对秦就不利了。卫之所以成为卫，是因为有蒲。如今蒲归于魏，卫必转向魏。魏失掉西河之外一直不能收复，是它不够强大。现在使卫入于魏，魏必然强盛。魏国强盛那天，西河之外必定危险。再说，秦昭王也要考察你的行事，损秦以益魏，秦王必定怨恨您。"樗里疾说："那该怎么办呢？"胡衍说："您放弃蒲不要攻打，臣请替您去通知蒲邑守将，来向卫君施加恩德。"樗里疾说："好的。"

胡衍因而入蒲，对它的守将说："樗里子知道蒲十分危急，他曾说：'我一定攻取蒲邑。'现在臣能使他放弃蒲而不来攻打。"蒲守再拜，因献黄金六千两，说："秦兵真的撤走，请卫君厚待你。"

胡衍在蒲得到金钱，并因此受卫的重视。樗里子也得到六千两黄金而归,又对卫君施加了恩德。

## 卫使客事魏[1]

卫使客事魏,三年不得见。卫客患之,乃见梧下先生[2],许之以百金。梧下先生曰:"诺。"乃见魏王,曰:"臣闻秦出兵,未知其所之。秦、魏交而不修之日久矣[3],愿王博事秦[4],无有佗计!"魏王曰:"诺。"

客趋出,至郎门而反[5],曰:"臣恐王事秦之晚!"王曰:"何也?"先生曰:"夫人于事己者过急,于事人者过缓。今王缓于事己者,安能急于事人?""奚以知之?""卫客曰事王三年不得见,臣是以知王缓也。"魏王趋见卫客。

【注释】

〔1〕此章时间未可考。

〔2〕梧下先人:魏人。鲍注:"盖以所居为号。"吴补:"《艺文类聚》作'梧丘'。"

〔3〕修:治而使之善。

〔4〕博:鲍本作"专"。是。

〔5〕郎门:廊门。郎,借为"廊"。"客"字当为"先生"之讹。

【译文】

卫国派客去服事魏,三年不得见魏王。卫客很忧愁,便去见梧下先生,答应给他二千两黄金。梧下先生说:"好吧。"于是见魏王说:"臣听说秦国出兵,但不知往哪里去。秦、魏两国的外交有很长时间没有修好了,愿大王专一事秦,不要有别的打算。"魏王说:"好吧。"

梧下先生快步走出,到廊门返回来说:"臣恐怕大王事秦不能及时。"王说:"怎么讲呢?"先生说:"人们对于服事自己多求之过急,对于服事别人则多缓慢。如今大王对于服事自己都怠慢,怎能急着去服事别人呢?""何以见得?"先生说:"卫客说,服事大王三年未得见面。臣因此知大王怠慢。"魏王赶紧接见卫客。

## 卫嗣君病[1]

卫嗣君病[2]。富术谓殷顺且曰[3]:"子听吾言也以说君,勿益损也,君必善子。人生之所行,与死之心异。始君之所行于世者,食高丽也[4];所用者,缠错、挈薄也[5]。群臣尽以为君轻国而好高丽,必无与君言国事者。子谓君:'君之所行天下者甚谬!缠错主断于国,而挈薄辅之,自今以往者,公孙氏必不血食矣[6]!'"

君曰:"善。"与之相印,曰:"我死,子制之!"嗣君死,殷顺且以君令相公期[7]。缠错、挈薄之族皆逐也。

【注释】

〔1〕据《史记·卫世家》及《六国年表》,嗣君死当赧王三十二年(前283)。诸家多系此年。

〔2〕卫嗣君:卫平侯之子,在位四十二年(前324—前283)。秦王贬其号为君。

〔3〕富术、殷顺且(jū)：均为卫臣。
〔4〕食高丽：谓食用崇尚华丽。高，尚。
〔5〕缧(xiè)错、挐(rú)薄：卫君所宠幸二臣。
〔6〕公孙氏：鲍彪曰："卫国姓也。"血食：古杀牲以祭祖先，故云。
〔7〕公期：卫嗣君之子。鲍本"公"下补"子"字。

【译文】

卫嗣君患病。富术对殷顺且说："你按我的话来劝谏嗣君，不要增减，嗣君必定喜欢你。人活着时所做的一切，与临死的心思不同。开始，嗣君在世上所做的，食用崇尚华丽；所信用的，是缧错和挐薄。群臣都以为嗣君轻国家而好华丽，必定没有与嗣君谈论国事的。你对嗣君说：'您在天下所做得非常失误。缧错在国内独断专行，而挐薄辅佐他，从今以后，卫的祖先公孙氏必定不能享受血食了。'"

嗣君说："你说的对。"交给殷顺且相印，说："我死后，由你来处置。"嗣君死，殷顺且以嗣君遗命用公子期为相。缧错、挐薄的族类全都被驱逐。

# 卫嗣君时胥靡逃之魏[1]

卫嗣君时，胥靡逃之魏[2]，卫赎之百金，不与。乃请以左氏[3]。群臣谏曰："以百金之地[4]，赎一胥靡，无乃不可乎？"君曰："治无小，乱无大。教化喻于民，三百之城[5]，足以为治；民无廉耻，虽有十左氏，将何以用之？"

【注释】

〔1〕又见《韩非子·内储说上》。确年未可考。

〔2〕胥靡:指有罪之人。胥,相;靡,随。颜师古曰:"连系相随而服役之,犹今之囚徒。"

〔3〕左氏:卫邑。在今山东菏泽市定陶区西。

〔4〕之:王引之曰:"犹'与'也。"

〔5〕三百之城:金正炜谓"百"乃"里"之讹。是。

【译文】

卫嗣君时,有一罪犯逃到魏国,卫国想用百镒黄金赎回他,魏国不答应。卫遂请增加左氏的城邑。群臣劝谏说:"用百金和土地,赎一个罪犯,恐怕不值得吧?"卫君说:"治无所谓小国,乱无所谓大国。教化晓喻于民众,三里大的城邑,足以治理;民众没有廉耻,虽有十个左氏,它又会有什么用呢?"

## 卫人迎新妇[1]

卫人迎新妇,妇上车,问:"骖马[2],谁马也?"御曰:"借之。"新妇谓仆曰:"拊骖[3],无笞服[4]!"车至门,扶,教送母:"灭灶,将失火。"入室,见臼,曰:"徙之牖下,妨往来者。"主人笑之。

此三言者,皆要言也,然而不免为笑者,蚤晚之时失也。

【注释】

〔1〕此章与《吕氏春秋·不屈》白圭议论惠施之言相类。盖战国策

士说人多重相机行事,此《策》告人以是理,有益游说,故特附于此,不必实有其事也。

〔2〕骖(cān)马:古时四马拉车,两旁的马叫骖。

〔3〕拊:高注:"击也。"鲍注为爱护之意,恐非。

〔4〕服:夹辕的两匹马。

【译文】

卫人迎娶新妇,新妇上车,问道:"两旁骖马,是谁的马呢?"驾车人说:"是借的。"新妇对仆人说:"击打骖马,但不要鞭笞中间的辕马。"车到门前,扶下车,告送她的娘:"把家中灶火熄灭,以免失火。"入室,见捣米臼,说:"把它移到窗下,妨碍行人往来。"主人耻笑她。

这三句话,都是很中肯的话,然而不免被人耻笑,是因为说的时间早晚不对头。

# 卷三十三　中山

**【题解】**

春秋时白狄族所建立的国家，初称鲜虞。中山之名，始见于《左传》鲁定公四年。这年，晋在召陵会合北方诸侯，为楚国长久扣留蔡侯而商议伐楚，晋国荀寅提出异议，一条重要理由就是"中山不服"，如伐楚就会"失中山"。又据鲁哀公三年载，齐、卫曾"求援于中山"。杜预于二处注曰："中山，鲜虞。"可见此时鲜虞已有"中山"之称，而且势力已经相当强盛，否则不会引起大国的如此重视。

至于为何命名中山，据杜佑《通典》的说法是："常山（郡）灵寿（县），中山国，有故城，城中有山，故号中山。"其说不一定可信。因为中山都灵寿，乃是战国初叶以后的事（此前曾建都于顾，即今河北定县），而中山之号却早已存在。

战国时中山国的地域，大约居今河北省的西南角，包括定、新乐、正定、石家庄、元氏、高邑、灵寿、晋、赵、宁晋等市县。其疆域，除东部与燕接界，大部分处于赵的包围之中，所以受赵的威胁最直接也最大。

白狄族所建立的中山国，大约在战国初就已灭亡，而被姬姓的中山所代替。《史记·赵世家》于献侯十年（周威烈王十二年、公元前414年）书："中山武公初立。"程恩泽据《史记集解》引徐广说，以及乐史《太平寰宇记》说，证实武公乃周之同姓，以为鲜虞本号中山，而武公所封适居其地，故仍以中山为号。

1053

公元前406年（魏文侯十九年），姬姓的中山曾一度被魏所灭，即《策》中所记乐羊伐中山之事。但并未绝祀，后更复国，这就是几经周折而定都于灵寿（今河北灵寿县西北）的中山。此后，中山曾多次受到赵的攻伐。公元前299年（周赧王十六年），赵武灵王攻破中山，中山君逃亡，竟死于齐。公元前296年（周赧王十九年），赵惠文王又大败中山，迁其君尚于肤施，国灭，从此就再没有恢复的机会。

此《策》姚本十章，鲍本将最后一章《昭王既息民缮兵》移至《秦策》。有人说，秦昭王冤杀白起，为后人所不平，故撮其事为文缀于《国策》之后，以为昭雪之意，初未入于正文之中耳。

# 魏文侯欲残中山[1]

魏文侯欲残中山[2]，常庄谈谓赵襄子曰[3]："魏并中山，必无赵矣！公何不请公子倾以为正妻[4]，因封之中山？是中山复立也。"

【注释】

〔1〕此章与《赵策一·魏文侯借道于赵攻中山》似为同时。彼劝魏伐之，此则阻之，盖进说者主张非一耳。

〔2〕魏文侯：名斯（《史记·魏世家》作"名都"），魏桓子之孙。残：灭。

〔3〕常庄谈：赵臣。赵襄子：名无恤。晋六卿之一。吴师道据《大事记》，以为魏文侯残中山当是襄子侄孙献子之时，近是。

〔4〕公子倾：姚宏以为是魏君之女。

【译文】

魏文侯想要灭掉中山，常庄谈对赵献子说："魏兼并中山，随后也一定要灭赵。您何不聘文侯女公子倾作为正妻，因而把中山封给她作采邑？这样中山就可以复存了。"

# 犀首立五王[1]

犀首立五王[2]，而中山后持[3]。齐谓赵、魏曰："寡人羞与中山并为王，愿与大国伐之，以废其王。"中山闻之，大恐，召张登而告之曰[4]："寡人且王，齐谓赵、魏曰羞与寡人并为王，而欲伐寡人。恐亡其国，不在索王。非子莫能吾救！"登对曰："君为臣多车重币，臣请见田婴。"中山之君遣之齐。

见婴子[5]，曰："臣闻君欲废中山之王，将与赵、魏伐之，过矣！以中山之小而三国伐之，中山虽益废王[6]，犹且听也！且中山恐，必为赵、魏废其王而务附焉[7]。是君为赵、魏驱羊也，非齐之利也。岂若中山废其王而事齐哉？"田婴曰："奈何？"张登曰："今君召中山，与之遇而许之王，中山必喜而绝赵、魏。赵、魏怒而攻中山，中山急而为君难其王[8]，则中山必恐，为君废王事齐。彼患亡其国，是君废其王而亡其国[9]，贤于为赵、魏驱羊也。"田婴曰："诺。"张丑曰[10]："不可！臣闻之，同欲者相憎，同忧者相亲。今五国相与王也，负海不与焉[11]。此是欲皆在为王，而忧在负海。今召中山，与之遇而许之王，是夺五国而益负海也。致中山而塞四国，四国寒心，必先与之王而故亲之，是君临中山而失四国也[12]。且张登之为人也，善以微计荐中山之君久矣[13]！难信以为利。"

田婴不听，果召中山君而许之王。张登因谓赵、魏曰："齐欲伐河东[14]。何以知之？齐羞与中山之为王甚矣，今召中山，与之遇而许之王，是欲用其兵也。岂若令大国先与之王，以止其遇哉？"赵、魏许诺，果与中山王而亲之。中山果绝齐而从赵、魏。

【注释】

〔1〕"五王"之说颇多歧异。缪氏《考辨》云:"犀首为魏约结赵、魏,又联韩、燕、中山,相与称王,盖魏欲以此多结与国,东抗齐而西抗秦也。"则"五王"为魏、赵、韩、燕、中山。其称王固非一时,犀首特以此事联络五国之交耳。《大事记》系此于周显王四十六年(前323)。今从其说。

〔2〕犀首:指公孙衍。

〔3〕后持:高注:"持中山小,故后立之。"金正炜曰:"'后持'疑是'特后'之倒误。"

〔4〕高注:"张登,中山臣也。"

〔5〕婴子:即田婴,齐威王臣,孟尝君田文之父。

〔6〕益废王:谓祸比废掉王号还要大。益,增加、扩大。

〔7〕务附:力行亲附于赵、魏之事。务,力行。

〔8〕难其王:谓羞与其并称王。

〔9〕亡:鲍本作"立"。是。

〔10〕张丑:齐臣。

〔11〕负海不与:谓齐国未参与。负海,齐国濒海,故称。与,参与。按,齐已先称王。

〔12〕临:接近、亲近。

〔13〕"善以"句:谓以阴计协助中山之君。微计,阴谋、暗计。荐,进,指帮助。

〔14〕河东:黄河之东。程恩泽曰:"此处河东当指赵、魏之地。"

【译文】

犀首公孙衍唆使魏、赵、韩、燕与中山五国之君称王,而中山国在后。齐国对赵、魏说:"寡人羞与中山国并称王,愿与大国攻打它,来废掉它的王。"中山王听说,非常惶恐,召见大臣张登告诉他说:"寡人将要称王,齐对赵、魏说,羞与寡人一并称王,而想征伐寡人。寡人恐怕亡国,而不在求王。除去你没有人能够救我。"登回答说:"您多给臣车辆和钱币,臣请去见齐相田婴。"中山国君派他使齐。

张登见到婴子说:"臣听说您想要废掉中山君'王'的称号,将要和赵、魏攻打中山,这太过分了。拿中山的弱小,而三国来征伐它,灾祸比废掉王号更大,也不得不听从。但是中山恐惧,必定为了赵、魏而废掉它的王号,并亲附于它们。这是您替赵、魏这两只猛虎来驱赶羊羔,对齐没有什么益处。哪里比得上中山自动废掉王号,而来服事齐呢?"田婴说:"怎么办好呢?"张登说:"现在您召请中山国君,与他会见而答应他称王,中山必定高兴而与赵、魏绝交。赵、魏恼怒而攻打中山,中山危急而又因为齐曾羞与它并称王,一定十分惶恐,就要为您而废掉王号,并且来服事齐。它们忧愁亡国,您废掉它的王号而保存它的国家,比替赵、魏驱羊好得多啊!"田婴说:"好吧。"齐臣张丑说:"不妥。臣听说,同欲者相憎,同忧者相亲。现在五国相互称王,齐国并没有参与。这些国家的欲望都在于称王,而担忧的是齐国。如今召请中山君,与他会面而答应他称王,这是夺取其他四国的同伴而来加强齐国。召请中山而杜绝四国,四国就会寒心,一定抢先给中山王号而有意亲近它。这是您亲近中山而丢掉四国。再说,张登的为人,巧用暗计来协助中山的国君,由来已久了。不能相信他的话而以为对自己有好处。"

田婴不听张丑的劝谏,终于召请中山国君而答应他称王。张登趁此对赵、魏说:"齐国想要进攻河东。怎么知道呢?齐国羞与中山并立称王,现在召请中山君,跟他会面而答应他称王,是想要利用它的军队。这怎比得上大国(赵、魏)抢先给中山王号,来阻止它与齐国会见好呢?"赵、魏应允,果然送给中山君王号,而又亲近它。中山果然绝齐而随从了赵、魏。

## 中山与燕、赵为王[1]

中山与燕、赵为王[2],齐闭关不通中山之使,其言曰：“我万乘之国也，中山千乘之国也，何侔名于我？"欲割平邑以赂燕、赵[3]，出兵以攻中山。

蓝诸君患之[4]。张登谓蓝诸君曰：“公何患于齐？"蓝诸君曰：“齐强，万乘之国，耻与中山侔名，不惮割地以赂燕、赵，出兵以攻中山。燕、赵好位而贪地[5]，吾恐其不吾据也。大者危国，次者废王。奈何吾弗患也？"张登曰：“请令燕、赵固辅中山而成其王，事遂定。公欲之乎？"蓝诸君曰：“此所欲也。"曰：“请以公为齐王而登试说公。可，乃行之。"蓝诸君曰：“愿闻其说。"

登曰：“王之所以不惮割地以赂燕、赵，出兵以攻中山者，其实欲废中山之王也。王曰：'然'。然则王之为费且危！夫割地以赂燕、赵，是强敌也；出兵以攻中山，首难也。王行二者，所求中山未必得。王如用臣之道，地不亏而兵不用，中山可废也。王必曰：'子之道奈何？'"蓝诸君曰：“然则子之道奈何？"张登曰：“王发重使，使告中山君：'寡人所以闭关不通使者，为中山之独与燕、赵为王，而寡人不与闻焉，是以隘之[6]。王苟举趾以见寡人，请亦佐君。'中山恐燕、赵之不己据也，今齐之辞云'即佐王'，中山必遁燕、赵，与王相见。燕、赵闻之，怒绝之，王亦绝之，是中山孤。孤何得无废？以此说齐王，齐王听乎？"蓝诸君曰：“是则必听矣。此所以废之，何在其所存之矣[7]'？"张登曰：“此'王'所以存者也！齐以是辞来，因言告燕、赵而无往，以积厚于燕、赵。燕、赵必曰：'齐之欲割平邑以赂我者，非欲废中山之王也，徒欲以离我于中山而已亲之也。'虽百平邑,燕、赵必不受也!"蓝诸君曰:"善。"

遣张登往,果以是辞来,中山因告燕、赵而不往。燕、赵果俱辅中山,而使其王。事遂定。

**【注释】**

〔1〕此章与前章同时,说详前章注〔1〕。此章似为前章张登使齐见田婴之前,与相国蓝诸君的谋画。张登与蓝诸君说的一番话,即其至齐与田婴所言者。然前章谓齐欲合赵、魏以攻中山,此章则谓欲合燕、赵,未知孰是。

〔2〕钟氏《勘研》云:"考《史》,燕易于即位十年称王,当赵武灵三年(按,即显王四十六年,《策》所谓'五国相王'之年)。而《赵记》武灵王八年尚书'五国相王,赵独否',《策》与《史》不合。"陈梦家《六国纪年表考证》云:"此文非谓五国相王也。赵武灵王曰:'无其实,敢处其名乎?'则五国称王之名本已成事实,所谓'无其实'者,愤于五国击秦不胜,故去王自贬为君也。"

〔3〕平邑:在今河北南乐县东北。原属赵,后归齐。按,齐所合者二国,而所割赂者只一邑,此乃不实之说。

〔4〕鲍注:"蓝诸君,中山相也。"

〔5〕位:鲍本作"倍",姚亦云:"一作'倍'。"鲍注:"谓倍约。"倍,同"背"。

〔6〕搤:通"扼"。阻止之也。

〔7〕所存:"所"下鲍本有"以"字。谓所以保存中山国"王"号之法。

**【译文】**

中山与燕、赵一同称王,齐国闭关不接纳中山的使者,声称:"我是万乘的大国,中山是千乘的小国,怎能与我齐名?"想要割让平邑,来赂赠燕、赵,出兵攻打中山。

中山相蓝诸君对此很担忧。张登对蓝诸君说:"您对齐有何担忧?"蓝诸君说:"齐国强盛,是万乘的大国,羞与中山齐名,不惜割地来赂赠燕、赵,出兵来攻打中山。燕、赵轻于背约而又贪图土地,我恐怕它们不倾向于我。大者危及国家,其次是丢掉王号。我为什么不担忧呢?"张登说:"请让燕、赵坚定地来帮助中山,成全王号,事情铁定。您愿意吗?"蓝诸君说:"这当然是我所盼望的。"登说:"请拿您当作齐王,而登试着说服您。如果可以,就去这样做。"蓝诸君:"愿意听一听你的说法。"

登说:"大王之所以不惜割地来赂赠燕、赵,出兵来攻打中山,其目的是想取消中山的王号。王说:'对的。'然则大王的做法不但耗费,而且危险。割地来赂赠燕、赵,是强化敌人;出兵来攻打中山,是带头发难。大王行此二事,所求于中山的,未必能够得到。大王如果用臣的办法,土地不亏,刀兵不用,中山的王号可以废止。王一定要说:'你的方法是什么呢?'"蓝诸君说:"既然如此,那么你的办法究竟是什么呢?"张登说:"大王发遣重使,让他告诉中山君:'寡人所以闭关不通使者的原因,是中山独自与燕、赵称王,而寡人并未与闻其事,所以要扼止它。王假如能够移动尊趾,来见寡人,那么请让我也来帮助你。'中山恐怕燕、赵不倾向自己,现在齐国既说'帮助称王',中山必定逃避燕、赵,与大王相见。燕、赵闻知,怒绝中山,大王也趁此杜绝它,中山就孤立了,孤立了王号怎能够不废止!用这个理由来游说齐王,齐王肯听吗?"蓝诸君说:"这是肯定听的了。但这只是使中山废止称王,其所保存王号的办法在哪里呢?"张登说:"这就是所以保存王号的办法。齐国如用这话来说,就把它告诉燕、赵,而不去赴齐王的约会,以讨好燕、赵。燕、赵必定说:'齐国想割平邑来赂赠我,并不是要废止中山称王,只是想离间我与中山的关系,而自己亲近它。'即使有一百个平邑,燕、赵必不肯接受。"蓝诸君说:"很好。"

遂派张登往齐,齐果然来向中山这样说,中山因告知燕、赵,

1061

而没有赴齐约。燕、赵果真共同帮助中山,而使它称王。事情就这样定了下来。

# 司马憙使赵[1]

司马憙使赵[2],为己求相中山。公孙弘阴知之[3]。中山君出,司马憙御,公孙弘参乘。弘曰:"为人臣,招大国之威,以为己求相,于君何如?"君曰:"吾食其肉,不以分人!"司马憙顿首于轼[4],曰:"臣自知死至矣!"君曰:"何也?"臣抵罪。"君曰:"行!吾知之矣。"

居顷之,赵使来,为司马憙求相。中山君大疑公孙弘,公孙弘走出。

【注释】

〔1〕此章求相事不可考,诸家系年均无确据。

〔2〕司马憙:中山臣。憙,与"喜"同。太史公《自序》:"司马氏,其在卫者,相中山。"《韩非子·内储说下》:"司马憙,中山君之臣也,而善于赵,常以中山之谋微告赵王。"《新序·杂事三》云:"司马憙膑于宋,卒相中山。"

〔3〕公孙弘:中山臣。在齐者,为另一人。

〔4〕顿:以首叩物。轼:车前横木,乘坐时以为凭。

【译文】

司马憙出使赵国,为自己谋求中山的相位。公孙弘暗里知道此事。中山君外出,司马憙驾车,公孙弘陪乘。弘说:"作为臣下,利用大国的威力,来为个人谋求相位,君主该如何对待呢?"中山君说:"我吃掉他的肉,不把它分给别人。"司马憙把头抵在轼上,说:"臣自知死就要到来了!"君说:"这是什么意思呢?"憙说:"臣有罪。"君说:"走吧,我知道了。"

过了不久,赵国使臣到来,为司马憙请求相位。中山君非常怀疑公孙弘,公孙弘遂逃去。

## 司马憙三相中山[1]

司马憙三相中山,阴简难之[2]。田简谓司马憙曰[3]:"赵使者来属耳[4],独不可语阴简之美乎?赵必请之,君与之,即公无内难矣。君弗与赵,公因劝君立之以为正妻,阴简之德公无所穷矣。"果令赵请,君弗与。司马憙曰:"君弗与赵,赵王必大怒[5];大怒,则君必危矣!然则立以为妻,固无请人之妻不得而怨人者也!"

田简自谓取使[6],可以为司马憙,可以为阴简,可以令赵勿请也。

【注释】

〔1〕司马憙相中山的确切年代不可考,《策》文中之"赵王",鲍注为武灵,盖以《犀首立五王》《中山与燕赵为王》诸章言之。

〔2〕阴简:高诱注为"中山君美人"之名。难:憎恶、忌恨。

〔3〕田简:中山臣。或为齐人。

〔4〕"赵使"句:谓赵使者来探听中山之事。属(zhǔ)耳,谓窃听、打探。

〔5〕赵王:鲍曰:"武灵。"

〔6〕田简自谓取使：田简自谓可以取得赵使的帮助。

**【译文】**

司马喜三次做中山国的丞相，阴简屡刁难他。田简对司马憙说："赵国使者来中山探听情况，难道您不能说一说阴简的美丽吗？赵肯定来乞求她，君主答应给赵，您在国内就不会有麻烦了。君主不答应给赵，您顺便劝君把她立为正妻，阴简就对您感激不尽了。"果然让赵国来乞求她，中山君不给。司马憙说："君不给赵，赵王必然大怒；大怒，您就肯定危险了。既然如此，那么就请立为正妻，世上从来没有讨人妻讨不到而怨恨人家的。"

田简自称可以取得赵使的帮助，可以说为了司马憙，可以说为了阴简，可以说让赵不来乞求王后。

# 阴姬与江姬争为后[1]

阴姬与江姬争为后[2]，司马憙谓阴姬公曰[3]："事成，则有土子民；不成，则恐无身。欲成之，何不见臣乎？"阴姬公稽首曰："诚如君言，事何可豫道者！"

司马憙即奏书中山王，曰："臣闻'弱赵强中山[4]'。"中山王悦而见之，曰："愿闻'弱赵强中山'之说。"司马憙曰："臣愿之赵，观其地形险阻，人民贫富，君臣贤不肖，商敌为资[5]，未可豫陈也。"中山王遣之。

见赵王，曰："臣闻赵，天下善为音，佳丽人之所出也。今者臣来，至境，入都邑，观人民谣俗，容貌颜色，殊无佳丽好美者！以臣所行多矣，周流无所不通，未尝见人如中山阴姬者也。不知者特以为神,力言不能及也。其容貌颜色,固已过绝人矣;若乃其眉目、准颊,权衡犀角偃月[6],彼乃帝王之后,非诸侯之姬也。"赵王意移,大悦,曰:"吾愿请之,何如?"司马憙曰:"臣窃见其佳丽,口不能无道尔。即欲请之,是非臣所敢议。愿王无泄也!"

司马憙辞去,归报中山王曰:"赵王非贤王也,不好道德,而好声色;不好仁义,而好勇力。臣闻其乃欲请所谓'阴姬'者。"中山王作色不悦。司马憙曰:"赵,强国也,其请之必矣。王如不与,即社稷危矣[7];与之,即为诸侯笑。"中山王曰:"为将奈何?"司马憙曰:"王立为后,以绝赵王之意。世无请后者,虽欲得请之,邻国不与也[8]!"中山王遂立以为后,赵王亦无请言也。

【注释】

〔1〕此章事为前一章之补充。

〔2〕阴姬:见前章"阴简"注。江姬:亦中山君美人。

〔3〕阴姬公:阴简之父也。

〔4〕此句《太平御览》卷四五〇引作"臣闻赵强即中山弱,臣能弱赵而强中山"。

〔5〕商敌:王念孙曰:"'敌'当为'敲'字之误也。敲,即商榷之'榷'。《太平御览》人事部引此作'商榷为资',是其明证矣。"

〔6〕"权衡"句:此谓眉目鼻额状如犀角与弯月也。准颊(è),鼻与额。权衡:比较。犀角,犀牛角,喻鼻额;偃月,半弦月,喻眉目。

〔7〕即:则。

〔8〕邻国不与:高诱注:"礼无请后之议,邻国必责之而不与。"

【译文】

阴姬与江姬争做中山王的王后,司马憙对阴姬父亲说:"做成王后,就能拥有土地子养众民;做不成,就恐怕不能存身。想要做得成,为何不来见我呢?"阴姬父亲叩头说:"果能如您所说,我也就不先说对您怎样报答了。"

司马憙遂上书中山王说:"臣闻知削弱赵国,强盛中山国的方策。"中山王高兴,召见憙说:"愿听一听削弱赵,加强中山的说法。"司马憙说:"臣愿往赵,考察它地形的险阻,人民的贫富,君臣的贤与不肖,分析对比作为凭据,眼下还不能预先向王陈述。"中山王派他到赵国去。

司马憙见到赵王说:"臣听说,赵国是天下最善音乐和出产美女的地方。今天臣来到国境,进入都市,观察人民的歌谣风俗,容貌颜色,并没见到美好佳丽的。臣所行的地方很多,周游无所不到,未曾见过像中山阴姬那样美的。不知道的,还以为她是神仙,用言语简直难以形容。她的容貌颜色,本已超过常人了,至于她的眉目、鼻梁、额头,俊如犀角弯月,天生的帝王后妃,而不是诸侯一般的姬妾。"赵王心动,非常高兴地说:"我想讨她,你看如何?"司马憙说:"臣私下见到她很美丽,憋不住口里顺便说出来罢了。如想讨她,这不是臣所敢言的。愿王不要泄漏。"

司马憙辞去,回报中山王说:"赵王不是贤王,不喜好道德,而喜欢声色;不喜好仁义,而喜欢勇力。臣听说他竟想讨那位叫阴姬的女人。"中山王不高兴,改变了颜色。司马憙说:"赵是强国,它来讨阴姬是必然的了。王如果不给,那么社稷就危险了;如果给他,就会被诸侯所耻笑。"中山王说:"那可怎么办呢?"司马憙说:"王把她立为王后,来断绝赵王的企图。世上没有讨别人王后的道理,虽然想来讨取,邻国也会谴责他的。"中山王遂把阴姬立为王后,赵王也就打消讨取的念头。

# 主父欲伐中山〔1〕

主父欲伐中山〔2〕,使李疵观之〔3〕。李疵曰:"可伐也!君弗攻,恐后天下。"主父曰:"何以?"对曰:"中山之君所倾盖与车〔4〕,而朝穷闾隘巷之士者〔5〕,七十家。"主父曰:"是贤君也,安可伐?"李疵曰:"不然。举士,则民务名不存本;朝贤,则耕者惰而战士懦。若此不亡者,未之有也。"

【注释】

〔1〕此章又见《韩非子·外储说左上》。缪文远《考辨》云:"自赧八年始,赧九、十、十五诸年,赵武灵王均有攻中山之事,而灭中山则在赧二十年(据《史记·六国表》),此章未能定在何年也。"

〔2〕主父:赵武灵王。

〔3〕李疵:赵臣。

〔4〕倾盖与车:斜盖并车。盖,车盖;与,并。古时乘车与人交谈,必倾斜车盖,后来用以表示交好的意思。

〔5〕朝:见、造访。

【译文】

主父想要攻伐中山,使李疵去观察它。李疵说:"可以攻伐。君不去攻伐,恐怕要落在别国的后面。"主父说:"凭什么呢?"回答说:"中山国君所与倾盖交谈,并亲自造访的穷街小巷的士人,有七十家。"主父说:"这是贤君,怎么可以伐呢?"李疵说:"不是这样。抬举士人,则老百姓求名而不务本;造访贤人,则耕者怠惰而战士懦弱。像这样，没有不灭亡的。"

## 中山君飨都士大夫[1]

中山君飨都士大夫[2]，司马子期在焉[3]。羊羹不遍，司马子期怒而走于楚，说楚王伐中山，中山君亡。有二人挈戈而随其后者[4]，中山君顾谓二人："子奚为者也？"二人对曰："臣有父，尝饿且死，君下壶飱饵之。臣父且死，曰：'中山有事，汝必死之！'故来死君也。"中山君喟然而仰叹曰："与不期众少[5]，其于当厄[6]；怨不期深浅，其于伤心。吾以一杯羊羹亡国，以一壶飱得士二人。"

【注释】

〔1〕此章姚本与《主父欲伐中山》连篇，鲍另立一章，今从鲍。此章殆作者杂凑古籍虚构而成，确年不可考。

〔2〕都：都邑。

〔3〕司马子期：鲍彪曰："中山人，后为楚昭卿。"

〔4〕挈（qiè）：提携。

〔5〕与不期众少：赐与人物不论多少。期，望；众少，多少。

〔6〕厄：困厄。谓人遭难之际。

【译文】

中山君宴飨都邑士人和大夫，司马子期在座。羊羹分得不均，司马子期恼怒而投奔楚，劝说楚王攻伐中山，中山君出逃。有两人携戈跟随在他的后边。中山君回头对二人说："你们是做什么的呢?"二人回答说:"臣等的父亲曾饥饿要死,君施下一壶饭给他吃。臣父临死前,说:'中山发生战事,你们务必献出生命。'所以用一死来服事君王。"中山君喟然仰天叹息道:"施与不论多少,要在一个人困难的时候;施怨不论深浅,最怕伤一个人的心。我因为一杯羊汤而丢掉国家,却因为一壶饭而得到两个士人。"

## 乐羊为魏将[1]

乐羊为魏将[2],攻中山。其子时在中山,中山君烹之,作羹致于乐羊,乐羊食之。古今称之:"乐羊食子以自信,明害父以求法。"

【注释】

〔1〕此章与《魏策一·乐羊为魏将而攻中山》为一事,盖重出也。说详该章。

〔2〕乐羊:见《魏策》注。

【译文】

乐羊做魏国将军,来攻打中山。他的儿子当时正在中山,中山国君把他煮死,做汤送给乐羊,乐羊吃掉它。古今称道说:"乐羊吃掉儿子来为自己取信,表明虽然有害父道,但以求得殉国之法。"

## 昭王既息民缮兵[1]

昭王既息民缮兵[2],复欲伐赵。武安君曰[3]:"不可!"王曰:"前年国虚民饥,君不量百姓之力,求益军粮以灭赵。今寡人息民以养士,蓄积粮食,三军之俸有倍于前,而曰'不可'。其说何也?"

武安君曰:"长平之事[4],秦军大克,赵军大破;秦人欢喜,赵人畏惧。秦民之死者厚葬,伤者厚养,劳者相飨,饮食铺馈[5],以靡其财[6];赵人之死者不得收,伤者不得疗,涕泣相哀,戮力同忧,耕田疾作,以生其财。今王发军,虽倍其前,臣料赵国守备,亦以十倍矣!赵自长平已来,君臣忧惧,早朝晏退[7],卑辞重币,四面出嫁,结亲燕、魏,连好齐、楚,积虑并心,备秦为务。其国内实,其交外成。当今之时,赵未可伐也!"

王曰:"寡人既以兴师矣。"乃使五校大夫王陵将而伐赵[8]。陵战失利,亡五校[9]。王欲使武安君,武安君称疾不行。王乃使应侯往见武安君[10],责之曰:"楚地方五千里,持戟百万,君前率数万之众入楚,拔鄢、郢,焚其庙,东至竟陵,楚人震恐,东徙而不敢西向[11]。韩、魏相率,兴兵甚众,君所将之不能半之[12],而与战之于伊阙[13],大破二国之军,流血漂卤[14],斩首二十四万。韩、魏以故至今称东藩。此君之功,天下莫不闻。

今赵卒之死于长平者已十七八，其国虚弱，是以寡人大发军，人数倍于赵国之众，愿使君将，必欲灭之矣。君尝以寡击众，取胜如神，况以强击弱、以众击寡乎？"

武安君曰："是时楚王恃其国大，不恤其政，而群臣相妒以功，谄谀用事，良臣斥疏，百姓心离，城池不修，既无良臣，又无守备。故起所以得引兵深入，多倍城邑[15]，发梁焚舟以专民以[16]，掠于郊野以足军食。当此之时，秦中士卒，以军中为家，将帅为父母，不约而亲，不谋而信，一心同功，死不旋踵。楚人自战其地，咸顾其家，各有散心，莫有斗志，是以能有功也。伊阙之战，韩孤顾魏[17]，不欲先用其众；魏恃韩之锐，欲推以为锋。二军争便之力不同，是以臣得设疑兵以待韩阵，专军并锐，触魏之不意。魏军既败，韩军自溃，乘胜逐北，以是之故能立功。皆计利形势，自然之理，何神之有哉？今秦破赵军于长平，不遂以时乘其振惧而灭之，畏而释之，使得耕稼以益蓄积，养孤长幼以益其众，缮治兵甲以益其强，增城浚池以益其固。主折节以下其臣[18]，臣推体以下死士[19]。至于平原君之属[20]，皆令妻妾补缝于行伍之间。臣人一心，上下同力，犹勾践困于会稽之时也[21]。以合伐之[22]，赵必固守。挑其军战，必不肯出；围其国都，必不可克；攻其列城，必未可拔；掠其郊野，必无所得。兵出无功，诸侯生心，外救必至。臣见其害，未睹其利。"又病，未能行。

应侯惭而退，以言于王。王曰："微白起，吾不能灭赵乎？"复益发军，更使王龁代王陵伐赵[23]。围邯郸八九月,死伤者众,而弗下。赵王出轻锐以寇其后,秦数不利。武安君曰:"不听臣计,今果何如?"王闻之怒,因见武安君,强起之,曰:"君虽病,强为寡人卧而将之!有功,寡人之愿,将加重于君;如君不行,寡人恨君。"武安君顿首曰:"臣知行虽无功,得免于罪;虽不行无罪,不免于诛。然惟愿大王览臣愚计,释赵养民,以诸侯之变[24]。抚其恐惧[25],伐其骄慢[26],诛灭无道,以令诸侯,天下可定。何必以赵为先乎?此所谓为一臣屈而胜天下也!大王若不察臣愚计,必欲快心于赵,以致臣罪,此亦所谓胜一臣而为天下屈者也。夫胜一臣之严焉[27],孰若胜天下之威大耶?臣闻明主爱其国,忠臣爱其名。破国不可复完,死卒不可复生。臣宁伏受重诛而死,不忍为辱军之将。愿大王察之!"王不答而去。

**【注释】**

〔1〕此章鲍本移在《秦策》。又见《史记·白起列传》,而记白起语较此为略。鲍彪曰:"事在(秦昭)四十八年及五十年。"当赧王五十六至五十八年(前259—前257)。

〔2〕据《白起列传》,起于长平坑杀赵降卒四十万。昭王四十八年,秦相应侯听苏代之说,言于秦王请许韩、赵割地以和,且休士卒。正月,皆罢兵。白起闻之,由是与应侯有隙。此言"休士卒""且罢兵",即《策》所谓"昭王既息民缮兵"也。

〔3〕武安君:白起封号。

〔4〕长平之事:详《赵策三》。

〔5〕餔馈(bǔ kuì):以食与人。

〔6〕靡(mǐ):费。

〔7〕晏:晚。

〔8〕五校大夫:此衍"校"字。五大夫,秦二十等爵的第九级。

〔9〕校(jiào):古代军队建制。

〔10〕应侯:范雎。时为秦相。

〔11〕东徙:楚襄王二十一年,白起破郢,楚君臣逃至东北的陈城。

〔12〕"不"上当补"卒"字。

〔13〕伊阙:山名,在今河南洛阳市南。公元前293年白起大胜韩、魏联军于此。

〔14〕卤:通"橹",大盾。

〔15〕鲍彪曰:"兵深入,城邑在后,故言倍。'倍''背'同。"

〔16〕民以:当作"民心"。"以""心"形似而讹。

〔17〕孤:谓势力孤单。

〔18〕折节:屈己下人。

〔19〕推体:推心置腹。

〔20〕平原君:赵国公子赵胜之号,尝为赵相。

〔21〕勾践困于会稽:公元前494年,越败于吴。赵王勾践率五千馀卒,退守会稽山,乃发愤图强,终于灭吴。

〔22〕合:乃"今"字之形讹。

〔23〕王龁(hé):秦左庶长。

〔24〕"以"字下疑缺"观"或"待"字。

〔25〕抚:安抚。

〔26〕㤭慢:傲慢。㤭,同"骄"。

〔27〕严:威严。

**【译文】**

秦昭王经过息民整军,再次想要伐赵。武安君白起说:"不可以。"王说:"从前国库空虚、人民饥饿,您不估量百姓的实力,请求增加军粮来消灭赵。今天寡人息民养士,积蓄粮食,三军的俸禄比以前增加一倍,而您却说'不可以'。这是什么道理呢?"

武安君说:"长平之战,秦军大胜,赵军大败;秦人欢喜,赵人畏惧。秦民死了的厚葬,受伤的厚养,劳苦的宴享,饮食馈赠,来破费它的钱财；赵人死了的不得收尸,受伤的不得治疗,相互哭泣悲哀,协力同忧,耕田勤作,来增加它的财富。现在大王发兵,虽比前次增加一倍,臣估计赵国的守备力量,也已经增加十倍了。赵自长平之战以来,君臣忧惧,早上朝,晚退朝,谦卑其辞,厚重其礼,赵女嫁到四方,与燕、魏结亲,与齐、楚修好,处心积虑,以防秦为务。它的国内充实,它的外交成功。当今之际,赵不可以攻伐呀！"

王说："寡人已经起兵了。"遂使五大夫王陵为将,前去伐赵。王陵战斗失利,损失五部营校兵马。昭王想继遣武安君,武安君称病不行。于是使应侯范雎往见武安君,责备他说："楚国土地方圆五千里,持戟士兵百馀万。您从前率领数万军队入楚,攻克鄢、郢,焚毁它的宗庙,东至竟陵；楚人震惊,东徙都陈城而莫敢西向。韩、魏相继,兴兵甚众,您所率领的士卒,不够它的一半,而与它战于伊阙,大破二国军队,流血漂起盾牌,斩首二十四万。韩、魏因此之故,称为秦国东方的屏蔽。这是您的功劳,天下没有不知道的。如今赵国士兵十之七、八死在长平,它的国力虚弱,所以寡人发大兵,人数比赵国多一倍,想使您指挥,一定要消灭赵国。您曾多次以少击众,取胜如神,何况以强击弱,以众击少呢？"

武安君白起说："那时楚(顷襄)王倚仗他的国大,不忧虑政事,而群臣因功相妒,谄谀之臣用事,忠良之臣被罢黜疏远,百姓离心离德,城池毁坏不修,既没有良臣,又缺乏守备。所以,起能够引兵深入,多攻克城邑。拆除桥梁,焚毁舟船,来激励士卒；掠取楚地郊野的粮草,来满足军食。在这个时候,秦国的士卒,拿军队当家,将帅当父母,不用约定就能你我相亲,不用商量就能彼此信任,大家一心争取立功,宁死而不后退。楚人在本土作战,都顾虑自家,各有散心,而无有斗志,所以秦才能有功。伊阙之战，韩国势孤而观望魏军，不想先动用它的士兵；魏军恃韩军为主力，想推它为前锋。两军各图己便而力不合，所以臣得以设疑兵来牵制韩阵，然后集中精锐攻击魏军的不意。魏军既败，韩军自然崩溃，乘胜追击，因此之故才能够立功。都是人谋、地利和军队形势，自然的道理，哪里有什么神秘呢！前此，秦破赵军于长平，不遂抓住时机，乘它惊惧未安来灭亡它的国家，而因其表示畏服就不去进攻，使它得以耕稼来增加积蓄，抚育孤儿、长养幼子来增加它的人口，缮治甲兵来增加它的强盛，修城挖池来增加它的坚固。君主折节恭谨来接近群臣，臣子推心置腹来亲近敢死之士。至于平原君赵胜之辈，都让他的妻妾到军队里去为战士缝补衣甲。臣民一心，上下协力，就如同越王勾践困于会稽那时一样。拿现在去攻伐，赵必定固守无疑。向它的军队挑战，必定不肯出击；包围它的国都，肯定不能攻克；袭击它的列城，必定不能拿下；掠夺它的郊野，肯定不会有所收获。兵出而不能有功，诸侯生出异心，外部援军必至。臣只见到攻赵的害处，而没有看到它的好处。"又一次称病，未能成行。

应侯羞惭而退，将白起之言告诉于王。王说："没有白起，我就不能灭赵吗？"又增派军队，更使王龁代替王陵伐赵。包围邯郸八九个月，伤亡惨重，而不能攻下。赵孝成王出轻锐部队来袭击秦军背后，秦军几次不利。武安君说："不听臣的意见，如今究竟如何？"秦王闻知恼怒，因见武安君，强迫他起身，说："您虽有病，勉强为寡人卧在床上来指挥作战。有功，是寡人的愿望，将对您加重封赏；如你不去，寡人会怨恨你的。"武安君叩头说："臣知道，去虽然不能建功，但得免于罪；不去虽然没罪，也免不掉杀戮。然而，只愿大王能察臣愚计，放弃赵国来保养人民，以伺诸侯的变化。安抚弱小恐惧的，讨伐强大骄慢的，诛灭残暴无道的，来号令诸侯，如此天下可定。何必首先争服赵国呢？这就叫作屈从于一臣而战胜天下。大王如不能览臣愚计，必欲灭赵以快心意，来使臣获罪，这就叫作战胜一臣而却屈服于天下。战胜一臣的威严，哪里比得上战胜天下的威严大呢？臣听说贤君爱他的国家，忠臣爱他的名誉。残破的国家不能再使它完整，死亡的士卒不可再让它复生。臣宁肯伏受重刑而死，也不忍做败军的将领。愿大王详察。"秦王竟不答而离去。

# 主要参考书目

## 一

高诱《战国策注》
姚宏《战国策续注》
鲍彪《战国策校注》
吴师道《战国策校注补正》
黄丕烈《战国策札记》
王念孙《读书杂志·战国策杂志》
金正炜《战国策补释》
郭希汾《战国策详注》
缪文远《战国策考辨》
　　　《战国策新校注》
诸祖耿《战国策集注汇考》

## 二

吕祖谦《大事记》
林春溥《战国纪年》
黄式三《周纪编略》
顾观光《国策编年》
钟凤年《国策勘研》
于鬯《战国策年表》
雷学淇《战国年表》(《介庵经说》卷九)

程恩泽《国策地名考》
张琦《战国策释地》
铁穆《先秦诸子系年考辨》